现代校长的专业智慧

引领教师发展篇

青岛市教育局
编著

中国海洋大学出版社

·青岛·

图书在版编目（CIP）数据

现代校长的专业智慧.引领教师发展篇/青岛市教
育局编著.-- 青岛：中国海洋大学出版社，2020.12
　　ISBN 978-7-5670-2719-0

　　Ⅰ.①现… Ⅱ.①青… Ⅲ.①校长－学校管理－经验
Ⅳ.① G471.2

　　中国版本图书馆 CIP 数据核字 (2021) 第 004007 号

现代校长的专业智慧（引领教师发展篇）

出版发行	中国海洋大学出版社		
社　　址	青岛市香港东路 23 号	邮政编码	266071
网　　址	http://pub.ouc.edu.cn		
出版人	杨立敏		
责任编辑	史　凡	电　　话	0532-85901984
电子信箱	1547081919@qq.com		
印　　制	青岛国彩印刷股份有限公司		
版　　次	2021 年 3 月第 1 版		
印　　次	2021 年 3 月第 1 次印刷		
成品尺寸	185 mm × 260 mm		
印　　张	31.5		
字　　数	620 千		
印　　数	1 ～ 2500		
定　　价	60.00 元		
订购电话	0532 - 82032573（传真）		

发现印装质量问题，请致电 0532-58700168，由印刷厂负责调换。

《现代校长的专业智慧（引领教师发展篇）》
编委会

主　　编：刘鹏照

副 主 编：张丹丹　李　岷　姜元韶　姜　林
　　　　　韩　东　尹明琴　柴清林　张思峰

编　　委：李晓元　王元泳　孙　刚　尹逊朋　江守福
　　　　　王秀婷　章　鹏　赵　丽　刘思硕　薛新飞
　　　　　邵　瑜　林　梅　逄伟艳　李玉梅　赵咏梅
　　　　　徐学红　张　星　于庆丽　邓晓红　张宏群
　　　　　吕红军　赵　宁　郭振虎　阎志清　杨世臣
　　　　　杨德华　乔彩花　王　蕾　徐瑞芳　张淑红
　　　　　刘炳喜　王忠辉　崔仁波　李全慧　李红梅
　　　　　张　伟　徐玉红　矫　伟　马　林　李素香
　　　　　李志刚　刘晓云　马鹏业　于泽梯　高福生
　　　　　原　红　赵树斌　孙先亮　袁国彬　马志平
　　　　　孙　睿　白刚勋　管仁福　李孝河　迟本理
　　　　　崔西展　孙信成　孙洪传　崔秀光　刘本部
　　　　　汪正贵　张凤瑛　吕雪梅　臧文刚　朱　泳

统　　筹：秦　新　鲁平志

序言
——PREFACE

在中小学校里,校长权力最大。权力越大,责任越大。如果校长的权力运用不当,就会对学生发展、教师发展、学校发展造成负面影响。校长是学校的灵魂,一个学校有个好校长,是教师们的幸运,更是孩子们的幸运。校长管理学校是专业性的活动,并非人人都能胜任。一个不懂管理、不懂教育的外行,是管不好一所学校的。专业的人做专业的事才能做好。校长的专业水平直接决定着一个学校的办学水平和教育质量。

专业成长的过程就是专业化的过程,校长的专业成长包括三个方面:专业知识、专业能力和专业精神。专业知识涉及"知不知",专业能力涉及"能不能",专业精神涉及"愿不愿"。人往往是先"知"而后"能",专业知识是专业能力的基础。但是,如果一个人能力很强,但是不愿意干事,没有干事的动力,最终也干不成事;所以,想干事+能干事=干成事。

校长首先要"想干事",要树立正确的权力观与政绩观,要认识到自己的责任,要以积极的态度、饱满的热情、坚定的意志投入管理工作。如果自己消极怠工、不思进取,就会贻误学生、教师、学校的发展。管理之责神圣,不可亵渎,管理工作会影响很多人的未来,校长对于管理工作要有敬畏之心。

校长还要"能干事",根据我国校长专业标准的要求,我国中小学校长要做好六项专业职责,即规划学校发展、营造育人文化、领导课程教学、引领教师成长、优化内部管理、调适外部环境。这六项内容要求校长既要"懂教育"又要"懂管理"。

校长要有正确的教育观,要坚持育人为本,而不是"分数挂帅"。要为学生的"一世"做准备,要培养学生一生受用的关键素养,如思维能力、创新能力、合作能力、交流能力,而不是只为学生的中考或者高考这"一时"做准备,要立足学生的长远利益和根本利益,教育不能急功近利,更不能庸俗势利。校长要做课程改革与教学改革的内行里手,引领学校的课程与教学改革。

校长要有正确的管理观。校长做的是"教育管理",管理是为教育服务的、为育人服务的,不能为管理而管理。管理不是为了把师生管住管死,而是为了发展人、解放人。校长要做现代校长,要具有现代精神,要做"现代管理",即科学管理、民主管理、依法管理。科学管理要求实事求是,具有科学精神,不是有权就任性,不是乱作为;民主管理反对专制,要求师生和家长参与学校管理,校长多听取各方意见和建议,在民主的基础上决策,而不是独断专行、专制霸道;依法管理反对人治,要求加强法制建设和制度建设,通过制度来管事、管人、管钱,而不是随意随性而为。

加速校长的专业成长路径有三:一是政府增强校长培训的针对性、实效性,精准提升校长专业素养;二是通过校长人事制度改革尤其是通过校长评价制度改革,用好评价这个指挥棒,促进校长专业成长;三是校长自身要勤于学习与反思,要多读书,并把理论与实践有机结合,通过反思使理论与实践互动互惠,使自己快速成长。

青岛市教育局为促进中小学校长、幼儿园园长快速成长,发挥名校长的示范、引领与辐射作用,投入专项经费建立名校长工作室,涵盖学前教育、小学教育、中学教育、职业教育、特殊教育等各学段。这些工作室依据教育部颁布的《校长专业标准》深入开展理论研究,大胆进行实践探索,取得了很好的成效。本书精选的"现代校长的专业智慧"就是名校长工作室的重要研究成果,是多年来青岛学校管理的宝贵经验,它凝聚了全市 3000 多名中小学校长、幼儿园园长的专业智慧,值得大家学习借鉴。

褚宏启

(北京开放大学校长、北京师范大学教授)

目录 ——CONTENTS

第一部分　学前教育

第二部分　小学教育

第三部分　中学教育

第四部分　职业教育

第五部分　特殊教育

第一部分

学 前 教 育

基于青年教师培养的教师队伍建设路径

平度市白沙河街道张戈庄中心幼儿园　迟洪芝

随着时代的发展,以"80后""90后"为主的青年教师逐渐成为幼教队伍的主力军。但由于青年教师所处的社会环境发生了翻天覆地的变化,他们对教育的理解、认知与前代相比也有较大差异,传统的教育培训方式已不能适应青年教师发展的需要。张戈庄中心幼儿园针对青年教师的特点,从他们自身的实际情况出发,以创新、发展的思维,探索出一套行之有效的教育培训模式——基于青年教师培养的教师队伍建设路径。在促进青年幼儿教师自身业务能力提升的同时,最大限度发挥他们的潜能和优势,使他们能够独立承担教育教学任务,成为教学骨干力量,从而更好地推动幼教事业的持续发展。

一、人文关怀,凝聚队伍力量

人是管理的主体,教师是幼儿园发展的主体力量。张戈庄中心幼儿园根据实际情况采取"人性化管理",发挥"以人为本"的理念,灵活掌握并运用各项规章制度,让每位青年教师在严厉的规章制度下感受到集体的温暖,增强青年教师的主人翁意识。在工作中,调动青年教师的主动性、积极性,给予他们充分的信任、尊重和宽容。关心、爱护、善待每位员工,精心维护其自尊,认真分析每一位员工的特点、优点、缺点,扬长避短,提倡教师之间的合作与共荣。为教师营造一个有张有弛、弹性作息的工作环境与和谐、愉悦的人文环境。使其感到自己是幼儿园大家庭中的成员,主动关心幼儿园工作,并实现自身的发展。

二、以德立教,加强师德师风建设

健全师德师风建设长效机制,定期组织全体教职工学习贯彻《新时代幼儿园教师职业行为十项准则》等文件精神,提高教师思想政治素质和职业道德水平。尤其是青年教师,更要加强师德学习和职业道德行为规范学习,让青年教师学习到先进的幼儿教育理念,同时树立正确的价值观、人生观,乐于奉献,甘于奉献。

三、多管齐下，提升青年教师专业素养

为了全面满足不同层次教师的培训需求，将教师团队进行深入分析和立体分层，针对不同层次和类型的教师制定相应的培训内容与培训措施，分别采取"送培—园培—自培"三结合的培训方式，引领教师提升自身专业素养，切实达到按需培训的目的。另外，加强青年教师礼仪培训，开展礼仪教学课程，让青年教师在拓宽知识面的同时，更加清楚"为人师表"应具备的品格。

以园本课程为切入点，开发园级小课题，实行研究全覆盖，要求全园教师参与。在课题研究的过程中，可以促使不同层面的教师不断学习，填充自己的知识库，同时主动走进幼儿，了解幼儿，从而更好地进行教育教学。另外，积极申报市级、国家级课题，课题研究的成功，可以让青年教师获得更高层次的自尊，对自己有客观的认识和评价，接受全部的自己，以更加自信的心态对待生活和工作。通过开展课题研究，提升青年教师的科研热情和科研水平，同时有效促进园本教研的开展。

四、搭建平台，锻炼青年教师能力

青年教师虽然在教育教学上缺乏经验，但是他们各有所长。在园内积极开展演讲比赛、舞蹈比赛、环境创设比赛等各类才艺大比拼，大胆起用青年教师主持园级大型活动，为青年教师搭建展示自我和锻炼自我的平台，促使他们尽快成长。鼓励、推荐青年教师积极参加街道、市级等相关单位组织的活动，在获得成就感的同时进一步提升自我。今年我园的王斌老师获得平度市白沙河街道"我的中国梦"演讲比赛一等奖、青岛市"一师一优课"和"一课一名师"比赛一等奖，刘敏老师荣获青岛市青年教师基本功大比武一等奖。

五、多元评价，完善激励机制

完善岗位绩效工资制度，建立以岗位职责要求为基础，以职业道德、知识能力和业绩为导向的绩效考核评价体系。在管理中将静态评价向动态评价转变，将过程性评价与结果性评价相结合，不仅看到终点的保教质量，更要看到起点的高低、活动过程的组织。采取教职工自评、同事互评、年级组长检查评价、行政部门考核评价、家长评价五个方面相结合的评价方式，力求在评价方法的多元化、评价的全面性等方面做出有益探索，促使评价结果更趋全面、客观、公正、科学与规范。

构建主动学习意识　引领教师专业发展

青岛市城阳区夏庄街道中心幼儿园　郭文辉

城阳区夏庄街道中心幼儿园在教师发展上倡导"主动学习在前,教育反思在后"的战略构想,以问题为导向,鼓励教师发现问题,在解决问题过程中,与自身、与幼儿对话,凝聚教师力量,努力打造教师团队的共同信仰——主动学习,促进教师的专业发展。我园激发幼儿园教师专业学习的自主性, 提升其专业发展效能感,主要采取了以下几方面策略。

第一,正向的教研共同愿景。在全园开展"每周一教研,每月一反馈"活动,定期组织幼儿园年级教研活动,解决教师们在日常工作中的疑难问题,达到"以研促教""以研促改"的目的。教研中的有效对话建立在以"问题"为导向上,即教师在幼儿园教育教学过程中真正遇到的与发现的实际问题、实用问题、熟悉问题和值得解决的问题或有待克服的困难。重视教研合作与参与,教研共同体成员间要积极对话与协商。

第二,学习推动策略。每年开学初园长组织召开学期初动员大会,引导教师总结工作,梳理新学期的工作思路;开展读书漂流活动,图书室引进教师专业发展书目,引导教师在工作之余,用书本充实自己,让教师向书本学习,引导教师将自己对书籍的所思记录下来,实现阅读的最大效益化,每月评选"最美读书人",以此激励教师主动学习;幼儿园还开展了一系列促进教师学习的主题活动,每年九月是教师职业发展月,一年一个主题,如"做心中有爱的教育者、不忘初心、与爱同行""共教研、促成长""园本背景下区域活动的有效开展"等,使教师在不断探索中发现自我,提升自我。

第三,分层管理策略。建立和完善促进幼儿园教师专业发展的园本制度,为幼儿园教师专业发展提供相应的经济和制度基础。为了更有针对性地引导幼儿自主学习,我园通过"导""引""带""赛"等措施促进教师的专业发展。"导"即发挥园长和骨干教师的引领作用,促进教师在专业理念、专业知识、专业能力等方面的提升;"引"即发挥园本教研的培养功能,引领教师团队共同发展;"带"即通过师徒结对的方式,让熟手教师带领新手教师获得专业能力上的发展;"赛"即发挥竞赛的激励作用,让教师不断完善自身的专业知识储备和提升自身的教学实践能力。我园开展"名师工作室传帮带""青年教师过关课""同课异构"等活动,将骨干教师的教学经验最大化辐射,在生活上、工作上给予教师帮助,让教师更少地走弯路,学习有效经验。

引领教师幸福成长

青岛市即墨区环秀中心幼儿园　黄玉香

幼儿园是孩子成长的乐园,是教师的精神家园,是和谐温馨的花园。园长是一份播撒阳光和引领教师发展的工作。园长首先要是好教师,其次要是管理者和引领者。园长是引领者的判断标准至少有两个:首先,园里处处充满阳光,幼儿园文化虽然看不见、摸不着,但走进幼儿园一定能感受到;其次,全园上下同心同德,园长和师幼关系和谐美好。

著名作家刘墉曾说:"一个人可以一辈子不登山,但你心中一定要有一座山,它可以使你总是有一个奋斗的方向,它使你任何一刻抬起头,都能看到自己的希望。"在幼儿园管理中,园长所担当的角色是多重的,既是幼儿园的管理者,也是言传身教的教育者,更应该是幼儿园发展的经营者、教师成长的引领者。现代园长要成为文化园长和精神园长。在园长的心中应该有一座"山",一座让幼儿发展、让教师发展、让幼儿园发展的"山"。一个园长只有心中有了这样的一座"山",才能成为幼儿园文化和精神的引领者和建设者。如何引领教师幸福成长,我想谈谈自己的几点感受。

一、让教师在学习中获得幸福

对于园长来说,学习是非常重要的,学习包括读书、写作、实践、交友。要交天下友,行万里路,成智慧人。园长一定是在幼儿园中成长的,园长的成长是和教师的成长、幼儿的成长紧密相连的,因此,园长除了自己学习外,还要引领教师不断学习、不断创新。我园为了引领教师学习,从营造氛围入手,以课题研究为抓手,让教师亲近书籍,让书香飘满幼儿园。作为园长要多跟教师强调学习,要勉励教师爱读书,终身学习,自主学习,经常与幼儿进行读书交流活动。工作之余,教师们捧起书本,享受阅读的快乐和精神的愉悦,不断汲取精神食粮,不断提升思想境界和专业水平。

二、让教师在研究中获得幸福

"教不研则浅,研不教则枯。"教学和科研是教师专业成长的双翼,教学离开科研就没有后劲,科研离开教学就缺乏实证。两者"合之则双美,离之则两伤"。要做一名有思想的教师,必须要研究。苏霍姆林斯基说:"如果你想让教育工作给教师带来乐趣,使每天上课不致成为一种枯燥单调的义务和程序,那你就要引导每一个教师都走上从事教育科研这条幸福道路上来。"我园坚持走出去学习,请进来指导,发挥教师的主动性,学习先进的理念,开阔教师的视野。教师从中体会到,搞教育科研并不是一件高不可攀的事情。教育科研就像是一道独特的风景,远观非常缥缈,一旦走了进去,就会发现别有洞天。有了这样的认识,教师参与教育科研的积极性大大提高,在教中研,在研中教。

三、让教师在实践中获得幸福

学习、研究的目的是提高教师的专业素养,增强教育的实效性,将书本上学到的理念结合实际工作落实到工作实践中,转变成教师的教学行为,做到学以致用。为此,我园为教师搭建了许多实践平台:新教师亮相课、研讨课、展示课、教师朗诵、说课比赛等。通过这些实践锻炼,教师的素质得到了快速提高,特别是青年教师们在短时间内迅速成长、多次获奖,这使他们品尝到了成功的喜悦与幸福。

四、让教师在生活中获得幸福

园长应加强与教师的感情沟通,关注教师生活。通过改善工作环境与条件,调整工作强度,关心教师所思、所想、所求,使教师感受温暖,始终保持良好的情绪,激发教师对教育事业的热情。

作为园长,要不断地给教师以新的目标,新的追求,要用教育的感召力去营造一个良好的人际环境,从而激发教师的教学积极性和创造性,使他们以饱满的热情、进取的精神和态度努力工作。让每一名教师都能在工作中享受精彩人生,在工作中享受到教育的幸福!

以教师发展为本的教研管理

青岛市市北区瑞安幼儿园　杨丽菁

教师是教研主体,教师的专业素质决定着幼儿园的教研水平。作为一名教研管理者,究竟应以怎样的管理理念、怎样的管理方法更有效地促进教师的专业成长,探索适合本园特色的教研管理模式,是值得我们思考与研究的问题。我们把"共同体"的思想纳入教育管理中,主张管理者与教师之间形成一个学习的共同体,相互支持,共同研究,并把互助支持式的指导策略作为落实这种思想的有效手段,具体做法包括以下几个方面。

一、变统一指导为分层指导，让每位教师都获得发展

教师的自身素质、经验水平各不相同,"一刀切"的统一指导模式难以发挥每个人的个体能动性。因此,我们将教师划分为三个类型:骨干型、发展型、适应型。针对不同类型教师采取分层指导策略,做法如下。

1. 对骨干型教师

我园采取"业务园长放手,教师自我研究反思为主"的支持策略,以教研中随机性问题和困惑点为双方互动切入点,适时点拨,让教师自己去寻求解决问题的方法和途径。如在大二班"茶"的主题活动中,美工区里我们发现孩子们制作茶具的内容和表现手段没有拓展,教师一直没找出原因,我们随机向教师提出这样一个问题:多想想让材料说话的含义是什么?一句点拨的话启迪了教师的思维,教师立即着手为孩子们提供了各种大大小小的纸盘、纸杯、棉签、广告色、豆类、橡皮泥等材料,孩子们很快就与材料互动起来,用画、剪、贴、捏等多种方法做出各种各样的茶具,从手段到内容一下子就丰富起来。这种点拨式的指导促使教师积极动脑、举一反三,学会挖掘其内涵,使教师获得主动发展。在区教学能手评选中该班活动区活动和幼儿发展均得到了评委的一致好评。

2.对发展型教师

我们采取"典型引路,业务园长具体指导"的支持策略,以突出性问题为互动口。例如发展型的教师对主题网的构建、课程与环境有机结合方面存在问题,我们就请骨干教师展示并讲解主题网建构的意图和注意事项,并现场展示、讲解主题与墙饰、活动区的结合,并展开双方互动讨论,使发展型教师开阔思路、借鉴经验、转变观念。

在此基础上,业务园长进一步帮助他们解决认识与实践中仍存在的夹层问题,如活动区虽然提供了与课程相关的材料,但幼儿不感兴趣或游戏没有坚持性,这时给他们的支持是引导教师分析、查找原因,寻求解决方法。经分析发现:原因一是材料缺乏游戏性、操作性、探索性、挑战性,幼儿很难与材料互动起来;原因二是教师在投放材料时只凭主观意识,忽略了幼儿兴趣和需求,对课程的内涵理解不深。当教师找到了问题的根源所在,问题就随之解决,从而促使教师的主观与行为接轨,并学会寻找问题解决的突破口,学会触类旁通。

3.对适应型教师

我们采用"向骨干教师学习,业务园长具体帮助"的指导策略,以普遍性问题为双方互动口。例如,我们发现年轻教师在活动区的评价中,目标意识不强、心里没底。针对这一问题我们开展了骨干型教师与适应型教师示范、观摩评析活动,这个活动的开展使适应型教师的思想受到了启发和冲击,认识上有了飞跃。如刚刚参加工作的老师在评析中说:"韩老师的活动区评价自始至终有一根主线,那就是目标,这根主线使她对每个区观察、评价目的性都很强,而且特别善于引导幼儿之间的互动……"在看、听、评的基础上,又组织适应型教师展示活动区讲评,业务园长给予具体指导。通过这种三级跳的教研指导活动,使这些教师在学习、尝试、提高的过程中迅速成长。

二、变直接指导为间接指导,让教师学会梳理经验

教师的专业化成长需要自身学会积累、学会梳理,借助对已有经验的梳理加工,去发现问题、积累经验、提升认识。可是,教师们却往往是干得多、积累得多,但缺乏总结和梳理,长此以往势必影响他们成长的步伐。要解决这一问题,如果采用面对面具体分析、直接指导的方式不论从时间、精力上都不是最理想的办法,容易使教师产生依赖心理,缺乏反思。因此,我们采用间接指导的方法,在无形之中引导教师梳理已有经验。表格式的指导法是我们常用的一种有效的手段。例如,在我园主题互动式课程实施中,发现教师在课程整合上存在着不同程度的一些问题,有的只注重活动内容与主题是否挂钩,忽视了各领域间的均衡性;有的只注重各领域与主题是否

搭界,忽略了领域目标的指向,为了帮助教师解决这些问题,我们设计了"主题互动式课程实施记录表"。

在利用表格的间接指导中,表格栏的各项内容自然地引导教师们一步步回顾、一层层梳理、总结经验发现问题,一张小小的表格就像一位不说话的教师,代替了管理者的直接说教,无时无刻不提醒教师们该怎么做,还要做些什么。使教师逐渐养成了总结梳理的好习惯,强化了积累资料、完善课程的意识,为专业成长奠定了坚实的基础。

在教研管理中,我们深深地体会到教师在教研中所处的重要地位和发挥的巨大潜能,教研应以教师发展为核心,用教师的发展促进课程、幼儿的发展。为适应课程改革的发展需求,我们要不断研究和改革教研管理策略,促进全体教师扎实、迅速成长,推动我园教研水平不断提高。

多元塑造，精心陪护
——新河镇新河中心幼儿园新教师成长几部曲

平度市新河镇新河中心幼儿园　郑素岩

随着国家对幼儿教育的日益重视,教师队伍日益壮大,而新教师的综合素质水平却是参差不齐。平度市新河镇新河中心幼儿园在多年的工作实践中积极提供教师发展的良好环境,促进新教师主动发展,主要采取了以下策略。

一、师徒结对奠定教师成长之基

要让新教师爱岗敬业,乐于奉献,树立牢固的专业思想,在新教师刚踏上工作岗位之初就由一位教育教学经验丰富、有较强敬业精神的教师带领他们不断成长,为他们提供一个能够实现自我价值的平台。

（一）精心选择师傅队伍

作为师傅不但要具有较高的业务素质,而且要具有高尚的思想素质,乐于奉献,有较强的责任心和感化力。有些新教师在某一方面的能力特别薄弱,这就需要挑选这些方面能力特别强的师傅带领,体现"徒缺师补"的原则。

（二）认真制订结对计划

师徒之间共同制订"师徒结对"的计划,计划既体现培养目标、内容,更要体现具体措施,尤其要明确在不同的时间段里将要做什么,达到什么目标,通过哪些途径达到目标,等等。

（三）努力优化培养过程

对新教师加强培养,幼儿园根据"师徒结对"计划,师傅教师主动带领新教师一起学习、一起探讨、互相切磋,在轻松愉快的学习氛围中共同进步成长。新教师还可通过观看师傅教师的教学示范课进行研究学习,在大量的学习积累中,学到新的教学方法、新的教育理念,逐渐更新教育观念。

二、园本培训拓宽教师专业视野

园本培训能够解决新教师急需并能拓宽他们的专业视野,尤其对于非学前教育专业的新教师,更有利于他们尽快适应幼儿园的保教工作。园本培训是基于幼儿园内部符合本园教师专业发展需要而开展的有目的、有计划的培训。培训者可以是园长、骨干教师或者是外聘专家及其他行业的专家人士。同时,针对新教师之间的个体差异开展"分层递进式"专业能力提升培训,使不同能力水平的新教师都能在原有的基础上获得发展。

三、荣誉清单明晰教师发展方向

教师一跨入新河中心幼儿园的大门,就会拿到一份"荣誉清单",其中一部分是在园教师取得的每一份荣誉;另一部分是幼儿园根据当前有关文件、政策梳理的对教师荣誉所需的从教年限、荣誉基础的有关要求。比如:一年一度的"一师一优课",教师自踏上工作岗位就可以参加,"平度市优质课"必须有三年的从教经验并有当年的同级别"一师一优课"证书,"青岛市教学能手"必须是基于"青岛市优质课"基础之上,等等。新教师拿到这份清单,一下子对所在单位的先辈榜样便有了非常清晰的认识,明晰了自己的成长节奏,并很快确立发展目标:努力工作,追赶超越!使自己的发展之路有方向、不懈怠。

四、以赛促学教师竞相优质成长

搭建各种平台,充分调动新教师工作的积极性、主动性,满足他们成长的需要,挖掘他们的潜能,促进其专业成长。通过开展演讲比赛、才艺展示、教学观摩等活动,为新教师专业成长搭建平台。例如,幼儿园新学期开展环境创设与利用评比活动,幼儿园设立各种奖项,如创意奖、美化奖、特色奖等。幼儿园还经常搭建才艺展示的平台,例如,利用"六一"儿童节、教师节、端午节等各种节日,开展演讲、歌舞、乐器弹奏、手工创意等活动,充分挖掘每位教师的潜能,展示教师的才艺,提升教师的专业能力。

初心绘长卷　匠心谱芳华

青岛市即墨区实验幼儿园　丁淑秀

"初心勾线,匠心施彩",是习近平总书记描绘幸福民生的一句话。青岛市即墨区实验幼儿园将这句话引用到幼儿园的工作中,组织教师思考教育的初心,从而提出了"让每个孩子享有公平而有质量的教育,为孩子们编织一个幸福的童年"的教育初心。要实现这一教育初心,就要有一支善学习、肯努力、思进取的教师队伍,如何打造这支队伍,我认为可以从以下几个方面着手。

初心是教师专业化的不断提升。学无止境是我经常挂在嘴边的一句话,我鼓励并支持教师通过多渠道进行学习,以实现自身专业化水平的不断提升。培训学习铺路子,我园采取漫谈、聊天、实践观察等形式,了解教师的真实需求从而制订切实可行的培养计划,实现不同层次教师的共同提高;展示示范搭台子,我园给予教师最大的展示舞台,通过全园开放、全区开放、公开课、优质课等活动,为教师搭建自我展示的平台,不断提升教师的自信心和社会认可度,以实现教师的自我价值;以老带新压担子,我园充分利用老教师经验丰富的特点,以师徒结对的形式,帮助新教师不断转变教育思想,更新教育观念,从而促进新教师的发展。

教育初心也是教师的教育智慧,是教师在探求教育教学规律基础上长期实践、感悟、反思的结果。我经常这样鼓励教师:"把活动当成提升智慧的必修课,注重教育小细节的研究,就一定能成长为有教育大智慧的老师。"于是,幼儿园的每一次活动都成为教师提升自身智慧的契机。如课例研讨活动,提升了教师作为引导者的智慧;每学期的观摩活动,提升了教师作为支持者的智慧;教师个人文案,提升了教师作为反思者的智慧;园本教研活动,提升了教师作为研究者的智慧;外出学习培训,提升了教师作为学习者的智慧;多样的家长工作,提升了教师与家长交流与合作的智慧;等等。每次活动后,我园都会组织教师进行反思和讨论,让教师们有所悟、有所思、有所得。

初心易得,始终难首。作为一名幼儿教育工作者,要想在日复一日的工作中守住初心,还离不开"匠心"二字。独具匠心,坚持始终,应该是教师一直追求的目标。

1.匠心的精湛技能

我园摒弃了传统的幼儿教师唱跳舞画技能培养,把《幼儿园教师专业标准(试行)》中的教师专业能力作为重点,结合日常教学,不断给予教师指导和帮助,支持教师专业化水平的不断提升。

2.匠心的坚持不懈

我们一直强调"教育是个良心活",要让自己问心无愧。在幼儿园组织师德演讲,把师德根植于教师的内心;组织幼儿学习故事分享会,使教师在聆听他人故事中有所收获;树立匠心典型,号召全园向其学习。

3.匠心的专注态度

多年的从教生涯,使我形成了专注严谨的工作态度,并把这个态度传递给每位教师。在工作中,我因人分工,使教师各施所长,在工作中不断实现自己的价值;同时,我还鼓励教师在自身原有的基础上不断提升,优中更优。

法国思想家蒙田说:"教育不是为了适应外界,而是为了自己内心的丰富。"未来幼儿园,"初心绘长卷,匠心谱芳华"将成为一种文化,将初心、匠心都汇聚成真心,努力实现"让每个孩子享有公平而有质量的教育,为孩子们编织一个幸福童年"的教育初心。

做教师专业发展的领路人

——以大班教师和幼儿水墨画素养提升为例

青岛市李沧区衡水路幼儿园 王 开

引领教师专业发展是幼儿园管理者的重要工作职责之一,需要不懈的努力,需要细致规划、循序渐进。以我园教师水墨画素养提升过程为例,教师专业素养储备、评价互动角度、幼儿绘画兴趣等在专业引领下均发生了明显变化。

我园美术教师有一定的绘画指导经验,但是均缺乏美术专业的系统学习过程,在水墨画的历史背景、人物特点、绘画技巧、作品赏析等方面的知识欠缺。在与幼儿互动过程中的指导策略以绘画内容和技能的指导为主,缺少引发幼儿对作品内涵的理解以及运用水墨画的内容表达自己的观察发现和情感的教学策略。活动评价中教师多以"画了什么?还可以添画些什么?""哪里画得好,还可以怎样画?"等方式评价和欣赏幼儿作品,对幼儿在绘画过程中为什么画,绘画时想到了什么,表达了哪些情感以及在绘画过程中的学习品质等缺少积极的评价,因此在自由活动中选择开展水墨画活动的幼儿不多,教师的关注度也不高,幼儿绘画的兴趣和水平也受到一定的限制。又因幼儿日常缺少充分的欣赏、自由表现的机会,大多以教师引领、简单观察为主,对作品背后的故事,作品中表达的一些情感涉及较少。

针对以上问题,策略如下。

一、会欣赏——丰富教师对中国水墨画的鉴赏经验

欣赏是水墨画创作的基础,作为幼儿园教师首先要学习欣赏水墨画作品,从作品中体会作者的情感,在欣赏中提升自己的审美能力。

1. 博物馆水墨画的鉴赏与分析

充分挖掘城市博物馆和个人绘画展的艺术资源,引领教师走进青岛市博物馆,走近名家名画,亲身了解、感受水墨画的艺术气息。在赏析博物馆书画作品中,通过

深入的赏析和解读作品,加深教师对名家作品的了解,激发教师学习欣赏名画的兴趣。教师还发现中国书画作品与诗词是紧密结合的,一幅有情境的作品中都会有一首表达作品内容和心境的词,比如郑板桥纸本墨竹石图中就有"一节复一节,千枝连万叶。我自不开花,免撩蜂与蝶"的诗词,吟诵理解的过程中不难体会郑板桥的心境。在走进博物馆欣赏名画的过程中引领教师去发现美、感受美并学会追求美,激发教师自主欣赏和学习的愿望。

2. 名师引领,体验水墨画中的艺术语言

欣赏是基础,绘画是技巧。赏析水墨画作品给教师提供了较为丰富的经验基础,然后再通过动手进行水墨画练习来加深体验感受。借助个性化培训平台,参与水墨画欣赏与创作的培训,通过名师引领,丰富教师水墨画绘画的技巧。同时在幼儿园中充分发挥级部中有水墨画绘画优势的教师的引领作用,经常性地开展水墨画绘画与欣赏评析的教师预操作活动,在亲身体验中学习运用水墨画中的用笔、色彩、远近关系以及人物特点等绘画技巧,运用水墨画中的艺术语言,表现生活中的事、物、景。在绘画的基础上为作品题词,在提升教师运用艺术语言描述生活的同时,运用文学语言解读作品。相互之间开展教师作品的欣赏与解读,从多方面提升教师表现创作的能力,为教师提供经验和实操基础。

二、多途径——引领大班幼儿开展水墨画欣赏与表现活动

1. 讲"国画大师"故事,激发幼儿绘画愿望

情感是幼儿学习的源泉和动力,中国水墨画在不同时期出现了许多国画大师,如齐白石、张大千、徐悲鸿、傅抱石、吴贯中等,每位国画大师在学习与创作的过程中都经历了从简单到复杂、由浅入深的过程,在高超精湛的技艺背后都有一段值得与幼儿分享的动人故事。教师将国画的欣赏与了解大师的故事有机结合,在欣赏美的画面的同时了解国画大师创作的背景,从内心深处走进水墨画的情境,如齐白石画虾、徐悲鸿画马等感人的故事,从情感、品质、态度等方面给幼儿深深的触动,激发幼儿对国画大师的敬佩以及学习国画的愿望。

2. 与名家对话,从临摹中体验并理解水墨画作品的背景和情感

国画大师吴贯中曾经说:"你一定要穿着大师的拖鞋走一走,然后把拖鞋扔了,在穿和脱的过程中,你就会找到自己。我就是这么走过来的。"观察临摹名家作品是幼儿创作表现的基础,在分享了名家的故事后,教师有目的地提供名家的代表作品,引导幼儿在欣赏、理解作品的基础上尝试临摹绘画,在绘画中尝试体会名家作画的心

情。

3. 在自然观察中绘画

与名家对话，感受名家作画的态度，在观察中学习，是经验积累的过程。在绘画的过程中，教师带幼儿走出教室，到大自然中观察、欣赏各种景色，小池塘里的莲花、鲤鱼，菜园里的蔬菜果实，为幼儿积累丰富的感性经验。日常的绘画中，为幼儿收集、提供各种实物，如盆景竹子、各种小鱼等，引导幼儿在观察中绘画，将临摹名家作品中获得的一些有益经验与观察绘画的过程相结合，让绘画更具情景性。

4. 古诗词的欣赏和水墨画创作与表现有机结合，展现幼儿个性化的理解过程

中国古诗词的语言和意境美与中国水墨画的创作相得益彰。将中国传统文化的内容与幼儿园教学活动有机融合，以季节、节日、风景、亲情以及友情为主题的古诗词在幼儿园课程中不断渗透，教师引导幼儿在诵读中理解古诗词的内涵，鼓励幼儿运用水墨画的形式再现对诗词内容的理解。同一首诗歌内容，不同幼儿的表现各有不同，幼儿在绘画中将笔法、色彩运用到对诗词内容的理解中，展现了幼儿独特的理解。

引领教师的专业发展是园长工作的重要方面，其涵盖内容丰富，包含了知识、理念、能力等方面，是一项复杂的工程。这既是对园长的挑战，也是对园长引领能力的证明，又是对教师自身的要求，是一个长期的、动态的、革新的过程。

隐形的翅膀

——多元治理理念下的农村幼教协作体实践

平度市开发区中心幼儿园　官伟丽

一、缘由

目前，制约农村学前教育发展的核心问题就是教师专业发展问题，如何通过从内部建立、完善相应机制，发挥制度对于教师专业发展的有效推动力，为每一所村办园、每位农村幼儿教师插上一双隐形的翅膀呢？

我们将目光聚焦于幼教协作体的构建与推进。幼教协作体是由一所优质幼儿园带领一个片区内的乡镇中心园、村办园、民办园共同发展的教研组织。例如，以平度开发区中心幼儿园为首创立的幼教协作体，包括八个乡镇在内的所有中心园、村办园以及两处民办园。

二、事件的描述

（一）鲶鱼效应：发挥协作主体的中心领导力

在装满沙丁鱼的鱼槽里放进一条鲶鱼，由于环境陌生，鲶鱼便四处游动。沙丁鱼见到鲶鱼后也开始加速游动，活蹦乱跳地游回海港，这就是著名的鲶鱼效应。对于整个协作体来说，需要"一条条鲶鱼"激发教师个体的创造力和研究力，促进整个协作组织资源之间的流动。

柯克·艾默生认为，领导力是区域协同治理的首要驱动要素。领导者不仅要提出协同治理的动议，还要亲自动员并组织相关资源，确保集体行动具有必需的资源支持。协作体需要动员多方主体共同参与行动，首先就需要具备有领导力的组织者。

第一，作为协作体的主导组织者，首先要做一条"领导者鲶鱼"，以仁爱之心、良善胸怀、责任担当、勇闯敢干的具体行为，激发各协作主体，即各中心园的负责人能够以主人翁的身份积极参与协作体组织。

第二，让开发区中心园成为一条"专业鲶鱼"，以具有前瞻性的课题研究提升整个协作体的专业发展航向。以表演游戏、早期绘本阅读等省、市级课题研究、田野课程研究作为协作体的活动主题，以开发区中心园的研究精神、研究成果激活整个协作体区域的研究信心。

第三，培育每个协作体中心园的教师成为"特色鲶鱼"，提供开放的展示空间，让所有协作主体中的具有教学特色的优秀教师，像鲶鱼一样增添本园、他园、整个协作体的专业发展张力。

（二）从"我"到"我们"：走向"善治"的协作目标

随着协作体活动的一步步深入，组织成员的观念也逐渐发生了变化。那些挂在嘴上的口头语："我的老师还没有机会呢""我的园现在开放不了"逐渐听不到了，取而代之的是"我们现在商量一下，如何发挥我们老师的积极性""我们这次的观摩活动成效不错！""我们下次是否可以开展游戏观摩活动？"等。

在这个协同体中，由于将专业选择权、专业决策权、专业组织权下放给基层实践的各协作主体，其组织功能更具有接近性、资源共享更具便利性、专业研究更有共同话语,因此针对教师面临的实践问题提出的"自然材料的有效运用""村办园环境创设""幼小衔接策略""户外活动组织"等协作研究主题便更加适宜、更加明智,促进了协作效能的有效释放。

教育治理及其现代化的终极价值目标是"高效、公平、自由、有序"的教育善治,多元治理主体之间客观上就存在协同关系,能够形成协同效应,协同的效果要大于所有单个治理主体独立发挥作用之和。向善不仅是整个治理区域环境中的底色,而且成为整个治理体系行动的导航灯。可见,协作体的发展目标不是仅仅着眼于"我"的利益的小我目标,而是着眼于协作体"我们"共同利益的共同体目标;不是写在纸上的,而是在持续性的互动过程中逐步形成的,而且随着各个协作主体的需求而不断发展,成为集体行为的共同导向。

(三)从碎片化到生态圈:实施"共谋共享"的协作方式

在协同治理过程中,各协作体中心园、村办园、民办园等都参与其中,各自发挥不同的作用,但是他们并非各自为政、独立行动,而是会通过合作协商的方式,形成协同效应,如同形成一双"无形的手"。开发区中心园采取"三圈三机制"的方式,形成一双"有力而又无形的手",推动所有园所高质量均衡发展。

1. 打造教师专业发展生态圈

采取流动发展策略,形成三个不同形态的专业发展圈。第一形态为内流生态圈,各园根据自身需要,引入他园的资源力量,为我所用。例如,民办园为了提升自己的区域创设质量,不仅走出去到各中心园观察,还邀请他园骨干教师持续进园指导。

第二形态是外流生态圈,即各园充分发挥自身园所的优势,在集中提升本园的资源力量的基础上,分享给其他园所。如开发区中心园陆续开放分享表演游戏研究成果。

第三形态是交织生态圈,即围绕焦点主题,集中协作体所有的资源力量,合作攻破某些难题,全面提升整个协作体的质量。

2. 建立有效的教研机制

为推动生态圈之间的正向能量流动,特建立以下三种机制。

一是定期互动制,即以制度的形式确定定期互动的时间、方式、地点。如每周协作体面对面集中教研课程一次、每月观摩研讨现场会一次、每学期组织大型经验交流研讨会一次等。

二是轮流主持机制,即采取自愿与推荐相结合的方式,确立主持协作体活动的中心园,由中心园主导安排、组织相应的教研活动内容、场地、组织程序、评价等。

三是集中学习机制,为了避免教研内容假大空和教研走形式,确定每次活动必须选择教师面临的现实问题,引导教师全身心投入,以现场体验式学习、观摩现场研讨、活动展示研讨等形式为主,提升教师参与教研全程的积极性。

这些顺势而生的机制有效激励了每位教师在专业教育方面获得成就感,教研科研逐步深化,人人参与课题研究。在高密度、高质量的大小教研活动中,分类推进,实现了骨干教师"飞跃曲",成熟教师"圆舞曲"等人才培养发展规划。

三、案例反思

1. 管理到治理的跨越

幼教协作体的构建与实施是从管理到治理的跨越,是思想上的解放和理念上的进步。首先实现了管理主体从单一向多元的转向,治理主体包括政府、不同体制形式的幼儿园等;第二强调各方主体共同行动,实现了从自上而下的管理权力运行向平行管理权力运行的转向。第三转变以控制和服从为主的管理过程,转向对差异性、独特性、实际需求的关注,以及对各方利益和权利的尊重。第四实现了命令、强制为主的管理方式向协商沟通为主的方式转向,以共赢共生代替恶性竞争。

2. 协同的力量

幼教协作体强化了治理主体内部各要素之间的协同以及各治理主体之间的协同,有效调动各方治理主体拥有的资源与力量参与治理过程,发挥他们在复杂共同事务中的协同治理作用,形成整体大于部分之和的效果,提高协作效果。

3. 民主协商的协作方式

幼教协作体强调治理主体的任何弱小的力量都可能发挥极端关键的作用。协同治理的系统中各个主体之间需要寻找分化与整合的途径,通过协同实现治理效果的最优化。这个过程中无法通过下达指令、指挥命令的方式开展,而是通过多方主体协同参与,在分析各方驱动力量、平衡各方利益的基础上,以民主协商、审议、合作等方式实现协作目标。

以园本教研为抓手　助力教师专业成长

莱西市望城街道中心幼儿园　张　妍

提高课程的实施效果,最根本的是全面提升教师的专业发展。为此,我们积极开展了各种形式的园本教研活动,以三个"注重"来引领教师不断提升课程理念,促进了教师的专业化成长。

一、注重菜单式培训,在培训中提高

根据教师所需开展有针对性的培训活动,能更好地促进教师的专业成长。因此,我园积极探索园本培训的有效形式,开展教师菜单式培训,本着"缺什么,补什么,需什么,供什么"的原则,充分挖掘园本资源,对教师进行园本培训调查问卷之后,幼儿园结合教师需要,列出培训菜单(例如,何提高区域活动分享环节的效果,如何让户外游戏活动与编织特色有机整合,如何提高幼儿的编织兴趣等10多项培训内容),分别由园中在这些方面有特长的班组长、中层干部担任主讲者,教师根据自己所需进行培训内容的自主选择。这样的活动极具针对性和可选性,创新地赋予了教师充分的自主性。大家互相学习、共同提高,保证了培训的效果。

二、注重参与式研讨,在研讨中成长

在每周的业务学习等集体教研中,我们大多运用参与式研讨,每个人都是发言者,教师们在一起讨论、研究,集思广益,园长也亲自参与各种教研,与教师们一起探讨,在矛盾碰撞中迸发思维的火花,最终达成共识,以集体的教育智慧形成了具有实效性的解决方案。如主题活动内容适宜性的研究、如何进行相关主题环境创设、如何提高集体教学的有效性等等问题,就是在这样的方式下解决的。参与式研讨达到了共同提高的目的,同时也提升了教师的自身素质,使教师的本领越来越大。参与式研讨不仅提高了教师的课程实施水平,也提高了园长的课程领导力。

三、注重互助式分享，在分享中收获

教师间的同伴互助是园本教研的标志和灵魂，是教师依托集体在团队中共同成长的最有效的方式。因此，在园本教研中，我们更注重运用同伴间的互助反思、互相观摩、自主式教研、好书共享等形式，开展同伴间的互助、合作、分享等。例如，通过课堂观摩，让同事们集体观课议课，并进行课堂诊断，达到发挥骨干教师、教研组长等在同伴互助中的"传、帮、带"的积极作用；通过互动反思，让同伴一起反思教学实践，弥补了教师个体的经验反思在深度和广度上的不足，整合了智慧，拓宽了思维，并进一步触及教学中的深层次问题；通过协作教研，在共同承担的教研任务中，群策群力，充分发挥每个教师的兴趣爱好和个性特长，使教师在互助合作、互补共生中沉淀思想、逐步成长。

这一系列形式多样的园本教研活动，让教师们在与问题、与理念、与同伴的广泛对话中，大大提升了自身的课程理念和驾驭课程的能力，专业化水平明显提高。教师们胸中有丘壑，变得更加自信，在工作中如鱼得水、游刃有余，为课程的顺利实施奠定了基础。

多"管"齐下，众策并举

青岛市市南区洪泽湖路幼儿园　隋吉敏

有语云："一花独放不是春，百花齐放春满园。"一所幼儿园的实力取决于它的整体状况，可以说幼儿园的发展靠的是教师的整体素质。为了努力培养一支优秀的教师队伍，促进幼儿园内涵的发展，洪泽湖路幼儿园尝试了以下做法。

一、提升教师职业道德素养

一所发展良好的学校关键在师德和质量，可见教师职业道德之重要。幼儿园一直将教师师德修养提升作为一项重要工作来抓，制定师德师风专项整治工作方案，加深教师对"做人民满意教师"的理解。开展相关政策法规的专项学习研讨，签订师德责任书，并针对师德师风问题进行自查、自改，建立教师个人师德师风档案，将师

德建设纳入教师考核中。定期开展师德演讲、学优秀典型等活动,鞭策教师的教育行为,人人争做"有理想信念、有扎实学识、有道德情操、有仁爱之心"的好老师。

二、实施"三年内新教师培养"工程

幼儿园给每位新教师明确了发展目标:一年教学常规入门,两年课堂教学过关,三年教学业务达标。为新教师配备优秀的骨干教师进行帮扶结对,签订师徒协议,在此基础上,幼儿园开展了五官及肢体式综合培训,如:头脑培训——理论指南,一日活动规范方面的培训;眼界培训——业务干部、教研组长下水课,名师观摩课,学科组研究课;口语培训——演讲比赛,讲故事比赛;动手培训——海洋作品制作评比,环境创设;实操考核培训——一课三研,半日跟踪,预约课,回头课,共研课等。在悦动课堂理念的引领下,对新教师的培养根植课堂教学,夯实年轻教师专业基本功,为新教师的发展奠定坚实的基础。

三、提出"三二一"要求,指明骨干教师发展方向

骨干教师是幼儿园队伍建设的中坚力量,因此培养骨干教师,造就一支素质良好的骨干队伍,必须有一套过硬的措施。我园对骨干教师提出"三二一"要求,明确成为骨干教师必须由此起步。"三"是指"三个说得清",即说得清《3—6岁儿童学习与发展指南》对自己执教年龄段的具体要求;说得清教育活动设计的意图;说得清重、难点解决的措施和方法。"二"是指"两个拿得出",即拿得出像样的公开课(展示课);拿得出像样的经验论文或案例研究。"一"是指"一个看得准",即在了解幼儿及自身发展水平的基础上,看得准学前教育发展的趋势和自身努力的方向。通过加强骨干教师的培养与管理,使教师队伍整体建设扎实、有效,充分发挥骨干教师队伍的辐射和带动作用。

四、实施"幸福教师"工程,提升职业幸福感

教师是离天使最近的人,面对那一张张纯真稚嫩的脸庞,教师到底应该怎样做?幼儿园积极开展幸福教师座谈活动、"心灵之约"心理辅导活动,引导教师摆正心态,珍惜拥有。通过外出学习、把专家请进来、二级培训等形式提升教师综合素养,多层面、多角度促进教师整体素养不断提升。组织多种形式的读书、健身等活动,让教师们在工作之余,愉悦身心,强身健体,提高团队凝聚力,提升教师幸福指数。

从阅读开始　做专业幼教人

青岛西海岸新区琅琊中心幼儿园　肖桂芳

幼儿教师的工作是琐碎、忙碌又辛苦的，因为幼儿年龄小，自理能力差，教师需要事无巨细地观察、帮助、指导每一名幼儿。久而久之，教师很容易产生职业倦怠感，把自己的幼教生活定义为——照顾孩子的吃喝拉撒睡，保姆式地开展工作，与入职时的教育初心和美好的教育愿景背道而驰。

在引领幼儿教师专业成长的路上，我们以"阅读丽（立）人"为目标，坚持以阅读重建"心常态"，拥有新力量，创造幼教新未来。通过坚持"每日一读"、琅幼读书会的"好书共读"等活动，一起读书、讲书，感受生活的温暖，体悟幼教的魅力，完成站在大师的肩膀上前行、站在自己的肩膀上攀升的目标，让自己尽快成长为一名爱幼教、懂幼教、通幼教的专业幼教人。

一、坚持每日一读，感受幼教之"美"

我们坚持开卷有益的原则，倡导教师进行每日一读，不限时间，不限地点。在每日一读中，我们向教师推荐了郑英的《教育，向美而生》、宁征的《幼儿园开放课程故事》、尹建莉的《最美的教育最简单》……阅读教育美好故事、再现教育美好理想。每日一读，于繁忙的工作、生活之余，留一点时间给自己，喝一杯茶，读一本书，品一下生活的滋味，聆听自己内心深处的声音——"好想回到中学时代，去做一回郑老师的学生""我要带我的孩子做郑老师那样的教育，给他们幸福的童年""原来课程就藏在生活里，一只小蜗牛、一棵小草都可以成为课程"……静能生智，静能生慧，静能致远。一杯茶的时间带给我们的是宁静，一个故事带给我们的是思考，思考眼前事，思考前行的方向。书本中凝结的是大师的智慧，优美的文字，丰满的教育理想，以教育故事、教育案例的形式呈现在我们眼前，鲜活、生动，有案例、有策略、有思想。每每读起，似一股暖流，总能触动教师心底的那片温柔地带，激起内心的一片涟漪，不由感叹：教育，原来这么简单；教育，原来可以如此生动、美丽！

教育，是唤醒人的灵性的事业。万物皆有灵性，相信这句话同样适用于教师。辛苦工作之余,与教育大师对话,唤醒他们的教育初心,撒下希望的种子,相信终将有一天会破土而出,向上、向光生长。

二、推行好书共读,体悟幼教之"趣"

朱永新教授认为只有共同阅读同一本书的人,才能真正拥有关于这本书的共同密码、共同语言。共同阅读,能够让读者目标一致,在精神上真正生活在一起,建立共同的文化家园。在朱教授的引领下,"好书共读"在我们幼儿园应运而生。

"好书共读"包括四个要素,即时间、主体、内容和方法。我们选择每周五为琅幼读书会时间,带领青年教师一起读书。在书目选择上,或根据工作实际、教师需求,或通过好书推荐的方式,大家一起决定读书内容。开学初,因为新教师较多,教研组长推了《3—6岁儿童学习与发展指南》一书,来帮助新教师了解幼儿园教育的整体目标;再如《幼儿园管理故事》《孩子,你慢慢来》等。共读时,我们多是采用领读和讲书的形式开展,每次共读会确定下一次的内容和领读人,责任教师提前备课,或讲书,或领读,或分享,或交流,或研疑解惑,形式灵活多样,既充满趣味性,又富有挑战性。

"好书共读"展示的是一群人、一件事、一辈子的故事,用激情点燃激情,用梦想推动梦想。"好书共读"重建被琐碎、艰辛扰乱的"心常态",在共读中汲取前行的勇气和力量,去攀登思想与智慧的高峰,发现幼儿教育的"趣"。

三、阅读无字之书,启迪幼教之"慧"

阅读的价值不可小觑,阅读的范围无止境。阅读源于书籍却不限于书籍,还可以阅读绘画作品、雕刻作品、音乐作品,以及阅读人生。对于幼教人而言,我们更应该学会阅读我们的教育对象——幼儿。

要具备幼儿视角,才能真正看清楚幼儿的所思所想,所作所为,找到打开幼儿心灵的钥匙。户外游戏时,教师反复要求幼儿拉起小手围成一个大圆圈,可是幼儿总喜欢那种拉不到、拽不着的感觉。而如果教师说:"今天的风好大,我们被风吹地跳起圆圈舞。"同一个目标,不同的表达,效果就可能截然相反。陶行知先生曾说过:"我们必得会变小孩子,才配做小孩子的先生。"带着一颗童心做幼儿教师,尝试用儿童的眼睛去观察,用儿童的大脑去思考,用专业的智慧去解读。

陈鹤琴先生告诉我们:"游戏是儿童生来就喜欢的,儿童的生活可以说就是游戏。"游戏是一种幼儿的生活状态,也是一种童年精神。我们要扮演好幼儿游戏的观察者、合作者、引导者角色,深入幼儿内心,融入幼儿生活,用心、用专业、用智慧读懂幼儿游戏。

阅读，是一种主动承继和发展的力量。阅读是生活中最美的姿态，也是人生中最美的状态。只要坚持这种姿态和状态，我们必定会成为行走在幼教路上的专业幼教人，既能用我们的专业创造幼儿教育的美丽故事，又能推动幼儿教育专业而深入的发展。

分层培训　优化教师队伍

青岛西海岸新区第一幼儿园　谭湘菲

教师培训是幼儿园园本培训的核心内容，是幼儿园在追求持续发展过程中必须认真对待的一项工作。培训模式的创新与优质直接影响着教师专业成长的速度和幼儿园发展的质量。青岛西海岸新区第一幼儿园在"以人为本、以园为本、以需求为本"的思想指导下，根据处于不同发展时期教师的特点和需求，精心研究、策划、组织教师分层培训活动。

1. 新教师融入式培训，初建职业认同感

工作三年以内的新教师在心理上和工作上都处在一个不断适应的时期，经历了踏上工作岗位后的兴奋、工作初期的焦虑、工作内容不断拓展变化后的忙乱等阶级。因此我们将新教师融入式培训的目的确立为：促使其尽快融入幼儿园的工作与生活，给予其精神上的支持、鼓励与肯定，通过在日常工作中的具体、有效的指导，尝试开展"走近名师"活动，即通过对名师教育行为的解读，让新教师感悟教师的职业特点及应具有的精神品质，从而在对工作充满热情的同时，进一步明确做一名好教师的目标和要求。此外，第一幼儿园还开展"新教师的寻常时刻"系列培训活动，将培训定位于工作的寻常时刻，通过拍摄新教师一日活动主要环节的组织过程，捕捉出现的共性问题和典型问题。在培训活动中再现问题的情景片段，大家一起共同观看、分析、反思、调整，从而固化正确的教育行为。融入式培训将促使新教师非常直观地学习一日活动各环节的组织方式，解决组织过程中出现的问题，不断提高组织一日活动的能力，在逐步适应并胜任岗位工作的过程中初步建立对幼儿教师职业的认同感。

2.青年型教师提升式培训，提高专业化水平

青年型教师在工作三年左右逐步进入发展期，对幼儿园的日常工作开始得心应手，从而有能力尝试按照自己的想法调整、改变自身的教育行为，显现出自我优势。因此，我们将青年型教师提升式培训的目标确立为：根据青年教师求新求变的专业化发展需求，培训旨在更具针对性地实现对其的专业引领，在提高专业化水平的同时帮助其形成自己的教学风格。幼儿园充分利用园本资源，开展"师徒结对"活动，通过师徒学习共同体的资源，共同研讨、学习，使培训活动更丰富、生动、高效。此外还充分利用园外资源，邀请专家进行"诊断对话"培训活动。青年教师向专家有针对性地提出问题，由专家针对问题分析、诊断，应答过程中大家就某一个问题共同进行思考、交流，在互相"碰撞"后或形成共识、解决问题，或引发更深层次的思考。提升式培训有效提升了青年教师的专业素养，大幅度提高了教师的专业化水平。

3.经验型教师创优式培训，增强职业幸福感

经验型教师步入成熟期后，已能充分认识并肯定自己的能力及角色，已有足够的能力去探索更深层次的教学问题，成为幼儿园的骨干力量。在专业发展上经验型教师有自己更高远的目标，需要更多的支持、更大的空间。因此，我们将经验型教师创优式培训的目的确立为：扩大视野，提升能力，在不断追求并达成更新、更高目标的过程中迅速提高专业素质，增强职业幸福感。幼儿园积极搭建各种有效平台，如争创省、市、区名师，市学科带头人；承担市级以上课题研究；参加省培、国培；等等。通过这些途径来支持经验型教师积极开展教科研工作，对教育教学实践中需要研究的问题进行深入探索和研究，促使其在此过程中不断转变教育观念，创造性地开展教学工作，在实现专业成长的价值和目标的过程中，感受强烈的职业成功感与职业幸福感。

真诚相约，助力成长

青岛市李沧区青山路幼儿园　张　华

园长的职责可以概括为两个：促进幼儿的健康成长，促进教师的专业成长和综合素养的提升。园长完成了这两个职责也就引领了一所幼儿园的发展。因此，对教师发展的引领是我们责无旁贷的使命。那如何引领教师的成长呢？个人认为教师的成长包含个人素养和专业素养两方面的成长，并且两方面是相互促进、不可分离的。针对这两方面的引领，笔者有以下思考。

一、真诚的心灵相约，引领教师的归属感和职业观

1. 心灵相约，首先贵在真诚

面对幼儿教师大都为女性的特点，作为园长首先要以身作则，放下身架，真诚地对待每位教师，真心地关心教师的思想状况，倾听其心声。同时依托幼儿园文化，营造良好的人际氛围，让教师信任园长，信任团队，从而激发团队归属感。教师只有拥有了团队归属感，才愿意在这里扎根生长。

2. 心灵相约，需要敞开心扉，接纳彼此

无论教师水平高低、习惯如何，幼儿园首先要接纳每一个不同的个体，然后再予以引领。为能较快走进教师的内心，让教师对幼儿园产生信任和接纳，我便通过讲故事的形式对教师动之以情，晓之以理，与教师共情，最后激情。

如我园新来一位本科毕业的教师，四年的大学学习使其拥有了较多的教育理论和教育思想，对工作充满了憧憬。但是，来到幼儿园开始走进幼儿的一日活动后，她感到琐碎的幼儿园工作与大学的理论学习相差甚远，于是感到非常迷茫，找不到自己的定位，在理想与现实之间，失去了平衡。因此，工作中常常表现得恍惚又失落，不知何去何从。为此，我便给其讲述自己的成长故事，讲述我刚从大学走进幼儿园时也曾感到迷茫，后悔来到幼儿园，但是又无力改变。于是，便开始写日记倾诉心情、反思一天的工作，让自己清醒一点。到后来慢慢尝试写教育笔记，将自己内心的所思、

所想记录并整理出来。坚持在组织幼儿一日活动的基础上，多写东西。慢慢地，孩子们喜欢我，家长们喜欢我，幼儿园也发现了自己的优点，便给予我机会去参加各种评选活动。就这样，我慢慢地使自己的心沉了下来，也慢慢地融入了幼儿园的工作中，一路坚持一路付出，直到今天。

通过讲述自己的故事，使教师能够意识到，只要静下心来，努力踏实地走路，坚持就会成功。让其看到工作的希望，从而也唤起她内在的职业观，激发工作的热情。

二、躬身实践，助力教师专业发展的深化

教师的专业成长是内因与外因共同作用的结晶，内因是教师的自我努力与成长，与其职业观有关系；外因是幼儿园给其的专业引领和提供的成长锻炼平台。

作为园长，我一般通过三个方面来引领教师的专业成长。第一，亲自带领教师开展教研活动，与教师一起深入分析问题，寻找解决问题的对策，给予教师理论如何应用于实践的专业指导；第二，走进班级实践中，给予教师有的放矢的实践层面的指导；第三，带领教师开展业务学习，通过加强教师的理论学习，来促使教师拥有正确的教育理念，丰富其教育思想和教育理论，用正确的教育理论来指导教学实践。

此外，还可以通过梯队建设，为教师提供不同高度的发展与锻炼的平台，如赛课、评优等，通过园内的培训和园外的锻炼，共促教师的专业成长！

引领教师专业成长"三部曲"

青岛市城阳区棘洪滩幼儿园　孙　萌

幼儿园的发展需要一支专业化水平很高的骨干教师队伍，需要优秀的、有自己教育优势和特色的骨干教师来引领整个教师队伍的发展。由于教育的动态性和发展性，教育技能和素质只有在教学实践中才能不断提高。

一、读书——丰富专业知识

我们的专业成长虽然在很大程度上受所处环境的影响，但更取决于自己的心态和作为。我们不应是专业发展的被动的接收器，更应是自身发展的积极建构者。"自

觉""自主"应成为教师专业发展的关键词。

首先,我以身作则,阅读相关的教育案例、教育理论、幼儿园管理等书籍,从而带动教师集体读书,再让教师带动孩子们去读书,同时,感染家长也参与进来。每月,我们会定期举行"读书交流大会"。活动开始前,我精心布置场地,播放优美的轻音乐,让教师感受到一种温馨。虽然是一种交流大会,但我们就像是谈话一样,教师各抒己见,表达自己的想法。我们的活动不是为了完成任务,而是为了让教师得到充分的放松,在这种轻松愉悦的氛围中让教师得到成长,让读书成为一种习惯,一种乐趣。

当一个教师知道自己要什么,并且非常希望获得它们的时候,就不会放弃任何一个可能通向成功的机会,就会利用、发现、创造各种机会和条件,自觉学习,关注校内外的先进经验,举一反三,注重积累自己的实践历程并加以反思和提升。

二、师徒结对——提升专业修养,提高实践智慧

做个好的教师,必须适应时代的发展,不断更新教育、教学理念,我们必须具备较高的政治素质和文化素养以及较强的组织能力。

首先,开展园本培训。通过理论学习,养成理论学习和实践反思的习惯,不断提高研究和解决实际问题的能力,让教育的智慧之花在研讨中碰撞。

为了提高我园教师的理论修养,我们采用"请进来,走出去"的形式对教师展开培训。特邀王忠诚老师来我园对教师进行团队凝聚力的培养;邀请亿童培训机构的专家开展家园联系、教育教学等方面的讲座,不断用知识武装自己的头脑,提升理论修养。

除了理论的学习,我园还加强了教师基本功的培训。先从幼儿园入手,让基本功扎实的教师组织开展技能技巧培训。为了提高教师学习的积极性,特意组织开展了多种活动,如讲故事比赛、歌唱比赛、绘画比赛、钢笔字比赛、师德演讲比赛等,教师积极参与,培训也没有白费。

我园青年教师较多,为了让他们尽快适应学前教育工作,我们开展了"师徒结对"活动。活动中,老教师将教学经验毫无保留地传授给青年教师,青年教师虚心学习,大家相互探讨,教学相长。例如,我与我园的矫老师组成了师徒,每天,我都要去她的班级,观察她的一日工作并记录下来,利用中午和放学的时间,对她进行指导。记得有一次,我去她们班时,正好看到一个孩子拉裤子了,而她站在那里,不知所措。我首先安抚孩子,让她不要怕,然后告诉矫老师,如果没有备用的裤子,就尽快联系家长。我打来一盆温水,把孩子抱到盥洗室,给孩子脱下裤子,用毛巾反复擦洗,直到给孩子清理干净。虽是夏天,我仍然找来一块备用的小毯子,把孩子包起来,以免受

凉。然后我把孩子抱到活动室,给她换上备用裤子。最后,再把孩子弄脏的裤子洗干净,晾干。矫老师看得目瞪口呆。我告诉她,在家里,我们都是父母的宝贝,可是,来到幼儿园,我们不仅是孩子们的老师,更要像他们的妈妈一样,爱护他们,尊重他们。矫老师点点头,看得出来,她,被感染了。

　　集体教育活动是一日活动的关键,要想组织好集体教育活动,就要备好课,要想备好课,首先就要对学生有充分的了解。每天中午,我们都要互相交流研讨,以幼儿为主体,从知识、能力、情感三方面进行目标的定位。经常为了一节教育活动课,我们会研讨很多遍,研讨之后再进行教学实践,反复地听课、评课、再修改、再上课。功夫不负有心人,矫老师参加了今年城阳区的公开课活动,并获得了评委老师们的一致好评。

　　师徒结对活动,为新教师尽快适应教育教学工作,加快专业成长提供了良好条件,为教师们搭建了一个相互切磋、相互学习、共同发展的平台,既能鼓励和引导,又能约束和评价。在教学相长的过程中,新教师可以加速成长,老教师也获得了新鲜能量,大家彼此相互促进,共同发展。

　　教师的专业成长离不开实践与探索,更离不开自身的奉献和努力,只有不断学习,不断进步,才能有效地促进教师的专业成长。

引领教师研学"做中学"科学教育活动

青岛市市北区桦川路幼儿园　李春萍

　　近几年,我园以"做中学"科学教育活动研究为切入点,将学前儿童科学教育研究放在十分重要的位置,围绕着"做中学"开展活动,精心研究,不断探索。通过活动,幼儿的科学素养不断提高,他们勤于动手、敢于质疑、乐于探究,其动手操作能力、创造能力、搜集信息能力、交流合作能力日益提高。

　　开展"做中学"活动,首先要使每一位教师明白什么是"做中学",为什么要开展"做中学"。为了开阔教师的视野并把学习引向深入,我们采用了"泛读"和"精读"相结合的学习方式。

　　通过"泛读",教师对"做中学"有了理论上的初步认识:"做中学"是在教师引导、支持下,引发学前儿童对周围物质世界进行主动探究,以帮助他们形成科学情感和科学态度,掌握科学方法,获得有关周围物质世界及其关系的科学经验的活动。

所谓"精读",就是选择了北京市"做中学"项目小组编写的《"做中学"幼儿科学教育活动案例》(以下简称《案例》)作为重点学习内容。通过精读,大家明晰了"做中学"的一个重要理念:让孩子在活动中经历"提出问题—猜想与假设—观察和实验验证—记录并做出解释—分享交流和得出初步结论"的过程,我们将这一理念概括为"一问、二想、三做、四记、五分享"五步法。

在精读《案例》的基础上,我园启动了"做中学"活动。活动从模仿开始,让教师在模仿的过程中体会"做中学"。由于开展活动时已是冬季,教师们便把"种大蒜""养乌龟"作为活动内容。小班开展了"怎样种才能发芽"的种植活动。教师让幼儿带来了大蒜,启发幼儿猜想:"小朋友,你们想把这些大蒜种在哪里?""我要种在土里。""我想种在沙里。""应该种在水里。"……小朋友们各抒己见。此时,教师没有给予评论,而是鼓励幼儿按照自己的设想去做。一段时间后,孩子们看到已经长高的"种子宝宝",欣喜不已地向教师报告好消息。这时,教师问:"你们怎么知道它们长高了呢?"有的说:"我看到的。"有的说:"我感觉到它长高了!""那怎么样知道它究竟长了多高?"有的幼儿提出用尺子量一量。考虑到小班幼儿的年龄特点,教师设计了一把充满儿童情趣的"长颈鹿卡通尺",幼儿饶有兴趣地用这把卡通尺为"种子宝宝"量"身高",在尺子上记下来"种子宝宝"的"身高"。教师给种在水里、土里、沙子里的大蒜分别拍了照片,并张贴出来。在集体活动中,教师引导小朋友介绍自己是怎样种大蒜的,使幼儿了解了可以用不同的方法种大蒜,引导幼儿学会与他人交流、合作。通过实践探索,教师深化了对"做中学"的理解,掌握了组织"做中学"科学教育活动的五步教学法。

在"做中学"活动中,我们深深感受到:认真、扎实、有效的学习是开展活动的基础。"做中学"活动涉及许多科学知识,尽可能多地掌握这些知识,是教师指导幼儿开展活动的前提。我们还感受到:园本培训与园本教研紧密结合,是开展"做中学"活动的有效手段。边培训,边研究,培训可以学习、掌握最基本的知识和技术,研究则可以深化培训的内容,为创新发展开辟道路。在培训和研究的过程中,教师的专业化水平得以不断提高,"做中学"活动的思路和办法得以不断生发,我园的办园特色也在这一过程中逐渐形成。

以课程为载体，引领教师专业成长

青岛山东路幼儿园　吕　荣

课程具体实施的关键是教师,教师发挥着将教育目标转化为幼儿具体行为的桥梁作用。要培养和激发教师高水平的教学能力,就需要园长在课程建设和实施中发挥引领、推动、支持、整合、协调等领导职能,推动教师不断提高挖掘、计划、组织与实施幼儿园课程的能力,推动园本课程发展。

一、园所文化引领，激发教师的专业学习力

教师专业成长力是在不同发展阶段引发教师成长提速的根本动力,其首要类型是专业学习力。只有不断推动教师提升专业素养,提升观察、解读、评价孩子的能力,提升创生课程与实施课程的能力,才能用有效的教育策略,实现智慧育人,实现"做真教育,真做教育"。

1.学习＋实践相融合，激活教师的学习力

彼得·圣吉指出:未来唯一的竞争优势是比你的对手学得更快的能力。专业学习力是教师专业飞速成长的秘密武器。

我们紧紧围绕"学习的内驱力、思考力和创造力"来开展理论研读、文献综述、网络培训、专家进园读书会等不同形式的学习和培训活动,找准教师发展的着力点,积极打造学习型组织,明确课改的目标和方法。

2.特色＋文化的影响，形成良好教育风气

在"求同存异"中,我们积极倡导把与幼儿园发展中共同追求的、有意义的价值观、世界观、人生观存下来、传下去。在这个专业场里,通过健康教育和文化建设,引领、熏陶、感染、影响在其中的每一位人,并逐步形成"无私奉献"的园所精神以及"忠恕仁爱　天人合一"的良好园风。教师们用高尚的道德影响人、感染人,形成团结、互助、合作、友爱的群体,为实施健康教育奠定了良好的师资基础。

二、建立管理机制，引领指导教师提高实践能力

1. 建立、落实制度，调动教师课程建设的积极性

随着新课程的发展，我园调整、完善了一系列《课程修改制度》《课程评价制度》《幼儿发展评价制度》《课程培训制度》等规章制度，从课程研究交流、课程评价方法等方面进行规范化管理。在引领教师跟随、参与的同时，帮助教师确立正确的课程观，落实教育制度，规范教学行为。通过一系列的考核，激发教师实施课程、创新课程的积极性。

2. 建立课程管理网络，实现课程建设人人有责

从做有思想的园长、做有能力的中层、做有智慧的教师的要求出发，发挥"园长领导课程—业务干部指导课程—骨干教师创新课程—青年教师实施课程"的四级网络作用，做到人人有任务、人人有责任、个个有分工，园中的每个人都要有课程意识、都是课程资源，形成了一个课程研究共同体。

三、建设阳光团队，引领教师专业提升

根据教师的状况及职业需求，我们主抓重师德、重专业的"双重"建设，培养德才兼备的教师。

1. 重师德：爱心促进文明　善行促进和谐

为了将理念转化为行为，我们确立了"发现独特的儿童"这一主题，用工作中的案例来述讲教育故事。

我们将幼儿园建成一个教师专业发展的"能量场"，紧紧围绕"身呼吸　心生活"主题，开展"幸福教师"活动。结合"心灵成长"开展了"品质生活""时尚生活"等活动，让每一位生活、工作在其中的人感到被关怀、有温度，身心合一，健康向上。改善幼儿园的教学文化，从评析到评价，从工作到生活，引导教师关注一个"好"字。

2. 重专业：实践提升，岗位成才

通过多方式的学习培训、学科带头人讲座、轮值制教研、家长学校讲座、我的微创新、拿手课、齐动优质课、特色展示等方式，为教师搭建展示与发挥的平台。

第一，挖优带弱。挖掘每位教师自身的优势，发挥他们的特长，培养优势学科带头人，以强项带自身的弱项，助教师自身专业成长。

第二，发挥名师、骨干教师的带动作用。凝聚智慧，合作共享，以点带面，引领团队共同成长。我们利用每一次契机，秉承"培养一名教师打造一个团队"的宗旨，让

每一位教师都相信,只要不断追求,名师的今天就是我们的明天!

第三,注重教师专业技能的提高。每学期我园都会结合课程实施中存在的问题,开展专业技能展示,在提高教师课程实施能力的同时,更注重教师内在表现力与感染力的提升,让教师变得越来越有内涵。

抓住关键期促新教师专业成长

青岛永宁路小学幼儿园 牟 青

我园近年来因开办新园而涌入一批新教师,使我园的师资结构呈年轻化趋势,新教师占全体教师的 79%,他们已成为我园教师队伍的新生力量。年轻教师有朝气、精力充沛、接受力强,但发展层次不一、缺乏教育经验,凭现有的专业水平难以达到丰富灵活的新课程要求,难以完成培养孩子的重任。高质量的幼儿教育,必须依靠高素质的幼儿教师队伍来实施。因此,如何提升新教师队伍的素质,促进教师可持续发展,成为我园面对的首要问题。

我园一直致力于教师发展研究,在教师专业化成长方面取得初步成效。大量研究表明,入新期是教师职业生涯的起点,更是教师专业发展的关键阶段。此时,教师面临着由受教育者转变为教育者的社会角色变化,也存在着课本知识与工作实践出现脱节的问题,同时还要面对各种人际关系的处理,包括师生关系、同事合作、家长沟通等。这些一并而来的挑战,无形中给新教师造成了一种职业困境和压力。若在新教师专业发展的起步阶段给予适时的引导教育,施以符合其阶段发展特征的有效策略推进,就能帮助新教师正确缓解工作压力,顺利适应自己的工作岗位。经过多年研究和打磨,我们积淀了些许成功的经验和做法。

1. 帮助新教师渡过入职适应期

新教师入职适应就如同新生幼儿初入园适应,是教师专业发展过程中的重要一步。指导新教师入职,必须坚持"以人为本"的观念。在生活上关心他们,帮助他们适应新环境,尽快稳定生活;开展园领导和新教师面对面交流的活动,了解新教师的学习历程、兴趣爱好、生活需要、性格特征、职业追求;多鼓励认可,少批评指责,引导教师感受幼儿园的温暖。

2. 新教师专项学习培训

以新教师实际问题和困惑为需求,利用园本培训、菜单式学习、师徒结对、经验教师带教等方式,展开新教师专项培训和分享学习。"三类阅读法":一读教育名著,提升教育素养;二读教育期刊,了解教育动态;三读人文书籍,拓宽视野情趣。积极倡导"多读书,勤实践,在阅读中实践探索,在实践中阅读积累",让阅读和实践助推教师专业发展。

3. 新教师教学剖析

通过备课、说课、上课、研课、评课等活动提高新教师独立设计和组织教学的能力。新教师能发现问题、提出问题、带着问题去解决问题,恰恰就是对其成长的促进。在与同伴研课、评课的过程中取长补短,深入挖掘教材、把握学科价值,研教水平得到提高。

4. 网络课程学习研讨

通过名师网观摩、研修平台互动、网上读书、专家博客共赏等网络交流方式开展专业化理论和知识学习,掌握幼教前沿动态和教育理念,通过学习、实践、反思,最终解决问题,凸显新教师的创新思路。

5. 教研小团队引领成长

幼儿园建立多个研究小团队,并以此开展团队共研,以研带教、以教带学。在小团队中,骨干教师发挥研教示范作用,新教师根据自身专长逐步承担责任和项目,发挥自身价值,加快自我成长。

6. 实施新教师"项目负责制"

结合"教学研一体化"培养模式,挖掘新教师自身优势,搭建平台,鼓励其承担各级、各类活动,在实践中提升其专业能力,实现自身价值,增强团队认同感。如我园已有七名教龄在五年及以下的新教师成立课题研究项目组,承担市、区、园级小课题,研究氛围浓厚;微视频项目组在山东省微视频评选中一人获一等奖,四人获得二等奖。

7. 实施新教师"三轮带教"

根据教师特点采取多元带教,即师傅带教、能手带教和名师带教,让有更高学习需求的新教师从能手、名师那里接触更有效的经验和策略,实现对新教师教育专长的个性化培养。目前我园新教师中已有五人获教育新秀奖,一人获青岛市教师基本功比赛第一名,新教师的专业成长卓有成效。

"学训研"相结合，推进教师专业化成长

莱西市机关幼儿园 林春凤

近年来，随着许多新教师不断充实到幼师队伍中，我园新教师（毕业两年之内）比例达到50%。另外，随着学前教育快速发展，对教师也提出了更高要求，如何提升教师的专业化素养成为摆在我们面前的一项重要任务。针对本园师资特点及实际情况，我们坚持学、训、研相结合，即"理论学习、能力培训、教学研究"三管齐下，从师德修养、教学能力、教科研及理念更新等方面提升教师专业素养，取得良好成效。

一、以理论学习为根本，夯实教师专业化成长的基础

创建学习型校园。每位教师都根据自身实际情况写出职业规划、制订三年提升计划；园内先后建立周一例会、周二教研制度，每天三个五分钟微习惯学习制度，确保学习时间。建立了外出学习循环制度，确保教师外出学习率90%以上。建立了学习成果定期评选和表彰奖励制度，激励教师加强终身学习。

开展读好书活动。为了"多读书、读好书"，提升人文素养，每人订阅一份杂志、开展"名著漂流""园长推荐"等活动，为教师提供更多的书籍阅读种类，扩大阅读的范围，并依托这些书籍，组织开展经验交流、读书体会、读书演讲会，定期组织读书沙龙，与幼儿园教研相结合，大家在一起阅读共同探讨中汲取养分，提高素养。

二、以能力培训为重点，加固教师专业化成长的支点

加强教师专业技能培训。我园每学期都要根据实际情况，坚持技能大练兵，做到技能培训"定内容、定时间、定标准"，内容包括舞蹈、弹琴、课件制作等方面技能，学期末组织教师技能考核，列入绩效，促进了全体教师专业技能的提高。

加强青年教师培训。我园采取"捆绑式"培训方式，从不同方面为新教师安排指导教师，比如幼儿管理、班级管理由班主任负责，在日常工作中手把手地将自己的经验交给新教师。备课由级部教研组长负责，帮助他们熟悉和把握教材、树立正确的教育理念。由业务园长负责听评课，通过新教师汇报课、推门课帮助新教师提高教学实

践能力,形成教师"在工作中学习、在学习中工作"的自我管理氛围。

加强外出学习培训。每年安排骨干教师外出参加各种培训,让他们近距离聆听幼教专家讲座、现场学习优秀幼儿园的经验。近年来我园分别与青岛市幼儿师范附属幼儿园、海军青岛市示范幼儿园开展"手拉手"助教,分批安排全园骨干教师到海军园、幼儿师范附属园挂职观摩学习,充当"影子"教师,多次邀请青岛优秀幼教专家来园进行活动区培训、家园沟通培训、教师优质课送教等,让教师边学习边实践,及时掌握先进的教育教学理念。

三、以教学研究为突破,激发教师专业化成长的动力

教师专业化成长的可持续发展关键在于教师教育教学研究能力的形成和提高。我们以此为突破口,引导教师学、思、研相结合。一是开展小课题研究经常化:针对教师一日活动中遇到和发现的小难题、小困惑,开展即时研究,教师相互切磋,提建议、找对策,从学习—实践—反思中,获得专业发展。二是大课题研究系统化:坚持全园参与,人人都有科研任务。"十二五"期间我们顺利完成省级课题一个。"十三五"期间,立项一个国家级课题"活动区活动的现状、问题与对策研究",一个省级课题"在种植区培养幼儿科学探究能力策略研究",两个青岛市级课题"主题背景下活动区材料投放策略研究""幼儿习惯培养策略研究"。教师通过双向选择的方式组成子课题研究小组,保证人人有研究项目,人人参与课题研究。教师在不断地探索、学习、反思、研究中提升自我,形成成长的持久动力。

聚焦教师团队发展,提升教师专业素养

青岛市即墨区墨城中心幼儿园   张英波

教师是幼儿园的第一资源,也是幼儿园发展的灵魂和关键。只有从长远发展的角度来加强师资队伍建设,坚持不懈地加强师德、师能建设,才能全面提高教师整体素质,从而提升幼儿园的整体发展水平。近年来,我园在师资队伍建设方面做了一些探索和实践。

一、加强学习，用科学的理论武装教师

教师队伍建设是一项长期的心灵塑造工程，需要与时俱进的理论引导。学好理论，用科学的理论武装头脑是加强教师队伍建设的基础，我们从"三化"入手：

第一，理论学习制度化。我们制定了《教师学习制度》，实施"三个三"措施，即"三定""三个20分钟"和"三个一"。"三定"：各类学习活动定时间、定地点、定专题。"三个20分钟"：每周园长组织行政班子成员学习20分钟，每次教师会由业务副园长组织教师学习20分钟，每天上班要求教师自学20分钟。"三个一"：每位教师每年自订一份理论刊物，每学期读一本理论专著，每年完成一本学习笔记。

第二，学习内容实用化。组织全体教师认真学习"高质量发展观"重要思想，结合实际学习《中华人民共和国教育法》《中华人民共和国教师法》《中华人民共和国未成年人保护法》及《3—6岁儿童学习与发展指南》《幼儿园教育指导纲要》等现代教育理论，提高教师理论水平。

第三，学习形式多样化。采取"请进来、走出去"的办法，一方面请地、市各级专家来校进行辅导，实现专业引领；另一方面组织教师外出参加各级观摩、学习活动，开阔视野。园内学习采取集中学习、分组讨论、分散自学等形式，做到理论学习与解决教学具体问题相结合，多媒体技术和常规教育相结合，形式多样，效果显著。

二、建章立制，用规范的要求约束教师

良好的师德形象既要靠学习教育，又要靠制度来约束。建立和完善多项规章制度是抓好教师队伍建设的关键。幼儿园制定了《幼儿园管理制度》《加强教师队伍建设实施方案》《教师工作量化评估细则》等规章制度，对教师的工作提出具体要求。幼儿园通过领导听课制度、教学督导制度、教师互评制度、学生评教制度，建立由幼儿园、教师、学生、教学督导共同参与的"四位一体"的教师队伍建设监督网络。同时每学年召开两次学生家长会，并设立了园长信箱，广泛征求家长对幼儿园的意见和建议，促使教师规范办学行为，树立爱生如子的园丁精神，不计得失的奉献精神，埋头苦干的敬业精神，不甘落后的进取精神。力争当人民满意的教师，办人民满意的教育。

三、榜样示范，用先进的典型引领教师

榜样的力量是无穷的，树立榜样是加强教师队伍建设的重要手段。来自教师中的先进人物和先进事迹容易引起全体教师心灵的共振，具有说服力、感染力和影响力，可以达到群体"比、学、赶、超"的作用。我园通过"优秀班主任""师德标兵""教学能手"等评选活动，从中发现师德修养好、教育观念新、工作能力强的典型，树立榜

样。幼儿园在宣传窗中开设"名师风采"等专栏,宣传典型,使广大教师受到教育,通过榜样的言行,把抽象的道德规范具体化、人格化,激发广大教师的敬业精神,并内化为自觉行为。全体教师从这些具有形象性、感染性、可信性的榜样中,受到教育与影响,反省自己的不足,抑制某些不良的行为,增强师德教育的针对性和实效性,从而推动教师队伍建设,达到"点亮一盏灯,照亮八方人"的效果。

四、激励关爱,用高尚的人格凝聚教师

一个优秀的园长,目中要有人,心中要有情,"感人心者,莫先乎情"。用真挚的情感去感化和激励教师,这是"以人为本"教师队伍建设理念的重要内容。园长的主要职责就是提升自我,成就他人。面对不同学历、不同家庭背景、不同个性特点的教师,我们要用爱心去赏识他们,去发现他们的优势和特长,千方百计地给他们创设成才的机会,给他们提供自我发展的平台,让他们的需求能在适宜的环境中得到满足,得到超常的发展。要经常深入教师中,与教师进行个别谈心,倾听他们的建议,准确把握教师思想脉搏,诚恳地帮助教师解除思想上的疙瘩,力所能及地为他们提供外出学习考察、校内教学展示机会,并力荐他们参加各级、各类业务竞赛,通过这些活动来成就教师。生活上要无微不至地关心他们,切实解决他们的困难。用真诚的关爱让他们感到幼儿园是自己的家,感到自己是幼儿园的主人,从而激发每位教师爱教育、爱幼儿园、爱学生的情感。

五、创设情境,用丰富的活动陶冶教师

为了提高教师队伍的思想政治素质和业务水平,我们开展了丰富多彩的主题教育活动。如每年开展"以教书育人为本,以敬业奉献为乐、以助幼成长为志"的宣誓活动,"爱与责任,使命与奉献"的主题演讲活动,观看优秀教师事迹报告会活动。这些活动,贴近教师的思想实际,贴近幼儿园教育实际,贴近当前社会实际,以情感人,以情育人,以优秀的事迹感召每位教师。为了提高教师的教学水平和业务能力,幼儿园每年开展"教师才艺展示"和"乐行杯教学比武"活动,通过每人上一堂优秀课,设计一个优秀教案,制作一个优秀课件,撰写一篇优秀论文的"创四优"活动,推进我园园本教研和新课程改革。

王台中心幼儿园教师专业发展五部曲

青岛西海岸新区王台中心幼儿园　薛宗艳

　　青岛西海岸新区王台中心幼儿园结合实际,多措并举,通过唱响"团队和谐、我爱读书、专项培训、同课异构、教学反思"五部曲,充分调动教师的积极性,走出了一条具有园本特色的教师专业化成长道路。

一、团队和谐——为教师专业化成长创设氛围

　　建设一支和谐的团队是增强办园活力、提高教师专业化水平的关键。我园在创建和谐团队上下功夫,力求举措新、效果实。

　　(1)共创目标,激发动机。根据"相互作用分析"理论,我园提出了"尊重、宽容、欣赏、合作"的交往准则,以一颗"宽容的心",理解和原谅别人,乐于发现、欣赏并学习同伴的优点。

　　(2)搭班合作,换位思考。团队和谐首先从班级教师的合作抓起,我园建立了"班级工作商议制",使搭班教师在思想与工作上取得同步。同时建立"班级管理捆绑制",将搭班工作列入月考核中,每期末开展"最佳搭档"评选活动,以此促进班级教师间的团结与合作。

　　(3)倡导自主,共享远景。在创建园级优秀班组的基础上,我园将班组团队建设的构思权和管理权交给各级部组长,由他们自主开展组风建设、团队合作等班组活动,让他们在自发自主的活动中真正感受团队和谐的魅力。

　　(4)人文管理,共创和谐。通过"我为幼教献计策""金点子征集"等活动,指导全体教师参与幼儿园管理,树立教师的主人翁意识。每次节日庆典,我园都会组织教职工亲子活动、家园联谊等,丰富多彩的教师娱乐活动成为和谐团队建设的助推剂,团队凝聚力不断得到升华。

二、我爱读书——促进教师可持续发展能力的提升

　　"腹有诗书气自华",为了提高教师的底气和灵气,我园开展了"书女"工程,把教

师读书列入教师发展的常规要求之中,通过"一供、二用、三悟"使教师在读书活动中,感受到精神的充实,品味到学习的快乐和成功的喜悦。"一供"是指单位挤出经费,为教师征订、提供多种教育报刊;"二用"是指教师每学期至少阅读两本专业理论书籍,并做好读书摘记;"三悟"是指定期组织读书心得与教学实践交流活动,鼓励教师撰写有价值的教学论文。目前,我园已营造出"你在读,我在读,他在读"的良好读书氛围,"我爱读书"已蔚然成风。

三、专项培训——满足教师自我发展的需要

(1)因"缺"施训,专项提高。青年教师在班级管理、家长工作及对教材教法的把握上缺乏经验,我们通过"听、评、讲、研、写"五环节,提高其业务素质,并充分发挥骨干教师的传、帮、带作用,使他们尽快成熟。中老年教师虽然经验比较丰富,但教育观念相对落后,我们通过集中培训帮助他们更新教育观念并应用到教学实践中,使他们从传统的教学模式中跳出来。

(2)以"赛"代训,全员提高。通过各种比赛活动(讲课比赛、教案比赛、论文比赛)激发教师的学习热情,促使他们主动钻研业务,从而提高业务水平。

(3)专家引领,更新理念。积极组织教师参加各级、各类的专家培训,并主动邀请上级领导或幼教专家对教师进行跟踪指导,从而提高教师综合素质。

四、同课异构——促进教师创新能力的发展

"同课异构"有"一课多人上"和"连环跟进"两种模式。在"一课多人上"中指导授课教师互相学习,扬长避短,以此形成自己的教学风格。在"连环跟进"中,经过实践、评析、再实践的磨炼,最终形成一节优质高效的教育活动课。

五、教学反思——有效促进教师的教育水平

美国心理学家波斯纳提出了"成长=经验+反思",反思是教师专业化发展的决定性因素,也是教师专业发展最普遍、最直接的途径。

在反思中指导教师学会观察,为反思找到依据。在反思中指导教师学会记录并认真分析工作中的得失,提炼经验,摈弃失误。教师在反思中找出遗憾,从而有效改进教育行为。在反思中引导教师共同探讨解决问题的最佳方式,实现教师群体的智慧共享,有效促进教师之间的合作、交流与分享。

以文化建设促教师专业成长

青岛市即墨区新兴幼儿园　姜巧云

　　幼儿园文化是一所幼儿园长期寻觅、苦心经营而获得的一种精神、一种气势、一种氛围和一种强大的磁场效应,而教师团队则是幼儿园文化建设的实施者、实践者和创新者,加速教师队伍的专业成长将大大推进幼儿园文化建设的进程。基于新兴幼儿园教师队伍年轻化的特点,在分析不同教师专业发展特点的基础上,我园确定了"以优带新""以学促新"的发展计划来帮助青年教师成长发展。

一、奠定"以人为本"的精神文化氛围

　　为了使教师能够在愉悦的环境中进行工作和学习,我园在尊重其个体发展差异的基础上,以科学民主的管理制度为纽带,创造了民主、平等、和谐的环境,以人为本,调动教师工作的自觉性及主动性;结合幼儿园"崇尚礼仪 尊重自然"的教育理念,我园将教师礼仪教育置于首位,要求教师必须具备良好的内在修养与素质,塑造有素质、讲文明的教师团队形象。

二、确立"以优带新""以学促新"的内容

　　教师骨干队伍,是幼儿园文化的创造者,发挥这支队伍中流砥柱的作用,能够带动其他青年教师的发展和进步。

1. 组建高水平教研团队,推动教学质量高品质发展

　　以幼儿园内的熟手教师和种子教师等优秀教师为基础组建中层教研团队,组织教师学习有关的教育、教学理论和经验,以专业的视角开展多种形式的业务培训,以提高教师素质。组织教师开展各项保育、教育研究活动,如集体备课、观摩课、交流学习体会、竞赛等,充分发挥优秀教师的桥梁与窗口作用,促进新教师的专业成长。

2. 搭建交流学习、展示自我的平台,助推青年教师成长

　　我园根据每位教师发展的不同水平和方向,为其制订了相应的成长计划,使教师

能够根据相应的计划进行常规学习以提升自我；通过参加外出培训、邀请知名专家及教师为新教师举办讲座和培训等方式，扩大新教师的学习空间和内容；教研组中的每一位优秀教师会根据自身擅长内容来开展"以老带新"，以"一对一"的帮扶形式带动整个教师队伍教学素质的提高。实践是促进发展的最直接方式，为了能更直观地"以学促新"，我园经常采用公开交流课、新教师亮相、才艺展示等多种形式为新教师搭建锻炼和展示自我的平台，希望通过一系列的计划和实施来提升教师们的教学能力和专业素养。

3. 发挥专业教师的艺术技能，提高教师团队的综合艺术水平

"三人行，必有我师焉。"每位教师都有自己所擅长的专项内容，发挥教师所长，补其不足也能促进教师快速发展。教师需要不断提升自己的艺术水平，这里的艺术不仅仅是指音乐和美术等，而是指广义的艺术，包括审美欣赏、艺术创作、表演表现、语言沟通等等多种方面。教师通过互相取其长、补己短，收获了丰富的教学资源，树立了具有独特气质的文化形象。

在社会对幼儿园的要求日益提高的情况下，幼儿园必须打造自己的核心竞争力来实现可持续性发展，人与文化的魅力恰恰是竞争力的核心。幼儿园和园长必须保持正确的理念和科学的方式，构建团队文化，让教师能够在奉献的同时收获进步的喜悦。同时幼儿园和园长还必须坚持以人为本的和谐教育理念，成就高素质、专业化的教师团队。

念好"三字经" 助推教师专业成长

胶州市胶北街道办事处北关中心幼儿园　邢立芹

教师的专业发展具有阶段性的特点，他们在不同的发展阶段表现出不同的专业发展特征。北关中心幼儿园教师队伍年轻，平均年龄不足30岁，针对这种现状，我们借鉴教师专业发展阶段理论，结合教师的从教时间以及本身的专业发展状况，将教师分为新手教师、熟手教师和种子教师三个阶段。在分析各阶段教师专业发展特点的基础上，通过"看、听、说"双向沟通，助推教师的专业发展。

一、界定教师专业发展阶段及发展特点

新手教师：这一阶段的教师主要是获取教学所需的知识和技能，他们的教学行为大多表现为按照计划开展教学活动，只关注教学是否按步骤地完成，而不关注幼儿的学习状态，教学过程不灵活，调控性差。这一阶段的教师也称之为照本宣科型教师。

熟手教师：这个阶段的教师能根据教学计划对承担的教学任务做出分析与判断，更个性化地设计教学活动并组织实施，在实施的过程中能根据幼儿的学习状况做出适当的调整，保证教学行为有效。这一阶段的教师也称之为自觉调整型教师。

种子教师：这一阶段的教师具有较高的教学智慧，能够自觉地让"观察—反思—调整"伴随整个教学过程，驾驭活动的能力比较强，能够准确发现学生学习中存在的问题，迅速做出判断，解决问题的方法科学、艺术、有效，而且善于将零散的经验进行梳理、归纳、提升、迁移。这一阶段的教师也称之为反思迁移型教师。

二、确立双向沟通的内容与策略

在园长与教师的双向沟通中，要根据教师不同的专业发展阶段，确立"看、听、说"的顺序与内容，促进不同阶段教师的专业成长。

1.新手教师：说—看—听—看—说

新手教师是刚刚入职的教师，对于他们的专业引导，第一次的"说"很重要。在说的过程中，要将幼儿园的教育理念、办园宗旨、培养目标等通过讲述幼儿园管理故事、课程故事、教师发展故事、幼儿成长故事等直观生动的案例传递给教师，让教师了解幼儿园的办园方向与追求。"看"则是带着对教师专业基础的了解和教学理念的渗透去观察教师的教学行为。"听"是听教师本次活动的设计意图与教学实践之间的不同。第二次的"看"则是观察教师教育活动中环节的完整性与流畅性及对简单问题的反思与调整策略。"说"则是肯定教师在设计组织活动中展示的理念、方法等的亮点，并结合教师现阶段专业基础提出该教师"跳一跳够得着"的目标与要求，让教师感受对他的发展期许。

2.熟手教师：看—听—看—说

熟手教师经过了一段时间的工作，累积了很多教学经验，在教学上已有自己的独特见解，但在与幼儿交流互动中还缺少发现问题点的火眼金睛，或多或少有流程化现象，所以就需要对熟手教师进行现身说法，让其感受优化方法策略的重要性。"看"是看教师对教学过程的把握、教学策略的运用、对教学设计的反思，以及幼儿在教学

过程中的表现。"听"则是听教师不同课例的设计意图,帮助教师充分地分析和理解教材,思考教学方法的最优化。第二次看则是看教师课后对教学的反思、提升,怎样有效地推进下一次的教学活动。说则是在教师反思的基础上,帮助其分析教学策略与教学效果的关系,引导教师理解教学策略的优劣取决于教师对教材的理解与把握,取决于教师对幼儿学习状态的关注与反思。教师首先要注重量的拓展,即教师要不断地更新知识、补充知识,提高自己的理论水平;其次要注重对方法与策略的质的深化,即从理论的理解、掌握到方法的批判,再到策略的创新与融会贯通。

3.种子教师:听—看—说

种子教师具有较强的思考能力,能够及时发现并解决问题,在教育活动中面对突发情况能够应对自如。作为一名种子教师更需要的是阳光的照射、雨露的滋润,以及"肥料"给予的生长力量。所以在教育工作中要经常"听"教师对自己专业发展方向的定位与教学实践中的困惑。"看"则是发现教师自身的专业优势与问题,判断其教学风格的类型。"说"则是帮助教师梳理、提炼近年来的教学成果、教学经验等,搭建平台让其分享个人的成长收获与感悟,并通过个性化的培训与指导,帮助他们破土而出。

三、双向沟通过程中应注意的问题

(1)听,应充分地听,对指定主题的听;看,要多角度地看、有针对性地看;说,要建设性地说,激励性地说。

(2)说,园长指导必须保证理念正确、方法科学,并能激发教师的工作动力;听,园长要创设轻松的谈话氛围,尊重教师,静心倾听,让教师尽情地表达自己的想法、做法与反思;看,园长要将"看常态性教学"和"看展示性教学"相结合,充分地了解教师的教育教学行为,同时有针对性地提出解决方法,帮助教师成长。

"三加三"培训方式助力教师专业成长

胶州市锦州路幼儿园　臧玉萍

意大利幼儿教育家马拉古奇曾说：幼儿教师专业素养的形成与发展，必须在与幼儿一起工作的过程中同时进行，除了在职培训，我们没有其他选择。园本培训能立足于幼儿园实际和本园教师的实际发展需求，它是幼儿教师在职培训的一种最主要的形式。胶州市锦州路幼儿园采取"三加三"教师培训方式，有效促进了教师的专业素质发展。

一、培训方式的"三个结合"

一是定期的园本培训与教研活动相结合。每周二中午是固定的教师集中学习研讨活动时间，培训学习与教研活动隔周穿插进行。教研培训学习的方式主要有专题讲座式培训（最基本的直接通过语言表达的方式传递信息的培训方式，主讲者有园领导、有骨干教师、有外请专家）、案例分析式培训（对案例进行剖析与诊断的一种参与式培训，一方面促进教师研究自己，另一方面分享别人成功的经验，案例有来自网络的，也有来自本园的真实典型）、跟进研究式培训（教研组成员一起研究预设案例，然后实践，再把实践的反馈信息渗透到下次的活动方案中再次进行调整、优化）、研训一体式培训（将教研、科研、培训熔于一炉的综合性培训，极大地提高了培训的针对性和实效性），另外，还有集中观摩评析活动、读书沙龙心得交流等，多种研讨培训方式往往交融并进，学中有研，研讨促学。

二是集中的学习研讨和随机的小组研讨相结合。集中学习研讨是有计划、有组织地进行，一般由园领导组织实施；小组研讨是随机的、灵活的，有同级部的教育行为研讨，有教学领域的小组研讨，有茶余饭后的自由交流，从一个教具的如何制作、一处环境的如何布置到对个别幼儿教育方式的讨论等等无所不谈。小组研讨方式主要有四种：一是级部集体备课，由各级部教研组长主持；二是领域集体备课，一般由领域教学的佼佼者引领主持，可以是同班组的，也可以是跨级部的；三是小组听课评课，有同级部的小组研讨，也有领域教学的小组研讨；四是小组专题讨论，针对一日活动环节组织、环境创设、习惯养成等各方面存在的困惑,级部组长组织大家进行沙龙式讨论,共同探讨方法策略。

三是走出去与请进来相结合。提供充足的机会让教师走出去学习,每年外出培训经费十万元以上,去国内外学习专家理论、观摩名师课堂,组织骨干教师参加国培、省培、去青岛名园挂职锻炼,组织教师到省内外参加培训和观摩名园活动,让教师在同专家面对面、同名师面对面、同名园面对面的过程中快速提升理论水平和实践能力。近几年先后邀请省、市级专家近20人次来园诊断指导,指导园所文化建设,进行教育理论培训,指导课题研究,点拨教育实践,有效促进了师资队伍建设。

二、名师骨干的"三个帮带"

1. "一对一"师徒结对式带动

这包括全面型骨干带新教师和优势骨干带弱势教师两个方面。全面型骨干带新教师一般安排在同班级,要制订切实可行的指导计划,从工作态度、课程实施、组织幼儿等各方面进行帮带。优势骨干带弱势教师,两人可安排同班级或同级部,通过观摩交流、互相切磋等方式带动弱势教师不断提高。

2. "一对多"名师工作室带动

由省、市能手牵头成立工作室,实行"一二四"伞式带动、层层引领。主持人每人传帮带两名园级骨干,骨干每人再带两名年轻教师进行教法研究。名师工作室培养教师有三个绝招:"帮"新教师学"干活",手把手传授,使新教师第一年就掌握组织活动的基本方法;"促"青年教师出"细活",发现青年教师的闪光点,启动园内的专家团队跟踪、帮扶,促青年教师组织精彩的一日活动,找到自己的教学专长;"引"骨干教师出"绝活",支持、鼓励骨干教师创造性地进行教法研究,创造条件引领他们研出自己的特色,成为某一领域的教学专家。名师层层带动有效提升了教学研究的针对性和实效性,促进了教师的快速成长。

3. "多对一"园内智囊团整体带动

在锦州路幼儿园有这样一个"智囊团",他们由不同层次的教师构成,有高屋建瓴的"专家级"教师,有经验丰富的"骨干级"教师,还有在某一方面有专长的"特长级"教师。园里任何一位教师要参加公开展示活动,他们都会雪中送炭、八方支援、不藏不掖、各展己长,对参加公开展示活动的教师进行全方位指导。这个智囊团从课程设计到课程实施事无巨细地对年轻教师进行指导,年轻教师经历几次便会迅速成长。这个智囊团不但成就了本园教师快速成长的梦想,更是用广阔的胸怀助力片区内各园骨干教师地快速发展。

打造"和而不同"型教师团队

青岛西海岸新区滨海新村幼儿园　陈清淑

青岛西海岸新区滨海新村幼儿园自 2017 年独立办园以来,以和乐教育为办园理念,致力于打造"和而不同"型教师团队,实现和衷共济的发展目标。

一、营建共同愿景，形成优秀的团队精神

（一）全体成员明确幼儿园的办园目标与发展规划

充分发挥教师主观能动性,在对幼儿园历史、传统与特色总结的基础上,通过自上而下、自下而上的各种形式讨论、争论和交流,提炼出和谐、快乐、乐学、乐教等关键词,我们把以前快乐课程的"乐"字提炼出来,加上传统文化的精髓"和"字,构成"和乐"教育理念,目标定位为"开启和乐人生,润泽纯净心灵"。通过目标解读、读书沙龙等活动,让全体教师对集体目标产生共鸣,并为实现这一目标而同心同德、共同努力,形成共同愿景。

（二）全体成员明确个人发展与幼儿园发展之间的关系

通过制作教师手册、会议宣传、讲坛陈述、例行的典礼和仪式上的宣讲以及环境创设上的布置等,让教师明确"幼儿园是教师的幼儿园""团队是教师的团队",个人与幼儿园、幼儿是共同成长的。只有幼儿园和团队获得了长足的发展和进步,教师个体才会有更多的机会和发展前景,更多的支持和保障。

二、实施园本管理，营建良好的团队文化

（一）改善考评制度，实施扁平化管理

团队管理除了共同愿景的引领外,必须有比较成熟的制度来支撑。幼儿园量身

定做了各类"官方团队",如优秀年级组、教研组和备课组考评制度。在考评制度的制定过程中,我园更注重突出幼儿园发展的目标追求、价值观念、素质要求、作风态度等精神文化方面的条款,赋予制度以灵魂,让团队制度的影响深入教师的心理层面并发挥作用。

（二）通过人文关怀，促成良好沟通

适当开展团队负责人交流会,了解一个阶段以来各团队的活动情况;要求团队负责人定期召开团队内部沟通会或者组织去户外进行集体游玩,使成员间产生一定的归属感;组织团队拓展之类的活动,比如跨越高空断桥、高空抓杠、野外求生、挪汽油桶等等,使成员更加相信集体的智慧与团队的力量,相信和团队在一起,没有解决不了的问题。

（三）通过榜样激励，实施团队激励

在每月一次的教师会上,利用10分钟的时间,开展优秀团队经验介绍活动。我园还开展一年一度的"感动滨海新村幼儿园优秀团队"评比活动,此奖项最重要的评比标准是"和而不同",获奖团队一定要有很强的凝聚力和很好的团队影响力,并且要有自己的管理特色和特色成果。

三、拓展多元视角，打造多样的和谐团队

（一）以项目组活动为核心，打造学习型团队

以促进教师自主发展为理念建立了"教师发展团队"。每个团队以课程改革与教师主动发展为主题,设计了详尽的课程方案,包括通识性课程、实践性课程和研修性课程三大板块。每个团队每月进行一次集中活动,其他时间,在团队计划的指引下,有条不紊地开展理论学习、资料整理、调查研究、读书沙龙交流等活动。

（二）以合作研修为内容，打造研究型团队

成立学科领域研究团队,每学期围绕一个研修主题开展研究,分别是:教师课堂对话行为、教师课堂指导行为,教师教学反思行为。通过一课多人循环、同课异构、课堂观察、微格教学等集体研讨的方式开展教学研究。

（三）以人文素养活动为内容，打造情趣团队

以情趣团队的营造为手段,不断发展教师的兴趣爱好,塑造"和而不同"的教师。

幼儿园以多种形式来创建情趣团队,有工会发起的健身俱乐部,有风雅的文学社,有多彩的艺术沙龙。教师们在活动中获得了文学艺术、生活情趣的熏陶,也进一步提升了自身的人文素养和综合素质。

促进年轻幼儿教师快速成长的发展策略

青岛西海岸新区泊里中心幼儿园　逄金华

近几年,伴随大龄非公办教师退出,大批年轻新教师的加入,我园近四年内的新教师入职比例达到50%。新教师的快速加入,为幼儿园增添了新的活力,带来新的教育智慧、教育理念,但幼儿园也出现了新的问题,就是"年轻化"——教师年轻、组长年轻、面临的问题年轻,年轻教师缺乏经验,教研实践经验不足,专业化水平有待提升。

为促进新教师快速成长,我园采取多样化的发展策略,让年轻新教师在不同层面上快速发展,快速提升自身专业化水平,具体发展策略如下。

一、发展规划促成长

为激发年轻新教师的进取意识和主动精神,快速提升新教师专业化水平,我园制订了新教师成长发展规划。入职第一年对新教师进行专业化培训,帮助新教师尽快熟悉并掌握幼儿园常规工作;第二年重点指导新教师做好家园合作工作,高效地设计与实施游戏与教学活动;第三年帮助新教师胜任班主任工作,形成自己独特的教学风格,并能承担幼儿园教研工作。

二、培训学习促成长

定期组织新教师进行园内师德、专业培训,例如,如何做一名优秀的幼儿教师、我们要给孩子六颗幸福的种子、幼儿园主题活动的组织与实施等。此外,每年定期邀请省高校教授,省、市名园长、名师,区教研员等入园对教师进行专业化的专题培训,帮助新教师接触新知识,开阔视野,提升自身道德素质、专业素质。

定期组织新教师外出培训。每年分批组织新教师到幼儿园实地观摩、进高校聆听讲座、参加讲座论坛等。2019年,结合上级安排及我园实际,组织新教师赴南京师范大学、浙江大学以及青岛范围内多加姊妹单位学习,让新教师接受先进的教育理念,并回园进行二次培训,让更多的年轻教师将先进的教育理念内化为自己的教育思想,付诸在实际工作中。

三、专项研讨促成长

一是集体教育活动研讨。我园以集体备课的形式,让新教师通过课前研讨,活动展示,课后评析,课后反思、修改、提升,帮助新教师提高集体教育活动的水平,让教师在教研中快速成长。二是活动区活动研讨。每学期我园通过观摩、分析新教师活动区活动,找出弱点、重点,指导新教师如何更好地开展活动区活动,以促进幼儿的发展,让新教师的活动区组织水平不断提升。三是环境创设研讨。通过观摩、研讨主题环境创设,引领新教师学会引导幼儿用心去感受美、发现美,用自己的方式去表现和创造美。新教师在观摩、探讨中互相吸纳各自的优点,指出彼此的不足,让新教师在共享经验、碰撞交流中积累更深层次的经验。

四、"以老带新"促成长

针对新教师实践经验缺乏的情况,我园实行"结对子"活动,定期组织开展"以老带新、以新促老"观摩教学研讨活动、"以老带新"的区域游戏教研活动等,以此促进新、老教师之间的研究合作,为教师创造更好的发展平台,促使我园新教师专业水平迈上新的台阶。

五、团队建设促成长

2019年5月和11月分别组织教师开展了"走进海洋探索生命、创想生活梦之旅""追光逐梦,青春飞扬"团队建设活动。通过参观场馆、户外集体小组合作训练、才艺展示等活动,激发我园年轻教师的工作热情和斗志,增强教师之间的凝聚力、向心力。

六、项目负责促成长

幼儿园活动多,大项目多,如节庆活动、长廊设计、专用室布置使用等,年轻教师点子多,方法活,有冲劲,有干劲。通过个人申请或竞争、委派等形式,实施项目负责制,在压担子的过程中,锻炼年轻教师动手动脑、合作分享、解决问题等多种能力,为新教师的快速成长助力。

精准定位，提升教师队伍整体水平

青岛市李沧区重庆中路幼儿园　张　花

青岛市李沧区重庆中路幼儿园是一所新开办两年的局属公办幼儿园。幼儿园开园初期，所有教师都是新的，他们来自各个地方，其中应届毕业生占教师总数的60%以上。随着幼儿园不断扩班，新教师数量越来越多，如何让教师尽快上手班级工作，如何促进教师专业化发展？精准定位、梯队建设的教师成长工程成了幼儿园发展的重中之重。

一、精准定位，因实而定

凡事预则立，不预则废。在幼儿园工作中我们认真分析本园教师的实际情况，如年龄结构、学历结构、能力结构、经验情况、性格情况等，在此基础上，结合幼儿园发展目标和愿景，精准定位，制订适宜的、发展性的中长期师资培养计划。如教师队伍建设五年发展规划，年度或学期实施方案。再如教师的个人发展计划：工作三年以上的教师制订个人三年发展计划，新教师制订一年发展计划。其次还有新入职教师的新手培养计划、师徒结对青蓝工程、名师打造工程等专项培养、培训计划，对各类人员、各阶段人员实施系统、有针对性的培养、培训工作。

二、岗前培训，岗上指导

面对幼儿园不断扩班的现状，我园每学期都会迎来新教师、新保育员的加入。为了促进新入职教职工尽快适应岗位需要，了解并认同幼儿园文化，明确科学规范组织一日活动的要求，新教职工入职前必须提前一个月先进行岗前培训，再进行具体的岗上指导。通过岗前培训、岗上指导相结合的方式引领大家学流程、定标准、守规范。

（1）岗前培训。上岗前园内组织新入职人员逐条逐项学习规章制度、了解园所文化、学习流程规范，通过学习，深入了解什么时间、什么人，做什么、怎么做，明确各环节组织指导要点。

（2）岗上指导。采取师徒结对、班主任拉手、班级组合等形式对新入职人员一日工作流程标准的组织和实施给予贴身指导和帮助。并通过进班跟岗、重点跟踪、研讨反馈、活动展示评比等形式,加强对新教职工的跟踪与指导,督促大家能将培训所学积极落实于教育实践中。

三、内容充实、德行并重

(1)各岗位人员同步成长。幼儿园是一个比较特殊的行业,坚持的是保教并重原则。幼儿在园除了要学习唱歌跳舞外,吃喝拉撒睡也贯穿于他们在幼儿园的一日生活。因此,幼儿园中的每一个岗位对于幼儿、幼儿园都是至关重要的。在开展对教师的培养、培训工作的同时,保育员、伙房人员、后勤人员、安保等各个岗位的培训必须同步,共同成长。

(2)业务德行并重。在对教职工的培养培训中,往往重专业知识和技能的培训,而忽视对人的思想方面的培养和熏陶。记得一位校长曾经说过:作为一个校长,在学校管理中,管人管事不如管心。我想,教师队伍建设,特别是师德教育也应该是学校管理的途径之一。工作中,将教师的专业知识和技能的培养,与师德师风建设紧密地结合起来,统一思想、提高认识,人心齐,泰山移。我园每学期制订专项师德活动计划,每周一次有计划地开展专项师德活动。观看日常工作视频,开展回头看活动;学模范先进事迹,弘扬担当精神;过节倡议书,营造风清气正良好氛围;"我身边的好老师""我和重幼这一年"等师德演讲活动,让职工们回顾感受重幼人和幼儿园一起成长和发展的点点滴滴。同时,幼儿园通过教职工大会、座谈会、问卷调查等途径积极了解职工心声,开展有关法律知识、心理健康教育、读书分享活动及寓教于乐的文体活动等,营造幼儿园良好的成长氛围,净化思想、陶冶情操、提升教师的综合素养。

观察记录促进教师专业发展

胶州市胶州路幼儿园　李香芸

观察记录是教师了解幼儿兴趣特点、思维特点和学习方式的基本方法,也是教师进行反思的基础,它能够为教师成功反思提供丰富而真实的第一手材料。胶州市胶州路幼儿园以观察记录为抓手,引领教师用智慧的眼睛观察幼儿的游戏,用关爱的心灵体会儿童的需求,用发展的观点看待幼儿的水平,用适宜的策略引导幼儿的成长。在观察幼儿的过程中也有效促进了教师专业发展。

一、利用"研 + 训",掌握观察方法

幼儿园为教师提供各种学习的机会,采用集体教研和培训相结合的方式,明确观察在幼儿自主游戏中的重要意义,提升教师观察、解读幼儿游戏行为的能力。在组织幼儿游戏时,教师要保证充足的游戏场地、游戏材料、游戏时间,以呈现真实的游戏状态。我园定期开展"观察与解读幼儿"的专题研讨和培训活动,引导教师掌握基本的观察方法,如扫描观察法、定点观察法、追踪观察法等,教师可以根据目标确定观察对象并选择适宜的观察方法,并以案例形式进行汇集。集体教研时,教师进行案例分享,采用问题引领的方式来指导教师灵活运用各种观察方法。

二、采用"两记一录",丰富观察路径

一是使用观察记录表。我园观察记录表有多种不同类型供教师选择使用,教师根据自己当下的需要随身携带幼儿园观察记录,先粗线条地了解全班幼儿的游戏状况,每隔十分钟在表格内做记号,保证所有的幼儿均在自己的视线范围内。二是幼儿"体验故事"。我们非常重视幼儿游戏后的分享,通过记录表征、集体分享、自由交流等多种形式,支持幼儿表达游戏的感受和思考,形成"体验故事"。一方面,体验故事是从幼儿的视角再现游戏、再现问题,这是教师了解幼儿兴趣点、困惑点、需求点的重要依据;另一方面,游戏后的分享环节放手给幼儿,让幼儿之间建立有效的经验体系,为延续游戏、生成新游戏做好充分的准备。我们鼓励幼儿多样化表征自己的个性化体验。幼儿选择自己喜欢的方式,如录像、照片、绘画等,将自己在游戏中遇到的好玩的事、困难、争执或者挑战等记录下来,再现游戏场景。在分享的过程中,倾听同伴、老师、家长的肯定和建议,从而获得更多的经验,更深的认识。三是教师"个案跟踪视频"分享。我们要求教师每个主题进行一次个案跟踪,针对某一个幼儿或者某一个区域中的幼儿,观察幼儿游戏情况,录制视频进行分析。全园推选出具有代表性的个案跟踪视频,组织全体教师观摩研讨,分析主题背景下区域活动指导策略。

三、案例研讨交流,科学梳理反思

观察记录是用叙事的方式记录幼儿的表现,解读案例是对幼儿发展的状况进行评价,反思是教师该如何调整教学策略以更好的支持幼儿发展。我园教师结合视频、课件等进行案例交流分享,形式从班级到级部,再到全园、区片、全市。通过研讨交

流,教师对自己的儿童观、教育观、游戏观进行思考;对引领方向、发展目标进行思考;对游戏环境、材料调整进行思考;对游戏支持策略进行思考……在案例研讨交流过程中,教师不断寻找问题,探寻应对策略,促进自身专业成长。

胶州路幼儿园通过引领教师观察记录,使教师更加了解幼儿,更能发现游戏中的闪光点,也为反思提供了新的契机,有效促进教师的专业发展。

市南区和田路幼儿园"三专"计划树优质团队

青岛市市南区和田路幼儿园　侯　杰

市南区和田路幼儿园是一所有 30 多年历史的老园,教师的年龄结构、专业技能、教学水平参差不齐。近年来,幼儿园把挖掘每个人潜能,在整体上发挥教师集体最大综合效益放在首位,以"分层培养""研究共同体"和"名师引领"为载体,取得了显著效果。

一、"分层培养"专项计划

全园通过分层管理,量身制订机制,保证各层次、各年龄段教师都有专业成长把手,提高了教师专业发展的积极性和主动性。通过"规范导航"计划,采取了"规范、细则、考核、展示"四个主要措施对青年教师进行全面培养。通过"实力带动"计划,采取"放开手脚、鼓励创新,搭建平台、责权兼备"的策略,以形式各异的示范课堂、理念引领、经验传授、课题带领、听课诊断等教研活动,发挥骨干教师的示范领先作用,助推其螺旋上升,以卓越再造卓越。资深教师不同于骨干教师,他们专注于自己的课程建设,有着自己的教育品牌与教学法。因此我园通过"委以重任"计划,根据资深教师各自的特点优势,以与新教师进行捆绑发展的形式,发挥资深教师的传帮带作用,通过塑造新人,成绩共享,帮助他们继续创造价值。

二、"研究共同体"专项计划

幼儿园以研究共同体为载体,建立了"做规划、建档案、强学习、定向训、压课题"

五个维度,通过领域小组、课题小组、大小教研组等活动形式,开展一系列行之有效的研究,最大化地挖掘了教师潜能,为教师的成长提供支持、搭设平台,不断提高他们在教育教学研究上的"含金量"。

做规划:幼儿园根据不同层次教师开展双向计划。即幼儿园制订教师发展计划,教师制订个人发展计划,有发展潜力的教师与新教师共同制订师徒结对发展规划。

建档案:每周跟踪两次半日活动或教育活动,记录其教学过程、与幼儿互动策略等,分析优势与问题,积极进行教学策略总结。

强学习:允许他们根据教法研究之需买书,要求每天读书30分钟以上,撰写读书心得,"逼"他们总结自己的教学经验。

定向训:寻找适合他们需要的培训内容,加强定向培养。

压课题:课题研究能促使教师从教学工作中发现新情况,研究新问题,更新教育手段,因此我园要求这些教师进行自己所擅长领域的课题研究。

三、"名师引领"专项计划

教师成长需要内、外两个环境,名师引领就是内在动因和外在动因有机结合的有效途径。每学期,幼儿园为各岗位人员搭建"学习—展示—提升"平台,组织教师开展个性化培训60余人次;其次,以"请进来、走出去"的方式,让不同梯队的教师外出培训,请资深名师、专家进园讲座,从而实现"尊重教师个体需求、重视教师整体素质、加速教师专业化成长"的教师队伍发展目标。

"三评互通式"评价促新手教师专业发展

城阳区上马街道中心幼儿园　周　赞

青岛市城阳区上马街道中心幼儿园新手教师占教师总数80%的现状,使关注新手教师的专业发展成为我园每学年的重点工作之一。近两年我园认真总结通过"三评互通式"评价模式,来实现对新手教师专业发展的支持与促进的方法和策略。

"三评互通式"评价模式综合运用以自评为主的园本化教师成长档案评价,自评与他评相结合的互动式评价和以他评为主的阶段小结式评价,使三种评价互补,互证,相互贯通,以内外部评价共同发挥作用的方式激励、促进新手教师的专业发展。

一、实施园本化教师成长档案评价,积累教育经验

新手教师根据自身教育教学发展情况,通过有目的、有计划地选择和收集自己的教学资料,展示自己在一段时间内发展进步的历程,有效促进其在专业知识、能力、情感态度以及价值观等诸方面的发展。新手教师积累的档案包括:自我规划、阅读思考、保教反思、主题活动反馈、师徒结对记录、培训心得、资源包及公开活动、观摩互动反思等。幼儿园每周一、二集体备课时间前半小时是教师自我学习的时间。每学期会提供参考性的阅读学习菜单,新手教师可记录年度内累计阅读的图书或杂志的情况,摘录阅读过程中最触动自己的片段,阐述收获和心得,提出问题,装入档案袋中,并在实践中运用。在家中也备有读书笔记,每学期会有多名新手教师在幼儿园组织的读书论坛中进行交流。

二、开展互动式评价,实现其自主发展

幼儿园主要通过关注讨论交流,注重体验感受的观摩式评价和关键事件评价来和新手教师直接对话;通过学期家长综合评价和开放日等活动评价和新手教师间接对话。在师傅的帮助下新手教师分析评价关键点,制订改进和努力措施。幼儿园结合评优、突发事件、公开课、教学额外任务等关键事件,通过民主生活会、例会等方式,引导新手教师分析事件中当事人的专业理念和师德表现,进行透视式的分析,完成对自己和同伴专业理念和师德的评价。

三、开展以他评为主的阶段小结式评价,为教师的后续发展制定策略

幼儿园在每学年末成立新手教师评价专家组,工作满一年的新手教师可申请阶段小结式评价并参加面试评价。通过《新手教师发展方案》的梳理,客观、全面、综合考虑教师在一学年发展中的具体情况。在提出努力方向时要考虑新手教师的个人特点和最近发展区。

幼儿园实施的"三评互通式"评价模式是根据新手教师的现实情况,以新手教师专业素养的提高为切入点,遵循"蓄水池式"发展机制,使新手教师在发展过程中的每一步都在为将来的发展积蓄力量。目的是让新手教师在评价过程中感受幼儿园对自己的发展期望,确立自己的发展目标,以目标引领的方式支持、引导、促进其自觉发展。坚持以人为本原则、发展性原则及互动性原则,不断促进幼儿园管理方式的民主化、科学化。

第二部分

小 学 教 育

多措并举强队伍　立足校情谋发展

青岛西海岸新区港头小学　李殿清

青岛西海岸新区港头小学近年来以"一切为了师生的和谐发展"为办学宗旨,确立了以"品格教育"为立校之本。学校高度重视教师培训工作,并立足校情以打造一支业务过硬的教师团队为目标,多措并举,走出了一条符合本校实际的教师专业化成长之路。

一、培训内容突出一个"品"字

学校依托市十三五重点课题"以品格教育为核心的家校育人共同体构建策略的研究",教师培训内容突出品格教育、家校育人。聘请市、区专家到学校进行专题培训,组织教师到成都等地的相关学校进行实地考察学习,每学期的教师业务培训也紧紧围绕这一内容展开。

二、师德培训落实一个"行"字

学校通过组织不同形式的师德培训,将师德学习落在一个"行"字上,并且将国旗下讲话升级为"崇品尚美"论坛,让教师及时捕捉校内外的好品格教育故事,传递好品格,播种正能量。

三、青蓝工程侧重一个"绑"字

学校通过"教学捆绑""班级管理捆绑""绩效考核捆绑"等多种形式,落实师徒结对的责任意识、团队意识、实干意识、竞争意识,真正实现以老带新、共同成长。

四、基本功比赛体现一个"新"字

学校每学期举办的教师基本功比赛,认为只要是有利于教学、能够提高学生学习兴趣的课,就一定有创新点。如每学期的微课比赛,要求大家都有创新,哪怕从加片头开始，一点点引领教师不断学习、不断创新。

五、教学研究注重一个"拓"字

学校平行班级少、教师集备落实起来有难度。基于此，学校拓展教学研究思路，"借鸡孵卵"，主动寻标、对标。数学、英语、语文主动寻标、对标新区实验小学、市永宁路小学等，开展同课异构、参与集备等教研活动，从而有力地促进教师的专业化成长。

六、读书工程围绕一个"专"字

为提升教师专业素养，学校开展教师读书与品格教育，将家校共育紧密结合，引领教师阅读相关书籍，如雷夫的《第五十六号教室的奇迹》、苏霍姆林斯基的系列丛书等，并及时组织读书沙龙，与名师对话，与智慧同行。

总之，学校立足实际，走出了一条符合本校实际的教师培训之路，促进了学校更好、更快地发展。

建立愿景　优化机制　搭建平台
——新教师培训工作汇报

青岛定陶路小学　郭晓霞

一、背景分析

习近平总书记强调：全国广大教师要做"有理想信念、有道德情操、有扎实知识、有仁爱之心"的好老师，为发展具有中国特色、世界水平的现代教育，培养社会主义事业建设者和接班人做出更大贡献。确实，学校是教书育人的地方，也是育人者自育的地方，教师团队作为学校教育教学工作的主体，学校共同愿景的实现取决于这支队伍的水平。

我认为新教师目前还存在这样两个问题：一是处于生存关注阶段，更为关注能否得到学生、家长、同事、领导的认可与接纳,难以真正关注学生的发展;二是教育实践经验少,缺乏应对复杂多变教学情况的教育机智,在学生管理、家校沟通方面还存在一定问题。同时,目前的区域培训与校本培训的承接还需要进一步完善。

基于这些问题,我校建立"两个致力"共同愿景,优化"四个维度"研修机制,搭建"分享展示"的平台,不断提升新教师的专业素养和教育情怀,期待他们在成就自己教育价值的同时,更完美地将这种成长传递给学生。

二、典型做法

1.建立"两个致力"愿景,明确团队发展目标

新教师的成长速度关系到学生和学校的发展。因此,学校致力于"教师团队专业化发展"和"课堂教学优质化研究",建立教师素养提升和教学质量提高的共同愿景,以教师的发展促进学校和学生的发展。

理念决定高度,胸怀决定深度。每学期初都是由校长讲座拉开教师培训的序幕,由校长为新教师阐述教育理想、办学理念、校训等的价值追求,明确学校发展目标,给新教师以指引与激励。

教育意味着一棵树摇动另一棵树,一个灵魂唤醒另一个灵魂,新教师的培训也是如此。在"新教师培训会""校训大家谈""级部联席会""二元访谈"中唤醒的是教师的成长内驱力,形成的是职业认同,树立的是教育理想,点燃的是教育激情。

2.优化四维"研修机制",形成梯队培养模式

学校围绕教师发展这一核心,通过干部领航、名师领先、班主任导师、师徒结对帮扶四个维度研修机制的建立,让区域新教师培训的理念落地,让学校新教师培训的实效凸显。

(1)干部"领航"制。学校干部不仅仅是管理者,更是教育教学的实践者,是教师发展的引路人。我校校长、副校长、教导主任全部与青年教师结对子,进行一对一的全程帮扶。每位结对干部都要上好"领航课",期初干部与所指导的教师商定课题(教师认为难上的课),专门进行磨课研究,每学期每位结对干部要执教两到三节"领航课",对新教师起到了很好的引领示范作用。干部参与日常听评课、教研活动、教学质量分析等的同时,要分享自己在教育理论、教学实践、教育科研、教育创新等方面的经验,促进青年教师的迅速成长,同时也进一步提升了干部的课程领导力。

(2)名师"领先"制。结合市南区的"区域联动"研训模式和我校校本名师的"三个领先"机制,学校名师定期为新教师做"榜样课例",分享教育名家名篇学习体会,

引领课程改革实验项目。这种走进课堂、走近优秀教师的培训方式,针对性强、实效性强、可借鉴性强。新教师易于接受,能够立竿见影地迁移到自己的课堂中,同时也能少走弯路,在成功的经验下注入自身特色,为形成自己的教学风格奠定基础。

（3）班主任"导师"制。推选班主任工作中卓有成效且经验丰富的班主任担任"班主任导师",依据他们的工作特色,面向青年教师分享班级管理、德育活动、家校沟通、师生互动等方面的教育智慧,引领青年团队的快速成长。

（4）结对"帮扶"制。学校为每位青年教师配备德才兼备的"师傅",通过"师徒传帮带"这一主要途径,丰富青年教师的专业知识,提升他们的专业精神。师傅在教育理论、教学实践、教育科研、教育创新等方面,对"徒弟"加强指导,使更多的青年教师脱颖而出,也使更多的骨干教师在教学中,最大可能地成就自我,成为学科教学的带头人。

3.搭建"分享展示"平台,碰撞升华教育智慧

一个人可以走得很快,一群人才能走得更远。学校搭建了分享展示的平台,让新教师在团队文化的浸润中迅速成长,在互动交流中进行智慧的碰撞,在不断反思中通过自我迭代实现认知升级。

（1）"互联网+"菜单学习,提升信息化素养。学校信息中心加大了对青年教师的培养力度,推出"培训菜单",根据教师需求进行学习,全面提升青年教师的信息化素养。这些青年教师在各学科组也发挥了信息技术的骨干作用,推进了学校"互联网+"教学研究的深化。

（2）深度会谈,分享教育智慧。第一,读书沙龙,提升内涵素养:在教体局为新教师配备书籍的基础上,我校也在新教师中开展了"好书推荐"活动,并购置相关书籍让教师潜心阅读,定期开展新教师读书沙龙、级部组读书沙龙、网络读书分享等活动,以读书实现新教师有效积累,补充教育理论知识,改善自身知识结构,建构主动学习型组织。

第二,阶段会谈,理念联系实践:为了总结经验、分享智慧,我校每学期举行"学为基点"论坛,论坛的常态化实施,让每个教研组团队凝聚智慧、协同发展,教师团队的专业化水平和学术氛围得以生长。近期又开设了"教师讲坛",以"班主任智慧、学为基点策略、教育教学故事分享、我与学生共成长"为主题,在良性互动中不断优化学术生态,新教师在良好的学术生态中找到了理念与实践的衔接点。

第三,外出学习分享,拓展教育视野:眼界决定境界,在教师专业化成长的道路上,思想有多远,就能走多远。为了开阔教师视野,提升教师教学理念与专业技能,学校寻找一切外出培训、学习机会,同时大力支持新教师参与区域外出研修。近三年

来我校 2014—2016 级的 19 位新教师分赴北京、上海、深圳、杭州、济南等地参加学习的就达 36 人次。通过外出学习，新教师们快速吸收有利于其自身发展的信息，引发了对教育的深度思考。外出学习的教师在校内进行不同范围的汇报，分享学习收获，碰撞智慧火花，激励团队发展，实现了"一人学习，团队受益"。

三、实施效果

新教师团队综合素养全面提升，两人次分获山东省、青岛市"一师一优课"奖项；一人次执教山东省研究课；三人次执教市南区学科公开课；一人次在青岛市学科研讨中进行经验介绍；三人次在市南区各学科研讨活动中进行经验交流。同时，学校也探索形成了语文、数学、道德与法治三门学科的"乐陶悦动课堂教学模式"，并且在学区交流中获得好评，起到了引领作用。

四、问题和反思

新教师的成长不是一蹴而就的，而是在教学实践和教育改革发展中锻炼成长起来的。教师的发展是永恒的话题，教师团队的专业化发展之路很长，很长……在这里，我们将一些粗浅的做法分享给大家，希望得到各位同行的指导和建议。

最后一段话与新教师共勉：心在何处，何处有风景；志在何处，何处有成功；爱在何处，何处有感动；梦在何处，何处有未来。让我们怀揣爱与责任，在构筑品质教育的路上携手同行！

练好"内功"　　从容成长

——关于教师个人层面教学素养提升策略的思考

青岛沧海路小学　楚蔚君

"合作型教师文化能够促进教师的专业发展。以教师的平等自愿为前提、以共同理念为纽带、以合作行为为核心、以专业发展为目标、以组织认同为保证是其五大特征。"赣南师范大学明飞龙教授所做的关于教师成长的专题培训给我的启发很大。

对照实际情况,我发现不论是主题带动还是研讨交流,教师发展都需要有扎实的基本功,特别是对与教学工作相关的课程标准和课程体系的理解,否则再有名的师傅也教不出合格的徒弟。就如同习近平总书记去年在中车汽车集团有限公司考察时所说的:当前,国家正在推进高质量发展,建设"一带一路",正是装备制造业大有可为之机,要继续练好"内功",继续改革创新,确保永立不败之地,永远掌握主动权。教育是国之大计,作为教育一线的老师,练好自己的"内功",才能借助教师团队和行政团队搭建的平台,借势发展,成就平凡岗位上的不平凡业绩。

我认为教师专业发展的第一步应该是教师个人教学素养的自我提升。要做好教师的自我提升,就一定不能忽视以下几个方面。

第一,要树立个人发展目标。

教师的发展是个人发展意愿和工作发展要求共同作用的结果,如果缺少了个人主动发展意愿,那么工作要求就会成为冷冰冰的行政命令。只有教师主动发展,有明确的发展目标,教师的成长之路才会顺畅。而且教师的个人成长目标必须要具体、可操作。例如,工作第一年,借助大单元主题备课等相关资料,以思维导图的形式完成对小学高年级段数学教学体系的了解。有了这个目标,教师可以将目标平均安排在12个月里,并且学习的途径、参照的媒体和展示的形式都十分清晰,有可操作性。当然,教师的短期成长目标和长期成长目标要结合,根据实际情况适时调整。

第二,要熟练掌握学科教学模式。

教师课堂教学是一项创造性活动,但是对每一个刚踏上工作岗位的教师而言,要进行创新首先要进行模仿。每一个学科都有比较成熟的课堂教学模式,就课堂教学而言,教师必须深刻理解每个环节的内容及意图,否则就成了机械地照搬照套。记得自己刚入职时,与师傅一起上语文同课异构课,同样使用"开火车"导入课堂,可我的"开火车"仅仅是"开火车"的形式,而师傅的"开火车"却能将上堂课的学习和本堂课的重点联系起来,以读词语、找区别引入新课,充分发挥了导课环节的作用。因此,建议新教师要做到"一课三备",即课前教研组集备、个人深备、课后反思整理。教师要充分利用好课表、教参等材料,结合学生实际,确定好每堂课的主题、目标、教法、学法及课堂教学环节等,先做个"熟练工"。

第三,要及时整理、反思教学中出现的问题。

"发现问题—分析问题—解决问题",这是问题解决的一般过程,也是教师成长的一般过程。在日常教学中,特别是初踏教育岗位,一定会遇到很多问题,比如"课时教学没有完成""课堂时间分配不合理""课堂纪律不理想"等,这些教学现象既是我们要解决的问题,也是我们成长的财富。我身边的很多老师就用质朴、简单的形式

（问题概述—分析对策—个人反思）对教学中出现的问题加以记录，几年后再加以整理就形成了个人成长的印记相册，当有恰当的科研机会，它们就变成了宝贵的科研素材，通过研究，使自己的理论水平和教学实践水平都有了较大的提高。

当然，教师个人提升和新媒体技术等方面的学习也是教师成长的必经之路，这能够为教师今后开拓更广泛空间提供智力和技术支持。

聚沙成塔，集腋成裘。自我觉醒的力量和勇往向前的行动是任何一种成功的开始，在机会来临之前让自己丰盈起来，当机会来临之时让自己展翅翱翔、从容自信，成长就从现在开始。

引领教师发展

即墨区第四实验小学　王成广

为培养一支师德高尚的教师队伍，我们在教师中倡导这样一种理念："给学生什么样的教育，他就会变成什么样的人""教师的人格修养和教学能力同样重要""触动心灵，智慧育人"。学校组织教师认真学习落实区教体局《在全区中小学教职工中开展"不忘初心、牢记使命、争做四有好教师"师德教育月活动》通知精神，认真学习区教体局《教师十项禁令及违反处理规定》《教师职业道德规范》等师德学习内容，与全体教师签订《即墨区第四实验小学师德承诺书》。为真实摸清我校教师师德表现情况，学校对全体学生下发了《实验四小教师师德情况调查问卷》，第二天早晨学校统一在教学楼一楼大厅组织学生对每个班级的调查问卷进行一一回收，并对每个班级的调查问卷进行汇总分析反馈，抓好问题整改，从而增强了教师师德建设的针对性、实效性。学校还通过学校工作简报中教育智慧小故事等形式，贴近教师实际生活，触动教师心灵，追求工作实效。

引导干部教师加强读书学习。学校要求每一名干部、教师每天都要从繁忙的工作中挤出时间读书学习。我们的口号是：不怕你不会，就怕你不学，只要学，一定会有人帮你，一定能学好。为及时展示教师读书收获，从上学期开始教师每双周上交一篇读书摘记，班主任还要上交一篇育人智慧摘记。

同伴互助，团队引领，倡导教师人人参与。充分发挥教研组、学科组的作用。"一个人的智慧是火花,大家的智慧是火炬""教研是为了促进自身的成长""不参加教研,吃大亏",这是我们引导老师们喊响的口号。学校坚持每周学科教研组制度,使教研活动经常化。各学科的教研活动时间为:综合周二下午,语文周三下午,数学、英语周四下午。教研活动,要求事先有计划,活动有记录,周周有活动(或大组集体活动或小组分头活动),周周有主题,周周有实效。

自主学习,专家引领,提高学习主动性。在同伴互助的基础上,我们十分注意加强自主学习,专家引领,使课程实施工作在先进理念的指导下,避免偏离方向和陷入盲目。自主订阅教育书刊。在学校的鼓励下,教师们踊跃订阅教育有关的书刊,另外,学校每年也订阅大量教科研杂志、名著,并引导教师们认真阅读,提升理念,明确方向。充分利用网络资源,鼓励教师经常上网查阅资料,了解新课程新动态。教师们无论谁上网查到资料都及时下载,与其他教师共享。"请进来,走出去"。尽量让更多的教师参加各种培训和教学研讨活动,本学期学校还统筹安排教师参加全国、省、市、区级学习学习培训40余人次。这些培训学习活动,为教师们的专业成长注入了能量。

开展"同上一课"教研组集备活动,提高"小组合作,团队评价"课题研究实效。"小组合作,团队评价"引导学生以小组为单位进行捆绑评价,提倡"人人参与,每人代表小组,人人出彩,小组方能精彩!加油,我很重要!",增强了学生的集体荣誉感,调动了每名学生的积极性。本学期,学校举行了"实验四小'小组合作,团队评价'课题研究同上一课"活动,学校制定了《实施方案》和《评价标准》,同教研组选择同一课题先统一进行备课磨课,然后根据自己的理解、上课风格和学生实际,可以用备课组统一定好的备课路子,可以加上自己的理解,然后采取每人讲、其他人听评的方式,从而加强了教研组内老师相互学习、共同提高的力度,提高了教学研究水平。

"互联网 + 教育",促教师专业发展

青岛长阳路小学 戴 茜

曾几何时,很多学校轰轰烈烈地争着建设"PAD 教室",开设"PAD 课堂",一时间,似乎"PAD 课堂"成了教育现代化的唯一体现。但时间一长,建成的"PAD 教室"还在用吗?"PAD 课堂"效果如何?很多一线老师反映:"网络不好,总上不去,很

不方便,不愿意用。""平台中的一些链接不是很顺手,太麻烦了。""出题的时候资源跟不上,版块操作起来不实用。"……似乎"PAD课堂"又成了"鸡肋"。"PAD课堂"真的是"鸡肋"吗?教育信息化这场战争中,校长的坚守与执着显得尤为重要。

一、我们的设计直指问题

青岛市政府于2015年10月出台《青岛市"互联网+教育"行动计划(2016-2018年)》,着重加强顶层设计和全域统筹。2016年学校建设"信息化深融教育教学"管理工作领导小组,制定《信息技术与学科深度融合推进方案》等一系列制度,以"信息化+科研"为突破口,促进教师专业化向高水平发展,踏着信息化的浪潮,推动特色兴校的步伐,促进信息技术与教育教学深度融合。

二、教师的转变高效创新

在课前,学生通过PAD快捷选择学习资源,这些资源可以由老师推送给学生,也可以由学生直接从学校的资源平台中获得,为学习新内容储备知识。随后,学生可通过自学提出问题,在课前将问题通过PAD反馈给老师。上课的时候,学生能够通过PAD,根据之前的问题进行合作学习,掌握重点,突破难点。这是青岛长阳路小学"PAD课堂"教学活动带来的"智慧教学"的魅力。

教师在执教PAD课之前,充分思考PAD可以为自己的课堂结构带来哪些变化,怎样使用才是高效课堂。同时,学校提供"PAD课堂教学结构"供老师们参考学习,对PPT的优化、录屏、微课程、希沃、翻转课堂、网络学习人人通、PAD同步课堂等技术运用,都进行了跟踪式指导,并依托PAD的主题教研活动,让老师们在学中思考,在实践、体验中反思,凝集体智慧,释疑解惑。

技术支持,设备保障。校长要求学校分管领导与信息技术老师先行一步,在专门学习的基础上,充分探讨"PAD课堂"内部平台、网络,及时汇总老师们在使用中的问题,第一时间协商解决。

课堂上,老师们精心设计教学过程,巧妙地将知识与生活结合在一起,使课堂更贴近学生的生活。同时将信息技术与学科教学深度融合,巧妙地利用"PAD同步课堂"和"希沃白板"等信息技术手段为课堂教学服务,通过大数据的定量分析,将学生的结果快速地呈现出来,然后有选择性地进行讲解,大大提高了课堂效率,体现出"关注学生学习过程"和"把课堂还给学生"的教育理念。尊重学生的学习经验和思维方式,充分发挥学生的主体作用,通过引导学生学会从不同的角度思考问题,让学生经历知识的形成过程。学生在自助探究和小组合作中,积极进行思维互动,学会思考与倾听,培养学生的合作意识。信息技术与教育教学的融合发展,在"互联网＋教育"的推进模式下,学校"PAD课堂"焕发了勃勃生机。

三、学校的变化可喜可贺

2017年《科技日报》对学校信息化工作进行了专题报道;2018年英语课例在青岛市信息技术与学科融合现场会上进行展示;教师专项课题"PAD进课堂的实践研究"被立项于青岛市"十三五"规划课题;2019年,学校教师又取得了"青岛市信息技术与学科融合优质课"一等奖;还在"2019年青岛市教育e平台专项培训暨全市中小学CIO培育活动"的专项培训中做了大会交流,获得了青岛市教育技术装备中心的高度认可。与此同时,学校也被市北区推荐进行了省网络空间优秀学校的申报。

项目助力 打造"七色花"教师团队

青岛市市南区第二实验小学　毛小园

青岛市市南区第二实验小学在教师队伍建设中,依托市、区"十三五"规划立项课题,围绕"最做好的自己,助人成为最好的自己"办学理念,突出本土特色,找准发展坐标,推行"七色花开"队伍建设主题,定位区域"四有好教师"和"悦动课堂"重点项目,采取"三线行动"策略,努力打造独具区实二特色的多能"七色花"教师团队。

一、师德为先,夯实基础

学校始终将师德师风作为团队建设的首要工作,积极创新师德教育途径,规范师德管理,创办教师个人《师德档案》,实施"三学二实"的措施,将师德师风建设落实到位。一是集中学:由师德建设领导小组干部,带领老师们认真学文件、学政策、学典型,领会精神,统一思想。二是线上学:学期初,补充完善《"七色花"师德制度册》,提醒教师严格遵守规定。三是承诺学:在学习领会的基础上,开展"为师,德为先"校长师德第一课、重温教师誓词宣誓仪式、签订师德责任书等活动,让行为变成自觉。四是活动学:以"师德教育月"为契机,组织开展向市南教师发倡议、师德大讨论、抵制有偿补课调研、为新教师赠送《师德师风档案》、成立"青椒"俱乐部、"守初心 颂祖国"教师诗歌朗诵会等活动,让师德工作落地有声。五是监督实:在学校门口的醒目位置设立了"举报箱",张贴了"有偿补课举报电话",时刻接受家长和社会的监督,让规范行为变成自觉,引导干部党员教师时时严格要求自己,时时对标自查,自我反省,教师团队凝聚力和向心力不断提升。

二、研修助力,提升水平

(1)顶层设计,寻教师成长路径。学校先后邀请"大咖"入校引领,如海大孙艳霞教授的 PBL 项目式学习讲座;北京特级教师周爱东老师课题研究指导;北京特级教师贾秋林老师的游戏化英语讲座等,多角度引导教师思考如何向规范管理要质量,激发了教师发展的内驱力。

(2)百家讲坛,与教育深层对话。学校启动"百家讲坛"活动,分段进行"聚焦核心素养,构建整合课题"学科分析会、学科融合策略讨论会、跨学科整合专题会、"4+1"课程启示大家谈,学科老师作为培训主讲人,让研讨"活"起来,教师学科融合意识和素养在不断提升。

(3)教师研修,与时代要求契合。为提高教师培训针对性和有效性,学校采取"问需求和分类别"培训方式:通过座谈、问卷等,调研教师培训需求,科学设置研修课程,开展分类培训,如骨干教师建立学习共同体,开展能力提升培训;新教师基于案例的情境学习,开展任职培训等,促使教师进行自我提升和自我完善。

三、悦动三项,创新格局

学校深挖区域"悦动课堂"研究内涵,以课题促发展,积极推行教师素养提升、课堂关键突破和作业设计改革"三个行动",不断打磨、提升教师的教学策略和学生的学习策略,打造师生互动、生生互动、学习主动、思维灵动的"悦动课堂"。

(一)教师素养提升行动,教研组推进式攻研

教研组结合"悦动课堂"项目制定学科组研究主题,进行理论学习、课堂研磨,有效实践。在"课程整合学习"研修月中,围绕学科内容、学科知识和生活、资源整合和学习方式"三融合"开展主题学习。在"学课标用课标"测试比武中,在组织教师自主学习和教研组集中学习的基础上,进行课程标准闭卷测试。在"提高命题质量"研修月中,请教研员专业指导,开展命题质量比武,教师的教学目标意识和质量监控水平不断提升。

（二）课堂关键突破行动，教学开放周科学观测

以"聚焦观察 让课堂悦动起来"教学开放周活动为契机,利用课堂观测,科学收集与分析数据,通过课堂观察结果地记录与分析,引导教师主动寻找突破点,形成提高课堂效率的形式和策略,实现以学生发展为本的教育目标,发展学生核心素养,探索更为高效的跃动课堂。

（三）作业设计改革行动，市作业联盟有效助推

学校依托青岛市作业联盟,通过"教研分享—集备研讨—课堂实践—作业展评"的形式,从作业种类、数量、布置情况、批改情况、学生字体和特色作业等方面,开展自评、互评,多种评价方式以及激励性评语,有效地推动了学校悦动课堂的深入开展。

一路汗水,一路花香。区实二人将更加全情投入,找准专业发展的"切入点",抓实教师队伍建设,有效推进重点项目的深入开展。

落实制度，深化修习，塑尚美教师

青岛八大峡小学　邱　琳

为不断规范人事管理工作,建立一支"有理想信念、有道德情操、有扎实学识、有仁爱之心"的"四有"教师,八大峡小学以现代制度建设为抓手,通过五项行动,深化四项修习,塑造德高业精的尚美教师,对照各项法律法规、相关条例,特别是《义务教育学校管理标准》,开展工作。

一、完善制度，激发活力

按照"围绕中心—顶层设计—重点突破—全面推进—总结提升"的思路,建立和完善高效、开放、科学的现代学校制度,激发学校活力。

组织教师认真学习《国家中长期教育改革发展纲要》《义务教育管理标准》《青岛市关于进一步推进学校现代制度建设的意见》以及《关于全面深化新时代教师队伍建设改革的意见》等文件。全面征求意见,梳理规章制度,形成决策、执行、监督相

对独立、相互支持的新型学校治理结构;建立健全学校民主管理制度、安全管理制度、教代会制度、教师专业发展制度、现代课程制度,修订教师绩效考核方案,制定全员岗位职责。加强制度落实,规范管理行为,特别是新的《绩效工资实施方案》实施以来,得到教师的一致认可,提高了教师的工作积极性;教师的教学行为、学生的学习行为、学校的各项工作,有章可循,有法可依,学校高效运转。

完成了学校教师"三定一聘"和薪酬制度改革工作,进一步完善"按需设岗、竞聘上岗、按岗聘用"的教职工岗位管理机制,落实工作量(课时量)在教职工职称评审、岗位聘任、考核评价、绩效工资分配等方面的重要权重;明确了学校教职工岗位数量及岗位职责;落实岗位能上能下、人员能进能出的人事管理体制,激发了教职工的工作积极性,提高人力资源使用效益,促进现代学校制度建设,切实提升办学质量和水平。

二、分层打造,彰显动力

落实区教体局"提振干部精气神,真抓实干勇担当"活动实施意见的精神,大力开展干部教师"双提升"工程。

1. 干部团队勇担当

以"人品正、作风实、业务精、责任强"为目标,形成干部团队"真抓实干、勇于担当"的工作作风。干部率先学习,工作中处处走在前,执行力和课程领导力不断提升。

2. 党员教师挑重担

落实"三会一课"制度,引领党员教师立足岗位,乐于奉献,勇挑重担。开展了"不忘初心,牢记嘱托"——主题党日"忆初心再出发"党课学习等;支部书记带领全体教师学习"习近平总书记在北京大学师生座谈会上的讲话""习近平在纪念马克思诞辰 200 周年大会上的讲话",激发了党员教师干事创业的信心。2018 年青岛上合峰会期间应急值守、入户走访幼小衔接政策宣讲等,党员干部都冲锋在前。

3. 骨干教师传帮带

给骨干教师搭台子,通过课堂开放、课题研究、课程开发、名师讲堂等发挥传帮带作用,加强学术引领;骨干教师带徒弟、带动教研组共成长。我校程情雯老师被评为市南区最美教师,被推荐到省市参评;尹凯、李红亮老师作为区级师傅教师,每月带领徒弟开展教学技能培训;殷洁老师被推荐参加市优质课评选。骨干教师的成长带动了各个教研组的团队成长。

4.班主任教师主业化

落实学校《班主任绩效考核管理制度》《"全员育人导师制"管理制度》等管理制度,强化常规管理,做好每月班主任例会、考核,开展"点亮心灯"特殊学生关爱指导、班级管理智慧分享会等,促进班主任"主业化"成长。

三、深化修习,挖掘潜力

实施"五个行动",即师德建设行动、专业能力提升行动、专家型教师培养行动、规范管理行动和关爱教师行动,深化"师德、教学、媒介、人文"四项修习。

（1）师德素养。以"学为人师、德为示范"为准则,大力开展"修心铸魂,做学生喜爱的教师"主题教育活动。开展多种形式的学习师德规范、学习师德典型案例活动,开设师德论坛,讲述我们身边的小故事活动;开展"牵手潜能生,快乐促成长"师生结对活动、案例交流、爱心家访、助学辅导、心灵驿站等活动;搭建教师"亮点展台"平台,充分利用师德教育月,开展以"立德树人、做学生喜爱的教师"为主题的系列师德教育活动,引导教师关注师德典型,挖掘并呈现教师教育生活中的优秀事例。

（2）专业素养。开展"读教育专著,做专题研究,上教学展示课"活动;组织教师参加优质课、优秀试卷、优秀教育教学案例等的评选,提高专业能力。加强教师课程领导力,引导教师校本化、师本化、生本化落实各级课程,开发海洋相关课程。

（3）媒介素养。结合学校科研课题"互联网＋与小学学科教学深度融合的研究",引入 STEAM 课程理念,探索信息技术和课程整合教学,让"教师、学生、教材、教学媒体"四要素,相互联系、相互作用,形成有机整体。

（4）人文素养。邀请专家为教师开展"朗诵"培训;组织教师开展"看电影,悟教育"沙龙,以及"飞歌传情、乐在其中"教师音乐素养提升等培训活动,通过"读教育名著,做真与美教师"活动交流读书心得,提升教师的审美素养和涵养品性。

四、交流互融,营造合力

为进一步优化教师资源配置,推进学区一体化建设,根据市南区教体局相关工作精神,与朝城路小学结成交流结对学校,开启教师交流新模式,为构建新的"学区一体化"组织形式开创先河。

教师交流采取"人走关系不动"的形式,尝试骨干教师"两校任教""多岗位任教"的模式,通过新的交流模式达到优质教育资源流动共享。前期,我校与朝城路小学分别进行了教师队伍情况分析及缺岗学科摸底调查,确定了交流的骨干教师,制订了详细的交流方案。朝城路小学的王春霞老师和八大峡小学的吕杰老师积极参与本次交流,吕杰老师不但承担朝城路小学一年级数学教学任务,还任教八大峡小学五年级、一年级信息技术课程。两校干部教师通过座谈、互访等形式,达成共识:科学、规范、有序的教师交流机制的建立,将有利于教师个体、学校、区片整体的均衡优质发展。从教师个人发展方面,发挥骨干教师引领、示范作用,交流教师焕发了新的工作热情和工作活力,促进成长。从学校整体发展方面,不断促进教师资源合理配置,优化教师队伍结构,提升教师队伍整体素质,解决学校缺岗情况,促进学校发展;从区片层面,由教师交流带来更加深入和频繁的校际互动。在《学校现代管理制度》引领下的市南教育,"教师"与"学校"将被赋予更广、更深的意义。

五、树立形象,展示魅力

抓住一切有利时机,树立教师良好形象,展示教师职业魅力。学校通过"微信联播"形式,在校内外展现了优秀教师个人、优秀团队的事迹与风采;制作了"立德树人,传递真与美"新时代教师风采公益广告,用白描的手法记录了八大峡小学教师一天的教育生活,展现了"阳光魅力,乐于奉献"的良好形象。

教师利用下班的时间,走进学区内适龄入学儿童的家中,开展幼小衔接教育咨询,解答家长的疑问。家长们足不出户,就了解了幼小衔接教育的关键点、入学报名网上信息登记、现场报名流程;了解了学校办学特色、校园文化、课程建设、教学方法;更了解了市南教育的发展情况。

学校教师在校内外树立了"阳光美丽、爱岗敬业、无私奉献、成绩凸显"的良好形象,在教育教学方面取得了长足的进步。过去的一年中干部教师获得省、市、区级各项表彰33人次;有9人次出全国、省市、区级公开课;10人次在市、区级做经验交流,3位教师成为区学科委员成员,6位教师被评为区基础教育学科带头人,我也被评为山东省德育先进工作者……

学校师生在各项竞赛中再创佳绩,学校先后被评为山东省国防教育特色学校、青岛市关工委组织建设工作先进典型;荣获青岛市行进管乐比赛一等奖、青岛市班级器乐比赛一等奖、青岛市科技比赛团体总分第一名、市南区"区长杯"足球比赛(女子乙组)冠军等。学校的课程建构特色凸显,在校本课程中创造性地设置了"百花课程""水滴课程"和"闪电课程",民族鼓乐校本课程荣获青岛市优秀校本课程,学校、教师、学生焕发勃勃生机。学校海洋国防教育的经验《圆蓝色海洋强国梦 育振兴中华未来人》被教育部评为首届国防教育优秀案例,并面向全国进行推广。

聚焦关键能力，打造海派教师团队

青岛朝城路小学　邓晓红

学校依据海派教师队伍建设规划，构建"1+2"培养模式。"1"是指确立了一个教师团队共同体的发展目标："博爱 创新 欣赏 尊重 卓越"。"2"是指按照教育和教学两项核心工作将教师团队进行重组，并以两个省级课题为载体，采取"项目动车组"管理方式，鼓励教师组团发展。学校整合校内外人力、物力、课程、信息技术等各类资源，为教师团队提供教育、科研、教研、培训等一体化的专业指导，满足教师的发展需求，助推教师"五大关键能力"提升，帮助教师在行动中研究与反思，在合作中学习与提升，让教师成为"大家朝城"的建设者和受益者，也让教师学习共同体走上发展的快车道。

依据学校制定的海派教师学习共同体"博爱 创新 欣赏 尊重 卓越"五大发展目标，理清每个目标的描述性定义，全体教师依据学校工作目标、团队文化发展目标和个人成长需要，制订个人工作成长计划。教师以年级组、学科组、项目组为单位建立三大学习共同体，创建团队优质发展平台。

1.聚焦关键能力，实施精准培训

学校紧紧围绕海派教师的五大关键能力，即终身学习与发展能力、课程建构与实施能力、教学研究与反思能力、良好沟通与合作能力、组织管理与评价能力，借助每周一次的校本培训组织教师开展形式多样、内容丰富的培训。

（1）树立终身学习与发展的意识。在组织教师深入学习讨论《新时代教师职业行为十项准则》《市南区教师违反职业道德行为处分办法实施细则（试行）》等教育法规与文件中提高教师依法执教的意识，增强"与时俱进"的紧迫感；在持续参与"学习强国"学习中，重视学习积分的分析，采取特殊奖励、个别谈话等方式鼓励老师争优补差，时时刻刻关注国家进步与时代要求，提高政治素养和理论高度；在深入研究"整体教学"理论中，学习和掌握教学研究的专业理论，立足自己的学科研究领域，探究研究方法和路径，提高专业理论素养。

（2）加强课程建构与实施能力。学校申报山东省基础教育教学改革项目——"指向学科关键能力的整体性教学研究"课题立项之后，学校语文、数学、英语三个学科率先启动课题研究，在教研活动中，采取"引导力"培训方式，让每位老师畅谈自己对课题的理解，从心理上产生共鸣。之后，各组老师分工合作，完成了子课题报告的撰写。

语文、数学、英语三个学科同步开启"指向学科关键能力的整体性教学研究"专题研讨活动。每周一个教研组，两人合作研究一个单元。各教研组老师真正"动起来"。从内容选择到单元设计，从课时备课到课堂执教，老师们将研究的重点指向"学科关键能力"，更加注重"整体性"。

（3）重视教学研究与反思能力。针对"指向学科关键能力的整体性教学研究"这一课题研究重点，老师们设计了课堂观察量表。除对教学目标、教学内容、教学方法、教学效果等方面进行评价之外，各学科、各年级针对学科关键能力进行了具体评价。这样做的目的是让老师们更有的放矢地进行课堂观察，以评价促研究，以评价促反思。

与此同时，继续加强两个阶段的质量反思与改进研究。一是教研组内的教学质量反思与改进；二是学科组的阶段质量反思与改进。期末的质量分析会，更是聚焦各学科的教学质量检测数据，从数据中寻找提升点，鼓励教师的点滴进步，树立专业自信，同时共同聚焦学科核心能力提升、学困生辅导等问题制订改进措施，提高反思与改进实效。

（4）提升良好沟通与协作能力。针对多源导师队伍的建设，学校先从教师导师着眼，制订了导师工作的标准、职责、工作方法，并进一步设计制作了方便导师工作的手册。校本培训以"全员导师制育人模式研究"这一课题为载体，从课题方案培训到方法指导，再到评价分析，全程对每一位教师进行有效指导。帮助教师树立以"立德树人"为己任，在课程构建、学科教学、班级管理、育人活动等各项工作中，关注学生的学习习惯、兴趣爱好、行为品格等发展状况，在"教师访千家"以及家长学校活动中，适时、适当反映情况，在家校之间建立良好的合作关系，提高沟通与协调能力，以专业赢得尊重。

（5）强化组织管理与评价能力。学校十分重视教师组织管理与评价能力的培养，结合学校彩虹评价方案、社会化评价数据等，通过教师进行专项培训与指导，对照学习评价标准，对照数据反思与改进工作。同时，在学校各项工作中，充分调动教师的主体地位，为各层面教师提供参与管理与评价的机会。如学术委员会教师在教师职称评审、评优评先、教学评价等工作中，发挥了专业权威性；级部组长在戏剧节、劳动节、六一儿童节活动中,全程负责推进,提高了组织管理的能力,树立了榜样的力量。

2. 完善管理机制,促进教师成长

(1)成立"四有好老师"成长工作领导小组。学校成立了以校长为主要负责人的"四有好老师"成长工作领导小组,全体成员分工明确,责任到人。同时制订了具体的工作方案,确保此项工作的具体落实和不断完善。

(2)完善过程性管理与评价机制。学校设计制订了学习共同体发展性评价标准,采取个体与团队评价绑定的方式,记录与积累教师培训的出勤、学习记录等,将学习积分纳入绩效考核与量化。同时,及时录入教师继续教育学分,并以此项积分作为学期评选优秀教师、优秀团队的重要依据,同时将继续教育学分作为年度考核、评优评先的重要参考依据之一。同时,学校建立了师德师风专项考核档案,采取师德问题一票否决制。

(3)为教师外出培训提供有力支持。学校积极组织教师参加"四有好老师"三百种子培训,选派优秀教师外出送教,开展班主任专项培训等。给予校本研修经费支持,为教师购置必要的专业书籍,邀请课程专家入校指导,为培养一支优质的海派教师团队提供资金保障。

有效记录,精彩"分层"

——怎样做好课堂教学评估记录

胶州市铺集镇张家屯小学 丁万春

促进教师专业化成长的途径有很多,如阅读书刊、教师帮扶结对、教师实践、课题研讨、工作反思等。其实,在我们日常实践活动中的观评课,对于一线教师而言是一种简单直接而行之有效的专业成长手段。那么,怎样写好课堂教学评估记录,就成了我们迫切需要解决的问题。

铺集镇张家屯小学按照市教研室、教育办的总要求,狠抓落实,与学校实际教学特色、校本教研有效结合,探索出一条管理新路,亮点及经验如下。

一、内容充实，项目完整

铺集教育办十分重视教师听评课活动,特别设计和印刷了《课堂教学评估记录》手册,里面包含目录、听课目的、授课内容、教学过程纪实、随堂评析及教学评价改进意见等项目。要求每位教师认真、完整填写,目录与实际听课顺序相符,随堂评析有侧重点,评价及时,总评每课不少于三条,最后给予每节出课教师优、良、中、差的最终评价,层层递进,环环相扣。

二、教师听课数量多

学校依据制定的《张家屯小学教职工教育教学工作评价方案》,要求普通教师一学期听课达 20 节,学校中层干部听课达 25 节,教导主任、分管教学副校长、校长听课必须达 30 节。与此同时,学校的校本教研活动丰富,除每周派出教师参加市级教研活动外,学校还先后组织了"青年教师课堂教学展示活动""外出学习归来汇报课""推门课""课堂诊断课""管理提升课""乐学研讨课""每人一节优质复习课"等活动,供不同层次的教师有选择性地进行观摩和学习。

三、带着关注点听评课

我校依据实际情况,探索出"求真多思"的"一种理念、三个阶段、六个环节"的"136"课堂教学模式。一种理念,即"先学后教,以学定教"。三个阶段,即预习—交流—反馈。教师要指导学生进行课前预习,引导学生积极参与到课堂交流活动中并及时反馈。六个环节,即创设情境导入—明确学习目标—自主合作交流—集体交流反馈—教师精讲点拨—巩固提升小结。依据学校这一教学特色,教师能带着主题分层听课,让耳朵更灵,眼睛更亮,思维更敏捷,自然课堂评估记录就更具有真实性和实效性。在课后的评课环节,教师以手中的评估记录为依托,进行细致的专项研讨,不仅提升了听课活动的效率,更能提升团队合力,提高自己的教学能力,丰富自身教学素养。

四、教学常规管理作保障

本校每月进行一次教师业务检查和展评,除各科教研组长外,校长成为第一负责人,每次检查记录反馈上及时表扬优秀教师的闪光点和鞭策需要继续努力的教师,将优秀教师的记录拍照发到教师群中学习,将最终检查结果纳入个人业务总积分,与教师的绩效和评优考核等层层挂钩。

听评课是任何一所学校教育教学不可或缺的环节。一所学校的特色规划,内涵发展,无论怎样变换,都要建立在课堂教学研究的基础上。课堂是根,是本,是活水之源。听评课活动做得高效,就能获得真实而有力量的思考。在评估记录中,就能发现问题,总结方法,归纳模式,最终迸发精彩灵感。

凤凰台小学校本研修促进教师专业发展

青岛市崂山区凤凰台小学　孙吉昌

一、背景

《国务院关于基础教育改革和发展的决定》强调:"建设一支高素质教师队伍是扎实推进素质教育的关键。"因此,千方百计提高教师专业化水平,促进教师专业发展,是实施科技兴国战略、可持续发展战略和实现中华民族伟大复兴的迫切需要。

校本研修是以学校为基地,教师为主体,教师专业发展为主题的校长自主组织的一种学习、工作、研究三位一体的学校活动和教师行为。针对教师在教育教学实际工作中发现的问题,通过专业引领、同伴互助、互动交流等方式进行解决,并有针对性地开展教育专著、专业知识等理论学习,以提高教师的理论素养,促进教师的专业发展。校本研修是在新的教师专业发展形势下产生的新的教师培养形式,是为使教师尽快适应新课程改革而产生的促进教师专业发展的新理念、新思想、新方法和新技术。

二、典型做法

1. 结合学校实际,健全校本研修机制,夯实校本研究基础

为了保障校本研修的有效实施,我校专门成立校本研修领导小组,因地制宜,制定学校校本研修的长期规划,完善校本研修的工作条例和制度,为校本研修工作提供有力的制度保障。同时在各学科教师中建立学科校本研修小组,进一步完善校本研修的工作机制和目标考核制度,加大校本研修的奖惩力度,努力使校本研修成为学校管理教师的重要杠杆,成为教师的自觉行动,成为教师专业发展的基础平台和

助推器。

2. 以课堂为基地，开展课堂教学展示，搭建教师发展平台，促进教师专业成长

校本研修的最终目的是促进教师的专业发展，课堂教学是教师成长的沃土，课堂教学能力和水平的提升是教师专业发展的重要标志。因此，我们在校本教研中以课堂教学展示为载体，为不同年龄段的教师搭建发展的平台。

在新教师和青年教师的培养方面，学校实施"导师制"。结合学校的"135青蓝工程"（一年成型，三年成才，五年成骨干），学校每学年会组织"青蓝工程"拜师帮教会，请骨干教师担任新教师和青年教师的"导师"，签订"拜师帮教"责任书，师徒互助，实现了教育资源的有效整合发展。每学期举行骨干教师示范课、青年教师优质课、新教师新上岗汇报课等不同形式的校内公开课，创造机会让教师们互相观摩学习，以此来促进骨干教师和新教师的双向成长。

此外，我校每学期都会开展"我型我秀"课堂教学展示，学校语文、数学、英语、科学、音乐、体育、美术和综合八个教研组的所有任教老师都要参加，老师们可以跨越学科进行听课交流，在交流、研讨和碰撞的过程中，进一步提高自己的课堂教学水平和专业素养。

3. 以活动为载体，做实教师的日常个人研修

学校按照学期初指定的校本研修长期规划，有计划地开展丰富的研修活动，借助活动载体，做实教师的日常个人研修，促进教师的专业发展。例如：开展读一本教育名著活动，写出读书随笔；上一节公开课，写出教后反思；整理一个教育故事，写出案例评析；开展一个小课题研究，写出教育论文；研究一位名师课堂实录，写出观后感悟……以活动为载体，进一步推动教师的专业发展。

三、实施效果

由于我校校本研修机制的完善落实，校本研修活动的扎实开展，校本研修形式的丰富灵活，使我校逐步形成人人爱研修、大家共研修的学习局面。教师综合素质有了显著的提高，促进了教师专业化发展，同时带动了课堂教学水平的提高和学生整体素质的发展。学校整体工作也提到了一个新的水平，得到了广大家长的认可。

四、问题和反思

校本研修是基于学校，为了解决教师教学中的实际问题的一种研究模式，每个学校的情况不同，校本研修的内容和形势也应当有所差异，所以我们应该确立以教师为主体的问题化、主题化、专题化的校本研修的基本策略。因此,在下一步的校本研修工作中,我们将以教师专业发展迫切需要解决的突出问题为研修的重要目标和突破重点,通过教师的反思形成问题,针对教师切实存在的问题来进行深入细致地分析思考,提出解决思路和解决方案,从而最大限度地发挥校本研修的个性化和实效性作用。

和悦引领教师发展

青岛重庆中路第一小学　李　莉

作为学校教师专业发展的助推者,我校不断探索实践,逐步形成了"以教师为中心、阅读提理念、互助促成长、专家引领为途径"的专业引领模式。

一、以教师为中心

根据教师的不同发展阶段帮助教师制订合适的专业发展目标和规划,引导教师严格实施。并通过访谈和问卷调研,了解了教师的专业发展培训需求:希望多走出去参加高层次培训,能有接地气、具有可操作性的专家引领。在访谈和调研的基础上,将阅读提理念、同伴互助促成长、专家引领确定为基本方法的引领模式。

二、阅读提理念

提倡教师广泛读书,充实图书馆的图书,制作借书卡,鼓励教师多读书。为每个教研组订阅了学科核心期刊,便于教师学习最新的学科教育理念。引领教师读好网络这本"书",通过关注学科名师的公众号,与名家对话,不断学习、时时学习、处处学习。

三、同伴互助促成长

(一)实施"青蓝结对"工程

实施"青蓝结对"工程,让三年以内的新教师与学校骨干教师结成对子,并且签下目标明晰的责任书,引导师徒共同研讨、共同成长。

（二）开展学科课例展示活动

学校通过开展教学节活动,在第一轮一人一课的基础上,第二轮开展各教研组展示课例活动。各教研组教师齐心协力共同打磨一节精品课例,执教教师多次磨课、修改教案,在与教研组的共同交流中实现智慧的碰撞,实现共同提升。活动的开展为教师搭建展示交流平台,有效提高教师的教育教学能力。

（三）教师小课题研究

教师通过小课题研究形成自己 2-3 人的学习、研究共同体。通过开展课题研究,课堂实践、探索教学模式、策略等,让教师成为互助研究的主体,有效激发了教师主动参与、主动合作、创新展示的潜能和欲望。

四、专家引领

（一）借他山之石

选派教师远赴北京、南京、杭州、丹阳、成都等地参加学习培训,并回来做好二次培训,确保每次外出学习收获最大化辐射。

（二）请进来

邀请教研室、教科室的领导、老师到校开展讲座,跟踪指导课堂教学,邀请青岛市优秀班主任王红老师进行班主任培训,积极承办各级教研活动,使教师足不出户就能接受专业引领。

引领教师专业成长,促学校可持续发展

平度市李园街道沈阳路小学　高锡喜

师资队伍的素质决定学校的教育教学质量,着力提高师资队伍素质,促使教师专业化发展是学校抓教育教学质量的一项根本策略和永恒不变的话题。沈阳路小学从建校之初就立足本校实际,制订切实可行的目标、合理的分层管理措施、丰富多彩的活动、操作易行的考核制度,来不断提升全校教师专业发展。

一、立足实际,制定目标

沈阳路小学是 2019 年新建校,现有 4 个教学班,在校学生百余人,教职工 21 人,其中高级教师 1 人,一级教师 5 人,二级教师 5 人,新教师 10 人。

学校从学校实际出发,制订了切实可行的教师专业发展目标。在学校制订总的发展目标基础上,根据教师需求和校内实际设置不同学科教师的发展目标,每年调整一次。全校在职教师根据自己的岗位特点,选择相应学科参加校统一组织的周半天学习,争取三年时间内所有教师参加所有学科轮训。再用第二个三年规划来完成"教师发展学校"的配套工作,如教师培训教材的编写、培训流程的完善、师资力量的固定、培训理论的支撑等相关工作。

二、合理分层、丰富活动

沈阳路小学从教师参加工作的年限和学科教学等方面,将全校教师划为四个层面、两级课堂,组织丰富多彩的活动来促进教师专业发展。

四个层面包括:①合格教师:职初教师教龄 0～1 年(使职初教师两年后基本能成为合格教师);②胜任型教师:教龄 2～5 年的青年教师(能达成新手阶段教师到胜任阶段教师的转变);③成熟型教师:教龄 6～15 年的青年教师(完成胜任阶段教师到成熟阶段教师的转变);④专家型教师:教龄 15 年以上的中青年教师(完成骨干教师到名师的转变)。

两级课堂包括校级课程和自修课程,分别作为第一课堂和第二课堂。即校级课程在第一课堂实施(学校组织),自修课程在第二课堂实施(教师个人自修)。

学校通过新教师入职培训,选择骨干教师和新教师从学科教学和班主任工作两个方面结对子,从师德修养、教育理论、课堂教学、教育科研、学业管理等方面进行带教;提倡多参加区、市及学校层面的公开课等交流活动。丰富多彩的各级、各类培训和活动促进教师专业水平不断提升。

三、加强管理,易行考核

"沈阳路小学教师发展学校"以学校模式设置机构,设"教师发展学校"办公室;设校长、副校长、教务主任、班主任;在"班级"层面,完全以班级模式呈现,整个学习培训集体定为七年级,分学科设置班级,各班设班主任、指导教师、班委会等。在班级安排上,由学科主任任班主任,教研组长任班长,推选业务骨干任指导教师。

全校教师根据自己的教学实际和工作需求，自行选择适合自己的学科班级，全校统一规划分班，统一分配学号。各班单独设置花名册，课堂实行点名制。

在加强管理的同时，制订了便于操作的考评制度和方法：

一是实行班级考评，由班主任、班长考评，考核成绩包含考试成绩、作业及笔记成绩、考勤成绩、日常评价成绩，所占比重分别为60%、20%、10%、10%。

二是考评小组考评，学校成立专门绩效认定考评小组，每学期进行一次考评。考评分考试与考核两部分，考试试题由任课教师编写，以学期所学内容为主；考核采用量化积分方式进行。

三是综合考评，主要有班级考评、小组考评两部分组成，成绩记入《教师个人履职档案》，并纳入教师评估总成绩，作为晋级、评优评先、评聘的依据之一。

只有致力于教师专业建设，才能提高学校办学水平，学校才能实现可持续发展，学生才能全面成长。因此，学校应为教师专业化发展开发多种渠道，为教师专业发展营造良好的环境，从而全面推动教师专业快速发展。沈阳路小学作为一所新建小学，正在不断奋进、砥砺前行！

加强教研组建设，促教师专业化发展

青岛蓝谷高新技术产业开发区中心小学　秦志昆

随着社会的不断进步，教育在社会中起着越来越重要的作用，这无疑对教师的专业化水平提出了更高的要求。教师是教育教学改革顺利的主导力量，他们对教育改革的理解、认同和参与状况在很大程度上直接决定着教育改革的成效。

一、"一个抓手"——以教研活动为抓手，积极有效地开展活动，提高教研水平

1. 抓好理论学习

21世纪是信息化社会、知识经济时代，终身学习对教师的生存和发展极为重要。要引导教师学会理性地思考教学问题，理论学习要更加指向实践中发生的真实问

题。要利用教研活动时间进行理论的学习,它包括语文专业知识的学习,最新教学理论的学习,最新教学教学方法、教学评价方式的学习,考试分析与评价等等。

2.抓好专题活动

每一位教师都有自己的专长,而且经过时间的打磨,他们的教学经验成了一笔宝贵的财富,因此我们就要善于调动每一位教师参与教研组建设的热情,让他们发挥自己的特长,用讲座的形式向有关老师传经送宝,减少其他教师的摸索时间,提高教学效率。每次可设立一个专题,例如如何上好复习课、讲评卷的方法、请骨干教师谈心得体会、教学中遇到的困惑、做个案分析等。有条件的话,可以请教研员、学科带头人、骨干教师来校做讲座,"传道、授业、解惑"。

3.抓好听课、评课活动

公开课教学是一位教师的教材处理、教学手段应用、教学方法选择等各种能力的展示,也是一位教师教学理念、基本素养的体现,因此任何一次公开课都对教师自身的快速成长起到积极的作用。所以,教研组要充分重视每一次公开课,认真组织好听课、评课活动。对于组内青年教师的开课设想要认真听取,对其初稿的可操作性能做出客观的评价,对其修改稿中的各种细节问题提出建议。课堂教学结束之后,客观地评价这堂课的成功和失败之处,促使青年教师尽快成长起来。对于有一定教龄的成熟教师,既要看到他们的长处,又能实事求是地表明自己的看法,怎样做更好、更合理一些,不要让评课活动成为表扬会或批评会,让评课真正成为教师成长的有效途径。

二、"一个中心"——"以课堂教学为中心",强化教研组的基本功能,提升教学水平

1.重视集体备课活动,以公开课为抓手,创备课组特色,不断提高数学教学质量

加强学习的目的就是为了更好地促进教学,我们要在抓好自己学、集中学理论方法的同时,更注重实践。要始终抓住课堂教学不放松,向课堂四十分钟要效率,让全体教师树立"向课堂要质量,让学生学有兴趣,学有信心"的意识。为此要重视集体备课活动,发挥集体的智慧,使教学更合理、更有效。针对教学薄弱点,首先可在组内开展全面听课活动,并请学校教研室教师参与,共同探究教学策略,提高本组教师对教学的认知水平。为进一步提升教师的教学技能,除了在日常教学中加强各教师之间的互相学习外,我们每一学期以备课组为单位推出一位教师的教学展示课,对其进行认真指导,精心打磨,集中听课,集中评课,使大家都能有所收获。各备课组

在教研组整体建设的基础上,还应该根据学生的年龄特点,从现实需要出发,开展切实有效的教学活动,并能形成各自特点。

2.抓好课外活动,提高学生各种能力,提升学生素养

学生各种能力的提高,光靠课堂教学是远远不够的,因此我们要设计各种和学习相关的活动,锻炼学生的才干,提高学生的能力。如利用探究性课程提高学生的研究意识,敏锐的观察能力,信息筛选的能力,合作能力以及书写表达能力。举行小竞赛,增加学生的文化积淀;同时根据学生的年龄特点,分阶段对课题进行专题研究,为以后的教学积累素材,通过各种途径扩大学生的知识面,培养学生的能力。

学会做一名幸福快乐的教师

青岛鳌山卫中心小学　王　波

一位心理学家曾说:教育是心灵对心灵的呼唤,是用心灵来浇灌心灵。教师不仅需要用知识、技能去影响学生,还要通过自己的人格与道德的力量,通过自己的言传身教以及自身良好的情绪去感染学生。

叶澜老师在《教师角色与教师发展新探》一书中这样写道:"没有教师生命质量的提升,就很难有学生的精神解放;没有教师的主动发展,就很难有学生的主动发展;没有教师的教育创造,就很难有学生的创造精神。只有当教育者自觉完善自己时,才更有利于学生的完善和发展。"换言之,没有教师队伍素质的提高,就没有学生素质的提高。由此,我们学校在培养教师专业化发展的工作中,主要围绕"学会做一名幸福、快乐的教师"这个点。

一、做一个有温情的老师

教师的温情素养体现在关注人身上,表现在对待事业、对待学生、对待集体和对待自己这四个方面。对待事业要心存敬畏,对待学生要情如父子(母子),对待集体要爱如家人,对待自己要为人师表。这四个方面是从事教师职业最起码的要求。一直以来,学校围绕这四点,要求教师不为工作所累,无怨无悔,脚踏实地地当一只红

烛；要求教师伟大，为教育事业贡献自己的力量。只有从思想上提高了认识，工作的质量和效率才有保障。

二、做一个终身学习的人

子曰："学而时习之，不亦乐乎？"教师教给学生学习，首先自己应该会学习，爱学习，且学有所长。作为一名新时代教师，必须有深厚的教育理论基础。为此，学校让老师们每人推荐几本自己想读的书籍，学校统一买回来后，要求老师们每学期至少读完一本，利用每学期的教师返校时间，交流读书体会。另外学校又将《爱的教育》《陶行知教育文集》《课程与教学论》等近十本教育理论著作，作为教师必读书目，利用教师业务学习时间做笔记，并积极撰写心得体会。有意识地引导教师从多个视角去阅读，学会与书本对话，养成阅读习惯。经常与同事展开教育思想讨论，不断更新教育理念，努力提高教师的教育教学水平。

在学校教育这个大世界里，课堂教学是一门深不可测的艺术，要上好每节课，不下功夫是不行的。为了抓好课堂教学，学校除了夯实教研活动、提高教研质量外，重点应放在转变教师思想观念，提高教师业务理论水平上。主要方法是鼓励教师积极参加各级外出学习培训，拓宽教师视野，学习先进的教学理念，改变教师一手主导课堂的现象。针对学校师资流动太大，新老师太多，对课堂教学流程陌生的情况，学校采用"骨干老师带领出去培训学习，学校领导多听课指导"相融合的方式，慢慢培养新老师。

三、做一个反躬自省的老师

教学反思的价值在于诉诸教育实践，对教育实践进行改造和提高。教学反思不仅需要将结果反馈于教学实践，对教育实践产生作用，而且，也需要通过教育实践来检验教学反思的成果，为进一步反思提供条件和准备。

随着新课改的逐步深入，教师越来越需要随时更新自己的观念，以适应新事物、新变化。因为"变化总是在发生，他们总是不断地拿走你的奶酪"。要尽快跟上新课改的步伐，加快自己成长的速度，教师应该善于反思，善于开展批评与自我批评。

学校通过各种教育教学活动，如文明班级创建活动、经典诵读活动、公开课评选活动、师德月活动等，引导教师在日常工作中时时反思，不断发现自己的不足，随时更新自己的观念，对于自己的每一次实践进行深入的反思，通过不断总结形成良好的思维习惯，从而在解决矛盾中得到发展。坚持写教学后记，适时总结经验教训、找出教学中的成功与不足，力争提升自己的思维品质。

"逼"着老师成长

青岛市即墨区第一实验小学　车爱平

斟酌了好久,觉得还是用"逼"字比较恰当,因为它真实地反映了这几年我们在教师专业成长方面所做努力的那种状态,的的确确是逼着教师前行在专业发展的路上。

我对自己初上任时所面临的困境仍然记忆犹新:教师平均年龄 41.6 岁,年龄结构趋于老化,大多数人处于职业倦怠期,对于专业的追求普遍感到身太累、心太难,因此与专业"高地"(成为教学能手、业务标杆等)渐行渐远。再加上当时学校不健康的机制环境,使身处其中的教师觉得干好干歹一个样,而不愿竭尽心智,去实现梦想。这样的团队状况委实不容乐观,而为了学生的发展,教师必须率先发展,否则将是对学生最大的不公!基于这支队伍的基底状况,我们只能先"逼"教老师去成长。

新官上任比较容易扭转沉疴旧疾,半年后的教师代表大会上,全票通过的学校制度——教师考评制度,以及后来针对团队经营的教研组考核细则,都从机制上保证了团队及个人的共进共荣,奠定了教师专业成长的基石,在短时间内迅速凝聚了人心,树立了正气,营造了教师可以让你去"逼"的良好的专业成长的制度环境。

制度带来的公平公正虽然理顺了教师的心气,但教师是专业技术人员,专业技术的匮乏会使我们缺乏底气和张力,最终教者不愉快,学子更遭殃。于是我们借助外力"逼"着教师拓宽专业视野,无论是资深教育专家还是草根教育名士,只要对教师的成长有帮助,我们就邀请他们走进城南,和我们的教师们交流互动,给闭门造车的教师们打开了一扇窗。透进的一丝丝光亮让教师们醍醐灌顶,大呼过瘾,毕竟每个人都不会拒绝成长!不光请进来还要走出去,创造条件尽量让每一个老师都走出去,较多的一个月培训费用甚至达到 7000 元,拿来、嫁接、移植、复制、再创造……一点一点重建,一滴一滴积累,学习给我们的教师们带来了显而易见的变化,教学的驾轻就熟使他们自信满满!年终的团队分享会、青年教师的座谈会上,教师们还会"得寸进尺":希望学校创造更多的机会让他们学到更多的东西!

"没有阳光不会灿烂,给教师们一点阳光让他们灿烂。"管理者最重要的任务是要铺路子、搭台子,我们搭建了多样的活动平台,"逼"着教师激发发展潜能:把事务性的例会变成各级部自己主持、轮流发言的"且行且思——我的教育故事交流平台",让每一位教师开口说话,哪怕你的故事现在并不精彩,只要你敢于开口这就是贡献;邀请家长参与的家长开放周:听课、公益讲座、参观、交流……每一项活动都让教师不敢小觑;以"阳光课堂构建"为主题的课堂教学研究展示交流活动,让"偶像"带动了"粉丝",让"粉丝"看到了自己和职业"偶像"间的差距,明确了自己的专业目标。学生的成长,家长的重托,自身专业的发展让教师时刻不敢懈怠,虽然累,虽然忙,但能让教师体验到职业幸福感和自豪感,就是我们的胜出!

在教师专业发展上我们始终有一个秉持不变的理念,那就是"一个教师发展并不重要,每个教师都要发展"。虽然目标很难达到,但方向对了就要坚持。人人希望做个好教师,但好教师的成长是个人修炼和团队互助的结果。注重团队建设让团队发展带动个人的成长,是我们"逼"着教师成长的重要策略,教研组考核细则旨在引领教师注重团队成长影响个人进步;组内丰富多彩的活动,使教师在你一言我一语中碰撞出智慧的火花,解决教学中的困惑和疑难;"同课异构",使教师在不同中比较,在比较中找到最合适的方法;"你讲我评",一位教师提供课例,其余教师提出看法或异议,交流中探索有效的教学方式……年终盘点团队分享会,让教师以团队为单位,盘点一年的工作,共同分享彼此在工作上的成功和喜悦,取长补短,共同进步,从而带来整个教师团队的共进共荣。

专业成长需要专业扶持,"逼"过之后,我们有理由相信我们的教师会在自己个人发展意愿的推动下,在学校提供的平台与指导中,逐步走向专业成熟!

素养提升七大工程,助推教师专业发展

青岛市城阳区实验小学 牛秀娟

在加强教师队伍建设的总体思路上,城阳区实验小学以全面提高教师队伍素质和创新能力为核心,以培养中青年学术带头人和骨干教师为重点,深化改革,建立健全促进教师资源合理配置和优秀人才成长的有效机制,力求建设一支有理想信念、有道德情操、有扎实知识、有仁爱之心的教师队伍。

一、"尚美崇教"师德工程

学校每学期都开展师德活动月活动,组织教师认真学习《中小学教师职业道德规范》,加强教师的思想政治教育和职业道德教育,强化教师的师德修养,坚持依法施教。使全体教师牢固树立"以爱岗敬业为荣,以有偿家教为耻""以关爱学生为荣,以体罚学生为耻"的观念,坚决杜绝有违师德的行为,通过评先选优,在教师中树立典范,发挥其示范引领作用。

二、"书香致远"读书工程

学校为全体教师配齐了重点阅读书目和推荐书目,通过制订实施方案、教师个人读书计划、确定专业阅读书目等途径引领教师广泛阅读,撰写读书笔记、教育教学随笔等。学校每学年定期开展"读书报告会""读书沙龙""读书演讲比赛"等读书交流活动,为教师搭建读书交流平台,并对教师读书活动开展情况进行定期和不定期检查,及时发现并不断推介阅读面广、内涵丰富、学以致用的先进教师的做法和经验,并及时总结,让教师浸润书香。

三、教学基本功提升工程

学校狠抓教师基本功训练,定期组织全体教师开展普通话、粉笔字、钢笔字、毛笔字等为主要内容的"三字一话"培训与考核,并作为长效机制,常抓不懈。每年都举行板书比赛、演讲比赛、教学大比武、优质课评比等活动,从中选拔出一批基本功过硬的教师,帮助他们迅速成长为教学骨干。常规教学基本功练兵要和校本教研有机结合,以教研组为单位一周一次,研究课标、教材、教法及学法,积极推进校本教研活动的开展。

四、与名校名师手拉手工程

学校积极寻标、对标,与北京清华附小、深圳明德实验学校等定期进行课堂教学及教育教学管理方面的交流。每学期与共同体学校——正阳路小学、京口小学、美欧学校的交流全面做好规划,在教学教研、师资培养、资源共享等方面进行探索。继续邀请全国名师到校授课、讲座,同我校的骨干教师同台上课,帮扶交流,每次培训后有反馈,有跟进,进行培训感悟评选,定期安排优秀教师外出学习,推动教师迅速成长。

五、教师梯队培养工程

学校对新教师、青年教师、骨干教师、学科名师分层级培养。分层次实行"五课"制度,即学科带头人上示范课、骨干教师上优质课、中老年教师上研究课、青年教师上汇报课、新上岗教师上亮相课,形成教师队伍培养的梯次格局。

学校关注新教师的培养。在新教师中制定"一、三、五"培养规划,积极实施"青年教师成长工程",为青年教师安排师傅"新老结对"。对新教师进行教育教学常规、素质教育理论、新课改理念下的备课与课堂教学等方面的培训,要求新教师每学期举行一次"亮相课",期末进行"教坛新星"评比活动,促进新教师尽快掌握教学技能,做合格优秀教师。

学校鼓励、支持、选拔青年教师参加市区举办的各种教育教学评优活动,为他们施展才能提供更多机会,让他们在学习与教学的实践中得到锻炼;对有一定教科研能力的青年骨干教师,安排他们参加较高层次的学术活动,让他们参加或承担教科研课题,使其挑起教科研的重任;组织青年教师每人每学期写一篇科研论文或教学经验体会文章,择优推荐参加省、市级教科研论文评选。

学校加强对骨干教师的引领与提升。分学科组织名师培养人选外出听课观摩、学习课堂教学改革的先进经验,定期邀请区外名师开展同课异构、专题讲座等活动。加强对学科中心组教师的培养,建立骨干教师业绩档案,通过专家引领、外派学习、开放课堂等多种途径不断提升专业水平,推动骨干教师向专家型名师迈进。同时,积极开展师徒结对等活动,发挥名师培养人选带动作用,促进学校教师专业成长。

对于名优教师,学校建立个人工作室,做好个人课题研究。通过评选一批教学基本功扎实、业务能力强的教师,给其适当加压,让他们挑起教学改革的担子,通过大比武、评优课、教师特色课程展示、论坛交流等方式促进教师业务能力的提升。

六、信息技术与课程整合工程

学校每学期组织多媒体使用培训、微课培训等活动,指导教师在软件方面找到合适的教学平台。在计算机技术培训方面着重提倡一般化的基本技能培训,进一步提高教师现代信息技术运用能力,鼓励教师建立自己的网页、博客、个人微信客户端,加强与名师、与家长、与社会的交流。

七、"以研促教"工程

学校立足"科研兴校"理念,在"研"字上求实效。学校以理论学习、案例分析、教学反思、结对帮扶、经验交流、教学咨询、教学指导、说课、听课、评课等为基本教研形式,并通过教学观摩,为教师参与教研创设平台、创造条件。灵活运用开放式教研活动、促进式教研活动、针对式教研活动、学科整合式教研活动等多种教研形式,努力提高教研的针对性和实效性。

教师成长工程的实施,进一步加强了学校教师队伍建设,为学校塑造仁爱宽厚、尊重包容、勤奋敬业、才识卓越、身心健康的仁德之师提供了坚实的保障。接下来,学校将不断反思,勇于开拓,努力使教师队伍建设再上一个新台阶。

促进教师发展

平度市南京路小学   于志坚

学校办学不仅使学生得到发展,也要使教师得到发展。现在好多教师在选择学校时不仅注重工资和福利待遇的高低,更注重个人的发展。在好的学校,教育科研氛围浓,有发展的空间,几年的时间就可能小有名气。现在好多学校实施名师工程,让每个教师都有奔头,如青年新秀,学科带头人,学校名师等,让每个人在学校里都能找到自己的位子,每个人都能在原来的基础上得到发展。

一、要让老师找到"最近发展区",人人都有成就感

中小学教师的职业倦怠是近年来议论比较多的一个话题。教师为什么会出现倦怠问题,人们找出了许多理由,我觉得最主要的原因是奋斗目标的迷失。工作累与职业倦怠不同,有的人工作很累但也很快乐,如许多科学家,他们没有假期和星期天的概念,每天在实验室工作十几个小时,累肯定是累,但没有出现职业倦怠问题,这是因为他们有明确的奋斗目标,科研成功的愿景在吸引和鼓舞着他们。

苏联心理学家维果茨基曾提出"最近发展区"的理论,要求为学生的发展提供最近的发展目标,即"跳一跳,能摘到果子"。不跳能摘到果子,会助长人们的懒惰思想;如果跳一跳仍摘不到果子,人们就会失去信心。其实教师也需要有一个"最近发展区"。每个人的基础不同、能力不同、目标不同,但每个人都希望享受成功的乐趣,而这种成功不能太遥远。一个个"最近发展区"连接起来就会形成星光大道,引导教师成为"职业明星"。

南京路小学每个学期都举办一次教学竞赛,设立十个单项奖,每个教师都能获得一至几个单项奖,全校167名教师获奖多达300人次,人均获奖2.3次,皆大欢喜。每个人都能发现自己的闪光点,每个人都能享受到成功的欢乐。能够拿到5个单项奖的获综合一等奖,能够拿到6个单项奖的获综合特等奖。在167名教师中大约有35名教师获得一等奖和特等奖,这些获奖者除了能够获得证书和奖品,他们最高兴的是可以和校长合影留念。

南京路小学实行目标管理制,为全校教师设立了五个等级:一般教师、希望之星、校级骨干、区级骨干、市级骨干(学科带头人)。五类教师的待遇也不同。每个教师自愿选择,首先找到自己的"最近发展区"。对所有教师,都从教学任务、组织管理能力、反思总结、研究能力、指导能力、资源库建设等六个方面提出了具体要求,具有很强的可操作性。

二、开展"三我活动",搭建教师发展的平台

教师的职业倦怠主要是奋斗目标的迷失,如何让每一个教师都能找到自己的奋斗目标,重新点燃职业的热情和活力,是解决教师职业倦怠的一项措施。我校通过开展"三我活动",使教师沿着发展的台阶奔向星光大道。"三我活动"的具体内容如下。

1. 我看我自己

首先要求每个教师认真进行自我反思,查找自身存在的问题,迈出自我发展的第一步,主要内容包括:

(1)分析自己的现实情况。比如自己的学历、职称、年龄、身体状况、教学经验、教学效果、科研成果、业务能力、思想素质等,全方位进行自我反思。通过反思,找到自己的优点和不足,为制订近期发展目标奠定基础。

(2)制订近期发展目标。近期发展目标不要时间太长,一般以一个学期为阶段。根据前边学校制订的五类教师的标准,自己确定一个"最近发展区"。

(3)对发展目标的可行性进行描述和分析。学校虽然制订了每类教师的具体标准,教师本人还要根据自己的情况,描述发展目标的可行性,并分析自己达到目标的有利条件和不利条件。

(4)解决办法及希望提供的帮助。教师要估计在达标的过程中会遇到什么困难,如何解决,希望学校领导和同事提供什么帮助,都要具体写明。

(5)预计学习期限。自己制订的发展目标,预计多长时间能够达到。

2. 我学身边人

对于那些特级教师和大师级的人物,我们应该学习。但一般的老师往往觉得离自己太遥远,可望而不可即。而身边的一些优秀教师,就是自己的同事,朝夕相处,并不神秘,他们能够达到的自己也应该能够达到。所以每个人都要找到自己身边的榜样,即便不是全面优秀,有值得自己学习的一个方面也可以。通过这种形式,为教师提供一个交流的平台,找到学习的榜样。具体要求如下。

(1)学习内容。根据自己的情况,打算向别人学习什么?是教学还是班主任工作?是科研还是读书?总之,首先要确定学习的内容。学习内容往往是自己短缺的方面和想发展的方面。

(2)学习对象。确定了学习内容后还要确定学习的对象。不管职称高低、教龄长短,只要适合自己学习都可以成为学习的榜样。

(3)学习途径和方法。自己打算通过什么途径和方法向别人学习。是拜师傅还是结对子?在教学方面,是先听师傅的课再自己讲,还是邀请师傅经常听自己的课并及时指导?如在班主任方面,是经常参加师傅的班级活动还是经常邀请师傅对自己的班主任工作给予指点?总之,要根据自己的情况和学习对象的情况,制订切实可行的措施和方法。

(4)记录学习过程。向别人学习是个动态的过程,不是一开始写个计划就行了,要不断记录自己学习的过程,以便不断分析原因和效果,及时调整自己的学习策略和方法。

(5)预计学习期限。根据自己确定的目标、内容和措施,计划多长时间实现目标。

(6)学习效果及案例。在学习的过程中要不断分析学习的效果,并及时记录下来。对于学习效果,要用案例来说明。如班主任工作,可通过自己班内工作的变化或对学困生的转化来说明自己学习的效果。对于教学工作,可通过自己教学成绩的提高和公开课来说明自己的提高。总之,学习是否有效果,不是笼统的描述,要有证明自己进步的数据和典型案例才行。

(7)失败原因分析。如果自己没有达到预期的学习效果,就要进行原因分析。是客观原因还是主观原因,是方法问题还是时间问题。通过分析调整自己下一步的学习步骤和目标。

3. 我做现代教师

教师通过自我反思和向别人学习,实现逐步的升级,向现代教师奋进,成就明日之星。具体措施如下。

（1）奋斗目标和期限。现代教师也不是一个层次，如前边说的"校级骨干""区级骨干""市级骨干"，甚至有的希望成为特级教师等。每个人根据自己的情况确定具体的奋斗目标，以及计划在多长时间实现这一目标。

（2）目标落实办法。确立了目标就要采取一定措施，对照目标的标准设计达到目标的途径和方法。

（3）目标达成情况。成为一个现代教师不是一蹴而就的事，需要一个过程，在这个过程中要不断地反思和对照标准，查看自己达成目标的情况。

（4）补救措施及效果。在奔向星光大道的过程中，肯定会遇到困难和挫折，有的是主观的，有的是客观的，要及时采取补救措施，避免中途夭折。对于奋斗的效果，也要及时对照标准进行记录。

胶州市李哥庄小学促进教师专业发展

胶州市李哥庄镇李哥庄小学　于　林

为创建学习型学校，营造教师学习发展的良好环境，关注每一位教师的发展，我们李哥庄小学主要采取了以下策略。

一、激发教师的热情和对教学的敬畏之心

"教师是人类灵魂的工程师。"随着时间的推移，各类产品甚至知识都会陈旧、过时、废弃，但教育的成果却历久弥新，会薪火相传、青春永驻。

从事教师职业的初衷不同，走进讲堂的机缘也不同，怀着对教育工作、对学生的热爱走进学校的教师可能只有一小部分。一个不爱孩子的人从事教育工作，是他本人的不幸，更是学生的灾难。但是当他真正理解了教师工作的意义和神圣的使命的时候，他一定会爆发出对教育工作的热情来。

二、帮助教师制订专业发展规划

新教师刚刚开始教育生涯，会充满好奇和激动，但是也充满了焦虑和疑惑。工作一段时间后，对教学工作有了基本掌握，获得了最初的认可，但是对怎样才是一名好

教师仍然会不甚清楚。而老教师在周而复始的工作中,也会慢慢滋生职业倦怠感。我们的任务就是帮助教师们有针对性地制订相应的发展规划,促进教师专业发展。

根据教师需要和教师在不同时期所关注的问题不同的理论,我们将教师的成长划分为关注生存、关注情境和关注学生三个阶段。这种划分虽然笼统粗糙,但比较真实地反映了教师发展的一般趋势。

关注生存阶段,老师们关注自己的生存适应性,最担心的问题是"学生喜欢我吗?""领导是否认可我?"等等。关注情境阶段,感到自己完全能够生存时,便开始关注提高学生的成绩,进入了关注情境阶段,关心如何教好每一堂课的内容。关注学生阶段,备课、课中、课后反思时都能随时考虑到学生的成长需要,把能否自觉关注学生作为衡量一个教师是否成长成熟的重要标志之一。

处于不同阶段的教师,发展的重点也不同。新教师需要对他们的专业发展提供切实具体的指导;工作一段时间后的教师要注重先进教育理念的引导,确立新的发展目标;老教师则需要重点鼓励他们创新课程设计,创新教学模式,形成个人风格。

三、建立学习型组织形成终身学习文化

教师的专业发展在本质上是精神的发展,观念的更新,而学科知识的增长是支撑新观念的基础。因此,我们要有计划、有系统地促进教师知识的增长。

第一是拓展知识。使之不断更新,新的技术、方法、工具每天都在诞生,如果满足于旧知识,不学习新知识,很快就被淘汰。

第二是深化知识。如果说拓展知识是横向的增加,深化知识则是纵向的增加。纵向的增加意味着对知识的来龙去脉、对知识前后联系的理解和对知识发展未来的把握。对知识的掌握越有深度,对知识链条上特定环节知识的理解无疑就更到位。

第三是更新知识。知识有新增就有减少,新增的同时有些知识则在被淘汰、被"证伪"、被更新。只有不断学习才能保持知识的"新鲜度",不至于被过时的知识所蒙蔽。

第四是综合知识。人类知识的增长有两种相互补充的倾向——分化和综合。近50年来,知识的增长越来越通过知识的综合、交叉、重叠和融合来实现,知识的综合不仅发生在文科、理科、工科等的内部,而且发生在文、理、工、商、农、医等学科之间。

通过综合知识解决问题,是对教师专业发展的新要求。我们要鼓励教师和采取必要措施帮助教师通过终身学习不断"同化"和"异化"——吸收新的知识、更新旧的知识,保持对世界的好奇心。

有研究才有探索,有探索才有创新,有创新才有超越。专业水平的不断提高就能

促进教师专业的不断发展。

同伴互助课题研究　助力教师专业成长

青岛市崂山区林蔚小学　宋林林

学校工作中的问题就是教育者需要研究的课题。虽然学校前面取得了一些成绩，但作为校长要时刻保持清醒的头脑，善于反思剖析工作中存在的问题，制订改进的措施。

一、理清问题成课题

（一）课题源于课程

学校发现原有的"活润课程"体系"大而全"，实施中缺乏重点和亮点，实施效果不佳。为此我们对课程体系做减法，在原有基础上整合研发《耕读堂》乡土文化课程：既嫁接学校多年来乡土文化实践活动，融合学科教学、选修课程，还要进阶成为能够影响课堂教学、学生活动、文化建设、综合评价等育人之道的精品课程，在这个过程中"农村学校乡土文化传承的实践研究——'耕读堂'课程开发与实施"立项成为山东省科研课题，即以"耕读堂"课程开发与实施为载体，以崂山乡土文化的开发利用为素材，以童趣探究与实践研究为导向，通过建立学校、家庭、社会三维立体的协同机制，将乡土文化、生态自然、科技环保等融入儿童生活，带领学生进行深度学习，在乡土文化课程中实现育人价值，实现乡土文化传承。

（二）课题基于课堂

在听课中我们发现课堂教学缺乏对学生个体差异的关注，"一鞭子赶"，学生的课堂参与度不够，出现两极分化，合作学习仍流于形式。各科教学中"就低不就高"，课堂上的思维含量不足……课堂是学校教育的生命线，"活润课堂"的研究与实践是提升教育教学质量最后一道屏障。只有扎根课堂主阵地，关注学生差异，实施同伴互助，创建学习共同体，才能实现真正意义上的"活润课堂"。为此开展"基于深度学习的同伴互助'活教育'课堂"研究,并立项成为青岛市"十三五"规划课题,为了让课题研究不出现"原地打转",真正能研到实处,我们聘请了青岛大学基础教育研究中心的王有升专家团队,与我们一起进行合作科研。

二、课题带动促成长

(一)省课题:整体推进,深耕慢行,让老师们在认同中跟进来

坚持顶层设计,首先明确课程目标是什么,其次明确课程理念是什么,再次建立课程的体系结构,最后实施中确立生活化的主题、安排科学化的内容、创设开放交融的学习场、建立灵动多元的课程评价。在这个过程中我亲自带领教师们研究、开发、实施,从领着干到扶着干到放手干,教师们从不理解到认同到积极参与,过程中教师和孩子都收获了成长的自信。学生参加花样跳绳比赛先后三次获得省、市级比赛一等奖,农民画先后获得全国五艺展一等奖和山东省六艺展一等奖,面塑作品在市劳动技能大赛中脱颖而出,学生的海洋小研究论文获市一等奖,儿童诗在支教岛童诗比赛中多人次获奖,科幻画作品在区比赛中获奖,舞蹈《耕读娃》获区艺术节一等奖,在今年六一的课程展示中1～6年级的全体学生自信地展示了自己的学习成果……12个教师分两组研发的"耕读堂(上)"和"耕读堂(下)"均获青岛市精品课程,2人次开设市级公开课,1人次开展市级名师开放课堂,出版了《耕读堂》教材,成为首套崂山乡土文化教材,参与教师达20人,学校举行了隆重的《耕读堂》教材发布会,与会人员给予高度评价。我先后四次代表学校就课程研究与实施在国家及省、市级现场会中做经验交流。《耕读堂》课程的研发与实施也产生了较强的社会反响:新闻网以"用'耕读'留下文化的根"做了校长专访,山东省少儿频道、崂山电视台、《齐鲁晚报》《青岛晚报》以及各门户网站等都对此进行了报道,中国海洋大学《邸报》对课程实施进行了四期的跟踪报道。

(二)市课题:专家引领,课例研讨,让老师们在主动思考中行动起来

通过调研,摸清学情,确定各科子课题,"基于问题挑战的师徒互助数学课堂""基于理解表达的同伴展示语文课堂""基于语言运用的同伴互动英语课堂"等课题研究均取得一定的阶段性成果。

(1)形成了"集备打磨——实践反思——改进提升"的研究路径,螺旋持续推动进程。

(2)初步形成了"活教育课堂236"基本模式,其中,两联系即联系生活情境、生活资源、生活经验预学;联系生活进行知识、能力、思维的延学(拓展、延伸、应用);

三融合即个体自主学习、同伴互助学习、教师讲授的接受式学习三种学习方式的融合；六环节即主要是新知教学的六个流程，即自主预学—质疑提问—互助释疑—导学提升—反馈应用—拓展延学。

（3）初步建构起各学科基于深度学习的同伴互助策略。

一是形成各学科同伴互助的常态化、动态性的组织方式：数学建立师徒互助组，课上根据不同问题师徒动态互换；语文建立3～5人为单位的分享、表达组和同位互助组；英语建立3人的表达组和同位互助组。

二是初步形成各学科的深度学习指导策略：

【数学】："备课备问题，导课用话题，讲解要入题，练习创变题，指导会审题，课后理错题"。

【语文】：体现"三思""两课""两体"。

【英语】：落实"两语"，即语境、语用。

（4）反复验证，形成了"基于深度学习的同伴互助活教育课堂"的观察量表，细化了观察要素，关注教师的教，更关注学生的学，引导每位教师树立高效课堂的意识。利用课堂观察表加强对常态课堂的诊断与指导。

（5）以评促学，建立起体现互助文化的"3+1"评价体系。"3"即三级评价。第一层级是学科教师建立自己的课堂评价体系，凸显互助、问题意识培养。第二层级是班级建立整体互助评价体系，将各学科的课堂互助学习纳入班级整体评价中。第三层级是学校综合评价。每月评选学校十大优秀小先生、十大优秀互助组、十大进步奖，在升旗仪式上宣布、张榜公示。"1"是指活润成长评价系统。以上"三级"评价均与学校"活润成长评价"系统相对接，实现线上、线下评价一体化。

在这个过程中，作为校长全力跟进与推进，每个月进行一次研讨，每个学期进行一次阶段小结，学年听评课教研总数达到102节次。研究促进了个人科研领导力的提升，教师也在实践中不断成长。教研团队更加凝聚，各学科组的教研更加积极有效。阎飞飞老师举行了青岛市数学德育课例展示，并被评为崂山区教学能手。徐艳艳老师《用"心"设计，练"活"思维》一文发表在市级以上刊物，我校语文团队在区语文教学总结会上进行《借助学习单让语文课堂提质增效》的经验分享，我校数学团队在区研讨会上做研究分享，在崂山区基本功大赛中获三等奖。我校英语教研组承担了国家级课题的子课题研究。今年夏天，李风老师代表研究团队在市级做了《同伴互助活化课堂 深度学习助力成长》课题研究经验交流。学生在参与，思维在提升。课堂上学生已形成了合作意识，师徒互助、同伴交流、小组操练等学习方式有效穿插运用，小老师、同桌或小组敢于走上讲台，大胆地展示，学习自信心越来越强。通过与区域学校的对标,我们看到了各年级、各学科学习成绩均呈不同程度的上升。

破解北安中心小学师资薄弱困境

青岛市即墨区北安中心小学　张泽宏

北安中小现有学生 960 人,24 个教学班,在编教师 38 人,顶岗实习教师 18 人。因顶岗实习教师岗位不稳定,流动性较大,并且整体专业素质水平不高,所以该类教师教学成绩普遍低于在编教师。师资薄弱成为制约学校发展的一大困境。

为了破解师资薄弱困境,学校一方面加强团队建设,另一方面重视教研和培训,以促进教师专业发展。

一、发挥现有优势,加强团队建设

调动全体教师的积极性。一方面我们完善制度建设;另一方面营造温馨积极的教育氛围。开展"发现身边的美,树师德标兵"活动,利用微信平台向家长、向社会不断推送身边的正能量;组织工会活动,培养团队精神。一年来先后组织了丰富多彩的文体娱乐活动,活动的开展释放了教师们的工作压力,提高了团队凝聚力。

二、启动青蓝工程,开展拜师活动

顶岗教师业务能力的提升,责任在师傅,关键在教研。学校重点在两个方面下足了力气:一是对师徒进行捆绑式评价,顶岗教师的教学成绩纳入师傅的绩效考核,并且加大了考核比重;二是针对顶岗教师业务能力不足的情况,开展菜单式教研活动。

三、开展教学研究,加大业务培训力度

通过固定教研活动时间来保障教研活动常态化。每周二第二节课作为语文教研固定活动时间,周三第二节作为数学教研活动时间,周四第二节作为英语教研活动时间,周五第二节作为其他教研活动时间。为了教师们每周能正常参加教研活动,学校在学期初课程设置时也进行了相应调整。例如:周二第二节所有语文老师空堂。

积极选派大量教师外出学习培训,回校后各教研组再进行汇报课展示。

带领骨干教师到香江二小、德馨小学等地考察学习先进的教学经验。

2019年我校有宫立霞、黄赛两位教师取得了即墨区优质课比赛一等奖,另有两位教师取得二等奖,一人取得即墨区级公开课。在即墨区组织的小学生综合素养能力抽测中,我校取得了即墨区乡镇小学第五名的好成绩。

四、参与课题研究,提升理论水平

发展教科研工作,开启北安中心小学参与课题研究模式。2019年,由校长主持的青岛市级普通课题"城乡接合部学校家校合作模式探究"正式立项,即墨区级课题"生态德育模式探究"也将于2020年结题。

课题的立项和研究提高了老师们的教科研水平,必将对教师的专业成长产生深远的影响。

校长使命:引领教师专业成长

青岛市即墨区移风店中心小学　王化堂

引领教师专业成长,是校长在打造学校人力资源优势和整体提升教师队伍素质方面所负有的专业使命。为了肩负起专业的责任,校长必须不断地追求自身的专业发展,争做学习型领导;必须公平地对待每一位教师,尊重他们的合法权益,学会信任和欣赏教师;必须积极建立健全促进教师专业发展的激励与保障机制,创设有利于教师专业成长的条件与机会,引领全体教师成长和发展。

一、注重目标引领,规划教师的自主发展目标

学校要求每一位教师都要根据自身的实际情况,制订出符合自身成长的近、中、远期自我发展计划,同时,学校再根据各位教师的现状为他们提出明确的、通过努力预期就可以实现的建议发展目标,从而极大地激发了教师自主发展的积极性,也激发了教师自主发展的内在动力,使教师在学校组织的各项教学活动和业务竞赛中都

能踊跃参加,形成了你追我赶、争先恐后的良好局面。

二、注重校本研修引领,提升教师专业发展的水平

1. 抓好老师们的业务学习

通过每双周的业务学习,努力倡导教师们积极学习,让读书成为一种习惯,让读书积淀教育思想。同时,我们还要求教师每年研读一本教育教学专著,天天坚持学习素质教育思想和新课程理论,并要求教师们结合自身的教学实际,定期撰写教育随笔或读书心得,以不断地积淀教学思想,努力提升自身的理论素养和专业发展水平。

2. 通过“老新结对”,重视对新教师的专业培养

学校制订了新教师的三年发展规划,开展新教师与有经验的老教师师徒结对活动,让有经验的老教师指导与带动新教师进步,并且每年都要进行一次考核,使新教师能够达到一年常规入门,两年课堂教学合格,三年教学能力达标,极大地促进了教师的专业发展。

3. 同学科互助,抓好教师的集体备课

我们以备课组为单位,采取备课加反思的方法,形成了“备课即研究,研究即学习”的良好运行机制。通过发挥同学科教师的集体智慧,有利于使其相互交流、相互学习,从而可以更快地提升教师们的专业发展水平,也极大地提高了备课的实用价值。

4. 聚焦课堂,开展多层次的教研活动

学校每学期以教研组为单位开展多层次的教研活动,有每人一堂课活动,有青年教师的过关课活动,还有骨干教师的展示课活动等。同时,我们还组织相关教师参与听评课,课后让出课教师陈述自己的设计意图和反思,其他教师也互动评课,以达到共同进步、专业共同发展的目的。

三、注重师德引领,树立教师的高尚人格

教师高尚的师德和健全的人格,是我们从事教育事业的基础。

1. 加强师德学习,努力提高自身素养

学校每学期都要进行师德专题读书活动,通过集中学习、分散学习、自我反思和集体讨论等多种形式,使全体教师坚定了职业信念,形成了“爱学生、爱事业,爱学校”的良好精神风貌。

2.通过师德活动月，积极开展丰富多彩的活动，努力提升教师形象

结合师德活动月的相关要求，积极举办师德论坛、师德征文、演讲比赛与师德学习心得交流会等一系列生动的师德活动，展示了教师的爱岗敬业、为人师表和无私奉献的良好精神风貌，大大提升了教师的师德形象。

3.通过抓评价考核，铸造师魂

学校通过学生、家长和教师座谈问卷及个人总结自评、科组交流、学校考核等环节，对教师师德实行多元化评价，师德考核结果与教师的绩效考核评优挂钩，与奖励性绩效工资挂钩，充分发挥了学校在师德建设中的主体作用，使教师师德不断升华，深受学生、家长和社会的一致好评。

即墨区大信中心小学促进教师专业发展

青岛市即墨区大信中心小学 刘元泽

青岛市即墨区大信中心小学以创建学习型学校为目标，积极提供教师学习发展的良好环境，推进学习型学校建设，主要采取了以下策略。

一、建立学习机制，搭建学习平台

我校成立了教师学习共同体组织，为了探索适合教师共同体的学习机制，首先学校结合学校的发展愿景给共同体成员提出明确要求和合理的学习管理机制；其次创建学习流动机制，让教师保持前瞻的目光，改善心智模式，坚持同中求异，通过对话和讨论，凝聚共识；最后创建学习转化机制，促使教师的学习与实践相结合，让教师在组织学习中体验成功，带动组织的成效，继而在组织和个人不断成功的良性循环下实现专业发展。此外，学校还积极派出教师定期参加专家、名师讲座、授课，不断地把新的教学理念和教育思想传达给共同体的成员；组织共同体成员走出校门，参加全国、全省、全市各种教育教学研讨，把先进的教育理念、教学方法带回来，提高全体教师的业务水平。

二、选择学习内容，提高学习实效

首先要求教师学习共同体成员与好书为友，读好三类书：夯实精神底蕴的书、拓宽教育教学视野的书以及学生喜欢的书。同时进行专业写作，如日常教育叙事、教育感悟、师生共写、教育案例及剖析、教学案例及剖析等。

其次在实践中学习，立足课堂，加强研修。建立"每月一课"教研制度，每学期开学初由教导处统一组织，根据学科、教学进度和课表，每月安排一位老师上一节展示课，展示课面向全校教师和家长开放。每月完成"每月一课"活动后，由教导处统一对上课老师的情况进行反馈点评。从听课、评课、磨课、反思中，教师能感受到从备课到课后总结全过程的精细研究，体会教学中的问题是如何产生的，又是如何解决的，再把日常工作中遇到的难题和困惑带到理论研修中，通过学习澄清问题，提高每个成员的认识。

三、捕捉优势，绽放培训

把每次的培训前 20 分钟时间给一个备课组，让这个备课组安排一位老师展示一个大家共同讨论的说课稿，并请其他学科的老师从学生的角度来评析这节课。给老师以足够的激励和舞台，让他们积极行动起来。这样，老师们也会把这样的舞台给孩子，老师们会安排课前三分钟展示，如英语老师会安排"five minutes talk"、语文老师会设计课前古诗鉴赏、数学老师会安排每位同学的典型题目分析，于是老师们能意识到，学职业辨识的时候让孩子们主动参与模仿，学鸡兔同笼的时候让他们自己摆一摆，这些都是主动获取的有效途径，是可以复制的。

四、加强交流互动，分享学习成果

注重同伴协作、加强交流，可以促进每位共同体成员都养成积极合作的态度、彼此信任的诚意和开放的学习心态，从而在分享彼此的智慧中共同成长。在学习方式上除了一般的共同学习形式外，还采用结伴合作、教育教学问题沙龙研讨、骨干及专家引领、撰写教育日志等方式。教师学习共同体定期开展"读书分享会""专家引领""对口帮扶"等活动，最终实现理论联系实际的交流与反思，促进教师学习共同体成员不断提升专业素养，从而打造一支学校骨干教师队伍。

党建"五照亮"工程促教师发展

胶州市第三实验小学 常晓东

学校近些年来,狠抓党建工作在教育教学实践中的应用。提出了党建"五照亮"工程,并将其与"三元教育"理论实践相结合,取得了卓有成效的成绩。使学生的综合素质得以迅速提升,教师的教学能力及班级管理能力得以加强。

一、党建"五照亮"工程的具体内涵

党建"五照亮"工程是杜村小学根据本校实际情况提出并贯彻实施的一项将党建渗透于教育教学等各个领域的工程。其核心内容就是:

(1)一个支委联系一个教研组,照亮一个团队。支委成员联系教研组,推动教学常规工作、教研活动开展,带动新教师能力提升。

(2)一个党员联系一个班级,照亮一个教室。党员教师带头深入班级,对班级管理、文化建设进行跟踪指导,营造良好班级文化氛围。

(3)一个党员联系一个孩子,照亮一个家庭。党员利用业余时间、党日活动、"结亲周"、家访活动建立家校沟通平台,党员主动帮扶解困,让孩子、家长感受到党员教师的关怀。

(4)一个党员联系一个青年教师,照亮一个人生。开展党员与青年教师结对活动,在备课、活动辅导上下功夫,帮助青年教师快速成长。

(5)一个党员上好一节公开课,照亮一个课堂。开展"党员示范课"活动,组织党员教师讲课听课、说课评课、教学研讨,支部定期总结。

学校在党建"五照亮"工程实施之前,教研活动虽然持续开展,也取得了一定的成果。但由于缺乏党员骨干老师的先锋带头作用,教研活动显得不够深入,不少教学问题没有得到进一步探索,以至于实际效果不太理想。公开课开展是教师之间相互学习、相互成长的一条良好途径。在"五照亮"工程实施前,杜村小学的公开课开展不够理想。主要表现在一是授课教师准备不充分。许多教师在上课前自身对教材内容不熟悉就去给学生上课。二是教师听课不认真。教师在听课过程中将听课作为一种差事来应付,没有积极主动地去认真听课。三是课后反思不足,公开课后,教师间基本没有进行交流,授课教师更没有进行必要的反思。随着学校规模的不断扩大,几年来接连录用了30名年轻教师。这些年轻教师大都是刚从高校毕业的大学生。客观上,缺乏教学经验是这些年轻教师自我成长的瓶颈。主观上,青年教师由于没有正确的引导,他们从思想上没有意识到自我成长的重要性,部分年轻教师甚至于在工作中得过且过。

二、支委与教研组密切配合积极开展"启智"教育

为加强学校管理,提高学校教育教学水平,学校成立党支部委员会,支部委员由学校召开全体党员教师会议选举决定。然后由支部书记率领各支部委员到各教研组进行指导和沟通。指导的主要内容是探讨如何通过学校的教育,使学生善思聪慧、知识广博、启迪多元智能。将任务细化到每一位学生,根据学生之间的差异性来制订教学方法和教学目标,注重对不同学生的不同智能的培养。教会学生如何学习,如何在学习过程中发现问题,进而使自身的学习能力和学习成绩在原有基础之上得到加强和提高。

学校要求每一个党员教师参加到学校教学改革中,在几年来小班化教育与合作教学研究的基础上,不断深化"小班化合作教学"主题教研工作,切实提升学校教育教学质量。

（1）夯实教学常规,创新教学管理工作方法。学校教导处参考党支部的活动制度,建立了学校教研两制度:"教学常规检查评估制"与"教学调研制度"。由党员干部牵头,采用学校检查、抽查和教研组、办公室自查、互查相结合的方式,将半学期一次的教学过程化检查化整为零,及时反馈整改,使原本沦为"套路"的教学常规焕发新的功效;成立了党员骨干教师组成的调研组,以"推门课"的形式开展调研,关注常态课堂的质量,辅助学校教研活动,让课堂教学质量一直"在线"。

（2）深化课堂改革,建构教学模式。学校党支委的党员骨干教师,组成了专题课改研究组,经过三年的探索研究,建构出具有杜小特色的"三声三策 六步导学"课堂教学模式。倡导课堂上要有三种声音:掌声、笑声、讨论声,充分体现自主合作、愉悦高效的教学理念。通过课前检测、自主学习、互动合作、展示交流、当堂训练、总结提升六个步骤指导学习,帮助学生完成合作探究。

（3）精心设计作业,探索课后教学改革。在党员骨干教师的带领下,学校要求全体教师对作业的设计和批改必须做到"四精"（精选、精讲、精练、精批)和"四必"（有发必收、有收必改、有改必评、有差必补)。并在此基础上做好分层,精心设计实践性

作业、特色作业,将学校教学延伸到课后、生活,辐射学生家校学习全程。

关注每一位教师的发展,指导教师根据自身发展特点制订专业发展计划,加强青年教师培养,建立健全教师专业发展的制度,推行校本教研,完善教研训一体的机制,扎实开展师德师风教育,落实教师职业道德规范要求。经过近几年党建"五照亮"工程的贯彻和实施,学校发生了巨大的变化,教风学风得到明显的改善,管理体制在不断规范化,素质教育得到全面贯彻。

共同体建设:撬动教师成长的支点

青岛市第二实验小学 江建华

青岛市第二实验小学是 2015 年 8 月启用的一所新建学校,她拥有浓郁的现代化气息,硬件配备一流。建校之初,1～5 年级共 16 个教学班,学生 642 名,来自全区 28 所学校;四、五年级共三个教学班,每班男生是女生的两倍,学生学习成绩比较差,学习习惯参差不齐;教师 38 人,新入职教师 17 人,师徒结对在当时成为一个难题。此后,学生数量、教师数量逐年增加,至 2018 年 9 月,学校 36 个教学班,1543 名学生,77 位教师。教师队伍平均年龄 32.2 岁;工作三年内教师 24 人,占 36.92%;研究生学历 8 人;高级教师 2 人,一级教师 19 人,二级教师 20 人,未定级教师 25 人。

教育教学质量是学校的生命线,它的提升离不开教师的专业发展。学校用"共同体建设"做支点,撬动了教师的专业成长。

一、基于学校需求的共同体建设

实验之初,学校基于年轻教师多、骨干教师缺乏的现状,在调研教师需求的基础之上,进行了自上而下的共同体建设。

学校通过一系列举措寻找教师的最近发展区,以教研组、备课组、师徒结对的形式建立了 9 个教师专业成长共同体。期待通过教师共同体建设,发挥集体的智慧和力量,解决教师教学中的问题,实现教师的专业自主发展,提高教育教学质量,推动课堂教学的改进和变革。一是健全组织机构;二是制定团队发展愿景;三是建立共学、互助、共享的研学机制。共同体以问题为本,依据相互支持的原则进行开放性的分享；通过工作室带动、课题推动和项目研究三条路径，以学科大教研、阶梯式磨课、优质课堂开放等活动推进实施，为教师的专业发展搭建一条高速路。

二、基于教师发展需求的共同体建设

第一阶段由于教师遇到的问题不同、成长的需求不一、研究的兴趣目标各异，没有形成合力，更没有形成融合。学校认识到，第一阶段的共同体是作为正式组织存在，是以学科和任务驱动为主，缺乏的是教师的自主性、主动性，更多的是行政推动。我们意识到共同体建设应该以自主、自愿为原则，自下而上。于是我们开始了共同体2.0版的建设。

我们首先在语文、数学学科进行试点。先本着完全自愿的原则形成共同体。共同体自主分工、共同研讨、寻求共同发展目标。每个人依据自己的特长优势，在研讨、争论、带动、辐射、分享、互动中开展研究，提升自己的专业水平。

2.0版共同体建设，我们更加关注了教的自主，但仍重点关注学科，对于跨学科的自由组合、民间共同体的作用仍有所虑，学校的"给"与"要"仍是主线。2017年下半年，借助反思、提炼，我们对共同体建设又有了新的认识。于是，自由组合、自主发展的3.0版教师专业成长共同体建设又上路了。

三、基于自主发展的跨学科共同体建设

实践让我们认识到，学科教研组是立足于推进常规教学工作，促进教师的全员参与；共同体的建设则应立足于教师的需求与兴趣，更民间化，其发起人也应该是来自"民间"而非"官方"，共同体的活动也应是自主自愿推进的，共同体吸引的人越多，越证明共同体有价值。共同体应该有固定的核心成员，要定期沟通交流，在已有研究成果的基础上迈步前行。

基于这样的认识，我们首创了"共同体招募大会"。凡有研究价值的课题，教师皆可申请建立共同体，招募"同道"教师。学校提供舞台，教师展示，寻求志同道合者。

这样的共同体建设不再拘泥于学科、年级等因素，多则十余人，少两三人，不限时间，不限空间，甚至不分学科，不分年级。三级课题联动，研、学、做合一，合作的行动研究更侧重于过程，而不强求所有参与者的同步发展，"民间互助"让教师多了些主动，赢得了成长。

教师专业成长共同体的不断升级是教师成长路径的一种变化，也是教师发展机制的一种变化。学校教师专业成长共同体建设汇聚了一帮会思考的人，成就着专业成长的共同梦想。首先，"基于学，改进教"是共同体宗旨。在共同体的研学活动中，

老师们取长补短,互学互帮,不断改进教学行为,不断突破自己。其次是形成教育主张。共同体的建立,通过活动提高了教学高度,提升了教育境界,完成了从经验积累到教学思想的系统化。第三是改善了学校教学生态。教师专业化不是做花架子,而要植根于课堂。尤其重要的是,教师彰显着各自的专业自觉,自觉地承担起自己的教学教育工作,经常考虑学校的目标和自己应当做出的努力。主动探究如何研究教学问题、发展自身特色、促进教师教育以及如何评价学生等问题,这样教师共同体就成为促进学校发展的新引擎。

让教师真正成为学校教育的第一生产力

青岛市城阳区仲村小学 栾国锋

教师是教育的第一生产力,因此,教师专业情怀和专业能力的培养是学校形成育人核心能力的关键。仲村小学年轻教师多,特别是近两年顶岗实习教师和支教教师数量增多,这些人专业能力相对较薄弱。原仲村小学教师因长期处于薄弱学校的情结让他们缺乏改革精神和专业成长愿望。结合实际,仲村小学采取读书、培训、反思、课堂改革、课题研究和课程建设等专业提升举措,塑师德、强师能、扬师长,努力打造一支适应高位发展的教师队伍。

一、塑师德,培养教育情怀和职业幸福感

爱与责任是教师的基本专业素质和职业灵魂。因此,学校重视教师职业品质的塑造。一是每学期开展师德演讲、征文比赛,增强教师的爱心和责任心。二是每年举行师德表彰活动,评选德艺双馨教师、最具奉献教师,培养教育情怀。三是通过《金声报》、微信平台和《半岛都市报》等媒介宣传教师,提升职业幸福感。

二、强师能,提高教育水平和教育智慧

(1)读写反思提升教师的学习能力。学校把反思能力建设作为教师专业发展的重要品质坚持抓好。一是通过写课后记,引领教师每课必有所思、必有所得。二是建立"常年累阅·读占鳌头"微信阅读交流平台,丰富教育智慧。三是撰写《校长荐文》、

教育随笔、培训体会,引领教师反思教学,锤炼文字,应用智慧。

（2）教学研究提高教师的教学能力。提升课堂教学水平是教师专业培养的出发点和落脚点。因此,我们把教师专业培训与课堂教学改革、教学能力锤炼、教学质量提升有机结合。一是以"小助理大同学"学本课堂课例打磨三部曲（共备教案、互助打磨、反思总结）为抓手,对教师进行课堂教学能力培训。二是落实各类教学竞赛活动,促进专业发展。根据课例打磨过程中发现的普遍问题,通过比赛的形式改进提升。如:"五课"教学比赛、试卷出题比赛、板书设计大赛、思维导图画教材比赛、粉笔字比赛、钢笔字比赛、毛笔字比赛等,以赛促练,涵养教学品质。

（3）课题研究增强教师的科研能力。我们把课题研究作为提升教师专业能力的重要手段。一是引领教师根据"小助理大同学"课堂教学中出现的问题进行微课题研究,提升了精神境界和思维品质。二是针对外来务工子女不会正确阅读英语的状况,英语教师进行了"寓自然拼读与绘本阅读教学之中的实践研究",课题获教育部重点课题优秀成果二等奖。两名教师在全国自然拼读与英语阅读教学研讨会上进行了主题发言,她们的课例评为优秀课例。三是科学教师在教学实践研究中迅速成长,他们申报的"小学跨学科创客教育内容和途径的研究"课题由省教科院立项,学校成为青岛市学科实验校。现在,学校的课题研究氛围浓厚,逐步引领教师向科研型教师转变。

三、扬师长，激发创新精神和实践能力

"人尽其才,才尽其用,人事相宜。"我们鼓励教师开设课程,给教师提供展示才能的舞台。开放的课程思想点燃了教师课程开发的激情,学校建立了体育、人文、艺术、科技四大类课程,推动了教师专业迅速成长。体育教师建立的花样跳绳课程被评为青岛市精品校本课程,还参与了青岛市花样跳绳教材的编写。英语教师开发的英语自然拼读课程取得了突破,学校被评为青岛市英语教学改革实验基地校,举行了三次青岛市英语教学现场会。书法教师也逐步积累形成书法教育校本教材,书法课程被评为青岛市精品课程。科学教师在科技体验课程的建设中整合开发了校本教材,专业素质实现质的飞跃,他们的课程研究成果《奇妙的声音》获第33届青岛市青少年科技创新大赛二等奖,课程被评为青岛市精品课程。

通过努力,教师群体专业水平逐步向适应高位发展的现代学校要求迈进,为提升学校办学育人的核心能力奠定了人才基础。

积极创设条件，引领教师专业成长

青岛市即墨区长江路小学　王道田

近几年来，促进教师专业发展的实践探索使我们认识到：教师是课程改革与学校发展的主体，教师专业素养的高低直接影响着新一轮课程改革的成败和学校办学质量的优劣。关注教师的专业成长，才能有效促进学校的发展，提升学生素养。

一、搭建学习平台，引领教师成长

学校通过为教师搭建学习平台，提供学习条件，来促进教师专业成长。特别是青年教师，积极参加外出培训和校本培训，拓展教师专业知识。为了让教师有亲历和名师面对面学习的机会，学校坚持"走出去"的做法。"走出去"听名师的课，感受名师的教学魅力。同时，学校还要求外出培训的老师在培训结束之后必须上交一篇学情报告、一节汇报展示课、一份教学反思。这就使更多的教师共同分享了外出培训的收获，使一人的外出学习惠及更多的人，提高培训效益。同时，为教师搭建展示平台，定期举办学校公开研讨课、教学研讨会，每周一次领导干部观测课，积极承办区、市等各级、各类教学研讨活动，为教师创造公开教学、公开研讨的机会。通过优课展示、定课研究、同课异构，有针对性地解决教师在教学中遇到的问题，开发校内教师教育资源，促进教师的合作、探究、交流，有效地促进了教师的专业发展。

二、专家引领，激发教师职业追求

学校聘请省、市级专业研究人员来校讲座、做专题报告、教学现场指导以及教学诊断等，来提升教师的理论素质，加快专业发展。通过专家引领，"我上先行课，你在后边学"，把专家引领和支持青年教师"走出去"参加各类培训学习结合起来，有效提高青年教师的业务水平，培养出本学校的名师。

三、同伴合作，修炼教师业务素质

学校把青年教师培养、骨干教师培养、名师培养有机结合起来，发挥骨干教师的传帮带作用。组织"青蓝工程"活动，把有经验的中老年教师与青年教师结成对子，指导、帮助青年教师快速成才。以教研组为单位通过案例教学分析、同伴观摩课研讨、同课异构、教材解读等方式，建立、健全听课与评课制度，积极倡导"合作教研""自主教研""开放教研"，教师之间在教学活动中进行专业切磋、协调和合作，共同分享教育教学经验，共同分享教育教学资源，互相学习，彼此支持，使教师在互补共生中成长，在互动合作中成长。

与此同时，学校注重引领教师进行课题研究，提升教师科研能力。学校的每个教研组都围绕学校的大课题，确立组内的小课题，并和组员们一起研究。

"和美讲堂"引领教师读书，提升教师专业素养

青岛市城阳区第三实验小学   王建娥

读书可以使人远离平庸，可以滋养教师的底蕴与灵气，促进教师的专业成长。这是每位教育人的共识。我们学校也把引领教师读书摆在了校本培训的重要位置，有计划地组织教师围绕读书工程进行读书活动。为此学校要求教师每学期阅读两本好书，写出 10000 字左右的读书笔记，撰写高质量的读书心得体会。可是，经过一段时间的观察，发现教师们在读书方面出现了许多的问题。如，有的教师把读书作为一项额外的工作，应付了事；有的教师在学期末要准备检查读书笔记了，就突击完成；有的教师上交的读书心得，全是上网随便一搜，改改格式就上交了事；等等，此类事件屡见不鲜。老师们没有将读书变成自己的一种自觉行为，而是当成一种负担，一种累赘，这样根本不会对专业发展起到任何促进作用。

鉴于此，学校在全体教师中以问卷的形式进行了深入的调查了解，摸清了教师的实际想法，并积极采纳教师的合理化建议，在充分征求教师意见的基础上，成立了学校重要的读书组织——和美读书讲堂。以校长为会长，领导干部和骨干教师为会员的"和美读书讲堂"工作领导小组也随之产生。领导小组定期开会研究工作思路，总

结反馈工作开展情况,并针对出现的问题寻求科学合理的工作措施。教导处协调各部门具体负责讲堂活动的实施。于是,教师读书各项活动在"和美读书讲堂"的统领下,进行了合理的规划,有计划、有步骤、扎实有效地开展起来。

首先,"和美读书讲堂"制订了读书计划,开展了"半月谈"活动。一开始校内半月谈的讲座者主要为学校领导干部。但为了进一步开阔教师们的视野,提升"半月谈"的含金量,学校定期邀请全国教育大家到学校进行读书讲座,著名作家沈石溪、秦文君、小学语文大家于永正老师、中国教育报主编陶继新等,都先后走进学校。每次的"半月谈",都成为教师们更新教育观念、掌握教育方法的阵地,发挥着不可或缺的作用。在大家的引领下,每位教师都加入了"半月谈"队伍,通过谈书激发了教师读书的兴趣。

同时,学校也为教师读书创造条件。给每位教师订购了自己需要的专业报刊,每学期组织不同学科的教师到青岛书城亲自选择自己喜欢的书籍,每学年购书资金三万余元;每年的读书节和教师节,学校都会举行隆重的为教师赠书活动,让教师意识到在重要的节假日学校送给教师们最珍贵的礼物是书籍;藏书三万余册的学校图书馆,随时等待教师们走进去补充精神食粮。整个学校营造了浓浓的读书氛围。

搭台子,为教师读书展示提供平台。读书沙龙、读好书推荐会、优秀教育影片展、读书笔记展示、"学文摘,用文摘"案例评选、演讲比赛、读书之星评选等让老师们展示读书的精彩。

随着学校"和美读书讲堂"活动地深入开展,学校欣喜地发现,教师们的教育观念在慢慢转变,先进的教育思想逐渐树立起来,教育理论水平有了明显的提高,班主任的工作能力有了很大提升。学校逐步建立起一支具有高尚职业道德、良好业务素质、团结协助、内涵丰富的教师队伍。学校也被评为区"十二五"读书实践工程先进集体和青岛市书香校园。

在不断收获的同时,我们也清楚地认识到,学校在读书方面仍然还存在着一些问题。今后,我们将不懈努力,积极探索,不断开创"和美读书讲堂"的新局面。在"和美读书讲堂"的统领下,不断完善创新运行机制,最大限度地提高教师队伍综合素质,以质量求生存,以品牌求发展,使学校真正成为让学生快乐成长、教师幸福工作、家长充分认可的和美家园。

如何引领教师发展

青岛市即墨区龙泉中心小学　潘秀峰

为了引领教师发展,青岛市即墨区龙泉中心小学在教师中推行"四课"活动。

一、名师课例品析，感悟发现

在家门口让教师与大师近距离接触。我们为教师提供窦桂梅、王崧舟、吴正宪等许多名师的优秀课例,供老师观摩学习。我们分三步进行:先观看名师优质课例,重在整体感知名师独特的教学风格、独树一帜的教学思路;再进行精彩片段回放,重在细节品悟。再次领略名师课堂教学中的教学行为、教学应变能力,感受名师身上折射出的高尚的人格魅力;最后评析交流,重在碰撞升华,可扬可抑,可褒可贬,在研讨中体味名师独特的教学艺术和其背后的深厚素养。

二、校长开放课，示范引领

从毕业到现在我一直潜心教学研究,坚持兼课,听评课,参加各种教研活动,参加课题研究,参加各种教学比赛,做教学的明白人,做文理兼通的"教师的教师"。外出培训学习获得的好方法好经验,我都会及时和教师们分享。我带领教师们一起潜下心来,安安静静地研究教学,绝不急功近利。就像农夫对待其庄稼,顺应农时,满怀虔诚,播种施肥,静待丰收。我和教师们一起在思索中前行,在欢笑中收获。这样的时刻是最最幸福的。这样的校长在教师群体中也是真正具有信服力和影响力的。

三、坚持骨干教师示范课活动和师徒结对汇报课

由各教研组长牵头,组织本组内五年以上骨干教师上示范课,旨在示范引路。师徒结对汇报课是我们采用老教师和新上岗教师结对方法,我们为新教师安排了指导教师,指导教师在第一年要全程跟踪新教师的备课、上课、作业批改等教学流程。学校领导坚持每周听课、评课,进行课堂教学指导。听课时,指导老师、同级部老师必

须在场,评课时,每个参与听课的老师必须提出指导意见。每次听课,参与的老师哪怕提高一点儿也是种收获。最后,在学期中上好师傅的引领课和徒弟的亮相课。

四、同课异构,同作提高

三轮课下来,教师们有了一定积淀。如何放开手脚,大胆实践呢?我们想到了同级段同学科"同课异构"这种课堂研究形式。我们分四步进行:一是确定课题,自主备课。教研组每位教师深入钻研教材,查阅资料,根据自己对教材的个性解读和本人教学优势制订教学目标,预设教学过程。二是说课研讨,修改教案。每位教师阐述教学目标的设定、采用的教学方法、教学过程的预设及设计理念,自己的困惑等,供大家讨论。经过讨论,从不同的角度确定有代表性的、比较新颖的设计方案,由教师独立备课、上课。三是课堂观摩,评课交流。课后,首先由上课教师做课后小结,然后其他老师进行互动评课,最后总结出值得借鉴的方法和经验。四是课后反思,总结提升 。每位老师写出教后反思,为撰写教学案例积累材料,也作为教研组活动的资料。

持续学习促进教师专业发展

青岛市即墨区蓝村中心小学　于红艳

小学教师作为学生早期人生路上的引路者,必须具备相应的技能,不仅包括道德层面和知识层面的水平,还需要适宜的教学方法、因材施教的能力等等。继续教育是促进教师专业发展的重要途径,是建设小学师资队伍的重心。

我国自20世纪80年代以来逐渐加大了对教师继续教育的重视程度和改革力度。政府和相关机构相继出台了一系列关于教师继续教育的政策法规,教师培训的管理措施越来越完善,课程教材建设也越来越到位,为继续教育的有效开展提供了保证,为提高教师专业化水平提供了一个很好的平台。

蓝村中心小学一直秉承创建学习型学校的战略构想,以学习求发展,以学习促发展,致力于将自我学习、提升内化为教师不断成长的动力,积极提供教师发展的良好环境,促进教师的专业发展。我校为推进学习型学校建设,促进教师主动发展,主要采取了以下几方面策略。

第一，共同愿景的动员和感召工作。在全校开展"我心中的蓝村中心小学"活动，让全体教职员工思考并表达对学校寄予的希望、情感。校长饱含激情的演讲"蓝村中小，你没有理由平庸"，在教师心中产生了共鸣。学校开展的"说出自己的梦想"活动，使教师彼此分享愿景。学校共同愿景和个人愿景的协调、匹配过程，是学校目标认同策略最核心的部分，全校上下确立了"与学校一起快乐成长"的发展信念。

第二，学校组织引导教师积极开发校本课程，并进行校本研究，让教师参与校本教材的编写、校本资源的整合，不断吸纳新课程的理念，丰富课程知识，提高自己对新课程的理解和驾驭课程的能力。大力开展校本研究，为教师的专业发展提供平台。围绕学校专业、课程、素质教育等教学实践，以教研项目小组为团队，进行解决教学实际问题的研究活动。大力开展校本研究对于新知识领域的探索有着重要的意义。校本课程的开发与研究是对学校和教师的一次全新的挑战，也是促进教师专业发展的有效途径。项目组成员在学习和研究中经过思考、实施、反思、内化和修正，形成行动研究、实践反思、更新行动的循环过程，持续提升教师的教育教学能力和科研能力，促进教师的专业发展。

第三，学习推动策略。每年学校都把两天专题研讨会作为新学年的开始，促进教师总结反思；开展家庭书架计划，发布导读书目，使教师不断地获取教育理念和发展的新信息；定期交流教师成长记录袋，促使教师在比较中找准自己的最佳发展方向。学校还开展了一系列促进教师学习的主题活动，每年九月是教师职业发展月，一年一个主题："专业、专长、品质生活""打造阳光专业高效的学习型教师团队""累积专业智慧，建构学习社群"等丰富多彩的活动，使教师深刻理解了自我超越的意义，体会到团队的力量。

第四，管理优化策略。在组织上，我校建立了导学中心，作为学校学习管理、文化管理和知识管理的协调机构；制度上，实行拼盘式教师评价体系，制定了一系列相关的制度；组织结构上，强调权力下移，服务上升，加强横向联系。蓝村中心小学把行政干部分到全校六个年级，和年级主任共同管理。知识管理上，将办公系统、教学评估系统、广播系统、图书馆管理系统进行整合，形成一套网上学习、网上交流、网上管理的互联体系。从而实现"重个人积累，汇集体经验，成共同智慧，筑高起点平台，方便个体工作"，实现教师集体智慧的有效提升。

灰埠小学校长拓宽渠道，引领教师专业发展

平度市新河镇灰埠小学 蔺文燕

教师专业化水平是素质教育目标实现的关键，也是衡量学校办学水平和校长管理水平的重要标志。校长作为学校的主要行政领导，只有致力于教师专业建设，才能提高学校办学水平，学校才能实现可持续发展，学生才能全面成长。教师的发展关键是引领和服务，因此，灰埠小学采用开发多渠道的策略，为教师专业发展营造良好的环境，从而全面推动教师专业快速发展。

一、更新精神理念，引领教师专业发展

校长要做思想的先行者，要想让师生们"学习"，校园成为"文化场"，管理者首先就要学习。因此，我带头远赴各个优秀学校取经，归校后再进行传经，从而打开中层和教师的头脑，进行"洗脑"活动；同时，校长要身先士卒，不仅要在人格修养上为教师们做表率，还要在专业上做榜样。校长要勇于实践，走入教室为大家做示范，当时虽然是累点，但能够让广大教师内心潜在的发展动力重新焕发，就是我最大的欣慰。

二、打造名师团队，引领教师专业发展

为促进全校教师专业持续发展，在课改实践中逐步打造一支爱岗敬业、专业素养敦厚、专业技能过硬的学研型教师队伍。学校组建了学校名师工作室和名班主任工作室，制定了"名师工程"学校档案，建立了名师个人档案，发挥名师工作室和名班主任工作室的作用，注重教师培训，搭建各种教师成长平台，同时工作室组织进行了多种形式的听评课活动，多次邀请全市知名专家对我校教师进行培训，多次组织教师团队外出到济南、杭州等地培训。加大培训资金投入，促使学校教师的专业素养和教学能力得到提高。

三、实效培训，引领教师专业发展

灰埠小学以教师发展为中心，坚持以师为本，以推动师资队伍均衡发展为出发点，以有效培训为落脚点，以改革创新为发展动力，助力教师专业发展，已形成"上接天线，下接地气，中惠教师"的培训生态。以先进教育理念引领课堂教学变革，促进学生发展核心素养；以灵活培训方式推动研修真实发生，促进教师实现专业成长；以常态研修支持教育优质均衡，促进乡村振兴、社会发展。建立"以需定训，精细施训，网络助训，服务保训"的培训模式。

四、阅读反思，引领教师专业成长

学校采取丰富多彩的阅读方式，提升教师、学生的阅读兴趣和习惯。教师热爱阅读，不仅促进了教师自身的专业发展，也能激发学生的阅读兴趣，引领学生阅读品质的提升。学校提倡老师用自己的阅读来引领学生的阅读，与学生共读一本书，和学生同写一篇文，点燃了学生阅读的火种，培养了学生较高的语文素养，并且用阅读滋润了学生的心田，涵养了他们的生命。教师的阅读内容主要包括教育理论著作、学科专业著作、社会人文著作、教育专业报刊等。"三年反思成名师"，只有学习才能有源源不断的给养，才能提高自己的专业修养。教师每周一篇的反思，从课堂现象出发，记录课堂案例片段，反思自己的课堂得失，寻找合理的方式方法。隔周教师例会就教师们遇到的共性问题形成一个主题，进行反思的交流互动。

托底培优　共同发展

平度市古岘镇古岘小学　宿林生

学生的个体差异是客观存在的，因此托底培优是教学工作必不可少的一环。为了让每个学生都能在原有基础上得到提高发展，体验学习的快乐、进步的乐趣，达到全面提高学生素质的目的，我们根据教育理论中因材施教和量力而行的原则，实施托底培优教育计划，分层教学，在班级中挖掘学生的个体差异，做好托底培优工作，从而让优生更优，差生不差，共享成功。本学期我校在此方面做了大量工作，具体包括如下几个方面。

一、切合实际，制订计划

学校要求各班班主任和各任课教师根据上学期学生的学习情况，摸清底子，做到对托底培优工作心中有数，为此项工作的开展奠定良好基础。同时要求各任课教师根据所任教学科以及班级学生实际情况制订切实可行的计划，制订的目标要求基本能够实现。

二、全面调查，了解学生

从才能表现方面来说，有的孩子善于抽象思维，有的却长于形象思维，有的孩子学习科学文化知识能力较弱，但动手操作能力却很强。因此，只有教师用全面的观点看待全体学生，才是保证做好托底培优工作。

各任课教师在课余时间都能努力做好后进生的转化及学优生的培养工作，他们平时大多采用观察、调查、谈话等方法，从不同的侧面全方位了解学生，比如通过周记、家访等方式来了解学生的作息时间安排、生活习惯和父母之间的关系等；还注意观察学生的心理特征，比如兴趣爱好或特长、喜欢看哪类书刊、喜欢参加什么活动、自卑心理强不强、逆反心理如何等等。

三、转化观念，对症下药

在工作过程中，大多数教师能积极转化观念，注重对优差生的分层辅导，正确看待每一个学生，以培养学生素质的提高为自己工作的重点。老师们通过进行个体分析、群体分析，确立发展目标和措施，找出学生的优点、缺点、用发展的眼光看待学生、分析学生，积极对待学生的每一个闪光点，施以恰如其分的鼓励性评价。

各科任老师之间能够热心配合，使得每一位学生能安心于课堂的学习。老师们摸清学生相关准备知识、基础、能力和心理准备的实际，把起点放在学生努力一下就可以达到的水平上，使新旧知识产生联结，形成网络。根据学生实际、确定能达到的实际进度，把教学的步子放小，把教学内容按由易到难、由简到繁的原则分解成合理的层次，分层推进。在实际教学中，学生活动时间在三分之一至二分之一，教师一次持续性讲课控制在 10 分钟以内。快速反馈，及时发现学生存在的问题，及时调节教学进度，从而有效地提高课堂教学的效益，避免课后大面积补课现象。

四、结对帮扶，教学相长

在班级里能建立学生的学习档案,依此进行分层,设立不同层次的学习帮扶小组,确立学习目标,在班级里努力营造一个良好的学习氛围,改变以前教师补课、留课的陋习,把问题交给学生去独立解决,教师起指导作用。其次,依据学生的能力,对各层次的学生分别制订不同的完成目标,由易而难,逐层推进。

"学优生"无疑是班上的学习骨干,也是教师的得力助手。为发挥他们的聪明才智,有些教师在班级中采取"一帮一"活动,抓典型,带一般,帮教"后进生"。经过一个学期的坚持,发现有些班上的个别"后进生"已经是中等生了。老师们还非常重视培养"学优生",放手让他们大胆地抓好班上的一切事情,尽自己的最大能力做到最好,他们相当于教师的左右手,在学习上、纪律上他们都能起到模范带头的作用。利用他们优异的成绩、健康的思想和良好的纪律去帮带"后进生",取得了较好的成效。

五、正确引导，平衡关系

首先要平衡表扬与批评的关系。对"后进生",大多数教师在课堂上都能做到以表扬为主,表扬他们取得的点滴进步,鼓励他们进步;以批评为辅,且尽量避免在公开场合的批评,即使批评,也都能做到适时、适度。对学优生,教师们更是注意了对他们的表扬与批评方式,避免出现自负或者逆反心理。

其次是要平衡严格要求与耐心说服的关系。没有严格要求就不可能有"后进生"的转变,但还要考虑他们的心理承受能力,大多数教师能根据"后进生"的具体情况实施具体教育,并逐步提高对"后进生"的要求,做到在耐心说服基础上的严格要求。对于学优生,教师们在严格要求的基础上通过多种方法拓展他们的思维,着重培养学优生的求知欲和学习自觉性,激发学习的求知欲和探索精神,对他们取得的成绩及时予以肯定,使学优生学习更有动力。

在加强班级集体建设的过程中,教师们还注意给"后进生"多创造一些机会,努力把班级集体建设的过程转化为学生自我教育能力形成的过程。如试行"今日我当家"干部轮流制度,把学生的一些问题留给学生自己讨论,充分发挥学生相互教育、自我教育的作用。并且一些教师在对学生的管理中能够适当下放一些职务给"后进生",让他们有机会展现自己的特长,使他们在为集体、同学服务的同时来改变自己、树立信心、不断进步。

六、家校合作，共同提高

学校经常采用"走出去请进来"的办法与家长取得联系。通过进行家访或将家长请到学校来参加座谈会,对学生取得的每一点进步都及时告知家长,使家长们了解学生的实际情况,沟通家校之间的联系,争取家长们的配合。

总之,本学期在全体师生的共同努力下,我校的托底培优工作取得了一定的成绩。同时也还存在着一些问题,如教育、教学方法、手段还有待改进。但我们相信,在今后的培优和托底工作中,只要有学校的支持、老师的配合,大家加倍努力,认真向有经验的教师学习,不断探索,总结经验,大胆实践,积极进取,我校的"托底培优"工作一定能越做越好!

课时善剪裁　课堂有洞天

莱西市月湖小学　吕学锋

一所学校,积蓄的应是促进学生发展的力量,打造的应是适应个性发展的空间。月湖小学以"和润"教育理念,打造和润教学模式,致力于开发和建设丰富多彩的学校课程体系。在探索中,将视角投向了课程的时间要素,力求从打造"五心"课程入手,实行长短课时制,打开课程开发和建设的新局面。

一、课程发展拘泥形式,课时调整缘于需要

40分钟课时制伴随着我们的记忆走过了许多年,上课下课固定时间的铃声至今响在我们的耳畔。现如今,随着学校课程的丰富和学生认知的发展,这种单一的课制与现在的课程结构和知识学习已经不相匹配,长短课时的实行正缘于以下几点考虑。

(一)缘于提升学习效果的需要

日常教学中,我们常面临着这样的问题,一节美术课到下课,学生一张完整的图画还未画完;一节综合实践活动课,下课铃声响,活动还在进行中;一周两节英语课,学生经常是这节课学的内容,下节课又忘了……学生或教师面临着活动未进行完或者学习效率低的尴尬,课时调整,能让教师把握好课堂节奏,提升学习效果。

（二）缘于实施校本课程的需要

结合学校和学生实际，从提升学生素质和突出学校特色的角度出发，学校开发了《诗情文意》《知礼重仪》以及《写字》校本教材，并且开设了戏曲、书法、拉丁舞、旗袍秀等22种学校课程。但在实际操作中，学校常常遇到无课可开或课时不足的问题，不利于形成学生稳定的素养，也不利于学校长久的发展。

（三）缘于学生身心发展的需要

几十年来一直实行的40分钟一节课制度，不利于最大限度地调动学生的学习积极性。实践表明，在上、下午的后半段，小学生出现疲劳的速度加快，需要适当增加休息和放松的次数，保证学习所必需的精力和心态，这启示我们要考虑改变学时的统一性。

（四）缘于不同课程特点的需要

教学内容不同，上课所需要的时间就不一样。在语文的作文讲评课中，由点评到修改，40分钟的时间显然是不充足的。而音乐的欣赏课，40分钟就显得比较充裕。因此，不同的教学内容不应局限于40分钟的框架中。

（五）缘于课程整合的需要

现有的国家和地方课程中，有不少交叉的内容，为减轻学生负担，同时为课堂减重，我们按照同类合一的原则，将同类课程由一人执教，如语文老师兼任传统文化和道德与法治教学，数学老师兼任体育和科学教学，以同类内容的合并为学校进一步实施课程整合奠定基础。

基于以上的现实考虑，使我们对调整课时长度的可能性和将会带来的益处有了新的认识，打破固定课时模式，进行适当的课程整合，实行长短课时制能更加符合学生身心发展的规律，形成学校生活的新节奏，为学校课程开发和建设提供了时间和空间。

二、课时剪裁小试牛刀，课堂氛围生机盎然

学校在不断地探索和实践中，在确保学生在校时间不变，国家课程、地方课程课时数不变的前提下，以开发和建设"五心"课程为着眼点，对长短课时进行如下实践。

（一）微课时，大智慧

传统文化教育是学校的教育特色，为让传统文化深入人心，学校充分利用早读时

光和午读时光,形成 10 分钟的微课时间。学生在早读中诵读《诗情文意》中的诗文,在午读中静心习字,动静结合,相得益彰,在长久的坚持中,带文韵,含静气。

（二）短课时，高成效

每天第四节课和下午第一节课为 30 分钟短课,在短课中,安排道德与法治、音乐、地方课程、体育、英语情境课堂、语文能力训练等。在 30 分钟的教学时间内,要达到原来 40 分钟课的教学目标、教学效果,这对教师的教育提出了极高的要求,课堂必然要求"短、精、趣"。这就促使老师精心备课,在备课时善于与学生进行思维对话,展现 30 分钟的课堂成效。

（三）中课时，重能量

每天的一、二、三节课为 40 分钟中课时,也就是基础性课程,语文、数学、英语等学科安排在这个时间段,精讲精练,利用早上的黄金时间积累基础知识,掌握基本能力。这三节课的内容为学生的"脑黄金",上午基础课程中积累巩固,下午"五心"课程中拓展延伸。

（四）大课时，长发展

每天下午第一节课后为"五心"课程,课时为 60 分钟。周一下午为"德润心"课程,将传统文化、地方课程和道德与法制课进行整合,进行教育与实践活动,如为小树做绿卡、画一画我的家乡、进行诗配画等。一节课中,诵读与活动相结合,教育与实践相融合,让课程发挥更强的育人功能。周二下午为"书静心"课程,在语文老师指导下,学生或静心读书,或练笔习作,或分享交流。周三下午为"能舒心"课程,各个班级在任课教师带领下,进行识字、朗诵、英语口语、计算、口算、解决问题等学科素养展示,促进学生学科能力的发展。周四为"艺养心"课程,也是全校的自主选课日,在陶泥、木工坊、机器人、围棋、素描、旗袍等 30 多个课程中,学生充分发挥个性特长,在充裕的活动时间里展现个人风采。周五为"体健心"课程,也是全校的大体育课,每个学期学校都会安排统一的活动内容,如集体啦啦操、拉丁舞、足球操等,让学生在愉悦的活动中强身健体。"五心"课程着眼于学生的德、智、体、能、艺等多方面发展,为学生长足发展奠定了基础。

三、长短课时别有风景，课时调整初见成效

（一）教师的转变

课时调整对教师的专业知识提出了更高的要求，单一的知识背景不能满足教学的有效性。为此，我们加强校本教研，促使教师主动学习，加强自身的专业知识。同时，学校通过教师担任社团助教等方式，拓宽教师的专业领域，促使教师努力成为一个一专多能的复合型教师。

（二）学生的转变

中短课中集中注意力，长课中尽情舒展，长短课时使单位时间内的教学内容更加饱满。在没有增加学生学习负担的前提下，使学生的校内学习更趋科学合理，学习更具有效性。

长短课时制更加关注学生的主体性，考虑了学生的年龄特点和心理特征。在具有变化的节奏中，在丰富有趣的教学活动中，传承着我校"阳光教育"的办学思想，让学生在参与中学习，在学习中成长。当然，课时调整并不是课程的简单重组，它需要在广泛研究各年级教材的基础上，进行课程内容的重新分配，我们也将在借鉴经验的基础上，在课程整合的道路上坚定脚步，力求圆满！

多措并举，助推教师专业成长

平度市旧店镇旧店小学　李云峰

旧店小学现有 18 个教学班，55 名教职工，其中 35 岁以下教师 20 人，45 岁以上 32 人。骨干教师出现断层，青年教师有热情，有干劲，但是缺乏教学经验，业务能力亟待提高。针对这种情况，我校以"党建＋教研"为引领，创新校本教研内容、教研形式和教研举措，通过激励教师自我学习、与青岛名师同课异构、互联网＋教研、课题＋教研让教师站在集体的肩膀上飞翔，促进教师团结协作、同伴互助和抱团发展，从而助推教师专业成长。

一、党建＋教研

近年来,学校不断创新学校管理机制和党建活动载体,聚焦教师专业发展,努力打造"党建＋教研"工作模式,实现了学校党建工作与教育教学工作同频共振、互动发展。我们把"＋"解读为三个方面。一是争当党员教研先锋:党组织是党员之家,这是一个在精神、文化领域有高远追求的群体,每个党员要有"君子自强不息"争当教研先锋带头人的理念,不断学习、成长,充实自己,提升教研水平。二是党员教研之家:通过各种党建项目的落实、各种教育活动的开展和学习的不断深入,让党组织形成独特的"党建教研文化",增强党员的归属感和荣誉感。三是党员教研先锋加"因子":"加"意味着推动和拓展,党员教研先锋是一种优秀文化的因子,我们希望这种因子能感染、融合到每一个人身上。让一个党员带动另一个党员,每个党员带动几个教师,一批党员带动全体教职工。思想的交流、观念的交融,是优秀党员个体和群体的叠加!

二、落实教师"七个一"行动

旧店小学结合《平度市 2019 年小学重点工作计划》中关于提升教师专业水平的相关要求以及学校实际情况,组织教师通过备课、阅读、反思、读书交流、展示课等七种方式加强自我学习力度,促进教师专业水平的提升。

(一)行动具体要求

(1)40 周岁以上的教师:每周参加一次集体备课,每月一篇反思性随笔(蓝本),每学期阅读一本书,每学期参与一次读书交流,每学期参与一次观(评)课,每年参加一个课题研究。

(2)40 周岁以下的教师:每周参加一次集体备课,每周一篇反思性随笔(蓝本),每周一篇教育周记(红本),每月阅读一本书,每月参与一次读书交流,每学期一堂展示课,每年参加一个课题研究。

各年龄段教师根据自身学习情况填写"七个一行动"每月清单,每月月底由级部主任将清单及材料交于教科室,由教科室组织相关人员考核。

(二)行动考核办法

为了使"七个一行动"能够扎实有效地开展,通过学校领导班子研究决定将教师"七个一行动"情况纳入教师业绩考核中。

(1)满分 5 分。教师能够在规定时间内完成"七个一行动",及时上交行动清单及相关作业,并在教科室组织的督查中,没有发现应付行为的记 5 分,每月一考核。

（2）扣分项。教师未完成"七个一行动",每少一项扣 0.8 分,扣完为止；教师存在应付了事行为,发现一次扣 0.5 分,扣完为止。

（3）学期末取每月考核分数平均分计入教师业绩考核。

（三）行动成效

（1）行动自 2019 年 4 月开始,截止到 7 月,40 周岁以上的教师撰写反思性随笔基本达 4 篇,多者达 6 篇；40 周岁以下的教师撰写反思性随笔基本达 10 篇,多者达 16 篇。教育周记（日记）基本达 10 篇,多者达 40 余篇。

（2）在学校组织的青年教师达标课中,各教研组教师人人参与听课、评课。40 周岁以下教师通过达标课、考核课、展示课、视频课等多种形式,达到"每学期一堂展示课"的行动目标。

三、青年教师专业成长

旧店小学组织青年教师开展座谈会及读书沙龙活动,以关注青年教师成长,增进青年教师间的交流,铸就一支朝气蓬勃、奋发向上、勇于进取的青年教师队伍。

（一）青年教师座谈会

（1）座谈会之前:青年教师需要结合个人实际制订职业发展规划,主要涉及个人专业发展、职业发展、教学管理等诸多与青年教师成长发展紧密相关的主题。

（2）座谈会之中:青年教师交流各自职业发展规划,并及时记录其他教师的可鉴戒之处。学校中层干部结合自己工作经验,引导青年教师加强自身修养,不断提升自己。校长进行会议总结,并对青年教师提出希望与要求。

（3）座谈会之后:青年教师根据座谈会所得,修改个人成长规划,并提交至学校教科室保存留档。

（二）青年教师读书沙龙

（1）每月组织一次读书交流会。参会教师可以从读书心得、问题探讨、思路创新等方面准备发言稿,在交流会上畅谈自己的想法。交流会后,上交电子版及纸质读书交流稿。

（2）组织"经典诵读"活动。青年教师每月至少诵读一篇经典美文,内容需选自中华经典诗文作品,也可以从小学语文教材中选取。所选内容需为完整的一段或一段中句义完整的一个或几个句子,字数不限。

（三）活动成效

（1）通过座谈会，青年教师更好地找准自己工作生涯的标杆，向着目标努力前进。搭建了青年教师交流平台，切实解决教育教学中的问题，实现教师专业水平和教学品味的同步提升。

（2）学校共组织青年教师开展三次读书沙龙活动，收集读书交流稿50余篇，"经典诵读"视频40余个，通过活动让青年教师从优秀作品中汲取营养，开阔视野，从而提高教师的文化底蕴和文化修养，使教师成为"有思想的教育者"。

四、校本教研掷地有声

（1）集备采取大、小集备形式。学校根据每个级部学科教师数量少的现状，集备采取大小集备的形式。小集备同级部每个学科教师间进行，每周1次，参与的2～3名教师，重点进行先周备课，根据教学进度讨论课的重难点、古诗阅读开展及过关检测安排等。大集备以学校学科教研组为单位，间周进行。大小集备都定时间、定地点、定主讲人、定内容。大集备采取"七步磨课"流程：①个人备课，教研组在初步研讨的基础上，由主讲人独立设计备课，交由组长审查、指导后形成初稿，提前一周下发给组里每一位教师；②集体备课，教研组结合新课标，逐条落实初稿的目标设定及教学流程，修改完善备课初稿，形成二次备课稿；③第一次磨课，主讲人根据二次备课稿进行课堂展示，教研组根据批评组、表扬组、追问组、综合评价组分维度进行观评课；④第二次集体备课，教研组总结第一次磨课中发现的问题，再次修改备课稿，形成三次备课稿；⑤第二次磨课，根据第三次备课稿，主讲人再次进行课堂展示；⑥形成定稿，主讲人根据相对完整的备课设计，经教研组长审核，形成定稿；⑦反思备忘录，教研组汇总本次集备中课堂教学的教学反思，下发全体教师，并建立备忘录。

（2）同课异构，搭建展示舞台。2013年6月以来，在青岛支教岛周嘉惠会长的联系下，青岛名师经常到我校送课，而且大都采用同课异构的形式。这样就让我们的老师有机会与青岛名师同台展示。也给了其他教师足不出户就能欣赏到名师课堂的机会。为了让讲课教师展示出最高水平，教研组会根据"七步磨课"流程，对教师的课进行反复打磨。这样，出课教师经过两次磨课、讲课，最后跟青岛名师同台竞技，大大提高了教研效果。

（3）课题＋教研，让教研更有实效性。具体是指将常规教研、科研、校本教研融为一体。我们认为，要实现学校教科研一体化，就应抓住课题研究的两大要素——课题研究的外在显现要素和课题研究的内在核心要素——加以落实。如何将课题研究的两大要素落实，如何形成教科研一体化？学校重点抓好教科室、教研组两条线。

教科室落实好三方面的工作。第一方面工作：首先是课题、研究解决的重点确定，其次是构建学校三级科研网络。在学校确立的总课题下，教科室提供选题范围和研究的重点及研究的方式；各教研组根据教科室的选题范围和研究重点，结合本组教师在教育教学实践中遇到的共性问题，确立好本组研究的子课题。最后各位教师在教研组子课题下确立自己的小专题，形成学校三级科研课题研究网络。第二方面工作：科研导向，培训引领。学校教科室开辟每月一期的《课题研究通讯》和学校校园网站，刊登相关理论学习材料、教学实践动态及案例分析，开辟相关的课题研究论坛，供教师们交流、学习。充分发挥教科室的作用，举办科研专题培训。采用请进来、走出去的方式，邀请专家、学者举办专题讲座。第三方面工作：全程统筹，下潜指导。教科室把控整个课题研究的全程，并深入到各教研组、每位教师、每个研究环节进行技术指导。

教研组干好两件事。第一件事：以教研组为学校科研基本单位，以各组申报的校级子课题为研究重点，发挥团队优势，以集体智慧达成研究成果。第二件事：教研、科研一体化。将常规教研、科研融为一体，达成校本研究即课题研究，实现科研常态化。

（4）互联网＋教研。借助网络平台推进新型教研方式。

借助网络交流平台，开展各种课堂教学展示活动是学校教育教学的主阵地。教学研究及相互交流在各种同课异构展示课、公开课、示范课、诊断课中是不可或缺的。

借助网络交流平台，开展跨校层面或联盟校层面的集体备课活动。在集体备课活动中，农村小学教师对各自的备课进行比较推敲，从学生、教师、教材等多角度共同解决教学中遇到的各种问题。

基于同步教室的教研尝试。2019年上半年，通过同步课堂，老师们避免了舟车劳顿，在同步教室就能欣赏到在仁兆小学送课的青岛名师课堂；在小学教研室的组织下，与开发区小学、三堤小学进行"小初衔接"三校同步课堂展示活动。

校本教研扎实开展，让更多教师受益，特别是英语组，一直采用"集备—讲课—磨课—再集备—再讲课"的形式开展教研活动，专业成长很快，目前，6人中已有3名教师被评为英语学科带头人，5人出示了平度市公开课，2人被评为教学能手。

教师的专业成长需要引领和激励，学校将进一步探索、实践加快教师专业成长的路子，为学校教育教学质量提升提供有力支撑。

通过校本教研，加强教师培训与科研引领

青岛市崂山区华楼海尔希望小学　王伦波

通过"理念引领"让教师成为有思想的教师,通过"制度保障"为教师的专业发展提供保证,通过"校本培训"让教师走上专业发展之路,通过"校本教研"让教师成为科研型、学习型教师,通过"建设学校文化"构建教师成长的优良环境,从而打造一支师德修养高尚、教育理念先进、专业功底扎实、教学风格鲜明、工作充满活力、职称结构合理的教师队伍。

多渠道开拓校本培训资源,实行校际资源共享;深入开展校本培训与课题研究,为教师提供了多样化的校本培训平台,促进教师专业化发展。

一、加强师德师风培训，全面提升教育品位

以"教育就是服务、态度就是师德、平凡就是幸福"来教育全体教师,增强教师服务意识、责任意识。邀请原青岛市语文教研员牛锡亭老师到校举行了多次讲座。加强班主任队伍建设,每学期举行班主任工作经验交流会,深入开展"万名教师访万家"及"爱心结对"帮扶活动。一系列活动的开展使我校涌现出许多师德师风先进典型。

二、拓宽教师视野

利用校外专业资源,组织外出参观、考察名校活动。引进高校和科研机构的专家,提升广大教师理论素养和专业技能。通过聘请顾问,专家们走进课堂,参与教研组活动。开设专家讲座,使老师们了解新时期教育面临的深刻变化和教师面临的严峻挑战。促使教师的教育观念、教育思想、教育方法等有较大提升。

三、学科教学能力培训

加强教学基本功训练,使所有青年老师都能达到规定水平;每学期的创新课、优质课、新秀课的评比、一人一课比赛活动、开放课、公开课、模拟上课比赛、三字一画

比赛等等,都是激励教师促进教学的有效措施。每次课堂教学大比武活动,每一名参赛教师结合教材及课型特点,认真设计,精心准备,使课堂教学力求体现新课程改革的理念。通过比赛,教师们在参与中得到体验、感悟和提高,使课改工作呈现整体联动、共同提高的良好势头。通过一系列活动的开展,切实提高教师实施素质教育的能力和水平。

四、开展青蓝工程活动

学校每学期都会为每位年轻教师结对子,开展"拜师帮教"活动,师傅将在教育教学、教研、班级主题等方面对徒弟进行指导,师徒通过相互听课观摩、集备研讨等形式,解决教育教学中的问题,使新教师快速成长,尽快适应学校教育教学工作。

五、依托课题研究,助推教师成长

积极推动信息技术与教育教学的有效融合,在中国教育发展基金会—戴尔"互联创未来"项目评选中,王莉莉老师荣获整本书阅读活动远程合作备课案例评比作品一等奖,姜艳老师获二等奖,刘艳秋、王刚老师荣获教师作品三等奖,此外还有多位老师、学生获奖。学校被评为"数字校园试点学校",这是十六所"数字校园试点学校"中唯一的一所农村学校,也是中央电教馆对学校项目实施的充分肯定。王莉莉老师在中央电教馆组织的全国"网络条件下促进小学生能读会写项目作品交流暨项目专家主任会"中分别从学校、学科层面汇报了学校在"网络条件下促进学生通读会写"项目实验中开展的活动与取得的成绩。

农村教师的成长,专业化的发展需要相应的客观条件来推动。农村学校领导应在农村教师专业化发展中起引导作用,规划学校教师发展目标,让教师在教育教学的广阔天地里,实现个人发展目标,体现个人价值,满足农村教师自我成长的需求,使农村教师不断走向成熟。校本培训是对教师继续教育的一种有效做法,它贴近学校教师队伍的实际,制订培训计划,开展系列培训活动。校本培训应当立足于一所学校,这一培训对把握教师"最近发展区",引导和促进教师不断发展,是很有帮助的。在校本培训中,我们既要注重教学技能、教学模式,又要对农村教师的教育思想、教育信念、教育境界进行引导。教师的教育思想是教育工作的方向与动力,正确的教师教育思想,势必对教育工作起到促进作用。教师在教育过程中,应始终牢记教育的职责与使命,并自觉为之而努力奋斗,这是农村教师专业发展的源泉。

张村河小学促进教师专业发展

青岛市崂山区张村河小学 王 平

教师的专业化发展,是学校教育内涵不断提升的动力和学校可持续发展的关键因素。多年来,张村河小学以新课程理念为支撑,以校本研修为平台,以解决教育教学实际问题为中心,努力探索教师发展的方法和途径,积极提供教师发展的良好环境,促进教师的专业发展。全力打造一支师德高尚、业务精湛、团结协作的教师群体,逐步建立适应新课程改革要求的教师队伍。

一、"五段式"集备展示研讨推动团队教研水平提升

经过不断地背景分析、实践和完善,我们"基于问题背景下的校本集备研讨模式"("五段式"集备展示研讨模式)已形成,即"集体备案—微格反思—课堂展示—现场点评—教后反思"。我校目前实施的"五段式"集备展示研讨已不是单纯的集体备课,而是贯穿学校各个学科学校研讨工作的主渠道,它承载着学校各学科的研究课题,承载着新教师培养任务,承载着对每个学科每位教师研讨能力的培养,承载着提高课堂教学效率的研究,也凝聚着团队的智慧与团队合作力,是教师教科研水平提升的摇篮。

二、落实校本研修实效,建设学习型组织

利用集中学习和教师个体性学习相结合的方式,对课程理论、案例教学、研究性学习、反思教学、暑期远程研修等方面的理论进行学习和培训;开展"读书实践工程",建立读书学习方案,使教师不断获取教育理念和发展的新信息;建立教师成长档案,根据学校教师队伍实际以及教师自身特点,为教师量身设计专业化发展的目标,确定教师发展的方向;开展好"五个一"活动,要求教师:每学期精读一本教师继续教育教材,精心设计一节教案,上好一节课改公开课,完成一个阶段性课题研究,进行一次教育论坛。鼓励教师创新,不断充实完善自己。

三、建立梯队培养意识，促进可持续发展

探索教研新路，加强骨干培养。通过组织教师参加不同层次的教师研修，建立了一支业务精湛、理念超前的骨干教师队伍。他们在教研组建设、课堂教学改革、课题研究、教师专业化发展等方面，都带动整个教师队伍的发展，起到了领航者的作用。同时，重视年轻教师的成长，结合实际制订岗培方案，发挥学校骨干教师的示范作用，实施"青蓝"工程，"一对一帮扶"带动青年教师的成长。实施我校"名师培养工程"，建立集教学、科研、培训、管理等职能于一体、教学相长的合作团队。健全名师发展平台和培养机制，充分发挥名师的示范、引领、指导和辐射作用，促进我校教师队伍整体素质的提高。

夯实三条路径，促进教师发展

——引领教师发展的典型案例

莱西市济南路小学　王忠辉

教育大计，教师为本。教师专业素养提升，是学校教育发展的有力支撑。莱西市济南路小学建于 2014 年，60% 教师是新考录教师。教师队伍整体年轻，缺乏教学历练，是阻碍学校教育教学发展的关键问题。因此学校立足长远，着眼根基，把促进教师发展作为学校工作的重中之重，切实抓实、抓好。

一、注重全员研修

坚持全覆盖、有实效的原则，学校坚持抓好全员研修。一是订单培训。通过观察及调研，依据教师需求，直面问题，扎实开展订单式的精准培训。如各学科《课程标准》解读、教学基本常规、教学基本流程、教学课件的设计等。这些培训着眼基础，起点低，定位准，让培训接地气，有实效。二是取经培训。莱西市级的教研活动，努力实行全员参加的模式，让大家都有机会现场观摩，开阔眼界，拓展思路。区市以上的外出培训，努力克服困难，争取更多人员参加。老师们将培训视为学校给予的最大福

利,不推诿,不敷衍,主动提升。培训结束后主动以 PDF 的形式进行资源分享,打造"一人培训、全员共享"的局面。

二、突出青年教师培养

一是做好青蓝结对。环境造就人。青年教师的成长,主要依靠一线骨干教师的传帮带。每学年开学,学校都加强教研组团队建设,隆重组织教研组内结对帮扶仪式,为每位青年教师配备教育教学导师,每周开展结对听评课活动。学校骨干教师相对较少,有的骨干教师要带动整组青年教师,大家师徒相称,和谐共进,让教学问题发现在一线,解决在一线。二是抓好主题教研。每学期,教导处都围绕关键问题组织形式多样的主题教研活动。如撰写教学设计、说课、模拟上课、识写字教学、作文教学、阅读教学、整本书阅读教学、计算教学等。主题教研体现案例引领、目标精准、过程扎实的特点,让老师们真正听得进,拎得清,悟得透,稳步前行。

三、强化课堂教学

课堂是学生能力发展与提升的主阵地,课堂教学水平是教师专业素养的集中体现。学校注重通过课堂教学管理与研究,提升课堂教学质量。一是注重教学管理。备课是上课的前提。学校通过集体研讨、资源共享、个性化备课等,加强备课管理与研究,让每一堂课都做到超前备课、精心备课、优质备课;通过推门、巡视、调研等方式,加强课堂管理,让每堂课的备课都落到实处,实现备课和上课的有效对接。二是注重课堂研讨。基于学校实际、学生核心素养培养和提升,学校研发《莱西市济南路小学"智慧课堂"基本评价标准》,用标准来引领和评价课堂教学。评价量表出台后,结合优秀案例逐项做好解读,引领教师领悟具体指标与实施策略。之后,通过示范课、汇报课、展示课等听评课活动,引领教师不断深度思考,内化评价标准,增长教育智慧,促进学生课堂学习的真正发生。

深入扎实的培训、研讨,把教师引领到理论和实践的前沿,在反复浸润中展开新思考,形成新理念,彻底告别"满堂讲""满堂问""重基础轻能力"等无效教学活动。现在,学校 80% 的课堂教学先学后教、以学定教、多学少教,注重促进学生核心素养提升。学校骨干教师、优秀教师团队日益壮大,在莱西市、青岛市比赛中不断取得优异成绩。

教师第一

青岛市即墨区第三实验小学　梁丽丽

"一个人遇到好老师是人生的幸运,一个学校拥有好老师是学校的光荣,一个民族源源不断涌现出一批又一批好老师则是民族的希望。"教师是学校发展的第一生产力和最关键因素,要让学生享有公平而有质量的教育,必须不断提升教师的专业发展和整体素养。实验三小牢固树立教师第一的观念,把幸福工作作为成就教师的根基,把教师成长作为学生成长的前提。

一、以共同的愿景孕育希望

目标,是人发展的最强大的动力,我们努力把学校的办学思想变成每一位教师的育人理念,把学校的共同愿景内化成每一位教师的个人愿景。

学校通过金点子征集活动、教代会提案、三小成长论坛、专题研讨会等多种形式,引领全体教职工参与到学校文化理念建设过程中,经过集思广益、反复研讨,在"扬长与成功教育"的基础上,进一步提出了"让每个生命和谐成长"的办学理念和"创造适合每个孩子成长的教育,引领每名师生做最好的自己"的教育主张,确立起"课堂突破——课程支撑——教师保障"的发展思路和"三相信"教师观(相信每一位教职工都有成长的愿望,相信每一位教职工都有成长的潜能,相信每一位教职工都能在自主努力下做最好的自己),树立起"用心工作、愉快工作、幸福工作"的工作理念,做幸福教师,创幸福校园。这些理念愿景来自教师,回归教师,内化入心,成为教师发展的内动力。

二、以和谐的环境凝聚力量

学校着力构建"人情化关怀、人性化管理、人文化教育"的人本管理模式,努力创造良好的工作、精神环境,不遗余力地为老师们解难题、做好事,让校园成为和谐温馨的心灵家园。

以"公平、公正"为核心,加强完善管理制度建设。与时俱进不断完善职称、晋级、绩效、教师量化等考核方案,体现多劳多得、优教优得,向一线岗位倾斜。制度方案建立之后,在实施落实过程中严格按规定办事,做到透明、公平、公正,激发教师工作的内在潜力。

以"尊重、关爱"为核心,大力实施教师关爱工程。把教师的困难和需要放在心上,尽最大努力为教师解除后顾之忧,成为教师坚强的后盾和温暖的港湾;把教师的成长和发展放在心上,想方设法创造有利于教师成长的环境平台和机会机制;把营造家一样的校园氛围放在心上,引领教师在工作中创造幸福,在生活中品味幸福,形成团结凝聚、合作互助、理解包容、相互体谅的正能量场。

三、以合作型团队激发潜能

积极进取的团队意识有助于教师对学校目标和工作任务的认同,激发归属感和荣誉感,最大限度调动教师工作积极性。我校通过"团队建设和评价"不断激发教师合力,形成了"不崇尚一人独奏的精彩,而追求团队合唱的共鸣"的团队文化。

我们不断探索完善"团队与个人相融合"的教师评价制度,以团队评价为核心,以优秀教研组和绿色阳光优秀团队创建为主体,在评价时强调团队合作共进而不是个人的竞争,将以前基于"比例"的评价改进为基于"标准和成长度"的评价,看成长、看进步,只要达到了规定的"优秀"标准,每个团队都可以成为优秀团队,每名教师都可以成为优秀教师,大大提高了团队和教师的成长力和凝聚力。

如,把教研组作为学校发展的专业力量,采取星级教研组评价,把教研组平均分与参照分相比,按照分差范围和进步情况确定优秀教研组,这种以结果导向的评价,充分激发起教研组团队的自主能动性;完善绿色阳光优秀团队评选办法,学校分成级部和处室两大组分别进行评选,评价内容涵盖群众满意度、"班课一体"常规、教师管理、学生管理、教研组评价等各个方面,大大提高了团队自主管理水平。

四、以专业化阅读助力成长

通过各种方式不断学习,提高自己的综合素养和专业能力,是社会和教育发展形势对教师提出的迫切要求,也是我们实现自身成长和个人价值的内在需求,为此,学校提出了"学习即工作"的理念。

学校把读书作为实现教师学习成长的切入点,在全校教师中开展"走向教育家做大国良师"读书活动,搭建起学习交流的平台,帮助大家增强学习意识、更新育人观念、丰富教学智慧。

学校在各处室建立教师图书角,由学校采购配备各类教育教学类书籍、学科类杂志及教师推荐的有价值的书目,供教师自由借阅;在全校建立"实验三小读书学习群",教师们可以随时进行优秀书目、文章、资源的推荐、阅读、学习和交流;教研组活动时安排一定时间集中学习和教师自学相结合,寒暑假学校统一规定和教师自主选择相结合;每学期末教研组举行一次读书沙龙活动,每位教师进行交流发言,活动后上交一篇原创的读书心得体会;每学年开展一次全校"读书成长论坛"活动,每个教研组推选一名(或 2 ~ 3 人组队)教师参加,评选优秀读书教研组和优秀读书个人进行奖励。

五、以草根型研究引领创新

《给教师的建议》一书里这样说:"如果你想让教师的劳动能够给教师带来乐趣,使天天上课不至于变成一种单调乏味的义务,那你就应当引导每一位教师走上从事一些研究这条幸福的道路上来。"我们以聚焦问题解决的行动研究引领教师实践创新,形成了"问题即课题,教学即研究,成长即成果"的研究文化。

每个学期末,学校都要从学校、中层干部、教研组三个层面,向教职工征集工作中的困惑和问题,进行汇总梳理,形成三个层次的问题菜单,由干部、教研组进行自主认领,列入新学期工作计划,有组织、有计划地进行行动研究。每学期设立小课题研究成果奖,对有价值、有成效的研究成果进行表彰,并举行推介会。从团队管理机制的运行,到"项目负责制"的实施;从绿色阳光团队创建,到星级教研组评价;从校本阳光课程的实施,到学生成长节、合唱节、感恩日等特色活动的开展;从"七彩成长卡"到成长券激励性评价……这些创新性举措的实施,无一不是教师们草根型研究的成果。

六、以身边的榜样涵养师魂

榜样是学校的标杆,承载着全体教师广为认同的价值取向。我们建立榜样典范引领机制,开展"双周人物"和"双周工作微创新"推介、专项工作总结表彰活动,及时把身边的榜样人物和工作中的创新进行总结推广,形成了"经验推广,共享成长"的价值文化。

为大力彰显校园正能量,我们从 2014 年开始"双周人物"和"双周工作微创新"民主推介活动,每双周由各教研组、处室进行推荐后,学校进行专题研究,挖掘人物和事件背后最有价值的东西,点评提升,在双周工作简报中专门设立双周人物和双周微创新篇,以成长故事的形式进行宣传推介;学期表彰会上把一学期的双周人物和微创新故事制作成微视频进行展播和颁奖。近5年来推出双周人物和微创新典型60多个，其中于垂先、李月琴老师和随班就读团队，入选本学期即墨区教师优秀风采案例，由教体局统一组织拍摄宣传片并上报全国参评。在榜样的引领下，实验三小教师队伍更加阳光、宽容、大气、仁爱、尽责、互助，既努力工作又追求生命幸福，共建起一个身心愉悦、健康向上、和谐幸福的正能量场。

"问渠那得清如许，为有源头活水来。"我们将继续致力于教师专业发展和幸福成长，让教师成为提高教育质量、促进教育公平的源头活水。

养正润德　助推教师专业发展

胶州市广州路小学　徐玉梅

胶州市广州路小学以润德党建为引领，以养正教育为特色，以安全教育为保障，以"问题式"课堂教学研究为抓手，全力培养儒雅教师，打造养正高效课堂，助推教师专业发展。

一、润德党建，彰显师德魅力

我校党支部确立"润德先锋"党建服务品牌，明确每位党员的工作职责，牢固树立"一个党员一面旗"的先锋模范带头作用，让党建引领学校发展，让党建促进师德提升，让党建润泽教师心灵。

（1）润德展馆，力量的感召。我校围绕组织部"一核五翼九制"工作部署，认真践行教体局"党在心中伴我成长"服务品牌，打造我校"一馆四廊八评"党建工作体系，定期组织全体教师阅读红色经典，传承红色教育，放飞红色梦想，让红色基因真正走进全体教师心里，落实在他们的实际行动中。

（2）党建活动，实践中感悟。我校根据教体局党建办制定的工作考核标准，组织支部委员认真学习，详细解读，明确目标，带领全体党员扎实落实"主题党日+""党小组会议""义工活动""德行评价"等系列活动，让党员干部在一次次活动中感悟党的引领，践行党的宗旨，展现党员担当。

（3）榜样示范，工作的标榜。在润德党建引领下，全体党员奋勇争先，硕果累累。

王传芬老师被评为胶州市最美教师,宋国华同志被评为胶州市优秀共产党员,徐玉梅同志被评为胶州市三八红旗标兵。

二、问题式教研，展现业务素养

教研活动是探讨教学问题、交流教学思想、提升教师素质、促进教师专业成长的有效途径。我校重视教师专业发展,多途径提高教师综合素养。

（1）"问题式"研讨的探索。教学中发现,课堂上学生的问题意识薄弱,多数学生不敢提问题,不愿提问题,更提不出合理的问题;甚至发现学生无疑可问、有疑不问。由此,我校提出"问题式"教育研究的探索。主要围绕"1+3+N"展开。"1":每课一个核心问题,让学生自主提出。"3":每个问题经历个人自主思考,小组合作研讨,全班集体探究三次研讨。让学生在自主研讨中明晰问题,解决问题。"N":根据问题的难易程度,设计练习的次数,让学生灵活掌握,拓展应用。问题式课堂教学,激发了学生的学习热情,提高了课堂的"魅力"指数。

（2）"分层次"作业的研究。我们面对的学生是有差异的,他们的基础、能力、性格、习惯、兴趣都各不相同。考虑到每个层面的学生,我们精心设计"三星作业超市",使每个学生各有收获,都能体验到成功的喜悦。教师为学生提供充满趣味、形式多样的"套餐式"作业,让学生根据兴趣和特长选择完成。例如:数学日记、问题银行、我选我做、生活探究等;数学教师收集了学生的错题,设计了"错例门诊";高学段教师设计了作文小练笔……这样既调动了学生的积极性,又能激励他们的竞争意识,关注到每位学生的发展和进步。

（3）专业团队的打造。我校本着实际需要的原则,面向全员,突出骨干,分层次培训,培训内容包括领导班子岗位职责培训、师德培训、教师业务培训、班主任培训。培训采取以会代训、自主学习、分组研讨等多种形式进行。

一是突出重点,培养骨干。学校选拔思想觉悟高、有奉献精神、业务能力强的教师外出参加培训学习,为打造名师工程奠定基础。如张瑞芳副校长,每年被教体局教育科学科选中,参加语言文字示范学校验收指导工作;刘倩倩主任在进修校组织的干部校(园)本管理培训班上做专题报告。

二是自主培训,全面提升。外出学习因时间、人数、经费等条件限制,有一定局限性,我校充分利用身边资源,聘请专家到校,根据教师需求,精准指导,提高培训实效,提升教师综合素养。

我们广州路小学全体教师,凝心聚力,努力行走在教育教学路上。2019年我校被评为胶州市教育体育工作先进单位、胶州市教学管理先进单位、星阅读示范学校等。我们一定精诚合作,求真务实,开拓创新,努力办好人民满意的教育,贡献广小力量,展现广小担当!

"自主 + 合作"促进教师专业发展

莱西市滨河小学 赵春萍

莱西市滨河小学通过"自主 + 合作"的方式,不断激发教师专业发展的内在驱动力,同时通过教师专业发展联盟建设,进一步提高教师合作共赢意识,全面提高教师的思想境界、师德水平、专业能力和人格魅力,有效促进了教师专业发展。主要采取了以下几方面策略。

一、实现学校远景规划下的教师自我规划

学校组织教师参与学校远景规划,在此基础上引导教师制订基于自身专业发展诊断的个性化方案。教师根据自己所处的不同发展阶段,从专业知识、教育教学能力和职业道德三个方面进行自我分析,明确自己的优势和存在的问题。然后在学校教师专业发展的整体规划指导下,合理制订自己的专业发展三年总体目标和年度具体目标,选取适合自己专业发展的方向和有效措施,明确自己每年要完成的任务,并适时通过教师自评与他评、互评相结合的方式,对教师专业发展规划进行评估。让教师自我加压,自己找准方向,自己调整策略,实现自我规划、目标引领。

二、推行"五个一"工程中的教师自主发展

在教师中启动"五个一"读书活动,即每天读书一小时、每周一次读书交流、每两周一次专业研讨、每月一篇教学随笔、每学期一篇现场论文。学校规定,教师喜欢的书目既可以提供给学校由学校统一购买,也可以当即买下凭发票由学校报销费用。学校每学期评选 10 名优秀读书人物并予以 100 元书籍奖励,引导教师体验书香人生。学校还努力让读书和实践结合起来,所有任课教师都建立反思日记本,及时回顾、总结、分析并写下自己的成功教育经验或失败的教训。读书和反思让教师逐步培养起启发诱导的教学观、民主平等的师生观、和谐愉悦的工作观、面向全体的育人

观,极大地提升了教师的教育教学能力和科研能力。

三、实行团队合作激励计划下的共同发展

学校通过教师专业发展联盟建设,将教师专业发展团队建设和团队活动开展作为教师专业提升、学校内涵发展、可持续发展的重要举措。学校从教育教学需要出发,将管理团队重心下移,实行级部管理。主要是以各级名师、学科带头人等为核心成员构建起目标明确、主体多元,能示范引领、培训指导的专业发展团队。根据团队专业发展目标和规划,调整、筛选、创新校本教研主题,特别是针对教学过程中制约教育教学发展的小问题、真问题、新问题,开展理论学习、专题攻关、案例研究等活动,突出应用研究和行动研究。学校提供时间、空间、人力和物质支持,注重多方合作,积极推进学习交流,创造专业引领机会,聘请教育专家、名师作为学科学术导师,以外出进修、与名校联谊等形式引领教师体验幸福成长,明确专业发展方向。学校立足课堂进行开放式研究,开展研修课、评优课、调研课、精品课等课堂教学展示活动,以论坛展示、教学比武、读书交流、教学开放等多元研修形式,为团队提供锻炼发展平台,使不同团队、不同层次的老师有不同程度的提高,变"小个体"为"大团队",激发教师自主发展和合作发展意识,促进了教师的共同成长。

盘活校本教研　促进教师发展

胶州市第四实验小学　徐瑞芳

我们知道,一所学校的发展既要关注学生的成长,也要促进教师的发展,这已成为大家的共识。因此,我们把重视教师的专业化发展作为给教师的最大福利。而校本教研则是促进教师专业化发展的重要依托。如何盘活校本教研这盘棋,使其真正成为促进教师专业发展的"点金之术",我们的主要做法如下。

一、立足校本教研,盘活教材

钻研教材是一个老话题,似乎不值得一提。但是当我们走进课堂听课的时候,发现不少教师因对教材理解肤浅不到位,到位不深刻,深刻不全面等缘故,导致其在处

理教材时出现三维目标明显缺失的倾向。可见教材是教学的依据，又是落实新课程理念的一个重要依托。因此吃透教材、用活教材就是提高教育教学质量的关键。为此，我们通过校本研究，把握每册教材、每个单元的知识脉络、能力体系、情感态度价值观取向，找准新知的切入点、联系点、重难点及必要的课外拓展点，以收到事半功倍的教学效果。另外实施新课程以来，教师们面对的往往都是新的课例，因此打磨课例教学，也是校本研究的重要内容。校本研究时力争不放过任何一个疑点，课上讲什么，怎么讲；哪里是难点，怎样突破；哪里是重点，怎样强化，都做到心中有数。这样每堂课都不打无准备之仗。久而久之，教师理解教材、处理教材的基本功越来越强，优质教学的效益也就越来越明显。

二、立足校本教研，盘活教法

几年来，通过校本研究，根据学科特点，老师们创新总结了一系列激励导学策略。像语文阅读教学，研究探讨了提高阅读实效性的十大激励策略，如解字导读策略、想象导读策略、评议导读策略、表演导读策略、补白导读策略等。像数学复习课教学，老师们总结探讨了"三四五"教学法，即运用"三带"（以一般带特殊、以一例带一法、以一题带多变），理清"四基"（基本概念特征、基本性质、基本方法、基本规律），落实"五性"（知识系统性、知识应用性、复习协作性、复习发展性、复习人文性），使学生每次复习都达到了优质化。再像英语课教师针对学生基础薄弱、畏难自卑的现状，采取了兴趣激发、化整为零、即时反馈的教学策略，成效也是显著的。

正是在这种校本教研中，教师们逐步树立了"教学不是操作而是创作"的教学理念，构建了师生交往互动、共同发展的新型教学过程，变"教师带着知识走向学生"为"教师带着学生走向知识"，逐步形成"新（观念新、模式新）、精（讲解精、练习精）、活（教法活、学法活）、实（训练实、效果实）"的课堂教学特色。而且努力把情感的课堂、对话的课堂、开放的课堂、实践的课堂作为教师追求的理想课堂，使学生学得生动活泼，有滋有味。

三、立足校本教研，盘活课题

为促进教师的专业成长，学校以课题实验为依托开展校本教研，要求教师人人都成为研究者，学会在研究状态下工作，在工作状态下研究，从而实实在在地解决一些教学中的实际问题，探索教育教学规律。对此，我们加强了"四个注重"。

注重方向研究：要求大家根据学校总课题及学科实际、个人志趣，确立视角小、内容实、周期短、结题快的小课题，明确自身教改方向；

注重积累反思：每人每学期记写上万字的业务笔记和园丁日记。人人树立教学反思意识，把教育教学上出现的一些偶发事件的处理、智慧火花的迸发、教学环节的得意之处等用日记的形式记录下来，作为研究教学行为的第一手资料。

注重平台搭建：每年我们都围绕实验课题，落实好"七课"活动，即新教师的亮相课、老教师的示范课、特殊教师的追踪课、参赛教师的汇报课、优秀教师的对外开放课、青年教师的大赛课和组内的同题异构课，并进行及时的评课活动。在开课前、时、后，除了教师自身的研究外，要求一人出课全组忙，甚至全校忙。同时学校也创造条件，不断推荐教师外出参加各级、各类的展示活动。建校五年来教师先后有近百人次出示了胶州市、青岛市、山东省、国家级的各类公开课、比赛课、录像课等，这对教师的专业发展都起到了积极的助推作用。

注重切磋交流：学校有计划地进行了"智慧传递"活动，进行班主任治班方略论坛、青年教师成长论坛、教科研成果交流会、读书论坛等，搭建了展示、交流、学习的平台，有效地促进了教师的专业化发展。把课题研究融入我们平日的教育教学活动中，不断发现新问题，总结新经验，闯出新路子。

总之，学校始终立足校本教研，以教师发展为前提，以学生发展为目的，以学校发展为保障，形成一个动态开放的发展系统，努力创设教师之间互相交流切磋、互相帮助促进、互相关心爱护的文化氛围，使学校成为教师专业成长、生命价值提升的学习型组织，促进教师的专业成长！

校长有为引领，教师可为发展

青岛市城阳区棘洪滩街道棘洪滩小学　万　伟

陶行知先生曾经说过："校长是一个学校的灵魂。"人们也常说，校长是老师的老师，这句话不但寄予了人们对校长诸多的期待与希望，而且彰显了校长这一角色在学校教师专业发展中举足轻重的作用。棘洪滩小学秉承"上善若水　润心启行"的办学理念，认真履行校长的职责，切实引领教师专业发展。

一、以内涵建设引领发展，激发成长信念

学校始终坚持把立德树人作为教师发展的根本任务,扎实推进教师专业发展工作。教师专业发展不是被动的,其内涵就是自觉主动地改造、构建自我,自主发展离不开主体意识的唤醒。学校倡导新时代教师在自我需求导向下的主动式发展和内涵式发展,关注教师的自我理解和专业自觉。鼓励教师用反思性教学、写日志、写自传、讲故事、专业发展自我规划、学术论文等多种途径,促进教师的自我理解。让学校教育成为"引力场""活动场""思维场""生命发展场",成为自我追寻专业成熟的领空、闪烁创造智慧的星空,使"一辈子学做教师"成为深植于教师专业发展的信念,激发教师创造性从事专业工作的活力,提升教师的效能感、价值感、幸福感。

二、以校园文化引领发展，营造良好氛围

棘洪滩小学秉承"善教、善导、善研"的教风,努力打造"上善若水 润心启行"教育品牌,以活动育人、书香育人、实践育人为依托,积极开展了悦读书吧、读书思辨会等活动,出版了校园随手拍书籍,引领学习氛围,让教师在活动中拓展知识,开阔视野,从而达到激励和培养教师专业发展的目的。如学校多年来的人文教育活动、"读书无边界,书香润校园"活动、"1+x"读书计划,都对教师起到春风化雨、潜移默化的作用。

同时,校园制度文化是维系学校正常秩序必不可少的保障机制。棘洪滩小学在充分发扬民主,集思广益的基础上,制定了岗位职责、工作规程、评价措施和奖励办法,如学校制定《师德考核实施方案》《年度考核办法》等规章制度,注重师德培养,形成核心价值观,都有利地促进了教师专业发展。

三、以教学研究引领发展，创新成长模式

教学质量是学校的生命线,教师是学校教学的执行者,其专业发展直接影响着学校的发展。多年来学校坚持通过教研员支持系统、校内外教学观摩、校内外听—说—评课活动、教育科研、校本课程开发等,促进教师的专业发展,努力做到让每一个教师都积极参加课改和校本研修,做到"独自为峰,与众不同",形成自己的教学特色。为引领学校"教研"文化向"学研"转变,让教师真正成为基于实践的学习者,提高教师工作的内驱力和积极性,学校创新"自主菜单式""课题研究式"和"课例研修式"等校本教研活动新模式,扎实推进课题研究,发挥集体智慧做课题,将课题研究日常化。

教师结合自身需求和研究方向,自主选择,完成研究任务。在骨干教师组、经验

教师组、青年教师组中开展研究,以培养教师的"问题意识"为核心,引导教师积极开展"微课题"研究。大家围绕一个专题,多次、反复、深入地开展研究活动,探寻对策,逐步解决,形成研究成果。同时,教师在菜单选择中找到研究伙伴,组成特色教研组,形成自主研修的特色。这种自下而上的研究方式,满足了每一位教师"最近发展区"的内在需求,使每位教师都有"职业成就感和群体归属感"。

四、以拓展外延引领发展,搭建成长平台

教育离不开实践,既要引进来还要走出去。师指一条路,烛照万里程,学校创建教师发展"观—触—学—思—行"五步轨迹,培育教师通向未来的张力生成机制。近年来多次邀请教育专家到校讲座,充分发挥名师的辐射、示范、引领作用。如儿童文学家张嘉骅老师,"生活化教学"王香兰老师,都为教师的专业发展搭建了良好的交流研讨平台。同时,学校鼓励教师参加各级、各类教学技能比赛,支持教师外出培训进修,并及时在校内进行二次培训,通过"一课三研、连环跟进"的培训教研,推进以优质培训为载体的专业引领和全过程反思,促进教师自我学习、自我感悟、自我建构,充分实现"一人培训,多人受益"的良效。棘洪滩小学也将继续秉承"走出去,引进来"的原则,通过教师"走出去"——扩宽视野,提高教育世界观和"引进来"——引进优秀的教育理念,打造一支具备教育世界观的现代化师资团队。

五、以管理服务引领发展,提供有力保障

棘洪滩小学始终坚持"高标准,全方面"的准则,为教师团队提供优质管理服务。学校从成绩提升、课题研究、课堂改革、青蓝工程、阅读提升、个性教学法等方面落实,制订个人成长计划及三年发展规划,逐级递进入职型、胜任型、骨干型、专家型、导师型教师,实行发展目标与教师管理服务紧密结合的动态管理模式。构建教师专业发展共同体,通过共同体为教师专业发展提供必要的信息,通过教师之间的群体合作,不仅可以实现教育信息的沟通与共享,还给教师营造一个自由、民主、宽松的研究氛围,形成"百花齐放,百家争鸣"的教研局面。

主题教研　引领教师专业成长

胶州市里岔镇里岔小学　刘学友

近年来,里岔小学教学研究一改先前形式化、任务式、无主题、无目的的教研活动形式,以解决当前教学中实际问题为导向,开展了系列主题教研活动,有效促进了教师的专业成长。

一、问题梳理,确定主题

学校的教研活动一般有固定的时间,以业务培训、听课评课、专家报告等形式为主,教师们大多抱以完成任务的心态参加,时间长了,教研活动就失去了真正的意义。里岔小学推出的主题教研模式有效解决了教研活动流于形式的问题。学校每学期的第一周组织各科任教师提出自己教学中困惑的问题,教研组长汇总后,集体讨论,研究确定本学期研究主题。根据主题,教研组会通过搜集资料、集体备课、听课磨课、评课交流等形式组织共同研究,集体交流,直至达成大家认同的解决问题的策略为止。如仍有存疑,学校会通过邀请名师专家参与等形式继续深入探讨。

二、主题教研,解决问题

学校教研活动的研究主题来自一线课堂中的问题,是教师们关注的焦点,活动开展时,大家带着问题来,听得认真,讨论得热烈,参加的积极性也高。如数学学科教研活动,大家关注的主题确定为"不同课型的基本教学流程",数学教研组先后组织进行了概念教学、解决问题教学、规律性质教学、计算教学等课型的主题教学研讨活动。活动中,教研组提前通知上课教师根据课型的基本教学流程进行备课、展示,全校数学教师观摩,共同研究各个教学流程中的得与失,针对课堂上新出现的问题,大家各抒己见,集思广益,互相取长补短,逐步规范了数学课堂不同课型的基本教学流程和教学环节。系列主题活动中,老师们还注意到了数学教材体系,大家举一反三,对不同学段知识之间的递进联系又有了更深刻的认识。

英语学科针对"分层评价如何将学生进行分级"的研究主题，经过多次打磨，最终形成 A、B、C 三个等级的评价模式，将全班学生依据学习能力分为 A、B、C 三个等级。其中，学习能力强、有责任心的学生是 A 级；学习能力一般、有上进心的学生是 B 级；学习能力较弱，缺少主动性的学生是 C 级。教师根据各级学生的特点为他们安排最适合其发展的目标，收到了非常理想的效果。经过一段时间的努力后，学生的等级可以根据平日和综合考核成绩，相互调整。这样动态的分级，让英语课堂上形成你追我赶的局面，有效提高了学生的学习积极性。

语文学科开展的低年级"识字教学研究"，中高年级"作文批改研究"、"分文体教学研究"等主题教研活动，真正帮老师们解决了教学中遇到的问题和疑惑，尤其是帮助新参加工作的青年教师们迅速成长起来。

三、名师引领，突破难题

教研活动中确定的研究主题有时仍有存疑，教导处汇报到学校后，学校会积极邀请名校名师参与教研活动答惑解疑，或请进学校现场示范，或派出团队走进名师课堂进行培训学习，努力突破教学难题。如语文学科在研究"大阅读教学"课堂教学时，老师们有时课堂容量过小，有时课堂严重超时，有时偏离教学任务，多次研讨后，始终难以突破。针对这些问题，学校邀请市级名师走进里岔小学，进行现场课堂教学示范和同课异构，深入课堂进行听评课，并在课后进行诠释解读，最终大家突破瓶颈，基本掌握"主线教学，突出重点，详略结合"的教学模式。

四、实时反馈，总结提升

学期末，学校会要求每位教师根据开学初确定的研究主题，回顾一学期的研究过程，及时总结反思，教研组汇总形成报告。学校以学科为单位组织主题研讨总结会，集体讨论，总结提升，最终把研究成果推广使用，实现提高教育教学质量的目的。

引领青年教师发展 储备学校中坚骨干

青岛市城阳区流亭街道空港小学 孟 萍

青年教师是学校长远发展的未来和希望,是学校实现可持续发展的关键所在,引领青年教师发展不仅能够促进青年教师专业成长,更能为学校储备中坚骨干力量。为了加强对青年教师的培养,学校充分发挥骨干教师的引领、辐射作用,逐步细化"带、研、评、展"的青年教师培养思路,2017年专门成立青春"n+1"青年教师工作室。

实行积分制管理,夯实成长过程。依托青春"n+1"青年教师工作室对新教师进行集中培养和管理。根据学校实际情况将之前的3年一周期毕业改为积分制管理模式。新教师可以通过教育教学成绩、课堂教学比赛、日常读书、工作札记分享及其他各级、各类比赛活动获得相应积分,积分达到毕业要求即可从工作室毕业,如果一直积分未达标准就要一直参与工作室的各项培训及其他活动。

组织师徒结对活动,实行精准指导。为了加快学校青年教师的成长步伐,更好地促进青年教师的专业发展,学期初,学校专门组织青蓝工程落实师徒结对活动,经徒弟、师傅双方自愿选择、协商和学校认定,实现一对一师徒结对带教,为青年教师的课堂教学、班级管理、家校合育等工作进行有针对性的指点迷津。

成立名师工作室,引领专业提升。学校成立李明英语文名师工作室和牛兆刚数学名师工作室。开学初我与工作室负责人共同研究决定本学年最需要在学科教学方面进行精准指导的教师人选,包括新教师或者第一年任教本学科的教师,李老师和牛老师通过听课、评课、纠课、集中教研等方式对工作室成员进行精准指导。工作室成员每学期都要在负责人的指导下进行"三课一录"活动,即"期初亮相课、期中展示课、期末汇报课和一节精品录像课"。在名师的引领下,教师的专业水平迅速提升。

着力生本课堂,筑牢专业根基。课堂是教育教学主阵地和专业发展的主战场。2019年学校教育年会之际我提出打造"三有、三声、双百"的绿色生本课堂,青年教师是这一理念落地的生力军。绿色生本课堂要求每堂课都能做到有目标、有章法、有效果,充满掌声、笑声、辩论声,学生不仅百分百受关注还能百分百参与。绿色生本课堂要求教师课前备课关注学情,课上讲课关注学生听讲、思考、参与和表达,课后作业针对学生情况分层布置,真正做到以生为本,一个也不少。老师们在备课、听课、评课的过程中都应该从是否有序、有趣、有效、有笑声、有掌声、有辩论声六方面进行关注和评价。

开展专题论坛,丰实理论与实践。注重班主任班级管理理论知识和实践经验的交流指导。学校每周举行一次班主任论坛。每次班主任论坛都定时间、定主题、定主讲人,新班主任在系统的参与、培训下,明确班级管理、学生管理、家校沟通、安全教育等方面的具体要求和标准,有章可循,遇事不乱。隔周举行一次"观书雅阁"读书论坛,青年教师在交流中感受教育的内涵和魅力,提升理论修养,做到有思路的用力,有标准的落地。

在引领中前行,在鼓励下坚持,两年多以来学校青年教师工作室的发展方向和工作目标不断发展与完善,工作室充分发挥群体辐射效应,青年教师队伍整体水平不断提升,成为我校教育教学工作可持续发展的坚实力量。

做好专业引领,激发从教幸福感

青岛西海岸新区王台小学　马金福

李岚清曾说过:一位好校长,就能带出一批好教师;一批好教师,就能带出一批好学生,办出一所好学校。校长只有急教师之所急,想教师之所想,努力为他们搭建展示才能的舞台,才能做到"教师要爬多高的楼,校长就要为教师搭多高的梯。"

一、搭平台、创条件,激发从教幸福感

为教师营造宽松、开放的从教氛围,对激发教师从教的幸福感有很大帮助。伴随社会、课改对教师提出的挑战和要求的不断提高,让教师产生了不同程度的危机感和紧迫感。作为校长,我积极搭建平台,引导教师撰写教学反思、教育随笔、教学论文,把教学实践中的得失成败上升到理论高度,并积极推荐优秀文章在各种刊物上发表。每月组织一次读书心得体会交流会、每学期组织一次教师成果评比,对教师的成果进行全校宣传展示,扩大了教师在全校师生中的影响,极大提高了教师的工作热情,让教师体会到成功的喜悦,激发他们的自豪感和内驱力。

二、定目标、立规矩，引领教师专业发展

为帮助青年教师提升，我根据学校"教师队伍建设三年规划"来督促、检查三年专业发展规划，采取"青蓝工程""拖后上课""结对帮扶""教学沙龙"等切实有效的措施，为青年教师做好引领。引导青年教师树立终身学习的理念，做一名学习型的教师。学校每学期为教师购买苏霍姆林斯基、陶行知、魏书生、李希贵、朱永新等名教育家的教育名著。要求教师认真学习，做好学习笔记，随时写下心得体会，定期进行沙龙研讨，只有培养教师广泛阅读的良好品质及良好的学习习惯，吸纳千家之精华，"腹有诗书气自华"，教学中才能厚积薄发。

三、多见识、勤实践，促进教师专业成长

见识决定眼界，每年我校都会为教师专业成长提供外出学习、请专家进校园等多种开阔教育眼界的机会。

1.积极派出教师参加培训和校本培训，拓展教师专业知识

为了让教师有和名师面对面学习的机会，我校一直坚持"走出去，请进来"的做法。"走出去"即是派骨干教师、管理人员外出学习、培训，接受新观念、新方法，听名师的课，感受名师的教学魅力。外出学习归来的教师完成三个一：一篇学情报告、一节汇报展示课、一份教学反思，这就使更多的教师共同分享了外出培训的收获，使一人的外出学习惠及更多的人，提高培训效益。"请进来"就是借助专家、学者的力量进行专业引领。聘请省、市、区级专业研究人员来校讲座、做专题报告、进行教学现场指导以及教学诊断等，来提升教师的理论素质，加快专业发展。

我校也十分重视校本培训工作，定期举办学校公开研讨课、教学研讨会，积极承办学区、市等各级、各类教学研讨活动，为教师创造公开教学、公开研讨、公开辩论的机会。给青年教师开学习菜单、任务工作单，指导练习基本功，以学促练、以教促练、以训促练、以研促练、以赛促练，促进青年教师迅速成长，打造研究型教师队伍。

2.做好"青蓝工程"，加强同伴合作，修炼教师业务素质

把骨干教师培养、名师培养有机结合起来，发挥骨干教师的传帮带作用。推行青年教师培养结对子制度，把有经验的中老年教师与青年教师结成对子，指导、帮助青年教师快速成才。以教研组为单位通过案例教学分析、同伴观摩课研讨、章节说课讨论、同课异构等方式，积极倡导"合作教研""自主教研""开放教研"，教师之间在教学活动中进行专业切磋、协调和合作，共同分享教育教学经验，共同分享教育教学资

源,互相学习,彼此支持,使教师在互补共生中成长,彼此在互动合作中成长。

3. 指导自我反思，促进教师专业发展

我校倡导每人每周写一篇教育叙事,每两周写一篇教学反思,在教师会上交流、点评,积极推荐。让教师在教学中,以自己作为研究的对象,研究自己的教学观念和实践,反思自己的教学观念、教学行为以及教学效果,形成自己对教学现象、教学问题的独立思考和创造性见解,使自己真正成为教学研究的主人。

完善校本培训体系　打造新时代教师队伍

青岛包头路小学　杭　伟

立足于学校师资队伍建设的现状,学校以"四横三纵"教师自主发展工程为抓手,以构建"金字塔"形培养梯队为重点,优化队伍结构,全面促进教师发展,打造符合新时代要求的教师队伍。

一、四条横线，细分培训对象

为使校本培训卓有成效,学校通过四个层面的细致划分,使校本培训有的放矢。

（一）开展"青年教师助力工程"

随着学校青年教师的不断成长,学校成立了"青年成长营",采取"结合——互补——竞争"的组合方式,指导青年教师找到自己的成长点、发展点,使青年教师尽快成长。通过结对帮扶、跟踪听课、骨干示范、专家引领、干部负责制等多样化的措施,促使青年教师挑战自我,成就自己。开展每周一练(钢笔字、简笔画)、每周一记(业务笔记)、每月一谈(我的教育故事)、课堂达标、案例培训等丰富的活动帮助青年教师不断提高专业水平,使青年教师快速成长为教学改革的骨干力量。

（二）开展"骨干教师提升工程"

充分发挥骨干教师的带头作用,探讨生本智慧课堂,在展示和交流中继续提升教学艺技。骨干教师承担"自身发展"与"团队引领"双重责任。对于骨干教师提出"五

个一"自身发展要求：建立一份个人成长档案、完成一篇高质量论文、进行一次课堂展示、参与一项课题、带好一个徒弟。组建由骨干教师参与的"学校学科专家组"，共同参与教学指导与管理，让骨干教师在此过程中不断提升自我。

（三）开展"名师团队锻造工程"

评选校级名师，通过每学期一次示范课、一个专题讲座、一个课题研究"三个一"活动发挥他们的引领作用，同时加大对具有潜质的"准名师"的培养力度，通过网络借力、教研员助力、实践给力三个途径，创造机会，加强指导，加速他们的成长。

（四）开展"干部团队引领工程"

要求干部进一步树立服务意识、务实意识、大局意识和学习意识，同时做到四个一：即带教一个班级的教学、深入一个年级组，结对一名青年教师，每学期指导一节区级以上公开课，使干部的理论和业务水平在实践中不断提高。

二、三条纵线，丰实培训内容

（一）阅读经典，提升教师内涵

结合市"十三五"阅读工程，根据上级推荐的阅读书目，组织开展"阅读名著，启迪智慧"系列活动。开展"三个一"读书系列活动，每天一小时，以《每周一读》《教育文摘》为生长点，建立"读书足迹卡"和读书札记，定期进行读书笔记展评；每周一赏析，老师们每月推荐一篇自己认为最受启发、最有价值的文章给大家，让大家共同学习、互动赏析，建立好书推荐集锦；每月一品读，结合《教育文摘》等教育故事，进行"品读经典，诉说感悟"读书沙龙活动。以教研组为单位，通过对书中的教育教学案例进行深入探讨，使教师们在共同的话题下分享不同的思想，在团队教师思维的碰撞中不断提高专业素养。

（二）对话名家，拓宽教师视野

一是通过开展专家讲座、观看录像、名师博客推介、教学沙龙等活动，将专家请进来，进一步推动教师观念的转变。学校相继将各学科专家邀请到学校为教师进行课堂指导和理论培训，通过与专家的近距离交流，提升了教师的认识，促进了教师的发展。二是鼓励教师外出学习，通过走出去，教师们身临其境接受外部的信息，认识到自己的问题和差距，产生自我成长的需求和自我成长的动力。同时要求参加培训的教师回校后对全体教师进行二级培训，共同学习探讨先进的教育教学理念和方法。

三是借助远程研修,与名家对话、与同行交流。学校积极组织教师参加"山东省远程研修"等活动。通过理论加实践的研修方式,使教师的视野得以开阔、智慧得以共享、能力得以提高。

（三）激发潜能，实现一专多能

重视教师的师德培养,以良好的师德师风激发教师教育潜能,提高教师的综合素养。打造一支师德正、专业强、能力广的教师队伍。首先是加强师德建设,提升教师道德修养。紧紧围绕"一心一意干教育,全心全意为学生"的师德培训目标,以党员干部带动全体教师,促进教师师德修养提升。推行以"讲师德、讲团结、讲奉献"与"关爱要每一个学生、上好每一堂课、平等对待每一个学生、规范自己的一切言行"为内容的教育活动,学期末评选包小魅力教师。其次是开展多领域培训,提高教师综合素养。在抓实教师教育教学专业培训的同时,通过开展丰富多彩的多领域培训活动,提高教师的综合素养。如,每天与学生同做广播操,参加学生的大课间活动,组织乒乓球比赛、跳绳比赛、登山以及心理培训等,提高教师的健康素养;开展读名著、教育专著,写教育叙事与学生观察日记,演讲与诵读比赛等活动,提高教师文学素养;组织教师学习儿童心理学,使教师遵循儿童身心发展规律来科学施教,提高教师的科学素养;同时要求教师提升自身参与社会活动和指导学生开展社会实践的能力,以及与家长、校外人员沟通的能力等,提高教师的社会素养。

学校通过完善"四横三纵"校本培训体系,努力培养"厚德上善、博文尚善、优能尚善"的幸福教师团队,全面促进学校教育教学工作稳步提升。

搭设成长平台　引领教师发展

青岛宁夏路第二小学　安晓兵

青岛宁夏路第二小学,在校师生千余人。学校秉承"全纳"教育思想,坚持"珍惜并善待每一个孩子"的办学理念,不断提高办学水平,促进师生素质的全面发展。"教育是生活,教学是中心,教师是关键",教师的专业成长与优质教师团队的建设是学校可持续发展的不竭动力。近年来,学校围绕打造"优质高效课堂",引领教师通过学习与研究、实践与创新,不断提升教师内涵,努力铸就一支优质教师团队。

1. 文化引领定"调子"

学校深入挖掘"全纳"教育思想,将"全纳"文化与学生的学习生活及生命成长紧密结合,珍惜并善待每一个孩子,表现在针对学生个性特点的个别化教育,根据多元智能理论关注学生的智能强项,在特长发展的基础上引领学生全面发展。加强师生互动与家校互动,为学生的健康成长奠定良好的基础。

2. 整体设计明"路子"

有合理的规划才有长远的发展,有了切合教师实际的规划才有实现的可能。学校首先制订了教师专业发展五年规划,在此基础上进一步要求全体教师制订专业发展三年规划,从师德修养、理论学习、专业提升、信息素养等方面分析自身的现状,确立自己的奋斗目标,努力的方向等。

3. 以老带青结"对子"

学校骨干教师与对所指定的青年教师进行一对一指导,充分发挥学校教学骨干的引领作用,注重青蓝工程实效。学校组织教学骨干对新教师进行一对一的师徒结对活动,建立《师徒活动手册》,要求从师德、工作态度、工作方法、业务素养上进行全方位的指导,提高新教师的教育教学水平,使其尽快进入角色。

全校教师平均年龄 36 岁,教师队伍年轻化一方面给学校带来活力,但是另一方面,青年教师的专业发展培训就成为学校工作的重中之重。为此我们先从教学基本功抓起,要求青年教师每周进行国旗下演讲、粉笔字展示,每月举办一次青年座谈会,进行读书分享。

开展"与名校挂钩,与名师结对"活动,充分利用市区学校人才资源的优势,除校内师傅外,学校还创设条件,让青年教师和区域内的名师结对,让青年教师在教学实践与教学理论上不断进步。

4. 实践锻炼压"担子"

课堂教学改革始终是学校深入推进素质教育的核心。师资的培养就要把教师工作的兴奋点聚集到课堂教学中来,引导教师积极参与课堂研究。学校尝试成立校级名师工作室,由区学科带头人的两位老师"领航":成立王玉玲数学工作室、高静语文工作室,两位老师各自带领自己的青年教师团队针对各自制订的主题,进行教学研究探讨,提升发展。学校提供资金和场所,每人每学年 600 元,用于购置图书、开展课题研究和教学研讨活动。

同时,我校平时坚持以课堂为主阵地,开展青年教师推门课、骨干教师展示课、师徒结对汇报课、名师示范课等,全校教师100%参与了全校范围内的课堂展示。

5. 竞赛比武搭"台子"

给教师们创造机会,尽可能地给教师们搭建施展才华的"舞台"。加强区域间的课堂交流,参与青岛市支教岛的送课活动等,鼓励他们冒尖,并给教师们设立更多受奖机会,加大鼓励力度。定期实实在在地开展多种竞赛比武活动,如"学生心目中最爱的教师评比""最佳备课评比""优秀师徒""校内优质课比赛"等,让教师们各显其能,各领风骚。学校近两年先后有五位教师在市南区优质课比赛中荣获一等奖。

6. 更上层楼架"梯子"

学校教师培训模式变得更加生动,丰富多彩。每次的培训由"校长讲教育故事"拉开帷幕;每学期开展全员共读一本书活动,充分利用慧读平台,鼓励教师多读书,随时随地读书,让读书成为教师们的习惯,让读书走进教师们的生活。

"走出去,请进来"多管齐下为教师们提高业务水平创造条件。邀请我区各学科教研员走进学校面对面对我们教师进行课堂指导和研讨,提高教师专业素养。

邀请山东省特级教师潍坊文华小学孙颖老师走进我们的数学课堂,特聘王凤基老师作为学校体育教学顾问,为教师们进行课堂指导。

邀请教育行家来学校讲学,引进高校教授资源,为教师们进行培训。如青岛大学周潇教授走进我校,和全体教师一同进行了古诗词赏析,为我校全体教师进行一堂古诗示范课并对青年教师的诗歌教学进行指导。

多彩的培训,为教师的专业成长奠定了基础,促进了学生的发展,使学校的教育质量逐步提高。

依托"同成文化" 打造"三品教师"

胶州市大同小学 代洪霞

教师"三品"是大同小学教师应有的教书育人、为人师表的基本素质。"三品"是指教师有良好的师德、出色的专业能力、深切的幸福感。学校要求每位老师都能够自觉遵守党纪国法,恪守职业道德,尽职尽责地履行教师义务;要求每位教师都有出色的专业能力,以孜孜不倦的工作态度和优秀的工作能力教书育人,在学生的不断发展中体现自我的人生价值;希望每位教师都能以自信豁达的个性和阳光的心态,甘心将教育作为终身奉献的事业,在工作中品味教育的幸福。

我们的目标是:打造一支有海人不倦的教育态度、有团结协作工作精神、有较高教育素养的教师团队;引导教师体验教育的艺术魅力,在教育过程中张扬个性,完善人格;培养为人师表、甘于奉献、淡泊名利的从教心态;引导教师享受职业幸福,醉心教育生涯。

一、多措并举,加强师德建设

为了加强师德建设,提高广大教师师德水平和职业素养,学校把师德建设作为学校工作的头等大事,高度重视教师队伍建设,注重形象塑造,以教师职业道德规范为准绳,以更新师德观念、规范师德行为、提升师德水平为重点,引导教师更好地"爱学生、爱学校、爱自己的岗位",树立教师的良好形象,努力培养广大教师爱岗敬业、无私奉献的师德风范,昂扬向上的精神状态和积极健康的进取精神,努力建设一支受学生爱戴、让家长满意、能胜任教育改革与发展重任的高素质教师队伍。

在日常师德教育活动中,组织教师开展形式多样的师德教育活动,主要通过活动体验模式、价值分享模式、评价激励模式等来加强师德建设。

二、注重培训,促进专业成长

教师专业能力是指教育者能顺利从事教育活动的基础能力。要提高教师的专业能力,就必须促进教师的专业发展。所谓教师专业化发展,是指教师在教育思想、知识水平、专业能力等方面不断发展和完善的过程,是教师从教学新兵到专家型教师的成长过程。大同小学要求教师应具有的专业能力包括教学能力、教学管理能力和教学研究能力。

课堂是传授知识和技能的主阵地。在教学过程中,教师要认真备课,精心选择教法,巧妙组织教学。只有教学技能熟练的教师才能有效组织学生主动学习,圆满完成教学任务。教学管理能力是教师严格执行课程标准,规范教学工作,落实教学成效的有力保障。而运用教育科学理论指导教育、研究教学,不断探索教育活动内在规律及其表现形式,提高在教育活动中的自由度和创造性,也是教师必备的基本功之一。

大同小学通过构建培训提升模式、科研引领模式、读书成长模式、展课反思模式来提高教师专业能力。

三、认同悦知，增强幸福感受

幸福是人生的主题，只有感到幸福的人，其人生才是快乐和阳光的。作为一名教师，其幸福感是指教师胸怀理想、充满激情、追求卓越、充满爱心、受学生尊敬、勤于学习、不断充实自我、富有创新精神和社会责任感。学校为使教师具有上述幸福感，特从生命关怀、认同悦纳、和谐共进三方面开展活动。

生命关怀，关怀的是人的身心健康。学校通过对教师健康行为（教师在身体、心理、社会各方面都处于良好状态时的行为表现）的培育，来提高教师的自我保健意识，降低健康危险因素，以使教师达到尽可能高的健康水平和良好的生活状态，在学校中建立催人奋发、和谐和乐、互敬互爱的人际环境。

认同悦纳是指教师在思想、情感、态度和行为上主动接受他人的影响，使自己的态度和行为与他人相接近。学校运用激励机制，调动教师的积极性和创造性。学校及时让教师了解学校发展规划，让教师们看到学校未来美好的前景，并把这一前景与教师个人的工作、学习、生活联系起来。

和谐共进是指教师相互尊重、合作共赢、团结和谐和共同进步。让精神引领行动，积极引导教师"把本职工作当作一种事业来追求"，真情关注教师的精神生活，从而呈现出一个爱生敬业、乐于奉献的教师群体。学校积极加强教师队伍建设，以校内教师结队互助学习方式，打造和谐共进教师团队。校内教师结队互助是在学校内，教师之间自由结队，人人为师，人人为徒。教师相互之间进行业务能力、教学技艺、综合素养如画画、唱歌、写字、讲演、各类运动技能等方面的互相学习，取长补短，达到共同进步的目的。通过教师之间结队互助学习，促进和谐共进，形成一批具有个性特色、教有所长的教师队伍。

塑造"阳光博爱"的教师团队

青岛市崂山区辽阳东路小学　刘　峰

阳光教育倡导"以阳光之心育阳光之人"，让教师用自己"阳光"，给学生"阳光"，让大家共同"阳光"，是阳光教育的最高境界。基于此，学校从建校开始就不遗余力地帮助教师修炼阳光心态,致力于培养身心健康、乐观向上、业务精良、一专多能的"阳光博爱"的教师团队。

一名合格的"阳光博爱"的教师必须符合四个特征:一是面对学生,能把爱的雨露洒给每一个学生,关怀、理解、激励学生,善于发现每个学生的闪光点。自己阳光,更给学生阳光,还能与学生共享阳光。二是面对家长,能如朋友般进行平等真诚的交流,心智互通,家校合力,将阳光带进家庭。三是面对工作,有阳光般炽烈的热情,尽心地工作,智慧地工作,创新地工作,享受教师职业的幸福。四是面对人生,有阳光般健康、平和、宽容的心态,热情学习、快乐生活,向善向美,享受人生。为帮助教师们尽快成长为积极向上、师德高尚、专业过硬的阳光教师,辽阳东路小学积极创设阳光土壤,造就阳光教师。

一、多元学习,调动教师内驱力

1.师德培训,筑牢精神家园

学校采取多种方式(开学第一天的宣誓、师德活动月系列活动、观看优秀影片、过好第一个教师节、三八节庆祝活动等)对教师进行师德教育,在继承和发扬职业传统美德的同时,让自己的学识、能力、仪表,特别是教育观念上不断实现自我更新,在育人的同时,不断地"自育",筑牢精神家园。

2.读书交流,提升文化素养

读书是教师成长的最佳途径,我们给教师提供自主阅读、相互学习、共同成长的平台,撰写读书笔记,开展读书交流,让书香浸润心灵,让经典提升境界。开展了"最是书香能致远"和"品读书香,感悟经典"的读书交流。

3.对话专家,聚焦专业发展

专家的引领是促进教师发展的有效途径。通过专家对教育理念的前瞻认识,对教师的教学进行诊断和评价,进一步帮助教师构建属于自己的理论内涵和教学思想。学校先后聘请刘启辉、高卫星、周莉、王莉莉等各级专家来校讲学、指导。

4.外出培训,资源共享齐发展

"他山之石,可以攻玉。"学校争取多种机会安排教师外出培训取经,建立了青蓝工程、名师引领工程、外出学习汇报、骨干教师经验交流等制度,帮助年轻教师不断学习别人的先进经验,反思自己的思维方式,使教师更加明晰各自的发展方向。

二、强化研修，激发教师成长力

校本研修是学校立足自身发展实际，以实践、反思、研究、再实践为特征的研修活动，是一种教师之间相互交流的学校文化环境。

1.潜心研究，勤于写作

学期初，学校要求每位教师制订了个人三年发展规划、个人学期重点工作计划、个人学期小课题研究计划，并组织老师基于校情、学情、班情等开展校本研修。学期末教师要梳理、总结自己在这一过程获得的感悟、收获以及存在问题，记录宝贵的数据和各种影像资料，形成第一手文字资料，促进教师研究素养和综合能力的提升。

2.勇于实践，善于积累

学校规定每位老师每学期听课节数不少于20节，并通过推门课、亮相课、成长汇报课、视频案例反思课、一人一精品课、骨干教师示范课、名师引领课、模拟课堂等多种形式，丰富课堂教学。既研究教师又琢磨学生，师生共同触摸教育，促使教师审视自己的课堂教学，使其大量的积淀由"内化"转变成含有更多精彩的"外显"，有朝一日，红日喷薄。

3.善于反思，再登新高

（1）个人反思：教师对教学过程进行反思，发现问题后寻求理论支持，继而调整、改进自己的教学，提升实践高度。

（2）群团反思：教师个人将参加活动中感触最深的一件事、一个教学片段，通过案例形式撰写出来，与同行分享，同时总结活动的得失。

（3）经验交流：在总结经验时，要重视实践效果的研究，从学校、学科、教师三个层面上挖掘典型经验，汇聚反思促成长的正能量。

三、精彩展示，扩大教师影响力

要想切实提高教师的素质，仅仅局限于校内的小圈子是远远不够的，为了开阔教师的视野，扩大教师影响力以及辐射面，我们想尽一切办法为老师们提供更多更好的"走出去"实践的机会（去贵州支教、接受电视台采访、进行区级层面的专题报告等），使他们在教育教学的田地中更好地摸爬滚打，锤炼自己的能力。

一年多来，辽小搭建多元平台，促进教师成长，彰显教师个性，以教师特长带动学校特色发展。"培养一位教师、形成一个亮点、打造一种特色！"培养教师，创建名校，将是我们不懈的追求和奋斗的目标！

以校本培训引领教师成长

青岛金水路小学 方建磊

　　青岛金水路小学以全面贯彻国家、省、市中长期教育改革和发展规划纲要为指导,根据区、校重点工作具体要求,立足本校教育发展的实际,结合学校五年发展规划,以"提升教师专业化水平,促进教与学方式的转变,提高教育教学质量"为培训思路,优化培训课程,落实各项培训项目,不断提升教师专业素养。努力建设一支师德高尚、素质精良、能够适应新课程改革实验需要的反思型、科研型、实践型的教师队伍,全面推进学校素质教育教学改革,推进学校教育教学迈向纵深发展。主要采取了以下几方面策略。

(一)重点落实"互联网＋教师专业发展"网络研修与校本研修整合项目

　　以参加"互联网＋教师专业发展"网络研修与校本研修整合培训为契机,进一步完善教师校本研修体系。培训计划与教师的成长及教育教学实践息息相关,要实现研修与实践的有效对接,研修中重点落实四点要求:理念学习与专业成长整合,研修过程与常规教研整合,研究主题与教研主题整合,研修过程与形成成果整合。将研修模式与学校原有的"同课异构""骨干带教"等教研模式有效整合,将学校、学科、教师个人研究课题与网络研修课题有效整合,通过高质量地全员、全学科参与,实现教师个体成长、梯队发展和团队提升的同步,进一步提升全体教师的专业化水平。树立科学的现代远程教师培训观。

(二) 着力完善 "专家引领""青年培养"两项培训特色

　　以新课标学习、"悦动"课堂教研模式的研究为导向,不断实践完善"专家引领"下的课堂教学研修和系统加强青年骨干教师培养,促进各层面教师的自主成长,努力打造名师、学科带头人、骨干教师、优秀青年教师等教师群体。

1. 专家引领提升研究高度与力度

　　为了提升教师专业素养,学校聘请专家对教师进行"跟进式"和"解惑式"专业引领。例如,学校聘请语文学科专家跟进语文学科教师,对语文学科特别是作文教学进行专业引领,促进教师对教育理念、专业技能的提升。

2. 开展青年、骨干教师专项培训,加快青年教师成长步伐

青年骨干教师培养和成才成为当前学校教师培训的新课题。对青年教师进行个性培训,促使其迅速成长。一是正确导向。学校首先从师德教育、专业知识方面进行"草根引领",分层次组织青年教师认真学习,同时深入开展向优秀教师、特级教师学习的活动,用先进典型引导他们、激励他们成长、成才。二是以老带新。充分发挥身边优秀教师的传帮带作用,从思想、教学、教研等方面对青年教师进行全面培训。三是实践锻炼。学校有意识地让青年教师挑重担,增强其工作的独立性,让他们在教学第一线"唱主角""挑大梁",在实践中见世面、长知识、增才干。

(三)坚持推进各项常规培训工作

1. 加强师德培训

学习贯彻十九大会议精神,深入开展学习党的十九大精神活动。在干部、教师、学生中分层次开展党的十九大精神学习辅导、专题讲座和理论宣讲活动。组织"弘扬高尚师德,潜心立德树人"为主题的师德征文、演讲活动,引导和激励全体教师树立正确的职业观念和职业态度,以良好的思想政治素质和道德风范影响学生,展示金水教师努力工作、乐于奉献的师德风范,做学生的良师,与学生交朋友。

2. 加强教研组建设

落实教研组常规管理,完善"悦动"课堂教研模式。加强对教研组的管理与指导,进一步健全教研组管理机制,加强教学常规管理检查力度。分管领导定期参与教研组活动,督促与指导各教研组科学规范地开展活动,通过"同课异构""骨干带教"等展现载体,使教研组成长为研究型骨干团队。

3. 开展课堂增值行动

开展多种形式的课堂教学展示活动。加强对常态课教学的监控力度,通过"预约课"、骨干教师"带教研磨课"、青年教师"一课多磨"等形式,鼓励教师开展丰富多彩的课堂研讨活动,推动校级教研的深入实施,为青年教师搭建实践的舞台。分管领导及时了解各学科课堂教学状态,推广典型经验,对不足之处及时督促改进。开展教研组研课观摩活动。以区级公开课、研究课、青年教师课堂展示活动为契机推送优秀课例参加评比。教研组每学期开展一次组内研课、观摩活动,过程材料及时建档。鼓励教师积极参加上级主管部门组织的各种课堂展示活动,并以"一师一优课"活动为契机,为老师们营造展示课堂风采的舞台。

4.开展教师业务提升工程

将"课标学习、教材通读、读书工程、师徒结对"作为核心工作。课标学习与教材通读采取个人自学与教研组内集中学习相结合的形式;学校继续开展教师"十三五"读书实践工程;开展徒弟汇报课、新教师技能比武等活动,予以检验师徒结对的成效。积极搭建教师培训平台,"请进来,走出去",多渠道提高培训效能。

唤醒师生自觉 塑造幸福人生

青岛西海岸新区海王路小学 邵学忠

2018年1月14日,省教育厅巡视员张志勇在山东省小学发展联盟成立大会上谈道:某大学严格考试纪律,竟有15%的学生因挂科不能毕业。经深入调查发现,这部分学生入学成绩都不错,但这部分学生绝大部分在入学前进行过长期的一对一学科辅导,进入大学后没有了辅导老师,不知道应该怎么学,迷失了方向,甚至沉溺游戏,以致荒废了学业。其实从学生在学业方面的自主意识,就能折射出其生活的自觉样态。海王路小学把教育价值观聚焦到为每一个学生自主学习、成长和发展,实现幸福人生奠定上,坚持培养师生"生命自觉",实现"自主管理、自我教育、自由生活"的教育目标。

一、教师"自觉"做事是关键

我们坚信:没有一个老师不想教好学生;没有一位老师不想实现自己的教育理想。这是教师"自觉"做事的基础。但现实中因客观因素的影响,教师的自我管理和控制能力是有差异的,我们教师团队建设既要注重专业化发展,更要加强师德培养,要把师德建设放在首位;既要他律,更要自律,要把"自觉"做事放在首位;既要高瞻远瞩,更要脚踏实地,要把踏实做事放在首位。

(1)领导是标准——正己化人,敢于说"向我看齐"。"己所不欲勿施于人",要想管理别人,就要先做好自我管理。"唯正己可以化人,唯尽己可以服人"是学校的一种管理文化,是建立教师自我管理的准则。我们要求学校干部向全体教师郑重承诺:向我看齐。让干部成为标杆,做事做标准。

(2)优秀是旗帜——见贤思齐,形成团队共同价值观。学校多层面发现教师的闪光点,树立榜样,每月评选"榜样教师",成为他人对标的标准;发掘榜样教师闪光点,形成教师们认可的学校价值观,表彰典型,弘扬正气。

(3)学习是保障——助推发展,提升教师自身素质。"培训是最大的关爱,提高是最好的报酬。"学校搭建多种学习平台,采取教师共读、走出去请进来、反思论坛等形式,以学习促发展,助推教师专业发展。

善良是前提、整改是关键……把"正人先正己,做事先做人"作为学校教师并行不悖的行为准则,提高教师队伍的正气、正义、正能量,为"自觉"奠定良好基础。

二、学生"自觉"成长是核心

苏霍姆林斯基说:每一个儿童心中都有一点宝贵的火花——要成为一个好人的愿望。这是学生"自觉"成长的内因。他还说:"真正的教育者要唤起自己的学生努力成为一个好人的志向"。我们通过关注学生发展,了解学生生命需求,唤醒学生生命本源中向上力量,让成长成为学生内心的需求。

(1)尊重学生自主成长的愿望。叶澜先生说:"把课堂还给学生,让课堂焕发生命的活力;把班级还给学生,让班级充满成长气息……"学校的自主课堂,学生是课堂的主角,学校的主人,当学生纷纷举起手说"I can"时,他们自主成长的生命力量就开始展现。要求教师放手,引导学生成为自己的主宰,"做最好的自己","自己的事情自己做",包括学习、作业、穿衣、吃饭等。给学生充分表达的机会,指导他们表达的方法,帮他们理顺表达的思想。人人有岗位,事事有人做,让学生在自己的生命实践中成长,教师成为学生的助手,传做人之道,授做事之法,解学业之惑。

(2)尊重学生优势智能的发展。我们坚信:人与人之间是有差异的,任何人都有一项或几项优势智能,人人皆能成功。学校实施发现"种子"工程,要求教师在教育教学过程中,要有一双善于发现的眼睛:语文课上发现"朗诵家""演讲家""文学家"……,音乐课上发现"音乐家",美术课上发现"书画家",科学课上发现"科学家",等等。挖掘学生优势智能和潜力,抓住每一个闪光点,让他们真正感受到自己的能力和潜力,找到适合自己发展的空间,促学生主动发展。

总之,我们立足学生发展,教师成长,培养学生学会独立自主,提高教师职业自尊,增强师生"自觉",打造"自主教育"品牌,让每一个孩子拥有自主幸福人生。

提高教师师德修养 促进学校优质发展

青岛南仲家洼小学 王 健

教育发展教师为本，教师素质师德为本。我们以"科学发展、爱塑未来"为主题，在全体教师中广泛开展师德师风教育，强化师德建设，着力提高教师素质和育人水平，努力打造"师爱润童心"德育品牌，促进了学校的优质发展。

一、抓好观念更新，建立新型师生关系

学校在构建"和雅育人"办学理念过程中，逐步树立起学校的核心价值理念，即"尊重、平等、团结、进取"；形成了学校"激励文化"的内涵：善于发现每个人的长处，给每个人成功的机会，并给其激励，增强自信，激发潜能。然而，要想达到"激励文化"促进每个学生在每个方面健康成长这一最终目的，首先要更新教师的观念，把教师对教育的认识统一到以人为本，以学生的发展为本的高度。

在我校确立的"办学以教师为本，教师以学生为本，学生以发展为本"的"三为本"发展模式下，我们坚持全员育人，提出了"人人都是德育工作者"的口号，引导教师牢固树立了"家长学生的事无小事"的观点，让教师从心理、情感、发展、需求、个性特点等方面，倾听学生的心声，听取家长的建议。学校通过设立"校长信箱"，多方面收集师生和家长的意见；通过发放"家校连心卡"、开通"阳光倾诉热线"、举行"学校开放日"等方式，畅通家长与教师的沟通渠道；学校分别在期中、期末，通过电话访问进行抽样调查，了解学生、家长对教师工作的满意度，让教师在管理和教学上真正做到"以生为本"。学校还要求每一位教师要像热爱自己的孩子一样热爱学生，积极开展"十条禁语"，拒绝校园"语言冷暴力"等活动。教师与学生交流（包括批评教育），都要从办公桌后走出来，让孩子坐下来，面对面的平等交流。学校建立了"阳光谈心室"，一张圆桌、几把座椅、一盘糖果、满室阳光，使师生间的交流成为心灵的对话，保护了孩子的自尊心和隐私权。学校还要求教师每月做到"五个一"，即找学生谈一次心，与学生做一次扫除，参与学生一次班队活动，进行一次家访，总结一次班级思想状况。这样在全校上下形成全员育人、全过程育人、全方位育人的良好局面。师生之

间驾起了沟通的桥梁,建立了和谐、民主、平等的新型师生关系,师生在感受和谐大家庭温暖的同时,快乐地工作和学习着。

二、抓好学习培训,提高教师师德认识

为了将师德教育工作落到实处,我们组织教师有步骤、有系统地学习政治理论、教育理论,采取多种学习方式,宣传各类先进典型,把师德建设贯穿于学校的各项工作之中,不断提高教师的道德操守和专业素养,帮助教师树立科学的世界观、人生观和价值观,增强教师的光荣感、责任感和使命感。

一是坚持师德教育常态化、规范化,提高教师思想认识。每年开学初,学校就拟订了"教师政治学习、师德训练计划",确定学习内容和主讲人,由主讲人根据计划去准备内容,拟订主讲提纲,每周三为集中学习日。学校先后举办了《新时期师德建设》《找准德育着力点,凸显德育生命力》《教师心理健康教育》等专题讲座;组织教师学习了青岛市优秀教师群体的感人事迹及全国优秀教师师德报告团的五位教师的模范事迹;学习《中小学教师职业道德规范》《义务教育法》,还观看了《教育师德启示录》《教师职业生涯发展与心理健康》等,把教师的政治思想教育、师德建设与深化素质教育联系起来。二是引导行为研究,提升教师教育智慧。学校采取自我剖析、经验交流、专题讨论等方式,探讨研究德育中的新情况、新问题,交流自己的新点子、新思路、新举措。我们还定期开展互动式研讨活动,教师从自己教育中的困惑问题里筛选出共性化的话题作为研究的议题,在年级组内掀起头脑风暴,进行主动思考和真诚合作研讨。三是积极开展读书计划,提升教师文化底蕴。学校的图书馆藏书总量有2万余册,教师工具书110种,报刊80余种,可供教师随时借阅。学校要求每位教师制订读书计划,并提出读书要求:①针对事业特点和职业需求,研读先进的教育理论及专业类书籍,做学习型、专家型教师;②读教育经典著作、名家、名著,与智者对话,做智慧型教师;③读自己喜欢的个性化的书,做有特色的教师。使教师不断追求新知,充实自我,提高文化品位,丰富自己的文化底蕴,提高自身的人格素养。四是业务上严格要求,提高教师教学水平。具备扎实而渊博的专业基础知识,是对教师的起码要求,没有扎实的专业基本功,不能适应工作需要,就谈不上所谓的"师德"。

三、抓好制度建设,规范教师师德行为

"没有规矩不成方圆",只有建立起系统、完整的规章制度,才能规范教师行为,为教师树立了师德活动准则和处理问题的规范,不但制约教师的师德行为,也对教师起到激励的作用。

我校在探索师德建设的长效机制上下功夫,建立健全了一系列的规章制度,形成了较为完善的师德考核奖惩机制。由于学校每个制度的出台都交教职工共同讨论通过,因此,人人都能自觉地用此规范自己的言行,从而达到全体教职工共建校园、共造校风、共守校规的目的。我们以《中小学教师职业道德规范》《班主任工作规范条例》等为依据,结合学校实际,明确了各部门、班主任、科任教师、员工育人职责,制定了《师德奖惩条例》《教师师德考核评估标准》《教师师德互评表》《学生评教表》《家长评教表》等制度,同时,加大了《教学名师评选标准》和《魅力班主任评选条件》的师德评价分值。学校根据教师的工作态度、工作业绩,每学年对全体教师进行师德考评,使师德建设工作的管理规范化、制度化。我们把敬业精神、工作态度、团结协作、廉洁从教等作为考核教师工作的重要内容,并作为岗位聘用、职称评定、绩效考核的重要依据。不断完善师德建设监督机制,公开师德举报电话、设立师德举报信箱,建立学校、教师、家长、学生"四位一体"的师德建设监督网络,真正起到了制约和激励的作用。

四、抓好师德活动,提升教师师德素养

近年来,我校紧扣时代特点,创新工作思路,以活动为载体,在全校教师中开展了一系列丰富多彩的师德建设活动,创造催人奋进的校园精神。一是积极开展廉政文化进校园活动。向全校教师发出了"以德修己,以德育人,争做师德楷模"的倡议,与教师签订《教师"廉洁从教"承诺书》《"拒绝有偿家教"承诺书》,受到了广大家长的好评;二是积极开展"让阳光洒满校园"师德教育系列活动,以"爱与责任"为主题,举行了"师爱传真情,阳光洒校园"师德演讲比赛,树立起"敬业爱生,教书育人"的师德风范。三是积极开展"师爱在课堂闪光"活动。使教师从关注生命成长的高度,上好每一节课。师德的基点在课堂,因此要立足课堂,让师爱在课堂闪光,促进学生全面发展。要求教师努力做到"三爱""五心":爱事业、爱学生、爱学校,忠心献给事业、爱心献给学生、诚心献给他人、放心献给家长、专心留给自己。四是积极开展"党心暖童心"品牌创建活动。以党风带教风,以党性铸师魂,充分发挥党员教师的先锋模范作用。每位党员、干部都要帮扶一位"特殊学生"(生活特困或学习困难),签订协议书,确定帮扶对象,履行帮扶责任。对家庭困难的学生,我们通过向他们赠送学习用品、生活物品等途径,帮助他们解决学习和生活的实际问题。对学习困难的学生,则建立"成长档案",记录帮扶的形式、过程和内容,记录他们的成长经历。使每一个学生在老师的帮扶下健康成长。五是积极开展"家校联手促成长"活动。学校通过定期召开家长会、在校报中开设"家校速递"栏目等措施,鼓励家长主动与教

师沟通学生情况;建立了家长委员会,并挑选有责任心,思想成熟,作风正派的家长组成"家长督察组",监督学校工作;进一步深化"家长开放日"活动,邀请家长走进校园,走进课堂,走进学生的学习生活,展示学校的校园文化、办学理念、课堂教学,取得家长的理解,形成教育合力。

五、抓好师德评比,激励教师争先创优

人本管理的关键就是在对人性科学理解的基础上,以人的发展为核心,看准人的优势和利用这些优势,发现每一个教职工的独特的价值,发现每一个人的闪光点和不同点,然后激励之、弘扬之。建立良好的师德评价机制,坚持开展好师德评比是将师德建设引向深入的重要手段,也是促进校园精神文化建设的必要措施。我校多年以来,一直坚持开展师德评比活动。一是开展"师德师风四评"活动。领导评,教师互评,学生评,家长评,并将评比结果纳入教师期末教学奖考核。二是定期开展师德师风专项奖惩考核,根据制定的十个师德师风考核条件,进行逐一检查、打分、评出等级。三是每年评一次"教坛新秀""教学名师""魅力班主任"等,把钻研教学业务与提高师德修养相结合,把学习教育理论与投身教学实践相结合,把树立远大理想与苦干巧干相结合,争做人民满意的优秀教师。学校还通过"和谐处室""优秀集备组"的评选,培养教师团结、互助、合作的团队精神,提高了教师团结协作的能力。四是每年评选师德师风先进个人,在校园橱窗里进行宣传。通过以上评优活动,让每个人的积极性和创造性最大限度地发挥出来,让每个人活得有尊重、有价值。同时激励了广大教师不甘人后、积极向上、严于律己、争先创优的精神,形成了一种以遵守师德为荣、以违反师德为耻的良好风气,从而促进了教师和学校的健康发展。

六、抓好部署规划,开创师德师风建设新局面

按照市教育局《关于在全市中小学校开展师德师风建设集中教育活动的通知》要求,我校将注重把师德师风建设与提高教育教学水平相结合,努力提高教育教学成绩;把师德师风建设与贯彻落实学校办学理念相结合,全面提升自身政治思想和理论水平;把师德师风建设与提高自身综合素质相结合,全面推进学校素质教育。重点做好以下十项工作。

一是成立组织机构,召开师德师风建设集中教育活动动员大会,部署学校实施方案;二是开展师德教育月活动,以"爱与责任""师德:认识、自省与提高"为主题,进一步提高认识;三是开展师德师风十查十看活动,在教职工、学生、家长中开展问卷调查,进行结果反馈并整改提高,各部门和教师个人制定整改方案;四是实施教师

"关爱行动",以师爱促师德师风;五是开展"师德论坛",展开师德师风大讨论;六是"八个精心"学习教育,提高教师自身综合素质和实施素质教育的能力;七是师德品牌建设,发挥榜样示范作用;八是发挥教职工主体作用,加强师德师风自我教育;九是加强理念建设,提炼升华师德师风建设理念;十是召开总结大会,总结好的经验和做法,表彰优秀典型。

师德建设是一项系统工程,是学校教师队伍建设的一项长期任务,必须常抓不懈,我们全体教师将时刻坚持自重、自省、自警、自励,以科学发展观为统领,大胆创新,勇于实践,不断提升师德师能水平,促进学校可持续发展。

引领教师发展

青岛第六十三中学　范明星

教育的关键是教师,教师是教育的决定性因素。自 20 世纪 80 年代以来,教师专业化已经成为世界性的潮流,教师专业化问题已经成为一种强劲的思想浪潮。在基础教育新课程改革的今天,教育的发展对教师素质的关注达到了前所未有的高度,教师专业化发展要求高素质的教师不仅是有知识、有学问,而且是有道德、有理想、有专业追求;不仅是高起点,而且是终身学习、终身自我发展、自我更新;不仅是学科的专家,而且是教育的专家。

青岛王埠小学是一所新成立的学校,教师来源于 20 余个学校,专业素养参差不齐,教育观念不同,需要一个课题引领,使大家形成共识,博采教师之长,提升专业素养,提升办学水平和效益,从而促进学校发展。在此背景下学校提出以教研为基础,用科研来引领的课题"基于教师主体意识激发的教研学一体化教师专业化发展模式的研究",在教育教学工作中,通过校本培训和自我学习,提升教师的专业修养,提高教育教学质量,建设学习型团队,促进教师、学生、学校的全面发展。

构建促教管理机制,采取行政运行和学术运行双齿咬合的模式,实现了教师在学校教育教学管理中的主体地位,落实"教师第一"的思想,提高教师积极性,激发教师的主体意识;构建"上"的教师发展体系,以校本培训为平台,实施以培养骨干教师为先导的"名师工程"、以技能培训促专业成长的"强基工程"、以力荐新人辅助成长为目标的"青蓝工程"。教师队伍建设的"三大工程",促进了教师的专业化发展,为学校的健康发展注入了生机和活力。

通过课题的研究,提高校本培训的针对性、灵活性和操作性,使教师的专业化发展落实在本职工作之中,让教师在研修中感受做"研究型"教师的价值,在理解教育的基础上,学做会反思、能合作、富有专业素质的现代教师。在教师专业发展方面,我们收获满满:被确定为青岛市心理学科实验基地;1项课题在全国获奖;4项课题在李沧区优秀成果评选中获奖;6项课题在市、区级立项;1名教师被评为李沧区学科带头人,并推荐参与青岛市学科带头人评选,成为青岛市名师培养对象;2名教师获市教学能手;1名教师被评为区领航教师;市级公研课9节,区级公研课11节,市优质课一等奖4节,二等奖3节,一师一优课9节,区教师大比武一等奖9节,二等奖2节;市、区经验介绍10余次,发表文章二十余篇;等等。让每一位教师都能成为"一线文化创生者",使教师的专业化发展得到极大提高。

提升教师专业素养,打造专业化教师团队

青岛市崂山区枯桃小学　袁宝盛

以立德树人为宗旨,以培养学生核心素养为中心,以常规教研为抓手,以课程建设和课堂教学改革为主线,以打造"山海课程"和"魅力高效课堂"为重点,树立科学的教育质量观,积极推进教育信息化的普及应用,开展深层次校本教研,全面提高我校基础教育课程实施水平和教育教学质量。

一、加强师德师风建设,树立新型教师行业形象

三月份开展了以"不忘初心、牢记使命、争做四有好教师"为主题的师德教育活动。组织教师认真学习贯彻《新时代中小学教师职业行为十项准则》,学习习总书记关于教育方面的讲话精神,认真撰写培训心得,将静下心来教书,潜下心来育人的根本任务根植教师内心。还进行了"做党和人民满意的好老师——学习习近平总书记北京师范大学师生代表座谈时的讲话精神"等有关培训活动,教师们认真撰写培训

心得,畅谈收获感想。

二、抓好教师基本功培训,促进教科研工作

我校进行了教师软笔书法培训,开展了教师读书工程、硬笔书法练习等,教师阅读《教育文摘》及教育教学刊物并做好读书笔记。我校有刘雪花等多位老师在《崂山教育》中发表文章。

各教研组按照上级要求,认真制订教研组计划,明确重点任务。教研组组长负责组织教研组活动,既包括学习本学科课程标准,明确本学科学期、年段的教学目标等理论学习,也包括共同对学科活动进行探讨安排或是进行模拟课堂,参与磨课等实践学习。

我校共有毕桂玲等五位老师出区级公研课,数量相比往年有大幅提升,这也是教研组教研水平提升的表现。

在期中教学工作会上,各教研组长汇报学科教研、特色工作等成果,学科间互相学习借鉴,形成良好的研究氛围。

每月开展听课评课活动,三月份进行教研组长的示范课,四月份进行骨干教师引领课,五月份进行青年教师成长展示课,六月份进行优秀复习课展示。每学期有计划地召开教学专题会、教法研讨会、教研组长会等,教师各抒己见、取长补短、策划教研活动,促进教学质量提升。

三、开展新老教师"青蓝工程"结对活动,促进青年教师快速成长

在培养方面实施"一三五"工程(即要求刚入职的新老师,一年入门,三年胜任,五年成为教育教学骨干)。有经验的老教师言传身教,年轻的教师勤学上进,教师梯队建设良性发展,使学校教师队伍有层次、有梯队,能够获得长远发展。

我校的万婷婷老师参加"启航新时代·共筑中国梦"青岛市百姓宣讲大赛并获得一等奖,林萍老师多次作为优秀班主任代表学校举办讲座,到幼儿园进行幼小衔接教育,得到广泛好评。

多次召开教学专题会,针对本阶段在教学方面出现的情况做总结,对下阶段教学重点工作做布置,传达上级要求,学习重要文件,或开展教法研讨会,教师各抒己见,取长补短互相学习,促进教法改进和提升。

每学期召开两次全体教师参与的教学工作会,一次是针对期中质量检测进行成绩分析,布置下阶段重点工作,另一次是针对期末质量检测做考务安排及部署。此外,还多次召开教研组长会,布置教学常规检查,策划教研活动等。

让阅读成就教师

青岛市实验小学　胡繁华

一、缘起

瑞士著名教育家皮亚杰说过："有关教育与教学的问题中,没有一个问题不总是和教师培养的问题有联系的。如果得不到足够数量合格的教师,任何最使人钦佩的改革也必然要在实践中失败。"的确,一个学校要想获得长足的发展,根本还在教师。而教师的培养便显得尤为重要。于是,我们期许通过专业阅读这一主渠道来丰实教师的内涵。

二、行动

想法一经确定,经过细致地思考与研究,我们着手从学校管理、具体措施及读什么、怎样读等角度开展了一系列的行动研究。并确立了"读—论—研"三步研修模式,付诸实践。

（一）让阅读丰实教师内涵

教育故事,悄然潜入,不着痕迹。为了避免读书成为一种任务式的负担,让阅读成为教师心底自然生发的需要,我们把每周一故事这一介质引入到校本培训之中,每次培训校领导都会给教师推荐一到两个短小的故事,以引发教师的思考。故事不长,寓意深远,教师对此极感兴趣,颇感这种培训方式新鲜、有趣、受益匪浅。而今,这种形式已经成为我们培训的一抹亮色,教师通过阅读一则则丰富、生动的教育故事,产生了许多新的思考,并躬身于实践之中。

分层阅读,各取所需,实现"悦读"。为了促进教师的内涵发展,我们启动了读书富脑工程,将经典研读书目配发到各教研组,由教研组长结合本组实际情况,制订团队读书活动计划,明确教师分工、阅读书目、内容、目标、措施等,引领组内教师自觉读书。同时,我们还在教师自主申报的基础上,成立了一小时读书圈。每周一次拿出下午 1 个小时的固定时间到研修坊进行集中的读书学习,教师们徜徉在知识的海洋里,认真学习、讨论,孜孜以求。

（二）让碰撞启迪教师智慧

教师论坛,交流碰撞,智慧聚合。"学而不思则罔,思而不学则殆。"诚然,只读不思便不会有太大的收获。思想和知识不但需要通过自我的思考来培养和获得,也需要通过思想的碰撞和交流去发掘。于是,我们适时地开启了书香润智,润泽心灵的读书论坛。通过读书与交流,教师们在问题的解决中,智慧也在自然而然的生成。

（三）让实践提升教师素养

读做结合,学以致用,素养提升。为了更好地使读书服务于教学,我们以改进教学实践为目标,以课堂教学为载体,每学期都会展开一次主题教学活动。教学活动中,各教研组以聚焦研究的方式,通过"集体磨课—课堂实践—诊断研评—经验共享"四步法,分别采用同课异构、传承课、学段衔接课等形式进行研究,促使教师以研究者的角度诊断、分析教学目标的可达成性、可检测性和教学设计的科学性、可行性,解决教学实践中的问题。形式多样的展示形式和内容,既展示了教师素养提升的成果,又进一步促进了教师的专业发展,提升了团队整体研究的能力。

线上线下,相互融合,双轨并进。借助远程研修的契机,我们构建了"线下"与"线上"相结合的研修思路。"点击名师课堂 感悟教学智慧"主题教学研究活动正是以"线上观课摹课—线下切记体察"为研究指向,引导教师在观课后,经历"思考揣摩—形成策略—课堂应用"这样的研究流程。各教研组在自备、集备的基础上,学习名师的课例,在反复的比对、研读和揣摩中,去领会大师教学的精妙,从而进一步改进自己的教学。

一路走来,在书的滋养中,越来越多的教师收获到教育教学的智慧,学科知识和专业化素养不断提高。目前,学校已经形成了良好的读书氛围,每位教师都基本树立了主动学习、终身学习的观念,"工作即学习、学习即工作"已成为每位教师的自觉行动,教师的学习能力、实践能力、研究能力、创新能力得到了一定提高,阅读所带来的成效日益彰显。一支师德高尚、业务精湛、教育技能过硬的教师队伍正在形成。

专业提升　追梦惠生

——引领教师专业发展片段纪实

青岛西海岸新区董家口小学　李振来

2016年,青西新区董家口小学启用,学校提出"惠生"教育理念,希望能做到惠及生命、惠及人生,但作为一所新建农村小学,教育教学基础较弱。我们深深地意识到,学校发展的核心因素是人,人的工作态度、工作能力、工作水平支撑着学校发展,如何提升教师专业化水平是我校面临的重要课题。

（一）"德育"统一思想

学校的发展需要教师在思想上的认同,行动上的追随,营造一个积极向上、担当作为的氛围。为此我校全面加强教师职业道德建设,教育和引导广大教职工以德立身、以德立学、以德施教、以德化人,切实在教育教学中承担起光荣使命。

学校每学期开学第一天进行国旗下教育,增强教师的爱校、爱国情感;教师节举行教职工集体宣誓,强化教师责任意识;每学期进行师德师风、新时代教师职业行为十项准则及"十不准"承诺签字仪式,警醒教师行为规范;每学年进行学先进、评先进活动以及开展"寻找身边最美丽的教师"随手拍摄影作品征集,树立身边学习榜样;结合落实全员育人导师制不断开展教师"家访"活动,促进家校的沟通交流;等等。切实增强教师教书育人的责任感、使命感和荣誉感。始终以"四有好老师"标准为目标,遵循教育规律和教师发展规律,来促进教师成长,提高师德水平,为强化教师队伍建设,推动学校发展提供有力支撑。

（二）"模式"促进成长

为了促进教师专业化水平快速提升,我们采用了专家引领的方式。我校建校初就联系了我区教科所刘永春所长,引入"学帮理练"教学模式。

（1）外派跟学:凡教科所在我区组织的"学帮理练"教学法相关活动,均抓住机会,派骨干教师参加。让这部分教师初步认识、感受"学帮理练"教学法的益处,并且要求凡外出参加活动的教师,返校后在本教研组对同科老师进行二次培训。

（2）邀请讲座:在部分外派教师对"学帮理练"教学法有印象后,我们正式邀请刘所长来我校进行专家讲座,三年多的时间里,刘所长来我校讲解"学帮理练"教学法 20 余场。通过刘所长的讲解,我们大部分教师对"学帮理练"教学法的理论、研究成果、适用条件、具体实施都有了清楚的认识。

（3）定向培养:邀请刘所长帮助我们培养种子选手,要么亲自来校指导,要么外排跟学,经过三年多的培养,目前我校有六位教师已成为区级教学能手,多位教师在区市优质课活动中获奖;并通过他们的带动,在全校推广落实"学帮理练"教学法,从教学计划、备课安排、课堂教学、家庭作业、优生优培、学生辅导等各个环节都融合、浸透"学帮理练"思想、做法,并结合自己的个人魅力,形成了自己独特的魅力课堂。

（4）交流推广:我们借助外部力量来促进"学帮理练"教学法的深入推进,依托"学帮理练"教学法在全国推广的平台,在我校设立"学帮理练"工作室,请进外来学习团队一起交流学习"学帮理练"教学法。到目前为止,来我校进行"学帮理练"教学法交流的有贵州安顺市、山东曹县、兖州、内蒙古、青岛支教岛部分学校以及我区本土部分学校等。

通过系列德育活动的开展以及"学帮理练"平台的搭建,教师之间的交流不断深入,教学方法不断改进,授课水平不断提高,我校连续三年数学成绩在全镇排名第一,在全区教学质量抽测中,我校成绩全区排名第三,并在全区小学教学工作会议上,做了《精细管理出质量》典型工作交流发言。

学而不厌 诲人不倦

青岛市即墨区通济中心小学 王治国

叶澜教授曾说过:"在学校中,没有教师的发展,难有学生的发展。"可见,教师专业的发展决定了学校的发展,教育的发展更离不开教师专业的发展。通济中心小学以"人文关怀"为核心,倡导"学校发展,以教师为本"的发展理念,从教师的精神引领入手,努力打造和谐奋进的教师团队。

一、实现一种精神引领

学高为师,身正为范。

1.促师德学习,提高素养

师德乃是教师人生的根本标示,师德建设贯穿学校工作的全部。每学期,我校都会组织进行"教师成长与师德修养""新时期师德修养"等师德专题读书活动;每学年,学校在选择班主任时都把师德、善良作为选用班主任的第一要素,学校认为,善良比聪明更难,善良比天赋更重要,一个班主任、一个老师只有善良和具有良好的师德,才能从心底流淌出爱去全身心对待学生,才能在教学中不投机取巧,才能身体力行影响学生。通过学习、反思、讨论,让全体教师坚定了职业信念,形成了"爱学生、爱事业,爱学校"的良好风气。

2.行师德活动,提升形象

每年教师节,学校会隆重举行优秀教师、优秀学科教师,优秀班主任、感动通济小学教师、工作满三十年教师等的评选活动,多角度树立典型,多形式表彰先进,实现精神上的引领。学校通过举办"我的师德故事"演讲比赛、"做受学生爱戴、让人民满意的教师"学习心得交流会,进行"抵制有偿家教"承诺签名等一系列生动的师德活动,展示了教师爱岗敬业、为人师表、无私奉献的精神风貌,大大提升了师德形象。

3.捆绑式评价考核,铸造师魂

每学期,学校都会通过金点子征集活动,学生座谈问卷、教师到学生家中家访、教师座谈问卷、科组交流、学校考核等环节,对教师师德实行多元化评价,充分发挥了学校在师德建设中的主体作用,使教师师德不断升华。

二、设计一张成长菜单

目标使人自我完善,永不停步。

每学年初,我校每位教师都会为自己设计一份个人成长计划书。这份计划书由共性化的基础目标与个性化的发展计划组成。教师可以根据自己的目标,调整和设计自己每学年的工作思路和细节追求,促进教师的"一日三省吾身"与教学的系统发展。教师的取得的点滴进步,将记入"教师发展档案",促使每位教师树立"合格教师、成熟教师、优秀教师、知名教师"的发展目标。这一举措大大激发了教师自主发展的积极性,使原来的"学校要我发展"变为"我自己要发展",现在各项教学活动、业务竞赛、课题研究、培训进修等,大家都能踊跃参加,形成了你追我赶、争先恐后的局面,逐步成长为有思想、有能力的优秀教师团队。

三、参与一次"百家讲堂"

康德说过:"没有研修而教学,恰如没有罗盘而航行。"

学校每学期开学前都会举办一次"百家讲堂"。邀请各学科综合成绩优异的教师进行发言、介绍经验。水相荡而成涟漪,石相击而发灵光。现场教师的点评发言,更是碰撞出教学思想上的火花,对教师们的教学理念、教学意识方面都有着不同程度的影响。每两周一次的集体备课、教科研沙龙等这些草根化的校内"百家讲坛",都发挥了集体智慧,有利于教师之间相互交流、相互学习,更体现了骨干教师引领作用,也成为教师借他力来提高自己的途径之一。

四、创新一列特色活动

"三人行必有我师。"因此,学校举办了一系列促进教师自我教育的活动,如"教师专业素养比赛""新教师基本功展示""青年教师三年汇报课"等。学校还实施新教师"一二三"工程,制订新教师三年发展规划,开展新教师与骨干教师、新班主任与班主任骨干师徒结对活动,每年进行一次考核,使新教师一年常规入门,两年课堂教学合格,三年教学能力达标,引领新教师教师专业发展,使青年教师在工作中尽快脱颖而出,成为教育教学骨干。这些充满新鲜活力的特色教研活动,以赛促教,以赛促训,以赛促研,促进教师队伍专业水平的持续进步。

想要学生好学,必须先生好学。唯有学而不厌的先生才能教出学而不厌的学生。教师是课程改革与学校发展的主体,我们学校从实际出发,通过各种策略有效地促进了教师专业素质的发展,提高了学校的办学质量,最终使学生受益。

加强团队合作　促进教师专业发展

莱西市南墅镇中心小学　赵仁贵

近年来,莱西市南墅镇中心小学通过团队合作,促使教师对教学进行深入研究,取长补短,营造出"百家争鸣,百花齐放"的研究生态。

一、集体备课让教师全面把握教材

每学期放假前,学校各个学科组先组织教师对下学期使用的教材进行研讨,了解教材的知识体系、知识点以及知识的前后联系,以便大家对整本教材形成系统的认知并对教学内容进行整合。如五年级语文下册课本中有《草船借箭》这一课。在研讨过程中,教师提出应该在一开学就让学生阅读《三国演义》,到学习《草船借箭》时,学生已经了解课文的知识背景,有利于内容的深化与积累,进而提升学生对名著的阅读兴趣。之后,学科组将教材分成若干篇目或单元,交给组内的教师分头备课,每位教师对自己所备的内容进行深度解读,形成初步的教学设计。

开学前,学科组集体讨论和交流每位教师备好的教案。备课教师可以就教案的创新点、如何突破重难点甚至备课中的困惑谈自己的想法,其他教师则可以提出建议。之后,由骨干教师作为主评人对教案提出综合修改意见。最后,备课教师集思广益,博采众长,对教案进行修改,形成比较完善的教案,学科组汇集每位教师的教案后,形成整册教材的教案。

在教学前,每位教师要结合学生的实际,以批注、增删的方式对他人的精备教案进行修改或补充。这种备课方式使教师有充足的时间分析教材、研究学生个性,减轻了教师的负担。同时,便于教师之间相互分享和学习,将集体智慧发挥至极致,促进了教师的专业发展。

二、主题教研解决共性问题

为了解决教学中遇到的具有普遍性的问题,学校组织同学科教师以课例分析为载体,进行主题教研。如数学学科"统计知识"这一内容在四年级数学上册"求平均数"、五年级数学上册"单式折线统计图"、五年级下册"复式统计图"等章节均有所体现。在这种情况下,各个学段的数学教师共同探讨如何在教学中整合"统计知识",如何渗透基本的统计知识和数学方法,寻找教学的共性与联系。教师对这些问题进行横向与纵向的比较,使各个年级的教师对教材实现整体把握。

通过各种形式的主题教研,教师对相关问题的认识更加深刻,教学手段越发丰富,教学实践日趋成熟,给教师的教和学生的学带来持久的、整体的、本质的改变,使教师的专业成长更加有的放矢。

三、跨区域联动拓展教师成长空间

基于"走出去、请进来、互相学习、共同发展"的理念,学校进行跨区域联动。在莱西市内,联系实验小学、第二实验小学、月湖小学、济南路小学等学校开展同课异构活动,实现资源共享,优势互补,推动教师课堂教学智慧的提升。如在同课异构活动中,教师通过"学案导学"的教学课型,引导学生在思维情境中感知体验,在自主探究中归纳发现,培养学生发现和提出问题、分析和解决问题的能力。在议课环节,我们强调三种取向:一是关注学生,从学生"学"的角度评议"教"的质量,既要关注学生是否学得有兴趣、学得自主,也要关注学生有没有学会、是否会学;二是关注互动,课堂中教师与学生的互动是否都有效;三是关注生成,对哪些生成性资源应该进一步开掘、哪些应该放弃、哪些获得了预设的精彩等进行研讨。

通过各种交流活动,教师的思维方式发生了很大转变。教师们在反思与重建中充分吸收各种资源,并创造性地让这些资源成为精神重建和实践进步的"养料",从而走上了一条"自我反思——自我完善——自我创造"的道路。很多教师感慨:"区域联动,让我们看到了更多外面的风景,跨越了专业成长的一大步。"

几年来,学校不断为教师搭建各种成长平台,探索多种形式的学习和研究团队建设,教师的研究氛围发生了很大变化,教师的整体水平得到大幅度提高。先后有12人出示过莱西市级以上公开课,16人次获得莱西市级以上优质奖。

"国际同步课堂"开启教育国际化 e 时代

青岛西海岸新区太行山路小学　肖焕盛

一、"国际同步课堂"项目背景

开展多层次、宽领域的国际教育交流与合作,是适应国家经济社会对外开放的要求,培养大批国际化人才的必由之路。

近年来,太行山路小学以中华正气奠定品格、以世界情怀走向国际为重要发展目标,重视并持续推进教育国际化。学校先后与韩国群山市龟岩小学、俄罗斯彼尔姆市第二中学、俄罗斯普希金俄语学院、俄罗斯哈巴罗夫斯克四中、澳大利亚普尔特尼文法学校等学校结成姊妹友好学校并实现互访。

传统的友好学校交流拘泥于互访,流于"观光式的游学活动",且这类活动只有极少数学生可以参与,不能与课程、教学紧密结合,教育国际化的质量难以提升。在这样的背景下,基于互联网技术的国际同步课堂应运而生。国际同步课堂可以有效缩短时空距离,为教育国际化与教学紧密结合提供了可能,让更多的孩子可以享受国际化的教育。

二、"国际同步课堂"基本模式

太行山路小学的国际同步课堂指的是利用网上同步上课的方式,使国内外学生同上一堂课,实现实时优质的教育资源跨国传播分享,提高教学质量。国际同步课堂主要是借助录播教室录播系统设备,通过网络将在线教学互动、课堂音视频互动相结合,让不同国家的教师和学生如同在同一个教室一样进行互动教学。

三、"国际同步课堂"应用实例

1. 中俄、中澳国际同步课堂

中俄国际同步课堂上,彼尔姆市第二中学的老师为双方的孩子同上俄文课,俄罗斯教师丰富的肢体语言和变戏法似的拿出的一个个教学道具,让太行山路小学的同学们感受着外教的魅力。生动有趣的授课方式激起了同学们的学习兴趣,同学们很快学会了几个常用俄语词汇的读写方法。

中澳同步课堂上,中澳双方学生通过在线视频的方式,在不同时空共同进行了一场趣味盎然、别开生面的中英文双语课。双方学生互相学习汉语和英语的表达方式并进行对话练习。

同步课堂这种利用现代信息技术实现的资源共享式授课十分新颖、有趣,不仅为大家提供了与国外学生进行文化、语言交流的平台,也使同学们对国外的学习方式有了一定的了解。

2.欧亚国际互动艺术节

每年的12月份,太行山路小学联合俄罗斯彼尔姆市第二中学举行"欧亚之声"国际互动艺术节。来自英国、日本、俄罗斯的多所学校在艺术节上表演文艺节目,使用汉语、俄语、英语、日语四国语言,多所学校间以连线直播形式参与演出,通过校园录播系统以HD高清模式进行实况转播。欧亚国际互动艺术节的成功举行,为发展世界各国的语言对话和文化交流创造了良好的条件,也是太行山路小学积极推进教育国际合作与交流的又一成功实践。

四、"国际同步课堂"应用实效

国际同步课堂为不同国家的师生架起了课堂互动和知识传递的桥梁,有效满足了中外不同学校间的教学需求,促进了中外课程交流,并最终实现备课、教学、教研融会贯通的常态化教学应用。同步课堂上,不仅双方学生同上一堂课,双方校长还可以随时见面商定教育合作事项,教师们也可以通过视频会议系统共同评课。太行山路小学的教师说:"不出校门,我们就可以与国外的名师对话,孩子们就可以亲身体验国外的学习环境。小小网线,改变着教师们备课和授课的方式,开阔了孩子们的国际视野。"

同步课堂模式,降低了国际交流的成本,提升了教育国际化的质量。学生的多元文化理解能力和国际竞争意识显著提高,开阔了学生的国际视野,推动了跨文化交流。教师从中积极吸收和借鉴国际先进教育思想和理念,推动了学校的教育改革,学校的传统文化与国际化教育特色进一步发展。

太行山路小学开展的国际同步课堂,着眼于孩子们的长远发展,为孩子们真正踏出国门,走向世界打开了一扇大门。

强基固本　培育专业型"先知者"

青岛西海岸新区兰亭小学　孙传香

一、背景分析

习近平总书记曾提出"教师是立教之本,兴教之源"。教育的存在与发展,首要前提就是要有一支数量充足、结构合理、素质优良的教育者队伍。因为只有有了这些"先知者",教育活动才能组织、才能进行、才能提高、才能发展。在新时代,要推动教育优先发展,就必须以更加高度的政治自觉与更加有力的政策措施,确保教师队伍建设优先发展。

二、典型做法

兰亭小学以"书馨"文化为引领,秉承"写好人生每一笔"的办学理念,倡导老师们在读书学习中不断提高自己的专业水平,在终身学习中陶冶美好情操,培养德艺双馨的时代新人。学校以提高业务能力和教师专业发展为重点,以整合区域资源、学校特色发展为路径,以高质量的校本研修为手段,构建了教师专业化发展模式,促进了教师的专业发展。

第一,职业规划促发展。在全校范围内引导教师共同思考并建立教师个人五年培训、成长档案。畅想自己未来的发展方向,明确自己的发展目标。学校制订内容丰富,形式多样,针对性强的教师培训规划,有效促进教师专业发展。要求教师读书学习,在全校范围内建立"终身学习"的理念,制订教师读书学习活动方案,教师每学期至少精读 2 本教育名著,完成 5000 字的读书笔记,参加 2 次读书交流会。积极开展教师技能大练兵活动。定期开展普通话、三笔字、信息技术等技能培训,教师在技能大练兵活动中得到锻炼。教师普通话等级测试合格率达到 80%,有 90% 教师能熟练书写漂亮的规范汉字;有 100% 的教师能在教学中熟练应用信息技术手段。

第二,学校推动做引航。在学校文化建设和课程开发的实践过程中打造一批名师、骨干教师、魅力教师。①建立骨干教师、青年教师培养工作领导小组。②制订骨干教师、青年教师培养计划。在本校内物色、选拔一批学科带头人,纳入骨干教师培养梯队,初步建立一支具有现代教育观念、知识结构合理、有一定教学科研能力的教师队伍,发挥以点带面的作用。③选拔一批学科带头人成立骨干教师培养梯队。④实施青蓝工程,加强对青年教师的培养,使其尽快成长为学校教育教学的行家里手。实施"一二三四五"成长工程,完善基于课堂的"三格"工程,即新教师"入格"工程,骨干教师"升格"工程和名师"风格"工程,提升教师的专业化水平。通过自培、互助、共享等途径,实施四项工程,促进教师梯队的专业发展,建立一支"爱学习、会研究、能合作、求发展"的高素质的教师队伍。以阅读工程、三标课、一师一优课等活动为载体,提升教师的学习力、反思力、创造力,为学校教育教学的可持续发展打好基础。

第三,管理优化上台阶。学校通过优化管理,来健全教育科研机制,确保经费有保障,课题有立项,干部、教师参与面广。针对教育教学和学校发展中的突出问题开展课题研究和实验探索,推动改革创新。积极组织实施课题研究活动,加强课题过程研究,积累初步研究成果。邀请专家指导,积极进行展示、推介课题研究成果。积极组织科研骨干进行培训,不断提升学校教科研水平。召开教学科研年会,推进教科研工作的扎实有效。举办《教海探航》《书写人生月报》校级教科研刊物,为教育教学导航服务。

制订公平合理、能促进教师发展的考核方案;建立教师业务档案。严格按照国家法规,建立科学合理的教师考核评价标准和办法。通过专家引领、师徒结对帮扶、教育干部有计划地开展专题培训讲座、外出参观学习等形式,全面提高教师的专业水平。

三、主要成效

学校现有在编教师138人,先后有103人次获得区级以上优秀教师、教学能手、优秀教育工作者等称号;先后有140余人次出示过区级以上公开课、优质课和一师一优课;先后有76名教师的论文在国家或省级刊物上发表。学校教师队伍整体素质大大提升。

发展教师 强教兴校

——"引领教师发展"专题实践

青岛西海岸新区育才小学　管延爱

我校始终坚持"发展教师就是发展学校"的干部教师队伍建设理念,引导教师扎扎实实练技能,一心一意求发展,培养教师队伍具有海一般广博、深邃的知识,博爱、进取的情怀。

一、依托读书活动，让教师在学习中成长

在全体教师中开展了"与书为伴,与乐同行"读书学习系列活动。通过干部引领、读书演讲、读书报告会、读书札记展评等活动,激发教师读书的兴趣,引导教师撰写读书笔记、学习心得,把读书学习获得的理论、观点与自己的思想认识和工作实践相对照,达到学以致用的目的。

读书学习活动的开展,让读书成为教师习惯化的精神实践活动。"享受读书快乐"的精神文化氛围萦绕在教师工作和生活之中。读书,让师生在忙碌的日子里,营造闲暇,畅游书海,享受职业幸福,丰富人生内涵,提升生命质量。

二、依托教育叙事，让教师在积累中成长

教师的教育活动离不开写作。学校引领教师开展了"故事传播教育思想"活动。教师撰写的教育叙事内容涵盖广泛,有的反映师生间浓浓的爱,有的讲述了同事间的互相赏识、真诚帮助,有的紧密关注学校的重点工作,有的叙述了教师与家长携手育人的故事,有的反映了学校的巨大变化……老师们用心在思考感悟,用真情在述说工作的快乐与困惑。那么多的故事叙写,没有谁定义教育是什么、应该怎么做,但读了故事却能让人深刻地感悟到这就是教育、教育应该这么做。

教育叙事不仅促进了教师专业能力的提升,还促进了教师专业精神的升华,让教师真切地感受到了职业生活的幸福。

三、依托教研培训，让教师在践行中成长

教师的教育活动离不开反思。我们坚持教研结合，科学整合、优化教导处与教科室的职能作用，推进了学校教、学、研一体化，引导教师在实践中研究，在研究中实践，在研究实践中发展。在完善学校、学科、教研组、教师四级教研体系的基础上，实行专题研讨制度，抓好学校教学研究的落实，尤其是教研组活动实效性的落实，真正把教学教研的过程变成教师集体研究、共同成长的过程。

教师从小处着手，搞微型科研，让教师带着问题走进教育教学活动，带着思考去研究，带着经验去反思，实现了教育教学活动问题化、主题化和课题化，也实现了人人研究、主动研究，自主发展。

四、依托名师，让教师在引领中成长

学校重视发挥校内名优教师作用，借助青蓝工程与青年骨干教师结对帮带引领；依托网络平台，齐鲁名校长、名师、岛城名师培养人选等名师建立了名师工作室，在传播先进教育思想、宣传交流研究成果的同时，实现了名师的再成长。邀请校外专家与名师，做报告、执教示范课、指导教学研究等，使全体教师在专家名师的引领下步入专业化发展之路。学校还成立了"名班主任工作室"，邀请知名专家，建立长效帮带指导机制，促进名优骨干教师的快速成长。

学校组织丰富多彩的教育教学研讨交流与评优展示活动，创造教师向名师学习的机会、搭建教师展示、竞争的舞台，激发了教职工积极发展业务的内在潜力，使他们在学习、展示与竞争中成长、发展。

五、依托评价，让教师在激励中成长

学校建立了优秀教师、优秀班主任、骨干教师等各类先进评选表彰机制，历经学习标准、个人申报、集体审核、公示、表彰、典型事迹介绍等多个环节，全体教师学标准找差距、学榜样求发展。"我是优秀教师"的自尊与自豪，激励教师奉献事业。学校制定了一系列评价评选制度，加强对各类教师群体的考核评议，推进捆绑式考核，增强了团队的凝聚力，提高了团队的战斗力。

全方位的校本研训工作促进了教师的专业成长，德能具备的优秀教师团队为学校的可持续发展注入了生机与活力。半年来，教师撰写的学术论文在各级、各类报刊发表 10 余篇；执教市级以上公开课 3 节、研究课 6 节，48 人次在省、市、区优质课、基本功比武中获奖。

建设"有爱心、有气质、有智慧"的教师队伍

胶州市第五实验小学　赵建华

　　作为 2013 年新建的一所局属学校,五实小地处胶州西部新城,务工子女居多,学生素质参差不齐,且学生人数与新教师数量逐年递增,对于这支年轻队伍来说,要办好一所老百姓家门口的优质学校,面临着很大挑战。

一、落实"两项"行动,提升学校执行力

(一)把温暖送到炕头

　　"我家孩子工作十几年啦,没有看到校长还到教师家里走访,真让我们感动啊!"一位老师的公婆激动地说。这是学校开展的"校长走访教师家庭"活动。七年来,学校领导班子走访了七批教师共计 70 多人次。量量大家上班的路,看看家里的大人孩子,临走特别嘱咐大家上班带一张全家福到学校,让大家尽快融入集体,成为一家人。"把五实小当成一个温馨幸福的家庭来经营,让学校真正变成一个其乐融融的大家庭",这是学校的治校理念之所在。

(二)把需求当作服务

　　学校成立名师工作室,深耕细培本校名师成长的"土壤、种子和空气"。一是上好"五小气质课":每月突破一项传统思维,设计一项创新发展工作,干成一项卓越成长出彩事。二是推进"新秀·能手·名师"的青蓝工程,推出"品牌教师日""成果发布会"等活动。三是举行"STEAM 大讲堂",推广自己的教学成果、输出自己的教育价值。"突破自我"的意识在教师群体中生根发芽。

二、提升"三个"意识，凝聚教师队伍

（一）"率先垂范"——党建带团队的奋进意识

在教体局党委的领导下，学校上下坚定一个信念：办好老百姓家门口的名校。全校党员干部不忘初心、率先垂范，教师勤勉务实、锐意进取，把平凡的事情做经典，把简单的事情做精彩，凝聚了一股"工作干到感动自己、担当尽责不忘初心"的蓬勃向上的正能量。

（二）"做起来"——行胜于言的执行意识

"我们不能简单地停留在设计的层面上，想法和办法到底好不好，试一试才知道，光说不做等于零。"这是 2014 年期中工作总结大会上传递出的声音。抢抓机遇，有了创新的想法不去落地，稍纵即逝。每当教师把这些工作做起来，真真切切看到了收获，会相视一笑，击个掌，不约而同地说"做起来哈"！于是，"做起来"发展成了学校的校风。

（三）项目管理 ——"独行快，众行远"的团队意识

建校初，一次家长开放日活动后，按照项目的具体计划，大家又一次围坐在一起开始了"感动之旅"，主持人要求发言突出要点，尽量控制在三分钟。结果没有一人遵守这个约定，大家纷纷抢起了话筒，"别的事可以省略，有一句话一定得说，谢谢小伙伴们的帮助"。"大家""帮助""谢谢"被朴素地、自发地重复了十几遍，但每一次听起来都很温暖。看似聊聊家常，说说心情，谈谈细节，话话得失，聊出的是大爱和大气，收获的是理解、激励、尊重。教师们在集体面前越来越有态度，有担当，增强了团队的凝聚力和向心力。

三、抓牢"四项"旅程，夯实专业素养

学校探索实践了"品五味，启百慧"四项旅程。

（一）读书学习的"优雅之旅"

2013 年开始，校长带领大家"读起来，写起来"。坚持六年如一日的读书、写作，撰写读书感悟 50 多万字，装订 200 余册《经典润泽心灵——读书集锦》，随笔已经成为校长和老师们每天心灵沟通的桥梁，化作前进的力量。

（二）教学研究的"寻根之旅"

六年连续开展了八届课堂寻根之旅教研活动,听评课的参与度为100%。我们的课堂寻根之旅分"选课、磨课——课例展评——总结回顾"三个阶段展开。学校要求教师"坐到学生中间"观课,追寻师生生命在场状态,让研究有了接地气的力量。

（三）学培研训的"体验之旅"

学校成立了教师发展中心,全面推进教师培训工作。学校探索形成了自己的"备、学、写、讲、做"五步培训体验旅程,让体验式培训有了沉甸甸的获得感。

（四）协同育人"合作之旅"

低年级尝试协同教学,要求两位教师同在课堂上,主讲教师主要精力在于提升课堂教学的魅力;另一名教师则监控、跟进、指导学生在课堂上"倾听、对话与思考"的学习品质以及课堂纪律,实现课堂习惯、管理与教学的全面丰收。

教师专业发展

青岛西海岸新区区风河小学　王明昌

2013年2月4日,教育部颁布的《义务教育学校校长专业标准》指出,"教师是学校改革发展最宝贵的人力资源";"校长是教师专业发展的第一责任人,将学校作为教师实现专业发展的主阵地";校长要"激发教师发展的内在动力"。

引领教师成长是校长的专业职责之一。一个好校长可以带出一支优秀的教师队伍,拥有优秀的教师队伍才能办出一所人民满意的好学校。

一、科学规划,活动引领

校长的重要任务就是帮助不同的教师因人、因时、因地制宜地制订相应的发展规划,以便有的放矢,采取促进教师专业发展的有力措施。根据教师对自己专业发展的需求,引导大家学习先进的教育理念,确立新的发展目标,鼓励他们创新课程设计,创新教学模式,形成个人风格。

学校通过"党员群众结对子""青蓝工程""教师成长论坛""教师读书论坛""教师演讲比赛"等丰富多彩的活动,积极鼓励教师热爱教育事业,热爱教育工作,努力争当教育教学排头兵。

二、化零为整,抱团成长

现代教育,对教师的要求越来越高,需要教师能够娴熟地游刃于接受与怀疑、尝试与创新之间。要实现这一要求很重要的一点就是鼓励和帮助教师不断学习,不断挑战自我,不断开阔视野。教师的专业发展绝不能仅仅依靠个人的努力来实现,而是要充分发挥教师群体的作用,建立学习型组织,通过集体力量,让教师对教育富有热情,乐于分享、善于反思自己的教学方法。培养各学科骨干教师、学科带头人,鼓励教师积极进行课题研究。

我校就依托省课题,引导教师群体积极教研,分组共同研究。依托各学科教研组,进行学科专题学习。教师在研究中提升自身的专业化水平。

三、多元途径,锤炼课堂

课堂是教学活动的主阵地,教师应当从教学中学教学。一个优秀的教师包括稳定而持久的职业动力、优异的教学能力、教学内容的处理能力、与学生交往的能力、教学组织能力与管理能力、语言表达能力、教学科研能力、运用各种教学方法和手段能力、对教育教学具有高度的自我调节和完善能力以及良好的性格。这都要在课堂的反复实践中才能磨炼出来。在课堂教学上,教师要思考如何将学科教学中的知识与能力通过课堂教学的实践来落地,让学生的学科素养得到提升。

教师要在课堂教学中进行专业发展。从教学实践层面来讲,一位教师的成长,经历各种类型的听评课活动已经是常规。特别是参加各种类型的公开课,包括校内的公开课、校外的公开课和优质课比赛时,教师总要经历各种程度的课堂锤炼。

我校积极组织"骨干教师示范课""青年教师汇报课""学科研讨课""教研组观摩课"等公开课活动,旨在引导教师"上好每一课",从严、从难要求自己,培养良好的教学行为习惯。

四、撰写札记,反思教学

反思是教师成长的"催化剂"。美国著名心理学家波斯纳曾提出教师的成长公式是"经验 + 反思 = 成长"。

教师的教学反思能力是其专业发展和自我成长的核心因素,也是教师专业发展的必要组成部分。教师的专业发展过程也就是一个新手型教师走向胜任型教师,再从胜任型教师走向智慧型教师的过程。

我校长期坚持"一课一反思",把教学反思作为教学科研的基本方式,在教学中不断反思,在反思中持续提高。

启动教师成长营 引领新教师发展

青岛淮阳路小学   范明星

青年教师是我校教育教学的新鲜力量和重要组成部分,近年来,共有十余名刚参加工作的新教师带着对教学的热情和梦想加入了淮阳路小学的队伍。目前新教师的数量已占在职教师的三分之一。他们的到来为我校教师团队带来了活力,也给学校管理层带来更多的责任。如何让他们尽快适应由学生向教师的转变,尽快成为学校教育教学的骨干,这是学校必须研究的重要课题。

为此,学校启动了"青年教师成长营"培训计划,从各个方面关注青年教师的专业成长和发展。

一、准确挖掘和分析教材,引领青年教师精准备课

学校多年来要求新入职的青年教师根据实际教学进度手写备课,备课中类目要齐全,体现对教材内容的把握、对学情的分析和重难点的突破等,还要根据每学期区教研室的重点工作和教学理念进行课堂教学实践,积极补充二次备课,撰写课后反思,充分实现备教一致,精准备课。

二、苦练基本功,提高青年教师的业务素养

学校重视青年教师的基本功提升,如钢笔字、粉笔字、希沃白板使用、微课制作等,自启动"青年教师成长营"系列培训活动以来,基本功训练和展示一直穿插其中,作为青年教师日常自我学习和提升的一项基本内容。学校开辟二楼大厅展示青年教师的每日钢笔字和粉笔字作品,利用教研活动和校本培训时间举行希沃白板应用能力的测查,青年教师结合自己教学进度设计微视频等。通过锻炼提升,青年教师们都

认识到了这些看似基础的能力和素养实际上对自己的课堂教学及课后延展起着至关重要的作用。

三、定期举行沙龙活动，激发青年教师的反思与碰撞

青年教师遍布学校的各个工作岗位，为了更有效地记录和反思每日教育教学工作，学校组织青年教师每日撰写"我的教学故事"。要求青年教师及时整理每日与学生、家长交流的故事，记录教育教学心得体会，反思课堂教学经历，用随笔的形式梳理自己的成长历程。通过撰写各自的教学故事，青年教师们发现日常生活和工作中蕴含着无限的智慧和经验，不论是好点子、好做法、新发现，还是班级管理和课堂教学中的遗憾和不足，只要用心发现，不断总结反思，就是个人专业成长的宝贵财富。同时，青年教师们利用每月一次的青年教师沙龙活动，共同交流教育教学工作中的好做法、好办法，积极提出困惑和不足，互通有无，交流碰撞，有针对性地收集、整理、研讨和反馈，挖掘典型做法，鼓励创新实践。

四、加强业务干部和导师的日常指导和管理，使青年教师成长不走弯路

在学校网格化管理基础上，继续为青年教师配备师傅，日常教学中的问题和困惑都向师傅们请教，师徒每周互相听课至少一次，每学期研讨会上展示青年教师的汇报课和信息技术应用成果等。同时学校每学期为青年教师配备主持人和导师。主持人张丹益老师负责组织和开展每一次的培训活动，并进行日常基本功训练和展示的打卡。导师王平平老师是我校班主任和语文教学方面的"老教师"，也是骨干教师，全面负责青年教师的备课，作业布置、批改检查与反馈，培训"教学锦囊"的使用，组织沙龙活动，等等。

"奋发殷勤霞似锦"，青年成长营的启动，让新教师树立了正确的教育观念，加快了教师专业化发展，青年教师们的工作积极性得到了极大程度的调动，业务素养水平和班级管理、课堂教学等能力也得到了大幅提升，多位教师在各级比武活动中获得优异的成绩，他们正成长为学校各学科的骨干力量，青年成长营也把老师们的心紧紧地连在一起，逐步形成团队发展共赢局面。

共同体助力青年教师成长

青岛辽源路小学　王　宁

我非常认同学校管理的核心理念是教师第一的观点。学校管理需要依靠教师，最终目标是发展教师进而使学生受益。所以教师发展是学校工作的重中之重。

"一名教师职业生涯的第一年可以成就也可以破坏这一职业"，经合组织（OECD）在 2016 年国际教师峰会上曾如此论断。"应该对刚开始从事教师职业的教师给予特别的关注"，因为这对他们今后的职业"具有决定性的影响"。随着学校的发展，年轻教师也越来越多，学校在教师培训目标和课程设计上围绕着教师的专业能力和技能、教师的人际关系和心理状态等方面，组建青年共同体，引领教师发展。

一、青蓝结对，关注成长

年轻教师首要的需求就是找到自己所从事的教育教学工作是"有效的"，让他们确认自己是"做教师的这块料"，自我认同很关键。学校通过"青蓝工程"为年轻教师找到一个业务能力过硬的师傅，帮助新教师在班级管理中习得方法，在备课、上课上掌握有效的教学技巧。学校干部在管理中要将年轻教师的点滴进步看在眼里，及时地鼓励和认可，可以很好地帮助年轻人树立自信，激发成长力。

二、搭建平台，温暖同行

年轻教师刚到一个陌生的环境，渴望被接纳被肯定，渴望成为集体中的一员，渴望在专业上与其他的同伴有"在一起"的感觉。学校组建青年共同体，经常把这些年轻教师聚到一起，谈论近期的工作困惑及感受，分享各自教学创新及带动学生学习的金点子，推荐一些好的资料大家共同学习分享等。渐渐地，他们成了教育路上的同行者、实践路上的探索者、成长路上的合作者。青年教师们表达了他们共同的心声："一名成长中的青年教师，不仅需要向指导教师学习，也需要与优秀的同伴一起学习，一起进步，这都是教师专业化发展的巨大推动力。结伴同行，有榜样，有支撑，有信心！"

三、放眼未来、全面推动

青年教师是学校教书育人的生力军,关系到学校改革发展的未来。在引领教师发展上,我们切实做到政治上主动引导、专业上着力培养、生活上热情关心,积极促进青年教师思想和业务的全面提升。注重发挥青年教师的个人优势,给予他们各类成功体验,提高青年教师的幸福指数、归属感和责任感。

聚力发展,建优质教师队伍

青岛广饶路小学　李红玉

青岛广饶路小学地处市北老城区,随着城市发展东移,学校的办学规模、班额日趋缩紧。同时面对越来越规范的学校师资编制,近几年每位教师面临的教学任务、课时量日趋繁重,教师资源尤为短缺。一至六年级的语数英任课教师都面临一人任教一个级部的情况,每位教师的精力几乎全部放在完成教育教学上,提升教师专业素养、激扬自我职后发展的需求几乎被琐碎、繁重的教学工作消磨殆尽。

面对学校的实际境况,校领导积极想办法、研策略,以校为本、以师为本,借助主题活动"广饶杯"教学技能大练兵活动,精心筹划主题活动的内容和形式,促使教师以赛促练,进而引导团队聚力研究教学,提高教师个人能力,促进教师专业化发展。

一、以校为本,以赛促建设,加强教研团队聚力发展

学校借助"广饶杯"教学技能大练兵活动的组织与开展,力图借助教研组评课展示、学科技能展示等团队项目,使团队加强凝聚力,同时在组织与参与过程中,提升教师的思想及学科理论。

(1)聘请专家,提高整体理论水平。为了开拓教师的教学思路,学校借助大练兵活动,特聘青岛知名思维导图管理师张延老师,走进学校为全体教师量身定制了培训活动——思维导图在教学中的应用。培训中大家了解思维导图、学习绘制技能,跟随专业老师近距离看见思维、触摸思维,在专家的启迪中重新思考、学习创新。通过专业讲座,大家在学习中相互启迪,在交流中碰撞思维,为教育教学打开新的视角,

为教师专业发展增添新的能量。

（2）学科展示，提高团队专业水平。在学校首届技能大练兵活动中，安排了两次以教研组为单位的展示，分别是教研组评课展示和学科素养展示。教研团队的展示，旨在通过组内活动，增强团队意识，在思想交流中互相补进专业知识，在专业分析中拓展对学科教学的认识和积累。在专业交流中凸显大教研组教研的优势，加强教师学科专业知识的衔接与整体架构，促进教师专业能力整体提升。

二、以师为本，以赛促提升，加强教师个人凝心发展

广饶路小学的教师队伍相对稳定，师均年龄相对较大，因青年教师人数匮乏而整体争先与进取意识淡薄。面对这一现状，在教学技能大练兵活动中，各项教学技能采取人人参与、个个展示的方式，激发每位教师的进取意识和职业激情。

（1）聚焦课堂，让每位教师焕彩。教学技能大练兵活动的课堂教学比赛中，规范的上课日程安排、过程要求，让每位教师感受对教学研究的认真态度；全体干部、教研组同伴的参与听课，让听课过程更具研讨价值；每节课后短平快的评课、教研中有效信息的传递，让交流更具学科意识；每节课的全程录像、大量的图片资料，让指导体现说服力、反思性。一节节教研组共同参与的比赛课，为学科间学习交流提供一个个鲜活的案例，全体教师以饱满的热情投入研究与准备的过程，教学研究氛围浓厚。

（2）聚焦技能，促每位教师勤练。教师板书、粉笔字始终是教师重要的专业技能之一。为了更好提升教师专业能力，学校为每位教师配备小黑板，便于大家练习和使用。学校组织全体教师开展粉笔字专项比赛，通过练习和展示，大家卷袖俯首、划线布局，在一尺见方的小黑板上描横书竖、点折撇捺，尽显风采。

鲁迅读书专场培训、作业设置方案等一项项专项活动的开展，促进教师在教学之余有了更充实、更丰富的交流话题，也使每位教师用更多的时间不断思考、磨炼教学技能，促使个人专业素养的不断提升。

三、反思

引领教师发展，我们常常借助专家引领、同伴协助等途径，但通过学校教学技能大练兵这一主题活动感悟到，学校整体氛围的创建在短时间内是可以凝聚的。集中、紧凑的就教师教学的几项素养通过赛课、展示、培训等形式，对教师的素养进行了快节奏的密集、往回促进，这不仅引导教师加强对教学的关注，更重要的是针对学校实际情况，就教师的专业发展进行引领。此短时间内，教研组内、办公室间交流的主题、内容几乎全都与教学相关，学校教学氛围、研究氛围浓厚。

其实,就学校师资现状而言,学校缺乏在区、市学科教学的绝对骨干,但是教师整体学科素养较高,工作热情高,这对学校发展而言同样是优势。回首在教研组展示过程中,各组教师集集体智慧、团队力量所呈现的,无论是展示内容还是展示效果,都令人耳目一新,体现了各组教师的教育情怀和极强的凝聚力。相信那一时刻,每位教师都被自己或同伴感动了,这就是团队的力量,这就是氛围的感染,这就是学校的风貌。

有了凝心发展的教师团队、积极向上的教学氛围,何愁没有办学水平的提升?长风破浪会有时,直挂云帆济沧海。聚力提高,建优质教师队伍,促进学校办学水平的不断提升,让广饶教育真正成就"广育未来之苗,饶享智趣童年"。

锻造高品位之师

青岛无棣四路小学　钟　芳

我校在全区大力推进教师"十项教学专业能力"培养与提升行动的大背景下,以问题为出发点,结合学校生态课堂的构建,以营造和谐的成长环境,关注鲜活的常态课堂教学,开掘教师可持续发展空间为校本教研主线,以提高教育教学质量和学校可持续发展为目的,致力于教师的专业化成长。

我们从转变教师专业发展观念着手,优化教师发展生态环境,围绕"专业基础、专业实践、专业发展"三个维度尝试建立目标动力、发展保障、评价平衡三种机制,引领每位教师全面发展和个性发展,彰显最好的自己。

目标动力机制。学校转变教师专业发展观念,将五年规划教师发展要求细化到教师每学期的专业发展目标中,每个学期突出课堂设计、教材分析、信息整合等单项能力目标的培养,每学期通过自评、互评、校评督促教师不断向目标迈进。

发展保障机制。学校从计划解读、主题沙龙、名师讲坛等活动让教师不断感悟"敬畏生命、尊重个性、自主多样、共生共长"等生态教育思想的精髓;从知识传授到生命涵养,从认知领域到生命全域进行生态课堂建设。打造了教师发展共同体,借助教研组、集备组、远程研修等小团队的互助效应,实施学科引领,为教师自主发展提供制度保障。

评价平衡机制。以项目验收评价为标准,考核教师专业发展。承担项目的教师只有完成预定目标任务,根据教师成长档案,通过评价才能获得相应学分。同时通过级部调研、师徒课展示、学科抽测、家长问卷等方式进行过程性监控。

学校推进教师"十项教学专业能力"培养,开展了系列专项培训,夯实教师教学内功,关注教师的可持续发展,打造优秀教师梯队。

关注信息融合。学校引领教师以"推进技术融合 聚焦生态提效"为主题,开展专项研训活动。先后开展了多次 PAD 教室培训和干部示范课以及希沃交互式终端操作、课件制作等方面的培训,助力教师实现从使用传统 PPT 课件向交互式白板授课的转变。在学校素质教育开放日,执教教师都能设计并使用希沃软件执教展示课,令人耳目一新。

关注教师内功。学校以草根科研课题和教学案例交流为切入点引领教师,围绕生态课堂的低碳、健康、生成、快乐、生命五大要素,组织教师进行交流、反思,并借助校园微信,让学习思考成为教师的工作方式和教育生活方式。同时学校定期举行教师个人特长展示、板书设计比赛、读书推荐、我的教育智慧分享等活动,让教师们挖掘潜力,展示个性,找到自己的优势,成就属于自己的精彩!

关注梯队培养。不断完善教师分层培养计划方案,定期开展青蓝工程,以"凝力团队,成就自我"为主题进行团队风采展示,以老带新。校级名师的评选大大调动了中青年教师的积极性,发挥出辐射引领作用。

教师专业发展是一个漫长的系统工程,只有不断激发教师自主发展需要,立足教学中的困惑,让教师成为有思想的行动者,不断提升教师专业品位,才是让每一个教师获得职业幸福的最有效途径。

实施"分层发展,双轨并进"教师成长模式,促进教师专业发展

青岛西海岸新区嘉陵江路小学、安子小学　李晓丽

师资队伍建设是教育发展的一个永恒的主题。近几年来嘉陵江路小学在教师成

长发展中以行动研究为策略,以切合教师自身的教学特点为基点,以课题超市为媒介,以课题项目研究为抓手,以打造学习型组织为目的,形成了"双轨多式"的教师发展模式,实现了学校的内涵发展:

一、构建"双轨多式"分层发展的教师发展模式

学校在教师队伍建设和教师的成长方式上以抓实校本培训为本,对教师的成长不搞一刀切,多设个案发展模式,让教师分层发展、多层发展,总结来说就是"双轨"并行,分层发展。具体来讲为:一轨是常规做法,建章立制,抓实校本培训,抓好组织机构、培训制度、培训资源,落实三个到位。另一轨是多设个案发展模式,学校主要用"个人的成长规划"进行目标引领,多设个案发展模式。

二、建立主动发展的教师成长文化场,实现文化管理

学校通过"学习型组织"的建设,逐渐形成"以人文本"的理念,"成长重于成功"的理念,"做最好的自己"的理念。坚信优秀老师不是制度能"管"出来的。通过文化建设,寻求贴近教师实际的活动来构建这种文化场。如学校以全国最美教师薛月娥这一典型打造了"寻找嘉小最美教师"的文化品牌,这种贴近教师实际的活动使得学校师生快速形成良好的文化价值观。

三、创新性提出"课题超市"这一具有实践价值的成长媒介

我校的"课题超市"是指以教师的主动发展意愿为基础,以课题项目主承担者和申报教师自主双向选择为原则,以打造课题研究学习性组织为目的的一种课题实践活动模式。新的课题研究性组织通过设置共同原景,组织文化、标准、目标,从而对其进行活动过程和质量的规范化,同时学校根据其设置的标准,实行监控。

四、形成了丰富多彩的发展方式

一是"自拉自唱、自搭自演"。学校为有需求的教师创造机会,让他们自搭自演、自拉自唱。如教研组内每人一课、校内开放课、校际互访课、同课异构课、异校送教课,让教师们收获成长体验,感受成长心路。

二是"导师制师徒三人行":这是新教师成长工程,使青年教师掌握教育教学的常规要求和教学技能,崭露头角,达到"一年有模样,二年出形象,三年新秀相"。

三是"项目牵动"。借助课题研究项目这一抓手,搭建各种成长的台子,实行目标式科研,通过学科科研活动促进教师的成长。

四是俱乐部式发展——"工作室"。重点建造好名师工作室这一高端平台,为教师专业发展提供智力支持。学校将建设好"语文工作室""艺体工作室""数学工作室"等12个工作室。通过这种教师成长的"智囊团",让教师实现个性成长。

五是个案式成长。对一些优秀教师,他们的教育理想已经明确、工作态度已经稳定、教学特点已经成型,可以通过将自己的成长课题化的方式,通过一个立项、验证、推进、结题的周期,引入专家论证,并通过一个从不自觉到自觉的过程,建立从理论到实践的必然联系,形成稳定的体系,提升自己的教学水平。

六是形成多种学习型组织。以"团队学习"为基础,充分发挥教师的集体智慧,构建青年教师读书会、教育论坛、教师学堂、争创优秀教研组等学习型组织,形成优势研修主体,以教育教学实践中的实际问题为研修内容,在团队中实施校本研修,从而形成"教、研、修"一体化。

差异发展、做最好自己的发展理念,让全体教师找到了自己的成长坐标,近三年来,教师出区级及以上的公开课94节。有二人次获得青岛市青年教师基本功比赛一等奖。有三人次被评为青岛教学能手,教师主动成长、差异发展、整体提高已形成机制。

"和善"文化引领 促青年教师成长

青岛西海岸新区台头小学　李淑红

年轻教师工作有干劲、有激情、有上进心,但教学经验不足。年轻教师的尽快成长,使其担负学校长久发展的重任,是学校发展的重要因素和团队建设的重中之重。

一、打造"和善"文化引领的高素质教师队伍

打造"和善"团队,提升教师职业幸福感。积极实施安心工程,安心辛安教育,扎根辛安教育。师德上加强师德教育;工作上为教师积极搭建一对一精准培训、借师培训等教师高层次、公平、公正的发展平台;生活上为教师尽力解除工作的后顾之忧,落实集团校的青年教师培养,打造幸福、敬业、爱岗、奉献、协作、共赢的和善教师团队。

二、实施一对一精准培训，提升教师专业化水平

1. 落实"三个工程"

"三个工程"即青蓝工程（借师培训）、读书工程（攀登阅读）、名师工程（学校名师—集团）。本学期学校将进一步落实这三个工程,加快新教师和骨干教师的成长步伐,促进全体教师专业化水平的提升。

2. 落实一对一精准培训

本学期学校将根据教师自身发展的需求,积极实施一对一精准培训。继续实施精准教学培训（一章、一单元、一节一课、一课时、一老对一青）,从教学的最基本环节开始加以培训。

3. 发挥集团优势，借师培训

借师培训是指借助教育集团的优质教师资源,开展集团校的青年教师培训。

教育集团有辛安小学的优秀老师,也有台头小学的年轻教师,集团校将积极借助集团校的优质教师资源开展教师培训。加强青年教师教学基本功的训练,落实计划、备课、上课、作业、辅导等环节的培训,在前期实施计划书写培训的基础上,下步将继续实施备课、上课、作业、辅导等一对一（一章、一单元、一节一课、一课时）精准教学基本功培训。

4. 积极开展一体化大教研活动

大教研将主要以同课异构的形式进行,内容涉及语文、数学、英语、综合实践、科学、品德、音美等。这种三校教师共同参与的主题研讨活动,对引领教师的专业成长、促进教育教学的均衡发展,将起到很好的推动作用。

5. 继续实施一师一优课，一课一名师

学校将深入开展"一师一优课,一课一名师"活动。学期初,各教师根据学科特点和自身特点,选择自己认为最优质的一节课仔细的打磨、精心的准备。对优质的课例,学校将进行录制,参加市区组织的"一师一优课,一课一名师"活动。

四、落实教学常规，构建高效课堂

（1）计划、精心备课。备好课是上好课的前提。学校严格按照教研室规定备课,严禁无备课上课堂现象。组织教师根据教材的教学进度进行级部全员参与式集体备课,在备课的过程中做到"三定""五统一"。将集体备课课表化,各学科负责人按照

集体备课表参加各备课组的集体备课活动,加强检查、监督,提高集备质量。学校安排同年级、同学科的教师在一个办公室,教师针对教学中的问题随时探讨,将集备落到实处。对于课件、资料、拓展作业等,学校建立了资源库,实现了资源共享。

(2)上好每堂课。落实课堂教学是提高教学质量的主渠道。为了按时保质保量地上好每一节课,教导处及教研组长通过听教学常规检查、推门课、跟踪课、观摩课等方式跟踪教师的授课,及时反馈教学中存在的问题,提出改进的措施,切实将提高教学质量真正落到实处。

(3)深化反思型教研活动。学校将进一步深化反思型教研活动,要求教师对自己的教学活动进行观察、分析和研究,把教研的主战场放在课堂上,切实解决教学中存在的实际问题。

激发生命自觉 积淀教育智慧

青岛莱芜一路小学 那朋云

青岛莱芜一路小学教师平均年龄 35 岁,教师专业素养、基本技能、个人发展经历各不相同,为了促进不同层次教师的专业发展,推动学校办学水平,在校本研修工作中,我校提出"激发生命自觉"的研修理念,培养教师生命意识,激发职业热情,成就教师职业的幸福感和满足感。

学校在深入调查分析教师群体的学历分布、个人发展、工作现状的基础上,达成了建立教师双向培养机制的共识。教师根据自身因素,提出发展需求;学校根据教师工作现状,潜在能力,确定每一位教师的发展目标;教师与学校双向沟通后,规划每一位教师的个人成长蓝图。

学校根据教师的学科、年龄,创建不同层面的合作体:班主任研究群、青年教师分享家、级部共研组织等。定期确定交流主题,引导教师在实践中积累教育智慧,在合作体中碰撞交流,共同研究。

学校每年的教学年会,不仅仅是教师单一的教学展示,而是教研组合作研究成果的集中表现。每个教研组集中确定授课内容,集中研课,分头试教,教学年会中,组内教师一位执教,一位介绍研课过程,一位现场评课,展现每一个教研组研究的过程和成果。其他教研组的教师倾听学习，个性分析，提出质疑，集体讨论。使教学年会不但成为教师课堂教学的展示，更成为交流每一个教研组集备智慧的平台。

学校开展通读类、专业类、师生共同类、个性阅读类四级阅读工程，并定期开展读书会，展示交流教师阅读成果。开展"网络荐书"工作，提倡教师将自己阅读的教育类书籍通过 QQ 群、微信群等途径向学生家长分享。开展"诗书涵雅趣，你我共成长"读书交流活动，教师交流各级部阅读书目中书籍的阅读感受和荐书方式。开展级部阅读擂台赛，以竞赛形式，展示教师阅读专业书籍的成果。

为保障研修工作的顺利进行，学校建立刚性研究制度，学期初固定研究时间和研修主题，确保校本研修工作的有效性。每周四的固定学习时间，要求所有教师不安排任何学校社团活动，学生单独辅导，全身心投入研修学习。每周研修主题提前确定，告知教师，要求教师带着疑问前来研修，带着思考参与研修，带着收获离开研修。

同时学校也关注研修柔性管理，人文引导，刚柔并进。定期开展"释放心灵"综合活动。"辞旧纳新"赛歌会、"我展风采"时装秀、"心心相印"沟通会……，丰富多彩的活动，为教师释放压力，消除困惑，加强沟通，在工作中轻装上阵，拥有更多的心灵空间来承载学习内容，提升生命价值。融洽教师关系，形成研究合力。

青岛莱芜一路小学在激发生命自觉理念的指引下，研修工作不仅培养了教师的生命自觉意识，也点燃了教师的职业激情，积淀教育智慧，同时让教师与学校共同成长，让所有的教师体验到归属感和成就感，推动学校发展驶入飞速迈进的快车道。

读书，成就教师幸福人生

青岛台湛路小学　张淑世

"读书"对人有何价值，对人类又意味着什么？朱永新先生说"一个人的精神发育史，从本质上说就是一个人的阅读史；而一个民族的精神境界，在很大程度上取决于它的每个个体的阅读水平。"那么作为教师学习和工作的主要栖息地——学校，应该如何引领教师的读书生活，如何助推教师获得生活的幸福呢？我以所在学校为例，谈两点做法。

一、学用结合，搭建读书平台

读书与师德建设相结合。"教育大计 教师为本"，唯有提高教师的师德修养，增强教师的责任感与使命感，才能拥有一支高素质的教师队伍。学校将读书活动与教研组建设相结合，鼓励教师多读书，读好书，不断丰富自己的专业知识，提升自己的师德修养。建立教研组读书交流制度，围绕各组确定的重点研究专题及教学中存在的实际问题，利用教研时间开展读书交流活动。倡导教师从书籍中汲取知识，提升水平，在读书中不断成长，使读书过程成为教师们寻找教育问题和教育困惑解决方案的过程，不断提升自身的专业修养和业务能力。

读书与课程改革相结合。教师是课程改革的生力军，读书为教师的专业发展提供了源源不竭的动力源泉。教师要参与课程改革，必须拥有可持续发展的学习力，拥有广博的知识储备。厚重的文化积淀来自书籍，要推动教学改革，实现专业发展，就必须广泛、深入地阅读。学校引导教师结合自己的发展规划，制订个人读书计划，在阅读中亲近经典，走近名师，在与大师的对话中提升自己的教育水平与生命境界。鼓励教师边读边思，边读边写，边读边做，将读书与实践紧密结合，积极撰写教育随笔、读书笔记、案例反思等，让读书成为一种自觉行为，以读书促进自身的专业发展。

读书与教书育人相结合。积极创设书香浓郁、特色鲜明的育人环境，以读书来促进校园文化建设。鼓励教师学以致用，把"读教育名著，做智慧教师"作为探索教育改革、提高教学质量的重要推动力量，把通过读书学到的理论思想、观点、策略用来指导自己的教育教学，不断改进学科教学、班级管理等各项工作，创设良好的育人大环境。

读书与教育科研相结合。结合教科研课题的研究，积极倡导教师带题阅读，根据教学实践中遇到的问题开展专项课题研究，通过读书丰富教师自身的理论知识，为课题研究构建科学的理论支撑，在读书中提升教师的实践智慧，发展教师的科研能力，解决实际问题，更好地为学生成长服务。鼓励教师建立专题档案，及时记录阶段性研究成果，以科研促发展，使教师逐渐成长为科研型、专家型人才。

二、优势互补，深化读书实践

自主读书，突出灵活优势。调动教师自主读书的积极性，鼓励教师根据自身的需要自主读书，充分发挥自主读书的灵活性优势，最大限度地用好学习资源，拓展学习时间和空间。引导每位教师结合实际情况，制订读书活动计划，明确阅读书目、内容、目标、措施等，让读书成为教师生活的常态，培养教师良好的读书习惯，从而提高教师阅读能力。

伙伴互助,突出合作优势。根据学校实际,定期组织开展读书沙龙、读书报告会、好书推介会、评选优秀读书笔记、经典诵读会、干部荐文等丰富多彩的读书活动,让更多的教师爱上读书,为更多爱读书的教师提供展示才华的平台,使教师在读书中陶冶情操,提升品位,成长为智慧型教师。

专家引领,突出资源优势。充分发挥专家学者在读书活动中的指导作用,定期邀请部分大学教授、教育专家、读书人物来校进行专题讲座,交流自己的读书经历与专业成长经历,用真实的案例启发和引领教师成长,提升教师的读书品位,拓展教师的阅读视野。

研培结合,突出整合优势。将读书与科研、校本培训有机结合起来,加大师资培训力度,将读书作为师资培训的重要渠道,建立教师读书评价体制,激励教师自主发展,将读书实践活动的实施情况纳入教师评价体系,在校园中营造浓郁的读书氛围。引导教师在读书中提高教科研水平,用学到的理论指导自己的教学实践,进一步提高教师的教育教学水平。

作为教师,努力读书使之真正成为自身的一种职业习惯,一种生活方式,一种价值追求;作为学校,尽力为教师营造读书氛围,搭设读书平台,教师浸润其中,汲取生命态度,唤醒生命潜能,获得生命成长,成就幸福人生,让读书真正成为教师生命的常态!

创新校本研训机制,促进教师专业发展

青岛市城阳区第二实验小学 万 莉

教师发展既需要自我提升又需要借力培训发展,为激发教师成长的内驱力和专业发展高度,学校多措并举,培养骨干名师队伍。

一、 "项目负责制"提升教师综合素质

通过实施"项目负责制",构建由优秀教师、骨干教师引领下的"1+X"教师专业成长模式。在实施"1+X"教师成长模式过程中,我们从树立愿景、多元激励、项目驱动、团队协作和定期诊断等五个方面,促进教师小团队整体成长提升。

树立愿景,发现小团队的价值体现。通过在全体教师中开展"我的课堂我做主"金点子活动,征集教师对学校课程设置、教师专业发展、教育科研、课堂教与学、学生辅导与学业成绩评估等方面的建议,逐渐形成教师与学校的共同愿景。

多元激励,传递小团队中的正能量。①举办教师讲堂活动和优秀教师论坛活动;②通过校报《艺韵书香》、校刊《启智文摘》、学校网站、微博平台、微信平台等媒体展示优秀教师团队风采;③派遣优秀教师到共同体学校讲座;④邀请名家名师与他们面对面交流指导;⑤构建教师培训课程体系。

项目驱动,小团队在研究状态下工作。每一个小团队就是一个课题研究项目组,优秀教师为课题主持人,青年教师为成员,成立优秀教师个人工作室或工作坊。像"心理工作坊""快乐英语工作室""名班主任工作室"等,在教学研究和班级管理方面起到了很好的带动作用。

团队协作,聚焦课堂教学。优秀教师自主成立的21个教师小团队中,有16个团队的研究方向是与课堂教学改革有关的。各项目组以"课例研究"为例,采用"同课异构"研讨模式,进行教学实践。各成员根据分工,先分析教材,确定教学目标,然后结合各自的教学风格与学生实际情况进行教案设计与教学实践,最后汇总教学中的得与失。

定期诊断,团队在发展中成长。学校学术中心通过组织"优师晒课"和"青年教师赛课"活动,对优秀教师及其成员的课堂进行听评课,并邀请区学科教研员、外校名师进行指导、诊断、点评,发现问题,及时引导。运用学校网络教研平台,组织教师交流,发表不同意见,提出实施策略,消除教学困惑,形成浓郁氛围,让教师在问题交流中增进感情,在思维碰撞中拓宽视野,促进团队不断成长。

二、菜单模式,激发教师成长的内驱力

(1)专家菜单提高度。根据学校各级课题研究,分别邀请专家领导到学校举办讲座,总结教师科研素养和校本教研式的科研方式,提升了课题研究的高度。

(2)教师菜单调角色。陶行知提出:"为学而学"不如"为教而学"之亲切。学校将"以教人者教己"的思想运用到培训中,让教师由学习者调换为传授者。将骨干教师及班主任的专长列到培训菜单中,主讲角色的调换,激发了教师挖掘自身经验的动力。

(3)践习菜单转方式。学习的最终目的是将学转换为习,开辟了"践习菜单"的新方式。通过培训后的示范课、二级培训和撰写学习经验等方式,将学到的知识转换为实践经验。在"践习菜单"的引领下,教师在培训中思考,在培训中反思,实现了培

训与实践经验的有效转换。

扎实有效的校本培训模式,提高了教师的专业发展水平,并取得了丰硕的成果,推动了学校教学改革的进一步创新,学校教育质量始终处于区域领先水平。

抓实校本培训,打造专业过硬教师队伍

青岛西海岸新区崇明岛路小学　宋云健

青岛西海岸新区崇明岛路小学近几年注重教师专业发展,通过多样化校本培训,促进了教师素养的不断提升,现做总结如下。

一、"训""练""赛"并举,抓实教学通用基本功

我校把"三字、一画、一话"、微视频制作等作为教师通用基本功,还根据学科特点制定各学科基本功,比如音乐教师的钢琴弹奏、语文教师的古诗文吟诵等。我们坚持长期训练,注重质量提高。

1.盘活资源,抓实培训

一是邀请专家进校"训"。例如殷增生老师是中国书法协会会员,单位离我们近,我们便邀请殷老师为我们面对面集中培训指导,殷老师无私地为老师们做了多次写字技法讲座。二是学校干部主动做培训。例如我为语文教师进行古诗文吟诵讲座,郑金功校长为教师们做课堂教学质量提升的基本功讲座,干部带头讲,教师积极性更加高涨。三是多次派教师赴北京、济南、南京等地学习。

2.多种方式,基本功"练"起来

一是抓实日常训练。每周收交各种作业,公示情况。二是借助网络,提高练的效果。比如古诗文吟诵,学校为每位语文教师购买了平台的账号,登录就可以反复收听,示范吟诵。

3.形式多样的比赛,让基本功"活"起来

每周开展粉笔字比赛,按照年级组打分奖励;每学期开展朗诵比赛、微课评比,

提高了教师基本功训练的兴趣。

二、"比""帮""带"并行，提高教师课堂教学能力

1.分组比武，促进课堂教学研究

学校每学期分别举行"教坛新秀"汇报课、"桃李争妍"示范课、"骨干教师"观摩课、"常青之树"引领课，不同年龄段的课提出不同要求，教师们在比武中进步，在反思中成长。

2."青蓝工程"，鼓励教师互相帮助

"青蓝工程"对"青方""蓝方"有明确要求。比如"青方"要每周给徒弟听评课，"蓝方"每周也要去听师傅的课，这些要求教导处都要检查落实到位。每学期开展徒弟汇报课，验证"青蓝工程"的效果。

3.设立校级名师工作室，发挥名师带动辐射作用

学校设有"笃志笃信"语文名师工作室、"学有所成"数学名师工作室、"金哨子"体育名师工作室等六个校级名师工作室，本着"聚焦课堂、关注生本、交流研讨、同伴互助、共同成长"的宗旨，每月开展主题研讨活动，成为名师带动的主阵地。

近两年来，我校有 2 名教师出省级交流课，3 名教师先后展示了青岛市名师开放课、交流课，4 名教师获得青岛市优质课奖项，10 名教师在区优质课中获奖。

三、"读""写""研"并重，提升教师研究能力

1.参与网络师范学院，带动教师读书

"新教育网络师范学院"是新教育研究院设立的一个教师素质提高项目，通过聘请朱永新、李镇西等教育名家进行网上讲座，带动教师读教育名著。

我校鼓励教师报名参加网络师范学院，目前有 20 多人被该机构录取。借助这一平台，老师们先后读了《新教育》《幸福比优秀重要》等教育名著。学校定期进行读书沙龙、网上作业交流，期末对教师的读书笔记进行考核。

2.鼓励教师反思总结，开展教育写作

学校微信企业号设有"细雨微澜"教师专栏，教师以教研组为单位，每周上交教育随笔、教育叙事，推送至企业号。

3.课题设立循环推进，研究做到长期化

"十二五"期间,学校设立"'学帮理练'教学法在微课中的应用与研究"及"语文主题学习"两个大课题,结题后,我们又确立了"十三五"课题:"学生核心素养背景下'说写课程'的开发"和"小学语文古诗文吟诵教学的实践研究",前者已经被确立为市级课题,后者正在申报省级课题。

课题研究不是一朝一夕之功,只有通过持续的研究,才能取得实质的突破与成果。

四、"考""展""励"并用，管理保障落实到位

1.采用数字化考核办法，促进措施落实到位

每周工作利用数字化方式考核,鼓励教师进步,鞭策落后教师,考核结果每周公示,每月汇总,激励了教师进取精神。

2.举行多种形式展评，鼓励教师自我提高

学校通过教师基本功作业和备课展示,微课评选,每周的三笔字展评,以及班级文化特色展示、课堂文化展示等,充分发掘出了教师潜力。

3.多种形式激励，促进专业发展的主动性

学校每月举行快乐会议,会议中进行当月工作总结,对本月"杏坛楷模"进行奖励,鼓励教师扎实促进自身素质,提高理论和实践水平,提升教育教学质量。

每月为教师过集体生日,自行组织策划演出节目及游戏,融洽了干群关系,增强了教师自我提升的幸福感。

学校2016、2017年先后获评青岛市文明单位,2016年获评"中国教育学会书法教育专业委员会书法教育实验学校"称号,2017年获评全国中小学国防教育示范校,2018年获评青岛市社会实践先锋学校。

在促进教师专业发展方面,我们做了一些工作,但是仍然有较大的上升空间,今后工作中我们将继续加强。

加强校本培训，促进教师专业发展

青岛市即墨区灵山中心小学　陈学路

学校的发展是建立在教师发展、学生发展的基础上的，学生的发展是目的，学校的发展则是关键。没有教师的发展，学生的发展就成了无源之水、无本之木；没有教师的发展，学校的发展就失去了有形的支撑，就成了空中楼阁。因此，促进教师的主动发展和专业化成长，就成了学校工作的重心。

一、师德建设是提高教师队伍质量的前提

作为教师，要做到"为人师表"，也就是说：教师要首先做品行的典范。所以，要想打造和建设一支德才兼备的专业化教师队伍，首先加强师德师风建设。

我们主要通过"自修"和"制约"两个方面来加强师德师风建设。

一是把师德师风建设与教师业务培训相结合。加强对教师的信念教育，树立正确的教育观、职业观。通过师德培训，培养教师高品位的人格，让教师热爱每个学生，全面关心学生，有在艰苦平凡岗位上甘于奉献和创建不朽功业的追求和志向。学习教师职业道德规范，并自觉地严格遵守。同时鼓励广大教师自觉学习古圣贤之说以及现代经典教育理论，真正地提升道德水平，加强理论修养，提升内涵，即所谓的练好内功，亦即"自修"。

二是积极开展师德活动，掀起师德师风建设工作的热潮。每学期开学初签订师德承诺书，并制作师德承诺展板，设立师德师风意见箱，自觉接受社会监督。开展了"弘扬雷锋精神，争做人民满意教师"主题实践活动和学习"张富清同志先进事迹"系列活动，开展爱心捐款、讨论、演讲、书写心得体会等活动，增强了教师的使命感和责任感。开展"五个一"活动，即摘抄或设计一句师德名言警句、看一场教师题材电影、读一本教育书籍、进行一次师德演讲、开展一次读书笔记评比活动。学习身边教师典型事迹，加强师德礼仪培训等。定期开展师德问题大排查、大反思、大讨论活动，使教师始终保持恪守师德底线的警戒性。通过各种行之有效的强化制约措施，健全惩戒机制，规范教师的品行，亦即"制约"。

二、精研业务是提高教师队伍质量的关键

要提高学校的教育质量，首先要提高教师的教学水平。我们一手抓学习，一手抓研究，面向全体，突出骨干，循序渐进，持之以恒，在较短的时间里让教师的工作能力有了迅速地提高。

1. 自主研修

自主研修是教师的自我学习、自我提高的过程，是教师成长的主要形式。要求每位教师阅读大量的教育专家的书籍，有摘记、有体会反思。通过大量的阅读，使教师的教学厚积薄发，走出一生只是教书匠的桎梏。同时，通过反思帮助教师整理教学的得失，不断修正自己的教学行为，逐步达到提高自身整体素质的目的。

2. 集体备课

备课是教学工作中的重要环节，是提高课堂教学质量的前提。我们坚持个人研究和集体研究相结合的原则，即：钻研教材—集体研究—写出教案—修改使用—课后反思。集体备课不仅把教师从繁重的工作量中解脱了出来，而且提高了备课的质量，充分发挥了集体的作用。通过集体备课，教师明确了教学思路，找到解决问题的方法，知道怎样突出重点、突破难点，有利于教师的专业成长，使教师的教学水平迅速提高。

3. 上好四种课

每学期，我们都要根据教师的实际情况进行分类，要求各类教师坚持上合格课、示范课、优质课、课题课。这样做既帮助个别教师尽快提高课堂教学水平，又让更多的教师不断完善自己的教学艺术，从而推动学校整体教学质量的提高。

4. 开展课题研究

近几年，我们开展了"培养自主学习意识提高自主学习能力"的研究。通过科研课题的研究，带动我校教师主动有效地学习、研究、反思、实践，不断提升教师自身的专业素质和科研水平，促进教师向研究型、专业型、创新型教师发展。更重要的是，通过该课题的研究，既培养了一大批教师，让他们成长为学校的骨干力量，为学校今后的发展奠定了坚实的基础；还造就了一大批基础宽厚、个性张扬的学生，真正做到了促进每一个学生的发展。

5. 写好教学反思和案例评析

我们坚持教师每一堂课上完以后都要写教学反思，及时总结教学教程中的得

失；还要求教师每一个月都要写一篇案例评析，以这样的方式梳理自己一月以来的教学实践。通过这些做法，让教师时时、处处都处于研究之中，在反思中提升。

6. 分层培养

我们采用分层培养的方式，促进群体全面提升。明确各年龄段教师发展指标。今年，为促进各年龄段教师发展，要求老师就自己的《三年发展规划》进行修改，进一步明确自己的发展目标，分别加强青年、中年教师管理，发挥各自优势，扬长避短。

一是对于新教师"入职"培训。

引用和建立现代管理中的"师徒制"，抓好"传帮带"。帮助新教师尽快完成角色转换，缩短"磨合期"，重点抓好课堂教学常规，在备课、上课、听课、评课等方面的指导，打好基础，突破教育、教学基本功关。对青年教师安排专人进行指导，对他们承担的各级研究课实行全程指导，对他们的成长过程实行跟踪指导，创设更多的机遇让教师登台献艺，大展身手。

二是对于合格教师"升格"培训。

培训的主要目标是追求教育教学"升格"，主要内容包括教育教学方法策略的提高。主要方式包括：送出去请进来拓宽视野，给任务压担子磨炼才能，打舞台展才艺激励成功，从而使之由"合格"而成为有一定特色的骨干教师。

三是对于骨干教师"超越"培训。

对有一定特色的骨干教师，培训的主要任务是追求教育教学创造，不断超越自己，成为在某一方面有突出特色的专家型教师。通过阳光助教活动、对口支援、农村骨干教师异校培养策略，促进骨干教师成长。并在优秀的骨干教师中培养区域内的名师，打造农村名师，更好地为教育教学服务。

7. 教师综合素养展示

以本校师资队伍实际情况为依据，以加强教师教育和岗位培训为重点，目的是要提升教师的综合素养，加强教师队伍建设。我们举行了"教师综合素养展示"活动，活动中进行了课堂教学展示、朗读、三笔字、课件制作、知识素养问答、才艺展示六方面的内容。活动形式多样、构思新颖，并把技能与才艺有机结合起来，具有很高的实效性和观赏性。这次活动是对我校教师学科综合素质的一次检验，为进一步推动教师专业发展起到积极作用。

打造一支师德高尚、业务精良的教师队伍是我校不懈的追求，我们将努力提高教师教育理念和理论水平、知识水平、教学基本技能，以适应教育变革，进而推进我校教师队伍整体专业化素质的全面发展。

三结合，有效推进研修发展，助教师成长

青岛莱芜一路小学　金　颖

一、"课、研、修"三结合，有效推进研修进程

（1）"课"为核心"课"。一是指课堂教学，二是指学校科研课题。课堂教学实践是问题的起源、实践的基地、研修的归宿，是课程实施的主渠道、主阵地；科研课题，是提升教师教学素养、促进学校教育改革，提高办学质量的主要抓手。因此，无论是课堂教学还是课题研究，都是学校工作的核心内容。一切对教育教学的研究，都要通过课程和课堂教学来实现和验证。

（2）"研"为途径。在专题、课题的引领下，各学科、各团队开展以课堂教学为主阵地的教学研究活动。形成确定主题—自我探索—集中交流—分享实践—积累升华的研究流程。

（3）"修"为保障。根据双轨并进中，不同团队、不同专题的研究需要，学校实行通识培训和个性学习相结合的培训方式，让不同层次、不同学科的教师各取所需，丰富教师自身发展。

二、刚性制度，打造有效研究时空

（1）连贯的研修计划。每学期初，围绕学校"科研训"三结合研修理念，制订具体研修计划和课表，固定研究时间和研修主题，确保校本研修工作的连贯性和有效性。每周四的固定学习时间，要求所有教师不安排任何学校社团活动、学生单独辅导，全身心投入研修学习。每周研修主题提前确定，告知教师，要求教师带着疑问前来研修，带着思考参与研修，带着收获离开研修。

（2）细致的学分管理制度。学校依据《市南区教师培训学分标准体系和实施细则》，结合学校教育教学、教师培训实际，制定《莱芜一路小学继续教育学分管理制度》，明确学分登记办法，申请培训流程等内容。

三、细致管理，注重培训工作稳步落实

（1）制订清晰培训方案。学校开学初结合培训计划，制订清晰培训方案，通知相关教师做好准备，及时上交培训材料，由分管干部审核确认之后开展培训，确保培训的有效性。

（2）明确自我培训内容。为了让每一位教师明确每学期研修任务，我们每一个学年度为教师们设计了必修和选修项目，每学期期末，根据教师们必修和选修完成情况进行综合考核，确定校本研修积极分子，并在年终绩效中进行体现。

必修项目：自主阅读教育类书籍，每月一次"四有"（有摘抄、有体会、有书写、有简笔画）读书笔记，完成一份1000字观课报告，培养一种教学专长（简笔画、粉笔字、微课制作等）。

选修项目：一次每月常态课教学展示，一次教师论坛发言，一次教研组专题发言，一次区教研发言等。

明确的研修内容，分解细化各项目标，确定考核标准，让每一位老师在任务驱动中不断变革，不断成长。

（3）积累资料，助力成长。每位教师配有一本教师发展档案册，随时整理个人的论坛、教研发言、荐文学习、公开课教案、各类证书等资料，为教师个人发展积累资料。

三结合的研修方式，将全校每一位教师的工作纳入其中，全面解决学校教育教学工作中的问题。同时也保证教师能在工作内容相似、教学对象相同的群体中互相交流、汲取经验，促进个人发展，提升整个教学团队的水平。在历次市南区各学科教学质量检测中，我校各科优秀率、达标率、正确率均名列前茅。

让"有书有爱有幸福"成为教师可持续发展的理由

青岛福州路小学　赵　妤

"教师为什么要发展？""教师发展真正的内需是什么？"在福小，面对较优化的师资队伍，其中有50%教师为区级以上教学能手，有90%教师拥有各类称号，学校

不断与时俱进地调整教师专业发展的方案,结合"幸福育人 育幸福人"的办学目标,以"四自"评价机制为依托,在全体教师中倡导让"有书有爱有幸福"成为教师可持续发展的理由。

一、让"有爱"生成自我诊断与定位

1. 对教师由内而外师德修养、专业成长的"有爱"

首先让教师了解"教师职业生涯的八个阶段",依据教师所处的职业生涯阶段,协助教师完成《个人成长规划》,通过《自主发展成长记录册》《自主发展评定表》、"青岛市教师个性化培训平台"等"一册一表一平台"的管理,引导教师根据自身需求和自我定位,自行定制培训课程。学校将教师个需发展与团队互助相结合,树榜样、促评价。如:每学期举行"师德教育月系列活动",每月评选"福小最美教师",每周进行一日"爱心敲门"家访,等等。

2. 通过个性化内需培训送给老师的"有爱"

个需培训是学校送给每位教师的一份"爱的礼物"。2017年我校作为青岛市教师个性化培训实验校,教师们先后参与了注册、需求问卷调查、需求征集,为网络平台实施个性化培训提供数据。然后,根据80%以上教师的需求,开设了为期一个月的"情绪管理"课程培训。每场培训,都让教师们纷纷感慨,这是工作数年乃至数十年收获最大的、效果最好的、对学生行为教育指导性最强的一次培训。作为试点校课程面向全市报名,结业时可记录继续教育10学分,成为青岛市第一个成功举办"教师个性化培训"的学校。

3. 二次培训让老师分享"有爱"

因需培训,满足了教师的发展需求,每年寒暑假教师都会根据培训菜单选择自己需要的内容,仅今年外派到浙江、上海、深圳、昆明、广州、成都、北京等地参加培训的教师就将达百余人次。参训教师再以课堂汇报、培训反思、案例交流等形式对全校进行二次培训,分享经验,共同成长。

二、"有书"助推自我塑造

"书"指专业知识与技能。基于教师需要,以教育教学所面临的实际问题为研究对象,以教师为学习研究的主体,以师生的发展为目标的校本教研是教师专业发展的有效途径。近年来,学校围绕"让课程灵动起来、让课堂快乐起来、让成长幸福起来"三方面,创建了幸福期待文化,设置了能体现"四多"的培训内容,即:多类型、多规格、多层次、多渠道 / 动态。

1.让课程灵动起来，指导教师自己做课程

自 2012 年老师开始自己做微课起，课程研发一直是我们持续在做的事情。从 STEM 课程、STEAM 课程，到今天的 ISTREAM 课程，不论是从课程目标、内容、趣味性，到请专家指导、分学科类别交流研讨；还是从大框架设计到小细节修改，我们一直在引领教师们，做他们的助力者、支持者。这样的互动支持与研究氛围大大调动了教师们对课程研发的热情和动力。我们先后把教师"参与课程研发"一项纳入学校岗位竞聘、职称评定、年度考核、年终绩效考核等竞争机制，每学年由家长和学生一起评选"魅力课程"，努力使教师从课程的被动执行者转变为课程的研究者、开发者。

2.让课堂快乐起来，引领教师改变教学方式

随着课程改革的深入推进，教师的教学方式与学生的学习方式的改变成为主话题。作为"市北区生本智慧课堂"实验校，我们在区发展中心的大力帮助下，邀请全国生本课题实验校驻校进行影子培训。经过两年多的培训和实践，学校确立了"爱教爱学、会教会学、教会学会"12 字基本目标和 15 项评价指标，通过"预习卡、导学案"分享会、"小组合作有效策略探究"等教学活动，突出"对话分享"的特点，实现课堂上与媒体对话（微课、信息手段）、与同伴对话、与教师对话，共同分享个人理解、经验教训、情感体验。

3.让成长幸福起来，激活教师自我发展内驱力

多年的教师培训工作让我们发现，同伴互助成长是教师们比较喜欢的合作方式。例如，学校近三年内的信息技术培训，均由学校信息中心的两位年轻人完成，从软件使用到技术学习，授课形式也从最初的讲授培训，到先征集大家在信息技术方面的需求，然后创编剧本，采编，让大家学得很开心，让我们的培训更加有意思。

在学校幸福教育理念指导下，我们一直非常希望福小的教师们幸福生活，因为"只有幸福的教师才能带出幸福的学生"。所以，我们一直坚持进行每月一次生活素养培训，中医养生、茶艺、包粽子、做月饼……这些课程不仅创设了良好的人文环境，缓解了教职工的身心压力，还提高了他们的生活质量和幸福指数，促进教职工身心健康发展。

三、"有幸福"成就自我评价

在教师专业发展评价方面，我们采用的是 PDCA 循环模式下的自我评价，通过

计划、实施、检查、处置等四个环节,让教师在自评时发现问题并解决后,再进行下一个自评循环,周而复始地进行。学校会通过多种途径指导教师展开自我评价,如:每学期初教学质量分析会上的"面对面"剖析自评,每节课后教师对课堂教学的自评反思、对研发课程的自评完善、对专业发展中的阶段自评、对有书悦读自评等等。自我评价让教师放平心态发现问题,有利于自我的提升和发展。每学期末,教师通过《自主发展评定表》对师德、课题研究、学习交流、课堂展示、培训学习、成果等方面进行自我评价,并记入《教师发展成长手册》中。

促进教师专业成长　提升学校发展内涵

胶州市香港路小学　孙　慧

什么是一所好的学校? 如何才能建设好一所学校? 这是一个仁者见仁、智者见智的问题,但一所好学校就该有一群好教师,并且他们愿意为学校的发展做出努力。要追求学校教育的理想,提升学校的发展内涵,学校应该为发展教师而投资,关心教师的成长,激励教师的成就感,使教师为学生发展而全身心地发展自己。只有将教师的成长与学校的发展进行有机统一,建立起教师与学校发展的"共同体",使教师的成长与学校的发展相互支撑,才能取得双赢,实现教师与学校的共同发展。

一、教师成长的"魂"在师德

"魂",即教师的精神和思想,正是这个"魂",学校才显示出生命的蓬勃生机。教师是学生的"镜子",教育要以德为先,教师的成长同样首先在德。"携爱同行,让每个生命幸福绽放"是学校建校之初便确立的教育理念,学校以"爱"为教育的基点,引领师为人师表,耕耘事业,精彩教育,以自己的言传身教去感召每一位学生,影响每一个孩子。

二、教师成长的"脉"在文化

书,是文化传播与积淀的媒介。日常不少教师写论文时总感到无话可说,有时好不容易凑出来一篇文章也是干巴巴的,这其中最关键的原因就是平时缺少文化积淀。为此,每学期指定一本书让教师阅读,让教师们在交流群中分享自己的阅读内容;在读书笔记中记录自己的阅读收获;在读书沙龙活动中交流自己的阅读感悟。聚沙成塔,通过不断读书加深自身底蕴,提高自身学养,让自己浸润在文化的滋养里。

三、教师成长的"道"在教研

基于学校发展、教师专业成长的需求,学校以提升教学常规、教学水平、教学管理等方面为教研内容,为教师成长引航。

(1)加强融合。教师的成长需建立从集体准则出发的"团队意识";寻求不断突破的"自主意识"。学校以问题为导向,以实际情况为出发点,以学科教研为统一要求,以学科组建设为统一行动,实现意识的多渠道融合,实现教师步调一致,促进学校凝聚力的形成,实现不断发展。

(2)批量引领。学校充分发挥名师工作室优势,以名师带骨干,以骨干带团建,以集备为手段,带动学科、年级团队的共同发展,实现教师发展覆盖的最大化。

(3)课题研究。在问题即课题的观点指导下,形成学校大课题、年级学科组子课题、教师小课题的课题研究模式,通过一个专题多次多人反复研究的方法,探寻教学对策,提高教师实施新课程的能力。

四、教师成长的"根"在课堂

课堂是教师实施教学的主阵地,围绕课堂做足功课,打造高效课堂,让学生在课堂学习中受益,才是学校发展的真正软实力。

(1)课例研究。每学年,学校以"四课"为平台,促进课例研究,让教师始终以研究的眼光审视、反思、分析和解决自己在教学实践中的问题,改进教学行为,优化课例设计。

(2)研课打磨。借助课堂展示活动、公开课、优质课、一师一优课,调动教师小团队的协作意识、创优意识,进行多轮打磨,让教师在反复琢磨、集思广益中得到提升。

五、教师成长的"度"在反思

反思往往决定着一个教师成长的高度。任何一个教师都不可能在其执教的过程中做到尽善尽美。通过反思审视和分析自己的教学行为、教学决策和教学结果,可以有效地纠正教学观念、教学行为上的偏差,形成自己对教学现象、教学问题的独立思考和创造性见解,提高自我觉察水平和教学监控能力。

六、教师成长的"底"在素养

教师的基本素养反应在教学中就是教师实施教学的基本功,学校每学年一次的基本功比赛涵盖教师三笔字、普通话、模拟讲课、课件制作等内容。学校还注重信息化教学手段的培训,每学期举行一次教学信息化培训活动,使教师的课堂教学信息化能力与时俱进,与社会发展同步。

学校的发展格局在理念,学校的发展动力在教师。学校需要教师的专业发展,没有教师的专业发展就难以实现真正意义上的学校发展;而没有学校的发展,教师的专业发展也就失去了基础,因此具有教师发展功能的学校才是真正具有发展内涵的学校,这样的学校才能以教师的发展达成学生的最大发展和学校的最大发展。

洋河小学立足校本研修促进教师专业发展

胶州市洋河镇洋河小学 宋晓亮

为加强教师队伍建设,不断拓宽教师视野,更新教育教学理念,优化教育教学手段,全面提升教师队伍专业素养,我校在教师专业发展建设中摸索出"立足校本研修,促进教师专业化发展"这一有效途径。下面我就近年来,在实践层面上落实教师专业化发展的具体途径及方法谈几点看法。

一、立足职业理想,构建校本研修网络

坚守教育职业理想是教师实现专业发展的内在动力,也是教师自觉参与校本研修的重要基础。习近平总书记对"好教师"提出了"四有标准",我校倡导每一位教师把做一名"好教师"当作自己的职业理想,做好发展规划,从高层次上来认识自己,要求自己,改变自己。以构建学习型学校、培养学习型教师、提高办学质量、打造魅力课堂、促进教师专业发展作为校本研修的理念,我校成立了以校长为组长的校本研修领导小组,建立了由分管教育科研副校长负责、教导处及各教研组组成的校本研修网络,确保了校本研修工作正常运转。

二、强化科研意识，让教师在专业自觉中研修成长

我校强化"提高质量，科研先行"意识，倡导教师把课题研究作为研修的主线。课堂教学是提高教学质量的主渠道，也是磨炼教师、促进教师专业成长的主阵地。学校围绕课堂教学这一新课程改革核心，引领教师围绕课堂教学问题开展研究。比如基于课堂教学的实施能力和教学方式方法的研究："学生良好学习习惯如何养成""教师的主导作用如何发挥""如何开展有效地合作学习""如何更有效课堂提问"……通过研究，使我们的课堂教学改革能够与时俱进、行之有效；通过改革，促进高效，实现师生同步成长。

三、搭建研修平台，让教师在专业学习中研修成长

学校搭建研修平台，鼓励教师在自觉反思中提升自我，在同伴互助中发展自我，在专家引领下完善自我，在终身学习中提高自我。比如：每人一课、校内公开课等听课、说课、评课活动，赛课教师磨课活动，观看名师授课视频活动；读书心得交流、教学经验分享、教师发表或获奖的论文交流活动；小课题研究体会、方法交流；等等。

专业培训和自主学习是教师学识增长的重要途径。为此，学校采取多种途径加强教师培训。选派教师参加各类培训和进修，组织教师外出学习，开阔视野；强化学习自觉，让阅读学习成为教师的生活常态；强化专业引领，鼓励教师参与名师工作室、学科带头人工作坊、区片联动教研、学科网络研修活动等，提高教师的教学和科研能力，在学习的百花园中开拓出自己的一片天地。

四、加强教研管理，让教师在良好氛围中研修成长

学校强化"科研兴校、质量立校"意识，加强对教师的教育引导和检查督促，积极营造良好的教科研氛围。校长亲自带头参加教育科研，不断完善教研管理制度，增强教研活动的实效，保证科研经费投入，加大教科研奖励力度，鼓励教师参加教育成果评选和论文发表；开展错时教研，保证教研活动的时间和地点，做到人人参与；加强过程管理，做到善始善终，研有所获，研有效果，果有所用；加强校本研修检查与考核，把考核结果与研修学时认定、年度考核、评优选先挂钩，促进教师重视教育科研；加强目标激励和骨干队伍建设，加强教研组长、备课组长选聘和管理，使其真正成为学科教研第一责任人和带头人；及时发现和总结科研先进典型，发挥名师的引领带动和榜样示范作用；提高全体教师参与校本研修的自觉性，加强过程的督查和管理，真正提高研修活动的实效性。

立足校本研修让洋河小学教师尝到成长的喜悦，让洋河小学学生享受充满生命

活力的魅力课堂。学校教师的教育教学能力得到有效提高,教育科研能力也得到了很好地培养和锻炼。当然,还有很多教师专业化成长的途径和方法,需要我们在今后的实践中进一步探索和研究。

多措并举,引领教师专业化发展

青岛市城阳区上马街道程哥庄小学　叶明道

培育新时代充满活力的专业教师队伍是时代发展的必然要求,我校在立足实际的基础上着力搭建促进教师专业化发展的平台,努力提高教师队伍素质,力争促进学校的可持续发展。下面以我校宁老师的专业化发展过程为例,来分享我校在教师专业化发展中的相关措施。

一、师徒结对培养,为教师专业化发展奠定基础

宁老师 2017 年毕业来到我校,为了帮助他迅速成长,克服工作上的困难,成为教师队伍的中坚力量,我校实施"以老带新"的帮教制度,让宁老师向优秀班主任兼数学教师高老师拜师学艺,由学校组织新老教师签订协议,明确双方的责任和义务。老教师指导新教师备课上课、作业设置、课后辅导等,开放自己的课堂,新教师必须随堂听课,听课要有笔记,听课后要有小结,充分发挥学科带头人和骨干教师的传、帮、带作用,让青年教师一入校门首先有据可循,进而发展创新。

二、多种多样的教学展示活动为教师专业化发展提供契机

多种多样的教学展示活动是教师专业化发展的依托,也是青年教师提升能力和发展自我的主阵地。宁老师通过听取示范课、公开课,参与青年教师汇报课和优质课评比以及优秀教案评比等活动,能够及时获取信息、互相交流、共同学习。这些活动地有效开展,树立了教师的竞争意识,提高了教师的自身业务水平。另外,学校领导和学校骨干教师也经常进入课堂听青年教师的课,直接对带教情况和教师的学习情况进行了解和指导,也在促进教师专业化发展方面起到了很好的督促和指导作用。

三、走出去，为教师的专业化发展搭建更宽广的舞台

为帮助教师开阔教育视野，拓宽教育教学思维，促进学校深入落实课程标准，全面实施素质教育，我校经常组织教师参加教师培训和研讨交流学习，青年教师更是各种学习机会的首要人选。

宁老师来到我校后即被推荐参加了城阳区青年教师研修班，在全区优秀教师的集体智慧中快速成长，并先后到无锡、成都等多地听取名家数学课堂，一睹名家风采。

在每次活动结束后，由学校组织相关教师及时听取宁老师的汇报总结，并要求每位外出学习教师及时撰写学习心得和感悟，由学校教导处统一收集整理，发给每一位教师，进行交流分享。教师培训活动是我校提升教师专业素养、促进教师专业发展系统工程的重要举措，引领教师积极"走出去"，亲耳听，亲眼见，这对开阔教师视野、拓展思维起了积极作用。

四、良好的评价机制为教师专业化发展提供保障

在教师评价方面，学校不单以教学成绩的优劣论教师成败。即使教师的成绩不理想也不会对其造成巨大的心理压力，更不会影响教师自我发展和改革创新的积极性。另外，学校利用校级会议、学校公众号等载体，宣传报道优秀教师的典型事迹，让这些教师体验职业的光荣感。即使是新入职的青年教师每一次课堂展示也都会以学校公众号作为宣传载体进行推广宣传。

宁老师来到我校短短两年时间，就曾多次代表学校参与街道青年教师赛课，学期初教学调研，并荣获数学公开课教学一等奖的好成绩。

教师是教育发展现代化的先锋军，建设一支专业化的教师队伍是促进教育可持续发展的必然要求。我校将始终坚持以校为本，立足实际，着力促进教师的专业化发展，打造高素质的教师队伍，不断构筑新的人才高地。

群凤和鸣，共舞人生，不断引领教师专业发展

莱西市姜山镇中心小学　赵　明

莱西市姜山镇中心小学作为一所已经有 30 年办学历史的学校，他们一方面积淀了深厚的文化底蕴，另一方面又承载了社会寄予的殷切期望。我校坚持高起点定位，高标准规划，汇聚全校师生智慧，在课程改革的大潮中引领教师激起了朵朵浪花。

一、注重文化育人，引领教师理念的高质量发展

学校发展离不开教师的发展，教师的发展离不开理念引领，在学校文化建设中，我们坚持立足实际、着眼长远、整体筹划、分步实施的原则，赋予校园丰富的文化生命力。

从校训的"守一"到学风的"合一"，起点和终点是同一个目标，也是我校办学的基本宗旨。学校领导和教师就是在广泛学习、谦虚求教、谨慎思考、自觉协作、充分创新、踏实实践中，提升自我的思想品德、价值观念、行为方式、意志情感，最终成长为一个现代中国人。

二、实施"521"成长工程，引领教师队伍行稳致远

为加快教师队伍建设，我校经过探索和实践，实施了"521"教师成长工程。

"5"指五个一，即"每日一读、每周一课、每月一讲、一季一访、每学期一研"。

每日一读：我校启动了"读教育名著，做智慧教师"读书工程，教师自主选择订阅自己喜欢的期刊，领导层面采取"领导导读"策略，通过好书推荐、读书讲座等形式带领教师阅读；教师层面则采取"读书展示"策略，每次例会后都安排三四名教师进行读书展示，有效推动了教师读书活动的开展。

每周一课：采取"组内研课"的方式，每周同组教师精心打造一节课。在集体备课期间，组内教师进行选课，确定好课题后，组内教师互相听课，互相探讨、改进，有效提升了教师课堂教学理念和水平。

每月一讲：通过聘请专家讲座的方式，引领教师提升职业道德、掌握先进的教育教学理念、树立积极阳光的工作心态。

一季一访：根据学校培训规划，先后组织干部、骨干教师到省、市名校进行了实地参观学习，重点跟踪观摩了教学管理和"双自主"课堂教学改革，让教师们在观摩中对比，在思考中改进。

每学期一研：教师每学期参与一个小课题的研究，期末组织研究成果汇报，进行优秀研究成果评选。例如在上一学期我们重点进行了"课堂组织策略"的研究。

"2"即抓好骨干教师、青年教师两支队伍建设。采取压担子、搭台子的策略，抓好两支队伍的建设，打造学校的中坚力量。

"1"指一室，即成立教师成长工作室。学校成立了青年教师成长工作室，青年教师全员参与，其他教师自主参加，采取教学观摩、基本功培训、博客互动等形式，促进青年教师迅速成长。按照"抓整体素质，固塔基；抓业务骨干，壮塔身；抓名师培养，树塔尖"的名师培养思路，积极为教师搭建专业发展平台。

打磨课堂，演绎精彩

胶州市第六实验小学　张淑红

课堂是最神圣的地方，是师生共同成长的主阵地。我认为，一名优秀教师首先要重视课堂。多年来，我始终注意多走进课堂，多接触和了解课堂上的教师和孩子们。走进课堂后，我欣喜地看到教师们较高的素质和扎实的基本功，看到了教师们兢兢业业的工作态度，看到了教师们与孩子们之间的融洽和谐，更看到了教师们的提升和进步。为切实构筑高效课堂，全面提高教学质量，促进学生全面可持续发展，我与教师们从四个方面着力，打磨课堂，演绎精彩。

一、研究透彻教材

教材作为教师向学生传授知识的载体，我们一定要研究透彻，也就是明确"教什么"的问题。有专家说：高明的教师把厚书教薄了。我的理解是要把重难点吃透，将知识梳理清晰，把复杂的问题变得简单易懂，而不要面面俱到；但同时该挖掘到的内容教师要引导学生体会到、感悟到。但"教薄"不是把书教"浅薄"。有的教师没有下功夫把教材挖掘明白,应该引领学生弄懂的知识,应改引导学生体会的情感,在教师的含糊其词之间一掠而过,这是浪费教材;有的甚至偏离文本,对学生进行误导。久之,学生的能力自然就会愈加欠缺。

要加强备课研究。老生常谈的备课问题,理应是教师最应该注意的事情。我们提出"对课堂要心存敬畏",就是说课堂是神圣的,容不得任何人去亵渎它。不尊重课堂的教师永远成不了好教师,永远得不到学生的尊重。

二、研究明确教法

在吃透教材的基础上,教师要研究"怎样教"的问题。教师要思考用什么样的方式让学生对我们的课堂充满兴趣,依靠什么吸引孩子们? 语文课堂的听说读写训练,低年级的识字、写字教学,中高年级的阅读教学、写作教学;数学课堂的概念教学、应用题教学;英语教学的听说读写训练……怎样训练会取得事倍功半的效果,我们都要去琢磨研究"法",有了"法",教师教起来轻松愉悦,学生学起来高效有趣。我们就会进入教学的良性循环状态,我们就会体验到教师的职业幸福感。反之亦然。

三、重视学生素养提升

我们听一些好课,不单纯为教师的精彩教学叫好,更为学生自信昂扬、思维灵活、流畅表达的高素养而赞叹。课堂40分钟虽短,却可以全方位、真实地展示班级的学风、精神面貌,展现学生的学习态度、注意力品质、思维品质、知识广度、求知欲、表达能力等。

学生素养的提升是由量变到质变的长期过程,非一日、一时之功,须经过教师科学有效、持之以恒的训练才能形成。例如在学生表达能力、表达习惯培养方面,我们要让学生大方自信、流畅完整地回答问题,用最通俗的话讲,就是要让我们的孩子会说话。但事实上,我们的很多孩子不会说话。观察孩子们在课堂上的表现,就会发现孩子们回答问题的时候存在很多问题:不完整,不自信,没有很好的站姿,低头,眼睛不能够炯炯有神地与老师交流,声音不洪亮,没有抑扬顿挫的语气,缺少个性化的回答等。这些可能在卷面上表现得并不很明显,但久而久之,学生的能力就会差之千里。

提升学生综合素养既是提高教学质量的需要,更有利于学生未来的可持续发展。首先教师必须进一步树立通过课堂促进学生全面发展的理念。课堂上对学生的训练是多层面、全方位的。包括知识传授在内,教师要将学生素养的培养作为课堂教学的重要任务,并长期坚持下去。如"读万卷书,行万里路"、多组织"辩论赛""知识竞赛"等。同时学校将通过将学生综合素养纳入课堂评价体系来落实目标,例如随堂听课、每学期一人一堂优质课等,规定学生素养达到一定分值方可评为优秀课。

四、培养课堂常规习惯

课堂常规都是由细节累积形成。例如有的教师课堂组织形式单一,就是单纯的"同学们,看谁听讲最认真? 看谁的小眼睛最亮?"甚至是"闭上嘴",效果也并不理想;有的老师下达一个指令,不等老师说完,学生就开始忙活,教师后半截的话干脆就淹没在学生的熙攘声中了;有的老师一让学生动笔,则课堂上出现一阵乱糟糟的翻练习本、开铅笔盒的哗啦声响;有的同学回答问题,则其他同学无所事事,东张西望;有的班级同学听课的表情各异:吃手指的、歪身子的、趴桌子的、玩文具的……以上的这些问题似乎都无伤大碍,课堂也可以照常进行;但常规问题就是细节问题,"细节决定成败"。

常规训练是长期工程,不是一朝一夕、一蹴而就的事情。学生的习惯都带着平日教师指导训练的痕迹。每个课任教师平日要结合学科特点,对照习惯培养手册研究如何培养学生好习惯,以形成良好的学生素养。

课堂是实施素质教育的主阵地。有的学校提出"决战课堂",很形象地说明了课堂在教育教学中的核心地位。所以,每位教师都要打磨自己的课堂,使自己的课堂成为最精彩的地方。当我们在课堂上时刻关注学生的全面发展,时刻不忘新课改中倡导的三维培养目标,那么,素质教育就不再是一句空话,而我们铸就的教育品牌也会越来越亮,我们的品牌之路也会越走越宽。

多措并举为教师搭建成长舞台

青岛西海岸新区红军小学　　王新华

教师必须不断提升自我,成为爱学习、会学习的人,在教育教学中涉猎的范围不能局限于课本上的知识,还要走出课本,善于拓展相关的知识,用知识武装头脑,丰富自己,才能塑造人格魅力。

一、加强制度建设，引领教师发展

俗话说"无规矩不成方圆"，而制度建设恰恰是约束和促进学校发展的根本。对教师的发展来说，制度至关重要。为了不让制度成一纸空文，我们在对全校教师充分调研的基础上，找对教师群体发展中的不足，找到制约教师发展的"瓶颈"，找准促进教师发展的有效方法和手段，制定了科学合理、具有前瞻性的教育教学管理制度，以此推动教师的主动、自觉、有序发展。所有制度打印成册，教师人手一份，以便教师"做有标准，行有根据"。

二、干部以身作则，引领教师发展

学校干部队伍是学校管理的中坚力量。干部队伍素质的高低，直接关系到学校管理活动的成败。因此，我们要求学校干部队伍加强自身发展，以高尚的情操感染教师，以扎实的学识引领教师，以过硬的教学本领带动教师。每位学校干部都深入教师群体中，了解教师需求，帮助教师答疑解惑。同时，每位干部笔耕不辍撰写工作日志，反思发现的问题，制定有效解决措施，积极参加各级组织的专业比赛，以此做好教师的排头兵和引路人。

三、精心组织培训，引领教师发展

教师是一个引领学生在知识的海洋中获得真知的人，教师只有不断地提高自己的专业素养，能够将理论与实践相结合，并不断地完善自我，充实自我，才能有效地引领学生健康成长。因此，学校努力探究行之有效的校内外培训，为教师架起一座通向发展的桥梁。

（一）培训内容系统化

1.职业素养培训

强化师德教育。我们把学习贯彻教育部《中小学教师职业道德规范》以及省教育厅《关于加强师德建设规范普通中小学教师教育教学行为的若干意见》作为重中之重。广泛开展"传递中华正能量""万名教师访万家""做最美优秀教师"等活动。组织评选各级优秀教师，加大优秀师德典型宣传力度。

2.学科专业培训

（1）与新课程并肩前行。组织教师以集中培训或分散学习的方式学习新课程有关内容，研读课标，撰写课标解读体会。

（2）与专题研讨相约碰面。以学科或教研组为单位,根据自己的研究课题举行公开课、示范课、优质课教学研讨活动,积极参与赛课、说课、评课。

（3）与主题教研定期约会。以学科教研组为单位,由教研组长主持,开展有主题的教研活动,每一次主题教研有中心发言人,讨论问题有针对性,注重实效性,做好详细的教研活动记录。

3. 班主任培训

我们重视班主任的自主发展,引领他们学会反思自己的教育观念和行为,指导撰写班主任工作经验总结,或结合理论进行理性思考、撰写德育论文。结合我校班主任工作中的热点和突出问题确定专题,每个月进行一次主题研讨活动,以学校或学段为单位进行研讨活动。

（二）培训形式多样化

1. 走出去，海阔天空

学校根据教师的需求,分批、分次、分学科、分内容安排教师外出参加各级培训,从冰雕玉砌的哈尔滨到温暖如春的三亚,从梦寐以求的各大学府到引领风骚的各兄弟学校,教师培训的足迹遍布祖国各地。所有走出去的教师回校后都要进行二级培训,达到资源共享的学习目的。

2. 请进来，言传身教

走出去的培训必定有其约束性,因此学校采用邀请专家进校园的方式,让更多的教师亲临专家现场,面对面聆听专家的讲座。

3. 校内赛，取长补短

有了专家的引领,学校为教师搭建成长的舞台,定期组织各种各样的展示和比赛活动。课堂教学比武、教学基本功比赛、教学设计展示、集体备课研讨、论文撰写、读书演讲等,极大地调动了教师的工作热情,推动了教师的专业发展。

（三）培训方式系列化

1. 校内名师点拨引领

根据学校实际,我们在每个领域挖掘一名校内名师。班级管理有经验者、学科教学佼佼者都可谓校级名师。他们定期为教师进行专题培训,随时深入班级观察班主任工作情况或教师课堂教学情况,并进行现场指导。

2.青蓝工程共促提高

为实现青年教师"一年内能独立承担各项工作、三年内成学校骨干、五年内成区级骨干"的目标,我们充分发挥优秀骨干教师的引领作用,帮助新教师尽快适应教育教学工作,采用"师徒结对、以老带新、以新促老、共同提高"的措施,进一步提升我校教师队伍的整体素质。在帮教过程中,我们循序渐进,有的放矢,如课堂教学活动,我们分青年教师诊断课、骨干教师示范课、师徒同台精品展示课三个环节,每个环节中,教师都精心准备,极大地提高了课堂教学效率。

校本研修,让教师享受主动发展的乐趣

青岛明德小学　袁　云

当今,如火如荼的校本研修活动让人眼花缭乱。而我们对校本研修有自己的理解,"校本"是以学校与教师的发展为本,"研"是研究思考,让教师进入思考与研究状态是主动发展的标志,"修"不仅仅是外在的学习进修,更重要的还是内在的修炼。以校为本的各种研修活动,源于教师的自觉主动,辅之以良好氛围的创设,取得了好的效果。教师发展的最高境界应是享受发展的过程。教师在发展中,在专业能力的不断提升中,享受成功,享受乐趣,享受幸福。试看我校让教师享受发展的几个研修活动。

（1）主题论坛活动。我们一直坚持搞好三个主题论坛活动,即每周一次的教师发展论坛、班主任研究论坛,每月一次的干部管理论坛。每周全体教师集会时间都有2至3名教师走上讲台,畅谈外出学习体会或进行读书交流、反思工作得失;每周的班主任例会,不仅仅是育人工作的回顾与部署,围绕焦点问题的主题发言,更能引发人的思考;每月月初,每个中层以上领导都要结合分管的工作,围绕确立的主题说感悟谈反思,启迪思维。三个论坛活动使教师的智慧在这里碰撞,激情在这里飞扬,教学水平在这里得到了有效提升。

（2）教师赛课活动。我们开展的赛课活动立足学校课堂改革总要求并体现个性化,赛课以学年为单位,分别在两个学期组织青年教师、中年教师两个系列比赛,目的不在于评出的名次,而在于形成的开放的研究氛围与教师业务水平的提升。下面以上学期数学青年教师的赛课活动为例简述其过程。

首先确立比赛课题。一到五年级比赛的内容都是统计与概率这个单元,同教研组教师用相同的课题进行比赛,不同的教研组也考虑到了知识的系统性和研究的有效性。再是教师备课磨课。各数学教研组青年教师在老教师的带领下,深入研究教材,研究学生,研究教法。通过备课——试讲——再备课——再试讲的过程,提升自己把握教材、调控课堂、研究学生的能力。同时还营造了教研组团结合作的研修氛围。最后是赛课,评委议课。教师讲完课,评委现场进行点评,为青年教师找出课堂教学中的优势、指出今后课堂教学的发展方向。由于教研组已经形成了团结合作的研究氛围,评价一个年轻教师就代表评价这个教研组团队的课堂教学水平。为此,为青年教师评课时,教研组的全体教师都会参与听评课活动并及时整改出现的问题。大家取长补短,你追我赶,形成了开放、和谐、务实的研究氛围。

(3)有主题的课例研讨。我们通过开展有主题的课例分析研究,使教师在互动中生成智慧,提高教学效能。首先各个教研组围绕日常教学中出现的问题选定研究主题,确定课题和执教教师。然后教研组围绕选定的课题和上课内容进行思考,组织教师讨论执教者提供的教学设计,提出具体修改意见,执教者根据大家提出的意见修改教案。再是执教老师上课,其他教师听课观摩,进行课堂观察分析,着重观察记录与研究主题相关的教学行为。最后,组织全体老师对研究课进行分析评议。以研究课为范例,就研究主题的相关问题进行再讨论,通过对教学细节的分析,深入研究教学策略的改进。并在广泛讨论、形成共识的基础上,总结归纳出问题解决、行动跟进的一些具体策略和措施。这一活动有效激发了教师参与学习研究的积极性和主动性,提升了教师的研究水平。

(4)风格梳理活动。为了让教师把自己在长期教学实践中逐步形成的、富有成效的一贯的教学观点、教学技巧和教学作风总结出来,我们在全校教师中开展了教学风格梳理活动。让教师对自己的教学风格进行反思与总结,做一大概的定位,然后进行点评与指导,让教师们掌握梳理方法;开展了"我为同行写教学风格"活动,让全体教师逐渐明晰了自己的教学风格,并对其他教师有了更多了解。在上学期梳理教学风格的基础上,我们还举行了"我读李镇村的《教学风格离普通教师有多远》"论坛活动,让教师们对自己的教学个性、发展走向进行明晰地梳理与定位。此项活动的开展,进一步推进了学校趣味与个性课堂的研究与深化工作。

(5)共同体建设。在学校支持下,志同道合者自愿结盟形成的共同体是我校有效的学习型组织,也是开展校本研修很好的载体。共同体学校立足实际开展的各种活动,如同题异构、交流学习、课堂比武、教学案例研究等,促进了教师的反思与成长。尤其以优秀教师为核心，一群志同道合者结成的发展共同体更是发挥了很好的作用，他们的活动开展得有声有色，大大促进了教师的发展，尤其促进了一批年轻教师的迅速成长，使他们正在成为学校的骨干力量。

形式多样、扎实有效的校本研修活动，让教师体验到了成功的喜悦，工作的幸福。老教师在奉献着，中年教师在研究着，青年教师在成长着。教师们工作着、快乐着、幸福着……

学校好的发展离不开教师好的发展，教师好的发展离不开学校好的管理。基于我校的实际，我们认为好的管理就是尊重的管理、柔性的管理。法国作家拉·封丹写的"南风和北风比威力"的寓言故事告诉我们：温暖胜于严寒，这就是著名的南风法则。运用到学校管理中，南风法则体现的就是一种柔性的管理。世间刚硬的东西不一定最坚固有力，有时柔软的东西反而有意想不到的穿透力。为此，我们还会进一步探索，完善我们目前的管理措施，让教师们实现自我发展，主动发展，享受发展，培养更多创新性的教师，推动我们学校又好又快发展。

美丽自己，美丽他人
——金村小学引领教师专业发展案例

青岛市城阳区惜福镇街道金村小学 曹永新

青岛市城阳区惜福镇街道金村小学坐落于金钱鼎脚下，服务于前金、后金、吴贾村三个办学社区，是一所道地的农村学校。近年来，学校扎实开展校本培训，促进教师专业发展。结合学校实际，开展了一系列引领教师专业发展的校本培训项目。

一、研究的背景

金村小学现有专任教师 24 人。其中近三年分配教师 5 人，占教师总数 21%；45岁以上的中老年教师有 10 人，占教师总数的 42%；50 岁以上老年教师有 6 人，占教师总数的 25%。中老年教师所占比例较高。因此，学校把调动中老年教师的积极性，激发中老年教师的工作热情，形成教师成长的良好生态，作为学校校本培训的重点研究内容。

二、实施策略

人本主义心理学家指出:"人是有着丰富需要的个体,有实现自我价值的需求和不断发展的潜在动力。"这些动力、需求,就是影响校本培训成效的根本。

学校在调研、充分论证教师专业成长现状的基础上,开展了"尊重与相信——美丽自己""爱与帮助——美丽他人"的中老年教师校本培训实施策略。

(一)以"尊重与相信"为主题,美丽自己

学校制定了校本培训方案,提出了"激活、再厉、超越"为核心的中老年教师美丽自己行动计划。

1.理念冲击,激活成长内驱力

邀请临朐县五井镇嵩山小学 51 岁的特色名师李守祥到校为全体教师进行专题讲座;组织教师观看国学大师翟鸿燊的《高品质沟通》视频;邀请青岛武警支队的中医为教师做题为《关注身体,快乐工作,幸福生活》的讲座;邀请城阳区名班主任工作室专家讲述《把教育做出幸福的味道》的故事,让教师感受到教育的幸福。同时,优先安排中老年教师走出去学习,实境感受"活到老、学到老"的迫切需要。理念的冲击,激活了教师成长的内驱力。

2.读书静思,激发与超越

读书思考,引导教师厚积、沉淀。学校为每位教师配备了图书,先后组织共读。制订读书计划,每月一个读书主题,通过校长引领、论坛交流、周报推荐、读书评比等方式激励阅读。

静思论坛,引导教师静思、超越。静思论坛,是学校雷打不动的校本培训时间。每次论坛提前定主题、定内容、定主讲人,所有教师参与其中,在静思感悟中,积淀了教师的内在,激发了教师再接再厉与超越自我的雄心。

(二)以"爱与帮助"为主题,美丽他人

一是组织"爱与帮助"团队活动。每月一次的教师文体活动,以团队比赛活动为主,目的是培养团队凝聚力,增强团队合作意识。

二是开展"名师在我身边"系列活动。首先是举行全校公开课;第二是以青蓝工程为抓手,通过师徒捆绑评价考核,激励老教师上示范课,为徒弟做好榜样;第三是充分挖掘利用学校骨干教师的优秀资源,通过专业引领、发展性专业引领和主题

性专业引领,让教师迅速提升成长。

三是通过与名校牵手开展同课异构活动,激励带动中老年教师参与成长。学校先后与岛城名校举行学科同课异构活动。结合学校的研究专题,中老年教师担当重任,全程参与教研、集备、磨课、反思、讨论,在参与中共同提升。

四是以课题研究为引领,教研训三位一体。学校以课题为引领,开展草根课题研究,课堂教学—课题研究—校本培训三位一体紧密结合,促进教师的课题研究意识和指导课堂教学能力的提升。

三、成果采撷

学校先后有 20 余位教师在国家、省、市论文评选中获奖;多名教师举行市、区公开课,在市、区优质课比赛中获奖;一位教师被评为"全国模范教师",一位教师获得"山东省优秀班主任"荣誉称号,多位教师获得市级优秀教师荣誉。

学校先后被评为"城阳区三八红旗集体"、读书实践先进集体、校本培训十佳单位。先后获得全国家长学校建设实验学校等十余项全国、省、市荣誉。

向美而行,努力成为最美的自己。金村小学引领教师走在专业成长的大路上!

搭建平台,助推教师专业发展

青岛西海岸新区海之韵小学 赵炳梅

专业成长是大部分教师的内在需求,如果有成长需求的教师长期得不到成长,他就会对学校失去信任,甚至产生一些怨气。当他看到其他学校的教师成长快而自己的学校缺少成长的平台,他就会对自己产生一种自卑感。当学校不能给教师带来自豪感的时候,教师就没有了向心力,团队很容易人心涣散。学校建校以来一直非常重视教师专业成长,主要采取了以下措施。

一、重视课堂研磨，提升团队教学水平

1. 业务干部精准把脉

业务干部除了参加教研组的单元观摩课外，还每周随堂听课至少 2 节，要求及时把课堂中发现的问题梳理记录下来，教研活动时进行有针对性的专题评议。引领教师们交流一课，明晰一类。

2. 教研组智慧共享

每个教研组的单元观摩课采用同课题接力的方式进行打磨，对每一个课例的接力打磨，集中了教研组每个成员的智慧，成为优质的共享资源，逐步构建起我们学校的经典课例库。

3. 壮大骨干团队力量

仅靠业务干部一个人的力量来改变一个学科队伍未免力量单薄，必须依靠团队的力量。学校从以前的骨干教师开始着手，逐个进行课堂打磨。我们的理念是：让一部分人先富起来，先富的帮助后富的，逐步实现共同富裕。每磨成熟一个教师，就把他吸收进学科中心组，学校的学科教研就多一分力量，学科骨干团队在一天天壮大。

二、加强教学研究，用课题引领学科发展

学校申报了市级研究课题，成立了课题中心组，以课题为载体统领学校的日常教学研究。教师们积极承担课题研究任务，边学习边切磋的过程中浓厚了学校的研究氛围。借助课题研究的各项活动，教师们明晰了研究的路径，了解教研最前沿的动向。课题研究给想干事的人搭建了平台，给能干事的提供了人舞台，让干成事的人拥有了地位。这些课题中心组的教师分散在不同的教研组，能够给予教师们随时随地的指导和引领，加快了课题普及和推进的步伐，提升了学科团队的专业水平。

龙泉小学促进教师专业化发展新举措

青岛西海岸新区龙泉小学　王　朋

我校携手富春江路小学,发挥强校优势,充分利用富小对我校各项工作的帮扶,积极开展各学科教学教研活动。

(1)开展富春江路小学名师来我校送优质课和同课异构活动。这两项活动的开展,中青年骨干教师积极参与,共同备课、上课、评课,引领我校教学教研水平向更高水平发展,让我校教师专业能力在实际教学活动中得到锻炼、提高。

(2)积极参加富春江路小学校内教学教研活动,切身感受富小的教研氛围,学习富小教学教研方法。安排青年骨干教师全程参加富小公开课、示范课、优质课等,让青年教师在更高水平教研活动中成长。

搞好区联合体教研体活动,实现校际互动、城乡联动,与香江路第一小学、红石崖小学、中德生态园小学联合教研,资源共享。与联合体学校搞一些面小而实效的教研活动,教师面小,人人有机会讲、有机会问,产生好的教研效果。

学校立足实际,充分发挥"强校工程"名师引领作用,依托小班额教学的优势,借助省教研课题研究,打造高效课堂。推行"两段六环"的教研活动方式,即第一阶段:备课——说课——议课,第二阶段:上课——听课——评课。把校本教研活动与教师的日常教学活动相融合,从而促进教师专业水平的提高。

全面落实部编新教材的三维目标,对教师业务提出新要求:①"五备":备教材、备教参、备课标、备教辅、备学生。②"四点":重点、难点、知识点、能力点。③"两法":教师的教法和学生的学法。④"两题":课堂练习题和课后作业题。提高教师的教学意识,让教师反思自己的教学过程,反思自己的教学行为及教学效果,更新教学观念,创新教学行为,总结教学经验,提高教学水平,使教师真正成为学生学习的参与者和引导者,从而提高教师专业化水平。

开展教师读书计划,定期交流。"大量地、广泛地、坚持不懈地阅读,是教师成长为名师的秘诀。"把读书活动融入教师教育教学工作当中,促进教学实践与理论的结合与反思,提高师德素质和自身修养。坚持读书与反思相结合,带着问题读书,寻求解决问题的方法,潜心写好读书心得。坚持读书与课程改革相结合,充分理解新课程,在课堂教学中融入新课程理念,实施新课程。大量阅读,使教师不断更新教育理念,获取更多的教育教学讯息,为自身的专业化发展提供助力。

强化教师钢笔字、毛笔字、粉笔字和普通话等教育基本功和信息技术技能训练,促进教师终身学习和专业发展。

强师固本,质量立校

青岛市城阳区国城小学　郝玉芹

质量是一所学校的生存之基,发展之本,更是学校工作的核心内容。因此围绕着"强师固本,质量立校"的发展目标,我校依据自身实际情况,以教学工作为核心,以教师专业发展为重点,狠抓落实,促进学校教学质量的逐步提升。

一、立足实际,博人之长

学校发展重在校园文化的构建,这是学校办学的根基与长远发展的脉络。2017年9月,我们在摸索前行中遇到了中国教育科学研究院陈如平所长,遇到了"新样态学校"的专家学者,经过努力,我们非常幸运地成为"中国新样态"实验联盟校中的一员。一路走来,我们探索教育改革,寻求课程文化发展,李晨红、刘宪华、全慧校长等新样态专家,多次助力国城,指导学校发展,让学校办学方向逐步清晰,发展结构逐步完善,学校发展在传承、创生中融入新的内涵。 2018年10月,我校与深圳立言教育研究院交流合作,研究院以"千万阅读计划"为内容载体,进行"人机协同,主题探究跨域整合"智能联动学习的教学模式。我校青年教师苟莎、贺晴、徐凯等立足自身课堂,走上全国主题阅读活动的舞台。2019年,全国"百班千人"活动在我校连续举办两次,全体语文教师积极学习,参与读书,掀起全校阅读高潮。

二、整合研讨,崭露头角

自我校与立言教育交流合作后,学校成立20人主题阅读精英团队,四次赴深圳、鄂尔多斯等地学习观摩,教师们深入课堂,团体协作,体验主题阅读教学的魅力,智慧成长。回校后骨干教师将自己的学习所得进行总结汇报,进行全校铺展学习。在深圳立言教育研究院主题阅读模式引领下,20 位教师成为新样态教学的先进学习者。我校根据主题阅读教学模式,进行第一次主题式跨学科整合课程的研讨活动。我们在此计划中从三个方面进行整合;一是语文、音乐、美术、学科之间的整合;二是学雅课程和卓雅课程、精雅课程的整合。三是学科课程与生活的整合。用 14 课时的工作安排综合考虑我校的教育教学特色、课题研究方向及我校二年级学情特点,形成了《慈母·孝心》的主题整合展示课程,在深圳崭露头角。同时,我校以挂牌的青岛大学城阳附属小学为依托,定期组织学生走进深圳、青大图书馆、科技馆等地开展研学活动,使两校师生在合作交流中凝聚智慧,共享成长。我校在教学改革中大胆迈步,立足实际,博百家之长,逐渐形成具有国城特色的教学体系。

三、校本培训,追求卓越

本学期立足校本教研,以提高教学质量为中心,以课堂教学为抓手,大力促进青年教师专业化发展。同时,我校组织教师多次赴厦门、吉林、深圳、德州等地参加培训百余次,为教师们提供更广阔的发展空间。教师抓住机会,反思学习,专业素养不断提升。我校依托胡妮军名师工作室、刘翠翠名班主任工作室等开展系列活动,聚焦课堂教学,培养团队素质。本年度,我校要求每个工作室成员必须进行一次以上的教学展示、专题讲座、说评课等活动,并形成书面材料。做好帮扶引领,追求辐射效应。继续开展师徒结对活动,深化青蓝工程,让青年教师上赛教课、请骨干教师做理论讲座,进一步提高本组教师的整体教学和研究水平。加强备课,抓好集体备课的过程管理,提高教学质量,教研组活动至少每周一次,每次至少一小时。引导教师走向规范,走向成熟,使新教师力求一年站稳讲台,三年把握教材,五年成长为骨干。在这种不断奋进的氛围中,我校教师快速成长,教学成绩优异,在城阳区期末检测中获得 A 级的优异成绩。

教师是提高教学质量的主力军,师强则进,反之则退。因此对教师专业素质的提升是重中之重。我们要充分认识到这一点,并在实践中得以实现,并非一朝一夕就可完成,前路虽任重而道远,只要我们能坚持,肯创新,终会拨开云雾见天日,守得云开见月明。

集体备课，促教师专业化成长

平度市胜利路小学　赵　艳

　　众所周知，集体备课是促进教师专业化成长的有效途径。但作为一种常态的教研制度来推广，有一定的难度。原因主要是教师除了备课、上课、批改作业，还有很多事务性工作，集备时间很难保证。同时，集体备课中的磨课环节时间周期太长，很难实施。因此，集体备课在学校陷入了看似有、实则无的尴尬局面。为了扭转这种局面，胜利路小学采取了以下措施。

一、统一思想，提高认识

　　首先统一各学科主任的思想，通过学习集体备课的成功案例，让他们首先认识到集体备课的各种好处：有利于充分发挥集体智慧，达到教师之间共享、共赢，共同提高教育教学质量，有利于青年教师的快速成长。然后再将这种思想传播给所有的学科教师，让他们接受并愿意参与集体备课。

二、研讨集备模式，力争务实重效

　　分管教学的副校长将外出学习的先进学校集备的现场视频，发给学科主任，由各学科主任组织学科骨干教师观看，从中吸纳好的做法，并结合本校的教学实际，研讨制定合理的集备模式。经过几轮研讨，最终确定集备的模式为：

　　（1）总结反思。先将上周的教学情况进行总结和反思：学生哪部分掌握得比较好，哪部分掌握得不够好，原因是什么？应该采取什么措施？同时将学生易错点进行整理，用于后期复习。

　　（2）深析教材。将下周要上的教学内容进行深度的教材分析，包括课标要求、教学内容、重难点、课时分配、重点习题、核心素养点等等，让备课组老师对下周授课内容都有一个准确地理解和把握。

　　（3）模拟讲课。选择一个重点课时，由一位教师提前设计好教案，通过模拟讲课的形式予以呈现,备课组进行评课,完善教案,形成最优的教学设计,同组共享。这样大大缩短了磨课时间,更具时效性。

（4）工作部署。备课组长就下次集体备课的具体分工及近期要举行的学生素养活动进行部署。

三、开展集备展示活动，促集备水平提高

各学科主任定期指定某个备课组进行集备展示,其他同学科备课组进行现场观摩,观摩后大家就集备的整个过程和内容进行评议,提出需要改进的地方,去其糟粕,取其精华,从而不断提高备课组集体备课的水平和效果。

四、加强日常督导，促集备常态化

（1）学校教导处会随时按各备课组上报的集备时间实行实地查看,看集备是否有效开展。

（2）随时查看各备课组的集备成果。通过推门听课、检查学生作业、教师业务比赛等来检验集备的效果。

（3）将日常集备的督导情况纳入先进教研组的评选当中。

青联希望小学教师成长举措

青岛市青联希望小学　郭光辉

学校教育以生为本,但能否实现以生为本的目标则完全取决于每一个教师的观念和行动,因此如何有效促进和提升每一位教师的专业素养,即通常意义上专业发展,则是每个校长都十分关注的问题。青岛市青联希望小学通过三种措施促进教师发展。

一、关注教师身心健康，提高教师幸福指数

加强师德建设,学校提出了修炼上进的事业心、博大的爱心、顽强的意志、豁达的

胸怀、团结协作能力和乐观向上的心态六项品质。为每位教师赠送教育刊物,开展读书交流等活动,培育教师的书香气质。组织教师练习三铺龙拳、阳光健步行、开展趣味运动会等活动,让师生走出去、动起来、轻松起来。学校还把每年的年终总结会改为"我眼中的他(她)""身边人讲身边事"主题茶话会,营造温馨和谐的工作氛围。

二、夯实教学基石,提升教师综合素质

实行了"学科教研,学科负责人管理模式;专题教研,学校统筹管理模式"的教研模式,激活教研组活力,凝聚智慧,资源共享,切实提高教研效率与质量。邀请了教研员、胶州名师深入学校指导教学工作,并以"校内六课"(新岗新教师亮相课,青年教师优质课、中老年教师风采课,骨干教师示范课,名师观摩课,家长开放课)为依托,要求教师在"备、研、说、上、议、思"上下功夫,提出了"学为主体、教为主导、疑为主轴、动为主线"的课堂教学十六字方针,并引入了微课教学,将课堂改革与现代化教学媒体有机结合,使"魅力课堂"更具实效和特色。重视"家常课"教学,对"家常课"提出了"简约、扎实、有效"的"六字"评价标准,提出了"教师有效组织、有效指导,学生有效参与、有效体验、有效练习"的"五有效"主张,全力打造真实课堂、效率课堂。

三、实行"捆绑式"评价,鼓励教师合作共赢

在评价方面着眼于集体成绩,淡化个人成绩的竞争。如:教研室质量检测,学校不以某班、某科成绩为评价依据,而是以整个级部全部学科的综合成绩来评价教师;学校检测,不按平均成绩给教师排名次,而是着眼是否提高,给基础差的和成绩提高的班级教师一个合理的评价;同时,学校建立了教师教学成绩档案,通过记录学生六年的检测成绩,以曲线图的形式纵向客观反映每名教师在学生六年中各阶段的教学状况。"捆绑式"评价使教研组焕发了生命活力,促进了阳光教师互相激励,合作共赢。

总之,校长应该调动教师们的积极性,使其用眼睛去观察,观察自己的教学、身边的学生、课堂中真实存在的问题;用耳朵去聆听,聆听他人对自己的建议、学生对课程的评价;用双手去记录,记录每天每个孩子的每一点变化,以及自己在教学过程中的反思和成长;用头脑去辨别,辨别事情发生的原因在于哪里,辨别要不要武断的解决孩子的问题;用心灵去感悟,感悟教育的真谛;用行动去实践,让教育理想在实践的外衣中闪烁光芒。

强化校本研修，促进教师成长

青岛市崂山区东泰小学 梁泽旭

学校校本培训以三年发展规划为主导，以"全面提升教育教学质量"为中心，立足校情，确立了校本培训的目标：培养"团结、勤奋、阳光、健康"的教师，制订了"向内深入，向外辐射，内外兼修，以赛促优"的实施策略。在教师培训上我们以"抓主线，求突破"，"搭台子，深教研"为主要途径，通过"赛、学、研、秀"四步走，促使教师们迅速地成长起来。

一、抓主线，求突破，立足课堂研究，促进课堂变革

（1）切实加强教师的校本培训。一是精心安排和组织教师校本培训活动。包括各级开展的学科培训内容，以分学科组收看、交流听后感受为主，培训贴近教师教育教学实际，满足教育教学需要，实效显然。二是创新举措，积极开展校本教研活动。在语文、数学、英语、综合四大学科组内实施"学案定教，资源共享"集体备课模式，以此优化教师间的交流与合作，促进年级组、学科组的均衡发展。在分组集体备课的过程中，研讨教学设想中困惑的问题、集体研究解决的策略，结合教研组统一安排，分学科组集中听课评课，深化学校校本教研氛围，提升教师教科研水平。我们还采取"推门听课制"，走入教师的课堂进行调研，做到课后有点评、评后有反思，进一步促进课堂变革。

（2）注重青年教师专业成长。学校大力实施新老教师结对，把中老年教师丰富的教学经验和有效的教学方法传承下去。结对教师之间相互听课，指导备课，上课，指导论文写作，职责和任务分明。

（3）规范教研组工作，以教研促进步。强化对教研组工作的考核，对各教研组、各位教师每学期必须参加的教研活动做出了明确规定。通过定期教研及时掌握最新的最权威的教学信息，同时也加强集体备课，大家相互交流、相互学习，促进教师改进教学方法，优化教学结构，提高教学效益。积极开展"学习型教研组"达标活动，通过教研组内的协作交流、互帮互学，引导教师在主动学习与参与中实现自我超越，形

成系统的思维模式。在互帮互学,相互激励中建立共同愿景,形成奋发向上的团队精神,以老带新,促进教师由经验型向研究型发展。

二、搭台子,深教研,学赛研秀四步,促进教师成长

"搭台子"即通过开展形式多样的活动,促进教师分层有序的成长,如组织骨干教师参加各级部门组织的培训,组织教师开展读书阅读工程,组织青年教师积极参加公开课申报,组织新教师参加学校"新教师教学汇报""教师课堂比武"等活动,为教师的成长指明方向,努力为他们提供奋发向上的条件,让教师在赛学研秀过程中,逐渐成长。

1. 学

重视教师发展需求,不断创设学习条件。一是只要有外出培训学习的机会,学校总是统筹安排,兼顾全体教师,积极争取最大限度地安排更多教师外出培训学习。二是学校拨取专项资金,为教师征订各类教育教学报刊,图书室还定期更新教育教学书刊,供教师借阅,为教师的专业理论学习提供强有力的保障。

2. 赛

每学期,以教研组为单位进行优质课评比。同时,积极参加教育局组织的各类比赛。赛前做好充分的准备,做到校级公开课必须磨教案、磨课、展示。本学期,我校共有四位老师分别在区公开课选拔中脱颖而出。

3. 研

校本研修活动正常开展。为提升我校教师的教学实践能力,本学期我校分别承办了区语文、数学、音乐、道德与法治教学研讨活动。我们还注重加强教师心理健康培训,邀请心理专家进行心理健康讲座。

4. 秀

积极开展校本研修的同时,学校每位教师每学期至少向全校开放一节课,分设骨干教师示范课、青年教师汇报课和中老年教师展示课,并结合教研课、调研课、评优课等开展课例研究,以教研组和备课组为单位进行积极研讨活动。

通过"赛、学、研、秀"这些项目的开展,在一定程度上提升了教师的基本素质、实践智慧与理论水平,帮助教师分层有序推进个人成长计划的实施,塑造我校教师的新形象。

经过校本培训,教师逐步更新了观念,提高了能力。学会了学习,学会了反思,学

会了教学,学会了教研。我校的教风、学风得到了根本性的改观,教育教学质量稳步提高。在今后的培训中,我们将不断地雕琢自己,不断地改善自己,争取做更棒的自己。

在团队建设中引领教师专业发展

青岛长沙路小学　康彦华

如何构建一支素质优良、教学优质、充满活力的教师队伍,是学校工作的重中之重。实践证明只有引领教师将自身的专业发展与团队的建设紧密结合,将团队的专业提升与学校发展紧密结合,才能更好地调动教师工作的积极性、主动性,引领教师主动发展。

一、建立"管理共同体",解决了教师归属感的问题

学校通过建立管理共同体,把干部从烦琐的管理事务中解脱出来,在业务研究方面投入更多的精力;激发出教师参与管理的内动力,让教书育人成为自觉的行动。发挥干部的引领作用——增强执行力。所谓管理,一是要管,二是要梳理,其目的是提高效率。为了调动干部的积极性,提高执行力,学校本着"给空间、搭台子"原则,提出"教学是本行,要有话语权;管理是服务,要有宽容心;两者的融合,要有艺术性"的要求,取消了每周的全体教师会,由各部门将日常工作与临时迎检工作统筹安排,自己负责好分管的工作,这样职责明确、分工到位既是压力更是动力。每一位中层干部分管一个级部、负责一个学科。有利于干部在实际工作中发现问题、解决问题,不仅密切了中层和教师的关系,更为全体教师树立了良好的榜样。建立级部的自我管理体系——注重参与性。级部的自我管理采用"双轨制动系统",同级部间与不同级部间横向与纵向,竞争与合作相辅相成,创造性地开展工作。级部组长由大家推选,所选出的组长业务能力强、人际关系好,从日常的听课、评课、检查作业到活动的开展都是以级部为单位进行,强调级部内教师、班级任课教师的合作。大家群策群力。学校建立相应的评价机制,对优秀团队进行"三个一"全员奖励,即奖励一个教研组、一个年级团队、一条管理线。既着眼团队整体发展,也关注教师个体的工作动态。既满足教师积极上进的内在需要,更逐步培养"尽各人所能,荣他人之荣"的团

队意识,增强了教师的责任心、自豪感和归属感。依托工会丰富多样的活动——提升幸福感。工会是我们学校凝心聚力的核心力量。除了常规性的工会工作之外。围绕"权利与义务""关注与期待""支持与帮助"这些主题,学校工会定期开展丰富多彩的活动,不但使教师们在师德水平、业务素质、生活能力等各方面得到学习和提高,更重要的是工会就像一股绳一样将大家的心紧紧地拧在一起,引导教师们快乐工作、幸福生活。

二、建立"青年成长营",解决了青年教师凝聚力的问题

"青年成长营"要以成长为主题。人的成长与个性和环境有着密切的关系。青年教师的成长既有专业素养方面的提升,更有精神、心灵方面的隐性成长。学校强化青年的目标意识,既要求他们制订年度目标,又帮助他们完成三年规划。"青年成长营"要以学习和研究为目标。我们始终认为教师是自身专业发展的主人,必须有主动学习和研究的意识。这是青年教师专业成长的决定性因素。因此要求青年教师做一个有心人,关注日常的教育教学现象,督促他们不断地发现问题、思考问题、研究问题、产生顿悟,及时进行总结、提炼,并改进自己的教育教学实践。将学习和研究作为自己专业发展的行走方式。"青年成长营"要以奉献为主旋律。引导青年团队在各项活动中不怕吃苦,鼓励他们比奉献,比用心,在"合作"理念的引领和老教师的带动下,逐渐成为更好的自己。

三、建立"质量监控体系",解决了教师专业发展方向问题

建立"质量监控体系"要有正确的学生观。学生来自不同的家庭,存在差异、差距都是必然的,树立正确的学生观就是要做到因材施教。学校坚持采用学科闯关和分层辅导的方式,语数英学科每周进行一次闯关活动,教师及时反馈。学校密切关注薄弱学科、任课老师密切关注薄弱学生,及时分析原因,采取对策,确保各学科稳步发展。对于一些特殊家庭的特殊学生本着"不抛弃不放弃"的原则,查漏补缺。建立"质量监控体系"要加大监管的力度。首先是落实常规监控。以级部为单位的常态化管理与教务部门的动态化管理相结合,加强听课、备课、作业等常规教学工作的监管。其次是落实特色监控。开展"年级调研日"活动。调研期间,学校干部深入到这个级部,参与级部内的各项教学活动,帮助教师找出问题所在,并针对出现的问题进行帮助指导,制订出改进措施。最后是落实重点监控。特别关注新教师、关注小学科,采取业务领导+级部组长双重监控,保证各教师按时去上每一节课、认真上好每一堂课。杜绝私自调课、换课等现象,保证专课专用。建立"质量监控体系"要有章可循。

没有惩罚的教育是不完整的教育,对于学生如此,对于教师同样如此。学校制定了《工作量化考核细则》《课堂十点要求》《教学事故问责》等相关的制度,并严格执行,使教师有法可依,有制度可遵循,约束和激励教师的日常教育教学行为。对于教育教学出现问题的教师严格按照相关条款进行相应的处罚,并与教师奖励性绩效和年度考核挂钩。同时,学校相关业务干部对这类教师要加强监控和跟踪,促使其规范教育教学行为。

让理念落地　促模式创新

青岛大学路小学　张文龙

青岛大学路小学全面落实"悦动课堂"项目,提高"悦动"内涵认识,以"'品·智'互动 愉悦人人"为目标,构建"启思悦纳—互动悦享—拓智悦心"三悦课堂模式,厚植"品·智"文化。

一、以项目式教研探索学科悦动的策略

学校以"启思悦纳—互动悦享—拓智悦心"三环节实施悦动课堂研究。启思悦纳,即通过引导学生课前预习,构建自学框架,提出有价值的问题。教师通过创设具有研究价值的问题情境,分层设置问题,使学生在课堂中主动参与,启迪思维,愉悦学习。互动悦享,即通过生生互动,师生互动,学习个体与教学中介的互动,产生教学共振,提高学生学习的积极性和参与度,让课堂活起来,让学生学会学习,愿意分享。拓智悦心,即通过成果导向让学生带着问题走出课堂,激励学生从一个问题走向更深层次的问题,在迁移运用中传承知识、启思拓智,愉悦身心。

(一)建立专研室,固化学科教研时段

学校在办公空间极其紧张的前提下,专门开辟了教研专用室,新学期排课表的时候也是克服一切困难,从周一开始,让每个学科的每个教师都有半天集中教研的时间,从时间和空间上保证了学科集备和教研。

（二）启动项目式教研，聚焦学科悦动策略

为深化三悦模式研究，学校在上学期面向全体教师进行项目式研究培训的基础上，新学期以课题带动教师发展，融科研和教研一体，探索"品·智"教师项目化（PBL）培养路径（问题驱动—支架学习—实践突破—评估进阶），即以学科为单位，实施项目式教研，每个学科确定一个研究项目，每周推出一节项目公开课，补充关键知识，解决关键问题，梳理关键策略，提升悦动课堂项目研究力度。

比如体育学科聚焦国家社科基金重大及重点项目《中国儿童青少年体育健身大数据平台建设研究》，关注学生的"运动负荷、体能练习、运动技能"，以KDL游戏课程发展学生创造性身体活动，以结构化的知识和技能解决复杂和真实运动情境中的问题。在华师大召开的课题全国推进会上，学校各项研究指标均名列第一，并在大会上交流分享了学校研究的阶段成果。

（三）探求追求理解的教学设计

"理解是学习者探求事实的意义的结果"。"事实"是知识，是知道；"理解"是"意义"或"探求意义"，是思维，最终形成"结果"这样的思想。

项目式教研激发了教师上课的激情，本学期的市区优质课比赛，学校就有14位教师入选，紧接着还有各个学科的市区级公研课要在我校举行，各项目团队在研究教材、反复磨课的过程中发现，真正能让课堂悦动的设计，首先要转变教师教学设计的思维，即不是花大量的时间思考自己要做什么、使用哪些材料、要求学生做什么，而是首先思考为了达到学习目标，学生需要什么，为此我们大胆尝试了"逆向"教学设计策略。

1. 逆向思考抓核心概念和任务

学生应该知道什么？理解什么？能够做什么？什么内容值得理解？通过对预期结果的思考，抓住能激发学生持久理解这一特征，明确学习内容的优先次序。学习内容可以分为三层：外圈是"需要熟悉的知识"，中圈是"需要掌握和完成的重要内容"，内圈是"核心概念和任务"。"核心概念和任务"具有吸附知识的能力。一方面，随着知识的学习我们在不断地加深对核心概念的理解；另一方面，因为有核心概念这个连接点，我们的学习会因为有附着点而被赋予意义，所以能够掌握得更加牢固。在这样的学习中发展起来的核心概念会成为知识的生长点，学生靠核心概念自主学习的内容远比教师讲得要多，并且在他们的未来会持续发生作用。

2. 从学习证据链出发倒逼教学设计

我们如何知道学生是否已经达到了预期结果？哪些证据能够证明学生的理解和掌握程度？通过对评估证据的思考可以帮助教师找到学习不同层次知识的关键问题和策略，即从学习的证据链出发倒逼教学设计。我们发现：站在评估员的角度和站在活动设计者的角度思考的问题是有区别的。评估员从评估出发，他会思考以下问题链："学生要达到什么样的目标？怎样能证明学生真正理解了？应该建立怎样的一个指标体系？需要什么样的学习设计？"概括说来，就是从目标到证据再到活动。而活动设计者从活动出发，他会思考以下问题链："什么样的活动是有趣和有意义的？我应该从哪些方面来评估？活动的目标应该具体确定为什么？"也就是从活动到证据再到目标。对比两者不难发现，只有前者能保证学习是围绕"预期目标"的，后者则很容易偏航。

3. 基于理解的教学设计策略

一是吸和保持学习兴趣的策略。我们在设计学习活动时会比较关注三个关键要素。①导线。什么能把学生引入学习？"神秘""悬念""冲突"都是引人入胜的元素。②意义。要让学生体会到成就感，就要把学习与学生的生活世界相连接。③支架。要在学生需要时适时地提供必要的帮助和信息。

二是促进探索和体验递进的策略。学生学不好的原因不是缺乏基础知识，而是缺乏丰富的体验。因此在整个教学设计的过程中教师需要不停地挑战简单、单一的理解，促进学生的深入体验思考。我们发现，真正能促进探索和体验递进的设计往往会形成一个探索体验序列。首先需要基于目标的分解设计一个不断深入的学习情境，让单一的学习内容变得立体而多元。比如部编版四年级语文上册《一只窝囊的大老虎》一课中为了让学生理解"期盼"的意思，在学生初步理解的基础上设计了两个语言情境，让学生从动作到情感由表及里的充分体验理解"期待"的内涵，让这个充满热切期望的小作者刻画在了学生的心里。其次，层层递进的追问式问题设计也是设计的关键。比如道德与法制课关于友谊的理解，基本问题是"什么是友谊"。教师抛出第一个问题："你的好朋友是谁？为什么你认为他是你的好朋友？"当学生回答后，教师紧接着讲了一个酒肉朋友的故事，抛出第二个问题："谁是真正的朋友？你是如何知道的？"最后教师提供谚语"敌人的敌人是朋友"，让大家思考"朋友是不变的吗"。值得一提的是探索体验序列，从布局上来看应该是"整体—部分—整体"，也就是说学生要知道为什么要学（整体），然后根据需要去理解、识记和练习（部分），最后再运用所学去解决问题（整体）；从行动上来看应该是"学习—应用—反思"，也就是说学了以后应该有应用的过程，并伴随着反思自己的学习之中。

二、借助课堂观测量表，通过"五指标"提升"悦动"指数

学校结合市南区的悦动课堂指标，改进了学校《"品·智"课堂弗兰德斯互动分析式观测量表》，聚焦"学习目标达成度""环节设计成效度""思维广度与深度""参与广度与效度""互动深度与效度"五个"悦动"指数展开课堂评价，把脉课堂质量。通过研究，学生思维的广度、深度得到了发展，合作能力在不断增强，核心素养得到提升。教师的教育智慧得到了激发，课堂观念不断转变，课堂效果不断增强。通过常态课教学的不断探索，学校推出系列市区级"悦动"课堂17节之多，语文、数学、英语、信息技术、体育、科学、海洋教育等多学科承办市区级研讨会。

三、借助新媒体终端，打造特色"悦动"课堂

充分借助"未来教室"的极倍资源终端，发挥VR/AR的技术优势，使教学宏观上有身临其境的感觉，微观上能放大、缩小，操作上能分解、观察，这种线上线下的交互式学习，让课堂的形态与空间活跃起来，从而构建起以合作对话为主要方式的开放、动态的教学环境，打造特色"悦动"课堂。市道德与法治课经验交流《小水滴的诉说》，市科学课《食物都去哪了》，区海洋教育课《丰富的海洋生物圈》无不通过使用Zspace融虚拟显示与增强现实技术为一体的多媒体终端设备，创设了一个个贴近学生生活，更为安全、直观、情景化的学习环境，学生置身其中，在自主、合作、探究中提高了学习的主动性，增长了学习的愉悦性。其经验在刚刚结束的由教育部科技发展中心、教育部教育装备研究与发展中心在南昌主办的"虚拟现实在教学中的深度应用技术"交流会上进行了经验分享。

后期学校将在此基础上与学校十三五课题结题相结合，以情境资源层、互动学习层、个性化评价层三个具有内在关联的学习层次为基点，不断深化"启思悦纳—互动悦享—拓智悦心"三悦课堂模式，让基于理解的教学设计真正为教师所用，为学生服务，不断增强学习情境，发展学生学科核心素养。

让新教师快速"变老"的秘诀

——关于新教师培训的再思考

青岛汾阳路小学　仇立岗

本学期校长带领校委会集体反思过去一个阶段学校在管理中取得的经验和教训。大家一致聚焦到级部负责人的价值,并开始思考项目负责人的选用。无论是级部联系人还是扁平化管理中的项目秘书,都离不开对年轻干部教师的任用,如何给新任用的"级部联系人""项目秘书"头衔的同时,给予他们实用的方法、工具和策略,让他们这些新手快速"变老",成为合格的某一业务领域的带头教师,是学校教师培训整体设计时必须思考的问题。去年我去北京十一实验中学与一名十一体系内新教师做了较为深入的交流,现结合北京十一学校对"新手"培训的一些做法,将我对"新手教师"的培训思考梳理如下:

一、传统的"集体备课""青蓝工程"等做法为啥不起作用了

我们原先的校内培训往往是以老带新、集体备课、专家讲座、自主研修、课题研究等形式。传统的做法,往往只是解决了教学业务链条中很少的一个部分,新教师很难从传统的校级师训中获取到教室的布置、工具的选择、秩序的掌控、活动的设计、小组的管理、自学的组织、个别化的观念、情绪的掌控、家长的引导等"干货",更别提将教学变得游刃有余了。

在系统地研究了集体备课和课题研究这两个途径后,我们认为集体备课能集合教师智慧但容易走向肤浅和形式化,课题研究能提升教师研究能力但又容易走向形而上的缺点。再说青蓝结对,我们的出发点是想让新教师学习老教师的经验,特别是经历了庄严的拜师仪式后,我们认为"帮助"一定会发生,然而任何自组织交往能够长期存在的前提一定是"双向互惠",单一的帮助不可能长久维系。如果一旦失去了组织上的政策扶持,只是把新人老人成对的组织起来必将是事倍功半,甚至毫无成效。最后说一下自主研修,我们认为缺少评价的自主学习效率不高,只会让新手教师

用自己10年或20年前初高中的学习经历来教现在的学生,如果当年的经历是成功的或许可以部分复制,倘若新手本身就不是名初中、名高中的优秀学生,面对大相径庭的学生状况,没有新的理念、方法和工具的支持,很难避免新手教师走向疲于奔命的工作状态。

二、如何破旧立新"拉直"新教师成长中的"弯路"

既然传统的方法效果一般,同时老教师单向输出的方式难以持久,那么又该如何让新老教师彼此融合,相互激励、相互学习、相互点燃呢?

（1）学校班子集中研究确定了一个基本的思路框架,即将课例研究坐实、做细、做牢,让教研组的课例研究聚焦新手教师面临的真问题,让有经验的老教师出招解答,将学课教学的研究提升为学科育人的交流。

（2）将课题研究与课例研究打通,实现课题研究课堂化,课堂教学课题化,用十一学校的理念来说,就是将每一位老师当成一座富矿来开采。通过研究的形式,实现新人老人优势的联通,用新教师的问题激活老教师的经验,进而形成双方看得见的成长轨迹。

（3）制订备课组奖励办法,充分调动学科团队发展积极性。老教师为啥会倾囊相授?只有将评价捆绑起来,将团队的评价等于或者高于个体评价,传帮带的作用才会真的发挥。学校采取了"团结协作奖"的形式,让团队评价与"教学质量奖"平起平坐,实现了新教师学之有物,让老教师教有实惠的双向共赢局面。

（4）对新手的特性进行分类识别,对不同性情的人采取不同的指导方式或者指派能兼容的"师傅"。作为分管学校师训的干部,必须关注到新手教师深层的价值观和注意力焦点。了解新教师的个性,接纳他们的短处、张扬他们的长处,让他们学会与不同的性格的人沟通及融洽相处,与学科团队的成员建立起真挚、和谐的合作伙伴关系,和家长确立好边界,和学生处理好关系,才可能减少成长中的困顿和阻碍。

（5）确定新手成长中的必经之路,标记锚点,在关键环节提供助力。一方面可以确定教师专业发展课程,采取通关式和积分式评价,让新手教师经历必要的历练过程。另一方面经常性地对新教师开展胜任力的调研,找到发展中的难题,给予帮助。同时还需要确定激励机制让师傅获得尊严与荣耀,让徒弟知敬畏有向往。

三、新教师的学习视角如何确立

当一所学校开始构建起校本研训一体化的发展样态之后,每一位新教师才能够快速地融入学校的整体氛围中,寻找共性问题的解决方案,是新手成长的基本视角。

这包括这样几个层面：

（1）教学方面：情绪控制（课堂管理情绪、家校沟通情绪）、时间控制（个人时间管理、课堂效率）、个人形象管理、学习环境布置、课堂问题设计、班内分层策略、诊断与评价、自主学习训练（阅读方法指导）等内容。

（2）管理方面：如何收齐作业（过程提醒、原因分析、及时反馈、态度坚定）、课堂秩序（规则共同约定）、学生评价、小组合作指导、家校沟通等内容。

（3）技术方面：PPT、电子白板、问卷星、公众号、学科 APP 等内容。

（4）精神层面：尊重师长、职业规划、追求卓越。

综上所述，关注年轻教师的培养和引导，是学校获得长久发展动力的基本保障。在追求质量的路上，我们必须用技术和情感，缩短年轻教师在成长中所耗费的时间，让他们的经验尽快丰富起来，将日常事务处理的效率提升起来，这样才能够有精力成为满足学校业务拓展所需的宝贵人力资源。

"一师一品" 助教师圆"梦"

青岛北山二路小学 高先喜

"没有梦想，何必远方？"管理学者华德士曾说过："21 世纪的工作生存法则就是建立个人品牌。"品牌意识是时代的呼唤。大到国家，小到集体，再到个人，一个人要想在职场竞争中稳操胜券就必须打造个人品牌，具备精深专业的技能，独具匠心的风格，以及不可替代的价值。对于教师来说，形成个人的教育品牌，何尝不是一个令人向往的梦！

我校以"一师一品"的推广为抓手，为教师们铺就一条圆梦之路。首先，借助各种形式的活动，发现并培养特色教师；继而，从特色教学方法的申报和评选入手，捕捉每位教师教学环节中的闪光点；最后，从个性化教学思想的提炼入手，鼓励教师形成各自不同的教学风格。"一师一品"成于"品格"，培养高尚的师德情怀；"一师一品"成于"品质"，练就过硬的教学质量；"一师一品"成于"品位"，成就隽永之教育大美；"一师一品"成于"品牌"，铸就多样的教学风格。

一、品格为先，铸师魂

教师的品格，在师德。师德，是所有教师为师从教的灵魂所在。因此，学校倡导"师德为先"，组织开展了"弘扬高尚师德，争做学生喜爱的教师"活动。通过"大家一起来织微博""感动校园的百个师德小故事"征集等，引导广大教师关注日常教育生活的点点滴滴，在细节中反思教育教学行为、感悟教育幸福。通过开展集中学习、座谈研讨、师德论坛等形式，使全体教师重新认识职业内涵、感受职业尊严，实现生命价值与职业价值的统一，良心育人与责任育人的统一，把学校建设成求真的知识世界，向善的人际世界，美好的心灵世界。

二、品质为重，炼师能

教师的品质，在课堂。品牌，重在特色；特色，呈于风格；风格，基于质量。要拥有个人品牌，首先要打造自己的教学风格，要向课堂教学要质量。教师教学风格是自身教学优势的提升和完善，是不断突破自我的产物，也是构成个人品牌的重要因素。学校开辟"一得讲坛"校本培训阵地，邀请专家定期走进学校，为教师们的课堂教学提供最直接、最专业的指导与建议；开展"同课异构"活动，通过不同教学风格的碰撞，激发教师们的教学灵感；同时，坚持"教学督察课"制度，加强对课堂教学的跟踪指导，通过课堂现场诊断，为教师提供更丰富更完善的教学经验。为了帮助教师们捕捉自己的特色，学校进行了一系列改革，一系列活动，终于形成"青年教师模仿、骨干教师探索、精英教师提炼"的阶梯化培养模式。

三、品位为上，厚修养

教师的品位，在读书。读书的好处不言而喻，所以，学校采取"一定时、二定点、三反思、四结合"的策略，引导教师养成良好的读书习惯。一定时：提倡让读书成为生活的一部分，每位教师每天要保证半个小时以上的读书时间。二定点："心驿站"是教师们固定进行读后交流的地方，一杯淡茶，一本书，大家各抒己见畅所欲言。三反思：鼓励且读且思，学以致用，教师们边读边记，撰写心得。教师们感叹说："许多可遇不可求的教育灵感就在读书中，不期而遇。"四结合："分散与集中相结合，欣赏与交流相结合，阅读与实践相结合，教研活动与教师专业发展相结合"。学校加大力度把读书成果纳入学校常规教学管理和教师的年终考核之中，教师们更是经历了变被动为主动，变苦学为乐学的甜蜜过程。这个过程，使教师们如虎添翼。厚重的知识底蕴也使教师们得到了更多的尊敬和掌声。课堂上的游刃有余使教师们坚定了追梦的信念，当我们"腹有诗书"的时候，我们便有了更加强大的力量。

四、品牌为尊，成特色

教师的品牌,在实力。树立个人品牌是知识和能力积累到一定程度的产物,是教师真正成熟的标志。具有了个人的品牌,便具备了与众不同的教学策略和更高更远的教学目标。为促成这种教学特色的形成,学校通过了"教师树品牌—部门亮品牌—团队强品牌"的递进式策略,引导教师们不断整理自己的教育思想,扬长避短吸取彼此的精华,成就自己的实力——实力,才是品牌的坚强地基。

"一师一品",对于爱做梦,勇于追梦的教师们是一条路,是一叶帆,更是一架梯。成功也许还在远方,但有梦就有希望,只要教师们敢于锲而不舍,敢于乘风破浪,敢于拾级而上,梦就会实现。

青岛新昌路小学以深度研究助力教师专业发展

青岛新昌路小学　薛　燕

"师者,传道授业解惑也"。青岛新昌路小学一直致力于"四有"好老师的培养,把牢教师师德师风第一位的同时,引领教师高质量专业发展。为使新昌教师在工作中有获得感、幸福感,在社会中有影响力、美誉度,我们秉承"点滴尽致"核心文化,聚焦"悦动课堂"这个教师主战场,探索实践"三次集备六步研"教师专业发展路径,铸实教学育人质量,使教师成为教学深度引领者。

一、路径引领：从"关注形式"走向"发展内涵"

校本研修立足学校实际,教研组教师在改革备课模板的基础上,着眼于提升集备和教研的实效性,重新设计了"常态集备记录",从"整合课程资源促进学生深度学习"和"捕捉课堂生成性资源促进学生深度学习"两个维度展开深入研究,形成了"三次集备六步研"的研修路径。

"三次集备"是指：①按照"六步研"内容深度研讨个人备课。②集备组按照"六步研"内容研讨执教课例,关注课堂生成性资源,完善形成第二稿教案。③由集备组中第二位教师执教,可以邀请教研组全体教师、教学专家等参与,按照"六步研"内容进行深度研讨,将研讨过程性材料汇入学校课程资源库,为后续有效教学设计及"深度教研"提供课程资源,真正实现研究成果"反哺课堂"。

"六步研"是指:第一步:教材分析。第二步:学情分析。第三步:基于学科课标、学段目标、本册教材目标和学情分析,研究单元、课时和环节学习目标的制订。第四步:研究环节目标达成策略,重点结合重难点的突破过程。第五步:提炼表述在突破本课重难点过程中,教师如何整合课程资源,从而促进学生深度学习。第六步:研究分层作业设计。

学校各个集备组按计划进行了深度教研展示活动,专家们结合教师课例对课题的实施与深化进行了细致地指导,使常态的研修活动从"有形式"走向"有内涵",促使教师成为学生深度学习的引领者。

二、学术引领:从"实践研究"走向"专业研究"

没有先进理念的引领,实践只能是低层次上的徘徊,要实现实践的超越必须要有理念的引领。教师由初步的科研札记,到深入进行课程资源整合和深度学习相关学术期刊的学习,将自己围绕悦动课堂的研究,形成学术论文。学校多次举行校级学术交流活动,推广教师研究成果。

在学校举行的学术论坛和市级课题结题会上,学校骨干教师分别结合"深度学习"阐述了"如何整合课程资源,促进学生深度学习"方面的实践与思考。有的教师巧用生活资源、生成性资源,并引入思维导图等多种策略与方法,提高学生数学思维;有的教师则在教学中玩起了跨界,探索的主题式深度研究学习将美术学习与诗词美文、生活感知、学生心境相结合,帮助孩子们拓展思维,将美的意识与生活相联系,唤醒学生的个人情感,发展创造能力。科研骨干教师有深度地实践与思考得到领导、专家的一致肯定。教师的理论学习有深度,实践会更有力度,"深度学习"的探索才更具价值。

三、深耕课堂,从"深度学习"走向"深度引领"

依托"三次集备六步研"的研修路径,依托校本化的学术研究,教师不仅自身成为深度学习者,还成为深度引领者,深耕课堂,更加有力地促进了学生深度学习的发生。

教师们紧紧把握"课程资源整合"这一有力的抓手,不仅关注课前的课内外课程资源搜集与整合运用,还要将课堂上的生成性资源予以灵活把握和因势利导,在促进学生思维悦动的同时,促进其深度学习,高效达成学习目标。教师们逐步梳理出

"情景表演式学习在故事类文章整合学习中的运用""方法迁移式学习在不同文体整合学习中的运用""问题导向式学习在写人记事类学习中的整合运用""悦动课堂""悦动赋能特色教学"等学习方式和策略,均关注到通过课程资源的开发与整合,培养学生阅读、表达能力以及高阶思维的训练。

基于真实课堂情境的学习是一种真实的学习。老师们借助"三次集备六步研"研磨路径及专家跟进培训指导,形成学术观点,实现专业发展。

构建"三维"校本培训路径　引领教师专业成长

青岛南京路小学　位　华

2018年中共中央、国务院印发《关于全面深化新时代教师队伍建设改革的意见》,党中央从战略高度审时度势,立足新时代做出重大战略决策,目标是"造就党和人民满意的高素质专业化创新型教师队伍"。各级各类的培训拓宽了教师的视野,从一定程度上提升了教师的专业知识和专业技能。但是,随之而来的出现了各种问题和矛盾。青岛南京路小学对此构建了切实可行的三维培训路径,引领教师专业成长,激发了教师的积极性和主动性。

一、校本培训的现状

学校开展了培训需求调研,了解了教师对参与培训产生的压力和困惑。主要表现在以下几个方面:培训缺乏整体性;教师缺乏主动性;培训缺乏实效性。

二、构建"三维"校本培训路径

以培养具有教育情怀的教师队伍为目标,学校整体架构"全员必修课程—分层工作坊—选课走班课程"三维校本培训路径。

```
                    "三维"校本培训路径
        ┌───────────────┬───────────────┐
   全员必修课程        分层工作坊      选课走班课程

    学校愿景          青年教师工作        心里培训

    师德师风          名师工作坊         学科培训

    专业知识                           信息培训

    教育思想                         营养保健培训

    专业素养                           营养美食

     ……                               ……
```

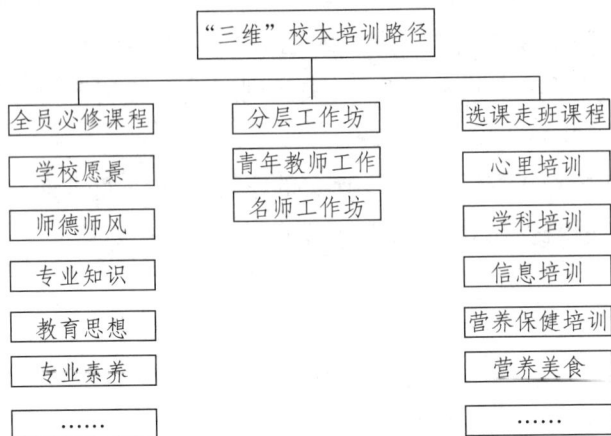

1. 全员必修课程

学校围绕"四有好教师"活动,为全员设计了培训课程,如:学校愿景、师德师风、专业知识、教育思想、专业素养等。利用每周四全体教师培训时间和学科教研时间开展集中研修课程。努力提升培训的精准度,从整体考虑,以教师的真实需求为出发点,为教育教学服务。同时,采取多种形式,调动教师参与的积极性,注重培训后的跟踪调查和实践应用。

2. 分层工作坊

根据教师发展需求,针对青年教师和学校名师两个特殊的群体,学校建立"青年教师工作坊""名师工作坊",针对两个群体以提升专业能力和专业素养为目标,专家引领、实践反思、同伴互助,促进两个群体的专业化发展。在工作坊中,教师们从"培训者本位"转向"需求者本位",采取群体指导、个别辅导的研修形式,从实际出发,有的放矢。如:"名师工作坊"利用同理心地图,寻找专业成长方向;使用SOAR分析法,找到名师团队的发展突破点。教师们进一步认识自我,找准了自己在专业发展的突破口。再如:"青年教师工作坊"教师基本功培训、微讲座培训等,通过"触发—交流—分享"的培养模式,注重教师个人的成长体验。

3. 选课走班课程

针对教师专业成长过程中的个性化需求,学校设计了校本培训选修课。教师可以根据自己专业发展的需求,或教学实践中遇到的问题,以选课走班的形式选择不同的内容作为培训重点。如:根据学科特点和教师发展两个维度制定的培训模块,心理培训、学科培训、信息技术操作等;也有根据自身爱好设置制定的培训模块,营养保健、健身指导、营养美食等。通过选课走班课程丰富教师的培训体验,关注了每一位教师的发展需求。

三、多元评价促进教师成长

学校采取学分制管理校本培训,通过创新管理提高教师参与培训的积极性。

1.即时评价和后续评价相结合

对参加培训的老师和团队在培训过程中的表现和收获即时评价。在培训结束后,教师把培训的内容和实际工作相结合后,再进行评价。二者有机结合,具有实用性。

2.专家评估

及时聘请专家,从专业的视角评判教师的教学实践,他们的建议和评价,能引领教师更加深入地思考。

3.互评和自评相结合

采取自评和同伴互评,以评促改,有利于教师不断反思,认清自己的不足。通过自评和互评相结合的方式,引领教师不断认识到自身的不足和优势,有效改进教学。

学校构建了"三维"校本培训路径,不仅提升了教师发展的外部动力,而且激发了教师发展的内部动力,学校关注教师的需求、权力和价值,教师能自主、自觉、主动、能动地参加校本培训,在培训过程中,获得了尊重和承认,提升了教师的自豪感。

引领教师发展,发挥教师魅力

胶州市正北小学　梁　健

打造魅力课堂,首先应建设一支富有魅力的教师队伍,使教师拥有极高的专业素养和个人魅力。为了建设好这样一支队伍,胶州市正北小学采取了一系列措施,开展了丰富有效的活动,助力教师专业发展。

一、订阅教学专业刊物,提升教师专业素养

阅读一定数量的教学学术文献资料,是教师业务进步与素养提升的第一策略,学

校多年来坚持为教师订阅了大量专业研究刊物,如教育学、心理学以及教学论等方面的著作,督促教师认真研读,撰写读书笔记,积累丰实教学经验。每学期,学校开展优秀读书笔记、优秀教学反思、优秀论坛文稿、优秀小论文评选活动。读书已与教师的教学实际紧密联系,把读书所得灵活机智地运用到工作中去已成为我校教师的习惯。

二、精研教学基本功,提升教师教学技能

教师要提高驾驭课堂的能力,形成独特的教学风格,就必须拥有高超、精湛的教学技能,而教学技能主要表现在教师课堂教学的基本功。为了全面锤炼教师扎实的教学基本功,学校主要采取以下三种途径:

(一)专业引领

学校充分利用名优教师这一培训资源,发挥骨干教师典型示范作用,传授其先进经验。根据不同学科要求,选取每学科中教学基本功扎实的优秀教师采取讲座、课例示范、资料学习相结合的方式进行专题培训,提升全体教师的专业水平。

(二)自我研修

教师教学基本功的提升贵在立足岗位,重在自我研修,练有用之功;同时,要结合个人的优势项目,练就教学特长。各学科教师通过在办公室内自我训练、同伴互助、专项竞赛的方式相互促进、共同提高。

(三)活动促进

根据基本功训练的特点和规律,学校逐项组织开展教师教学基本功大赛,青年教师说课比赛,中青年教师课堂教学评价比赛,全体教师课堂板书比赛,课堂教学的创课、晒课比赛,微课的创课、晒课比赛。这些活动很好地为广大教师搭建了展示自我、学习竞争的平台,调动了教师"练功"的积极性,提高了训练质量。

三、重视教学专题研究,积极探索个性化教学策略

我们要求教师树立"问题即课题"的意识,把教育教学实践的过程变为教育科研的过程,以教学中发现的问题为研究课题,把教改中出现的热点、难点问题确定为校本教研的重点研究课题。激励全体教师主动地参与课题研究,积极探索个性化教学的有效策略。语文教研组针对学生课堂投入的积极性不同导致学习效果有明显差异的现象,开展了"影响学生语文课堂投入因素的研究";针对学生写作缺少真情实感

的现象,开展了"个性化写作教学研究"。通过探索、研究形成的这些教学策略,有力实现了"科研兴教,科研兴校"的教学目的。

总之,胶州市正北小学在课堂教学改革发展的进程中,以先进的教学理念、优秀的师资队伍、空前的进取精神,打造出了优质的教育质量。"关山初度尘未洗,策马扬鞭再奋蹄。"今后,我们会在上级部门的正确领导下,不忘初心,匠心致远,朝着心中的理想目标迈进!

校长的听评议课,要从关注"事"到关注"人"

青岛大名路小学 周韫轶

教育的根本目的和价值取向就是"人的发展",是培养人、塑造人、提升人。"以人为本"中的"人",对学校生活而言,不仅仅指的是受教育者——学生,更是处于学校管理中的施教者——教师。每一名教师都是独立的、完整的个体生命,针对他们习以为常的课堂教学,做校长的,如何通过听评议课,激活教师工作的积极性,帮助教师感知自身存在的意义,既能促使教师提升自身存在的价值,又能促进教师的专业自觉,达到与学生个体需要,与学科教学要求,与学校育人目标同轨并行呢?

一、引领教师教学思想,提升教师境界力

校长在听评议课时,重教学思想的引领,就是要引导教师把时代对教育政策的定位;把社会对教育均衡的要求;把学校对育人目标的内化;把自己对学科理念的理解有效融合,树立正确的"教学观""教师观""学生观",提升教师境界力,使其在实际教学情境中能宏观定位,微观落实,系统思考,持续推进。相反,如果就"课"只说"事",不论"人",这样的听评议课,教师理解和实施起来难免就变成"照猫画虎",自己也"不识庐山真面目"了。

二、圆融教师教学技艺,助推教师实践力

校长的听评议课,要关注教师教学技艺的提升,帮助教师锻炼实践能力,要着眼教师发展、关注授课细节、考量教学机制、评估课堂成效,帮助教师在课堂操作和课

后反思中不断提升对学科教学的体悟能力、对教材资源的领悟能力、对课堂调控的顿悟能力。技艺的圆融，才能充分调动教师潜能开发，丰富教师的实践经验，从而助推教师实践力，把教师培养成为能举一反三、触类旁通的"开窍人"。

三、彰显教师教学自我，培养教师创新力

校长在听评议课时，要重视对教师专业自我的彰显，要通过意识的转向，话语的激励，行动的跟进，使教师在学校生活和课堂教学中获得相对于学校行政管理更自由的学术独立，释放相对于学校科层制度更开放的学科主张，以此建立自身的专业自我。同时，教师通过专业自我的建构，有意愿地进行专业学习、审视专业需求、提升专业层次、彰显专业品质，并通过这种独立、自主、持续的专业发展，形成对学校各种教育资源的有效利用，培养教师在教育教学中的实践能力。

四、促成教师教学合作，修炼教师学习力

校长既要关注教师个体的专业能力，还要引导团队的专业发展。学校要形成有效的对话机制，为教师之间进行信息交流、经验分享和专题研讨提供操作平台，防止和克服教师各自为战和孤立无助的现象。这样，既能通过教师之间的专业合作推动学校教育教学质量的提高，更重要的是能最大限度地满足每个教师的专业发展需要，促进教师个体在专业能力、知识、态度等方面的发展。在进行课堂观察的时候，既邀请类似于这种"共营小组"的教师专业团队共同参与听评议课，也可以更多地由这样的教师协作共同体来组织听评议课活动。

五、倡导教师多维评价，生发教师经营力

校长听评议课时要从以往的"单一视域考核"发展到"多元视域发现"，再由"多元视域发现"提升到"个性视域成就"的视角。评价一堂课的标准有很多，学科本位的三维目标落实，组织教学的交流反馈，课堂节奏的指导调控，信息技术的应用训练，学习方式的变革推进……校长越是能在听评议课时，采用多维的评价标准，就越会促进教师多样地实践反思，引发教师多边的智慧互动，梳理教师多元的成功路径，呈现教师多彩的自我经营。

每一所学校在教学管理中，都要从关注"事"，转为关注"人"，校长的听评议课只是尊重教师、发展教师、成就教师的现实路径之一，只有凝"神"聚"力"为教师，才能将"职场"变"舞台"，使教师拥有健康向上、积极乐观的生命态度与精神状态，获得乐伴成长、竞合相融的生存方式与发展路径。

让读书成为习惯，助推教师成长

青岛西海岸新区辛安小学　赵德明

一、指导思想

为全面提高教师的综合素养，提升教师的教学理念和工作信仰，全面贯彻新课标要求，扩大教师阅读量，增加语言积累，学校开展三年读书行动计划，以促进师生共同成长。

二、开展教师读书活动的目的

通过有计划地组织引导教师进行经典诵读，开展丰富多彩的读书活动，建立晨读暮诵读书制度，通过教师读书论坛、读书交流，开设教师读书百家谈等活动，推动教师多读书，读好书，以此来推动教师专业化素养的提升，拓展教师的视野，提高教师的理论化水平，为培养学生全面发展奠定知识和理论基础。

三、活动主题

传承经典，与名著为友，与大师对话。

四、实施时间

该计划实施的周期为三年，即 2019—2022 年。

五、目标要求

（一）整体目标

（1）通过开展读书活动，陶冶情操，充实文化底蕴，提高核心素养。

（2）通过读书活动，增加教师的阅读量，培养教师阅读能力，有效促进教师的知识的更新、思维的活跃、综合素质的提高。

（3）通过读书活动,推进书香班级、书香校园文化建设,在全校形成热爱读书的良好风气,不断提升教师的文化品位和学校的办学品位。

（二）分阶段目标

2019.09—2020.07 学年度:制定方案,明确要求,引领师生按照规定读书,培养良好读书习惯。

2020.07—2021.07 学年度:养成习惯,潜心阅读,扩大读书量,提高阅读质量,打实理论基础。

2021.07—2022.07 学年度:自主阅读,学会思考。养成阅读习惯,成为一个真正的"读书人"。

六、活动内容

（一）教师阅读的内容

教师读书不仅要专,更要博。教师可根据自身需要选定阅读书目。学校也可根据实际工作需要指定教师必读书目。教师阅读的书目可以从以下五个类别选择:

（1）古典名著、名人传记类。

（2）教育名著和教育家评传。

（3）专业书籍、学科指导类。

（4）生涯指导和学习方法类。

（二）教师阅读的形式

（1）教师自主读。教师结合自身兴趣和专业发展方向,从学校提供的阅读书目中选取若干书目,自主开展阅读。

（2）同伴一起读。教师共同阅读一本书或一篇文章,进行读后感交流,并结合各自工作实际,以共同的选题撰写论文,探讨教学实践问题。

（3）建立晨读暮诵制度,学校干部要发挥模范带头作用,通过教师会、讲座等形式带动教师深入读书创建出富有韵味的读书氛围。

（4）活动带着读。学校利用读书日、读书沙龙、读书论坛、校本教研、校本培训等活动载体,开展主题研讨,开展读书交流,开展评比评优,为教师提供展示读书风采的舞台。

（三）教师阅读的要求

教师每学年要精读 5 本教育名著和 5 本专业著作，略读 3 本有利于提高自身修养和专业成长的书籍，教师每天坚持阅读 30 ～ 60 分钟，坚持写读书笔记，每月坚持写一篇 1000 字左右的读书心得。

七、总结表彰

每年设立读书节，评选表彰一批在读书方面取得优秀成绩的教师，开设百家讲坛，请获奖教师为全校师生做专题讲座。

第三部分
中学教育

精致文化路径引领教师专业化成长

平度市杭州路中学　姜　涛

平度市杭州路中学始终秉承精致教育理念,关注"个人成长师生中的每一位、学校管理过程中的每一环、校园建设中的每一角",其治校模式无不体现出对"细节"的关注和对"差异"的尊重。精致教育理念,坚持以人为本,搭建教师专业成长的平台。建设一支师德高尚、业务精湛、结构合理、充满活力的教师队伍。我们认为关注学生应该先从关注教师开始,引导广大教师争做学生爱戴的好老师。学校为着力打造培养一批名师、学科带头人、教学能手和教学新秀,主要做两件事:师德建设和提高教师素养。

一、加强教师职业道德建设

①成立教师队伍建设领导小组,召开动员大会,层层落实责任。深入学习《义务教育法》《教师法》《中小学教师职业道德规范》以及党的十八大、十九大文件精神。进一步树立以德治校的道德意识,组织好每周的教师的政治学习和业务学习。②组织学习全国师德楷模先进事迹,树立本校的师德典型,大力宣传典型的先进事迹,尤其要发掘本校典型教师的事迹和先进经验,提高典型教师的影响力和示范性。③在家长、学生中开展调查问卷活动,使教师走进学生的内心世界,了解学生的需要,从而调整自己的工作方式,以适应新时期学生的需要。④开展师德承诺和签订《教师师德承诺书》活动。承诺的内容要征求学生意见并进行公示,同时在校内进行两级承诺,即教师向学生和家长承诺,教师向学校承诺,并签订承诺书。⑤把师德建设工作贯穿于学校工作的全过程,与校风、教风和学风建设结合起来,与加强学校管理、创建和谐精致校园结合起来。切实提高师德建设的质量和效果,促进全校师德建设水平不断提高。

二、提高教师素养

树立"人人不同,人人进步"的人本管理理念,用科学的标准建立教师评价管理体系。从教师素养、教学教研基本功、课堂教学水平、教学实绩等多方面综合了解教师现状,分层次提出要求,跟踪考核,进而确立学校教师队伍培养的整体框架。

(一)助推青年教师成长

①学校建立由教务处、教科室牵头的青年教师培养工作小组、制订日常考核细则。要求青年教师制订个人三年和五年规划,循序渐进达成学校考核要求。②每年9月学校举行新老教师师徒结对仪式,安排师徒结对的教学研讨活动。要求指导教师每学年听被指导教师的课不少于10节,做好笔记,写好评议材料;被指导教师每学年听指导教师的课不少于20节,写好听课笔记和感悟。每学期制订计划安排新教师出示公开课,教研组集体评课,以此来帮助青年教师更快地站稳、站好讲台。③学校每学期组织青年教师基本功比赛,不断完善青年教师汇报课、说课、课件制作、主题班会展示等一系列教育教学技能竞赛,促使其快速成长,脱颖而出。

(二)骨干教师领航

①建章立制,进一步完善和强化骨干教师队伍建设的规章制度。②坚持每一年的学校骨干教师评选,在教师节大会上进行表彰。建立骨干教师业务档案,坚持动态管理及目标考核办法。年初有个人年度发展目标,年末有达标考核评比。③每一位骨干教师参加一项教科研课题,每人有一项作为课题主持人的平度市级或校级小课题。规范课题研究,要求骨干教师参与课题研究的全过程,使骨干教师经过课题研究磨炼,切实提高教科研能力。④以活动为载体,发挥骨干教师作用。学校制订计划安排骨干教师每学期上好示范课,倡导小组合作教学模式。教研组长牵头,发挥骨干教师示范作用。充分利用集备,融合教师全力,研发学科教学模式,形成杭中教育教学特色。最终骨干教师带动全体教师,促使普通教师向优秀教师转变,优秀教师向名师转变。

(三)做好校本培训的落实工作

①强化学习意识,树立终身学习的理念。要求教师每年至少阅读一本理论书籍,如《教师不可不知的哲学》《教育让梦想成真》等,学校为每一位老师每学期发放一本"杭中教师读书笔记",每学期进行两次评比,促使教师把阅读学习变为常规并视为教师的一种职业生活方式,努力打造学习型学校、书香学校。②学校定期选派教师外出学习、培训,并通过各种媒体加大对优秀教师和名师的宣传力度。学校每学期邀请外校优秀教师、教科研专家来校举办讲座,并借此开展交流研讨。这样,不仅有益于教学管理,也有利于提高教学效益。

让思考与实践同行 引领教师专业发展

莱西市城北中学 仇洪财

学校教育教学质量的高低归根结底取决于教师素质的高低。如何立足学校实际，提高教师素质，促进学生、教师和学校共同发展？走校本研修和师本研究之路，是学校必然的选择。因此，我校启动并实施了"三新"规划，以校本研修和师本研究为载体，通过学术报告、读书富脑、教学沙龙与教学反思等培训与研修活动，让思考与实践同行，引领教师向专业化方向发展，促进了教育教学质量的稳步提高，推动了我校新课改和素质教育进程。

一、引领教师规划 做有目标的人

1. 指导教师自主规划成长历程

我校积极指导教师自主规划成长历程，帮助他们规划当前，设想未来，追求个人美好的人生价值，修订个人 3～5 年发展规划。教师有了规划和目标，就有了前进的方向和动力，就有了工作激情和信念，自身的倦怠和惰性也就消失了，自我专业发展意识和动力便随之产生。

2. 加强师德教育，激发教师强烈的责任感

一所学校的发展，关键是教师要有良好的精神风貌。因此我们特别注重加强教师的师德教育。我校以教师职业道德教育为主题，引导教师加强自我修养，树立职业理想。我们通过师德报告、师德演讲、星级教师的评选等师德教育系列活动，唤起了教师强烈的责任心。而这种责任心所引发的爱心、耐心又赢得了家长和社会的信任。

二、引领教师学习 做有思想的人

我们开展了丰富多彩的"读书富脑"活动，努力创建优秀的教师文化，为构建学习型学校奠定了基础。

（1）营造读书氛围，引领教师走进经典、走近大师，像蜜蜂一样博采众长。为引

领教师学习,我们平时挂在嘴边最多的就是学习。我们开辟读书专栏,内设"名著介绍""新书推荐"等栏目。利用《中国教育报》的读书版、校园墙报、班级黑板报推荐阅读书目,引导教师自觉读书,让读书成为习惯。

(2)购买图书杂志。学校每年投资 5000 余元,订购 10 余种报刊,购买 20 余位国内外教育名家论著、音像资料及成功人士励志书籍,供借阅或观看,还提倡教师每人每年自订一份教育教学杂志或报刊。

(3)专家引领。近年来,学校邀请专家来校对教师进行理论培训;克服经济困难,组织教师外出参加培训和学习研讨活动;通过专题讲座、交流体会、上汇报课等多种形式,回校进行二次培训,产生了一人学习,多人受益的效应;组织教师观看名家大师的教学实录或讲座,使教师由学习模仿到创新内化,从而实现教学实践能力质的飞跃。

三、引领教师研究与反思 做会合作、有学问的人

教师的工作是极具研究性、创造性的工作,让教师把教育教学行为纳入研究的范畴,是实践先进教育思想的需要,也是落实"新课改"精神的需要。我校具体做法包括以下几个方面。

1. 坚持开展针对教学或班级管理中的问题研究

自 2018 年起,我校对教案进行了改版,增加了实践反思环节。通过反思与研究,教师不断更新教学观念,改善教学行为,克服了被动性、盲目性,逐渐形成了自己对教学现象、教学问题的独立思考和创造性见解,实现了自己改变自己,调整、重组专业发展方向乃至自我更新的发展目标。

2. 用科研引导教研提高教师教研能力

我校用科研引导教研,鼓励教师把教学中发现的问题或困惑作为课题开展研究,再用研究成果指导课堂教学实践,使科研与教研紧密结合,不仅提高了教师教研水平,还使教学策略得到有效改进和完善。

3. 提供合作互动平台 促进教师共同成长

一是开展"教学沙龙"活动,引领教师带着问题来,再带着新的思考去。有时针对平时教育教学实践中感到困惑的问题,有时围绕一个问题进行探讨、交流,有时几次活动分别从不同的侧面切入共同探讨一个主题,形式多变,重看实效。

二是组织开展课堂教学开放活动,让"师爱"在课堂闪光。引导教师落实新教育理念,转变教学方式。先由授课教师或组织者阐述设计意图及对教育教学过程与效

果进行反思,再由其他教师和家长提出建议。教师们谈优点,指不足,相互切磋,共同成长。

三是开展"同上一节课"活动,促进教师由经验型向研究型转变。同时,教师在集体备课、磨课实践、反思交流中,驾驭课堂的能力得到提高,教学研究的意识也随之浓厚起来。

4.引导教师网络互动积极参加远程教育等高层次培训

我校除组织班主任老师积极参加远程教育培训之外,还指导任课教师运用现代教育技术整合课堂教学。倡导上网搜集或浏览资料,开发课程资源,即时交流、解决困惑,利用博客进行网上交流和互动。

"梅花香自苦寒来"。通过校本研修与师本研究,我们确确实实尝到了甜头,教师的教育观念和教学策略发生了深刻的变化,许多现代教育思想已经内化为教师的实际教育教学行为,许多青年老师已成长为新课程的优秀实践者。

教师专业化发展之青年教师的发展方案

莱西市河头店镇中心中学 王晓东

为进一步提高教师的专业素养,更好的落实立德树人的根本任务,争做"四有好教师"。努力提高青年教师的教育教学水平、教科研能力和班级管理水平,建设一支高质量师资队伍,从而提升教育教学质量。让青年教师能够"青,取之于蓝,而胜于蓝"。学校"青蓝工程"计划如下。

一、领导机构

组长:王晓东

组员:徐振军 江学波 孙云峰 李霜

二、指导教师条件

(1)工作五年以上,教学成绩居全镇前列或在本校具有一定的知名度;

（2）参加区级及以上优质课比赛获二等及以上奖的，获评区级以上教学能手称号的教师。

三、师徒结对安排

姓名	年龄	学科	指导教师
胡薇蔚	23	语文	刘好英
付 瑜	23	物理	赵卫宾
赵海松	25	体育	李波
车盈盈	27	语文	王春艳
杨馥绮	27	语文	赵 凤
梁 爽	28	英语	王淑萍
李 孟	28	政治	徐振军
曲崇钦	29	地理	王丽平
孙志军	32	音乐	
李成革	32	化学	孙淑红
崔建朋	36	地理	王丽平
李 准	37	体育	李波
郭光明	37	数学	张艳华
柳荣桓	37	化学	孙淑红
左盛华	38	英语	唐淑红
刘绍梅	38	历史	王丽平

四、基本职责

（一）指导教师

（1）订立指导计划，交教导处存档。

（2）师傅每周至少听徒弟一节课。根据优缺点进行客观点评。

（3）每月指导徒弟上汇报课一次。

（4）每学期辅导年轻教师拟定1—2份所教学科测试卷。

（二）青年教师职责

（1）每学期至少读一本专业著作,并有相应的读书心得或实践心得。

（2）徒弟每周至少听师傅或同学科教师2节课。每周写出一篇观后感、到市直学校参加教研活动感想及教学反思。

（3）徒弟每月一次汇报课。同组内教师听课,根据《河头店镇中心中学课堂教学评价表》评分,每月师傅写评价。

（4）每学期拟定1—2份所教学科测试卷。

（5）每周到指定学校参加一次教研活动。

五、奖惩考核办法

（1）对评议不合格的年轻教师延长学习时间。不合格教师培养时间延长一年。

（2）学校根据上述基本职责所规定的内容检查完成情况,进行综合考核,分优秀、良好、合格、不合格四个等次分别给指导教师及年轻教师加考核分数2,1,0.5,−1分。

（3）被指导教师期末教学成绩为全镇第一名给指导教师在绩效考核成绩中加计1分。

（4）指导教师获市级及以上优质课一等奖或青年教师基本功比赛一等奖及以上荣誉者,指导老师和被指导教师给予奖励。

（5）校级汇报课获"优秀"等次者给指导教师和被指导教师颁发证书和相应的奖励。

浅谈学校管理几点做法

平度市冷戈庄中学　辛绪照

作为学校,教师是首要的管理对象,又是管理的主体,因此,对教师的管理在学校管理工作中显得非常重要。在当前的学校管理中,如何提高管理水平,怎样做才会让学校上档次、上水平呢？我本人认为从以下几个方面着手或许对提高学校学理水平有一定帮助。

一、营造宽松、和谐、愉快的工作氛围

学校必须建立和制定规章制度,使学校管理有序、民主、科学,是学校管理应该追求的境界之一。

(一)尊重

作为学校领导学会尊重,不仅是为了得到别人的尊重,更是管理人文化的思想基础。尊重,意味着信任、理解、关爱、平等。所以,要善于尊重和倾听别人的意见,不要自以为是,要博采众家之长,全面客观看问题,不偏听偏信,善于与人合作,遇事多商量,不独断专行。在实际工作中,学校领导要把教师放在第一位,坚持校务公开制度,凡是应公开的内容都向教师公开,使教师心里明明白白;坚持倾听不同的意见,甚至是反对的意见,念人之功,容人之过。

(二)信任

学校领导应给予教师充分的信任,不要事必躬亲,该放手的时候要放手。放手让教师大胆地干,只在教师需要领导出面帮助时,才"过问"。在班级集体建设、教研组建设等学校管理的各个方面,放手让教师去做,使他们在获得信任满足的基础上,激发起工作的主动性、创造性。

(三)民主

学校必须把教职工看成学校管理的主体。一是充分发挥学校教代会职能作用,学校的发展规划、重大决策均在教代会上由教师代表表决通过并在广大教师中宣传达成共识,最后形成决议。二是教师参与落实学校规章建立的过程,学校可拿出一个大框架让教师参与起草,再组织讨论修改,然后成文。

二、以人为本,科学管理

学校的所有干部、教职工都是校长的管理对象,而又都是管理的实施者,立足与发展他们的能力作用,发挥每一个人的特长,这就是以人为本的思想核心。

1.严于律己,起到表率作用

校长的权威来自自律,而不是来自权力。一所学校,不管规模大还是小,师生数量多还是少,但不能因小而放松管理,特别是校长的自身管理更要严于教师和其他基层领导,只有这样,才能有说服力,才能起到表率作用,才能带动广大师生实现教育目标,创出最佳教学效益,提高教学质量。

2.以诚待人

作为管理者要经常和班子成员及教师谈心,互相沟通,以诚恳的态度,充分肯定他们的长处,也推心置腹实事求是地指出他们不足,他们也愿意把自己的心里话向校长敞开。这样,天长地久,增进了相互间的了解,实现了共勉,工作中的配合也会更加默契。

3.关心教师生活,想他们所想

每个教师都有着积极的事业心和责任感,每个人都想在教育教学工作中有所成就,这种事业和责任感无论对个人和学校,对孩子及家庭,还是对国家和人民都是好事。作为学校的校长就应该对他们有所了解,给他们提供方便,心甘情愿地为他们解决困难,为他们的生活分忧,为他们在学历提高、晋级评优等方面提供条件。

三、 加强对各年龄段教师的培养和管理

一个学校的活力在于年轻教师,他们富有朝气;一个学校的发展在于中年教师,他们正当壮年;一个学校的成功在于老年教师,他们更有经验。三者之间,缺一不可。我们应当充分利用我们现有的人力,开发出他们的积极性。

(一)年轻教师是教育事业的希望所在

学校应该珍惜现有的年轻教师资源,切实加强帮助他们适应,使他们更快地进入"教师角色"。对年轻教师中存在的问题,不能只是看不惯而指责,而应该循循善诱,做到动之以情,晓之以理,使之逐渐走上正轨。

(二)中老年教师是学校不可忽视的群体

多年的教学生涯使他们具有扎实的教学技能、丰富的教学经验和强烈的责任心,但是在学校工作中,最容易忽视他们。针对这一问题,我们应当这样做:首先,年级组长、学科带头人,让他们成为学校各管理层中的一员,让他们参与学校的管理,为学校的发展积极地出谋划策,同时,他们也能及时地传达学校的管理举措,组织安排本组教师落实各项工作,每学期的教师工作都是先由年级组长,学科带头人考核,再由学校考核。这样就增强了中老年教师的责任意识,担当起了管理职责,真正参与到学校管理工作中。

四、建立完善的约束、激励机制

对教师的管理,实行过分严厉的控制固然不行。但也不能没有一定的控制措施,

正确运用控制手段也是确有成效地实行对教师管理的不可缺少的方法。约束能使人按要求去做,不放纵自己,不犯错误或少犯错误,我们在约束的同时要从激励着手,寓约束于激励中,教师受到尊重、信任和理解时,才会自觉遵守规章制度。

总之,学校管理工作要重视人本管理。这样,对教师的管理才能获得成功。也只有对教师的成功管理,才能发挥、调动起教师的主动性、积极性和创造性,才能做到人尽其才,才尽其用。

全方位多举措促进教师专业化发展

平度市旧店镇祝沟中学　耿军强

平度市旧店镇祝沟中学是一所老龄化严重的学校,大多数教师不思进取,自我发展意愿较差。从 2016 年开始,我们着手打造学习型学校,全方位多举措的促进教师专业发展,取得了良好的效果。

一、将校本培训落到实处

以前的校本培训由学校统一安排培训内容,大多是为了应付上级检查,教师们花费了不少精力却收效甚微。通过调研我们发现不同年龄段、不同学科的教师对培训内容的需求也不尽相同。如年轻教师需要的是教学方法和教学理论的培训,而老教师需要的是信息技术及先进教学理念方面的培训。为此,我们让教师自己上报急需的培训内容,然后分门别类,通过个性化培训、本校专家教师培训、外聘专家培训、与联盟校教师交流、让培训教师到联盟校顶岗学习等措施,这些百花齐放的培训模式,使校本培训真正地落地开花。

二、开展校级课题研究

课题研究是教师专业成长的必需的手段之一。其实每位教师在教学过程中都会遇到一定的困惑,只是有些教师不去思考更不愿意去解决。教了一辈子的书,知识还是那些知识,方法还是那些方法。为了解决这一问题,我们把课题研究作为晋升职称的重要项目之一,学校由教科室负责,设立课题研究中心,负责课题的培训、立项及评选,凡没有校级课题立项并结题的,一律不许评审高一级的职称,在市级立项并结题的职称评定时给予一定的加分。教师们尝到了课题的甜头,已经能自觉去研究课题,专业发展水平也得到了相应的发展。

三、实行同课异构

每学期同学科的教师都要进行一次同课异构的课堂教学研讨。同课异构给教师提供了一个参照和比较,引发参与者智慧的碰撞,长善救失,取长补短,有效地促进参与者的思想交流,理解新课程的理念,把握新教材的教法,最终有力地促进了课堂教学质量的提高。为防止同课异构流于形式,学校聘请联盟校的同课教师参与,同时也可以学习联盟校先进的教学方法。每学科出一节校级公开课,各学科进行比较量化,优胜学科组给予全校通报表彰。

四、读书学习促进教师专业成长

教师专业成长需要教育理论的学习与提高。俗话说:"要给学生一碗水教师必须有一桶水。"教师不学习,"桶"里的"水"会越来越少,你会发现教学起来越吃力。所以,作为一名教师要经常不断地学习,既要学习专业知识,又要学习教育理论,在学习中充实自己。我们设立了专门的教师读书室,教师们闲暇之余来到"教师加油站",饮一杯清茶,读一本好书,身心得到了放松,大脑得到了补充,然后又神清气爽地投入工作中去。

五、教学反思促进教师专业成长

俗话说"千金难买回头看",一个只知埋头教学不知反思的教师绝不是好教师!其实撰写教学反思比撰写教案更重要。教师只有在课后认真反思总结,才能不断地纠正自己的错误,修正教学过程中产生的偏差,才能更加地完善自己。为了促进教师专业成长,学校规定每一位教师每一堂课都要撰写教学反思,教学反思一定要注明如何去改正这些偏差,然后由教导处统一组织教研组长进行检查评比。教师在研究中成长,在反思中成长,使自己真正成长为一名科研型、学者型的教师。

六、利用"互联网＋教师专业发展"

"互联网＋教师专业发展"安排的学习内容之多、涉及内容之广泛、开放时间之久,是任何形式的培训都无法做到的。对于一些较好的学习内容还可以重复学习,是教师专业成长的重要途径。我们每年都抓住这一重要时机指导教师进行学习,学校统一组织,上午进行理论学习,下午研讨并写出学习感悟。

深化教师培训改革,力促教师专业发展

平度市古岘中学　李宝进

教师这一职业关乎学生的明天和民族的未来。教师们的一切教学活动都深深影响着学生,甚至影响学生的一生,因此我们学校高度重视教师素养的提高和专业化水平的提升,加强了对教师的培训。

一、深入调查研究,找准培训需求

(1)调查问卷。每个学期初我们都要在全校教师中进行一次培训需求问卷调查,汇总并筛选出教师们最迫切需要的培训内容,进行合理的搭配、安排。

(2)座谈。每学期开学第二周的教研组长、备课组长专题会议上,教师培训都是一个重要议程。会议上学校领导、教研组长、备课组长进行广泛的讨论,结合问卷情况确定好培训时间、内容等。

二、改变培训形式,提高培训成效

(1)以往的集中培训基本是以报告、讲座的形式为主,教师们的主动参与度很低。近几年我们学校对培训的形式进行了改革,变讲座为百家讲坛、教苑论坛、教研沙龙等参与度广、互动形式较多的方式。这样每位教师既可以是培训者同时也是被培训者,人人都可以当主持人发表自己的见解,培训中教师们的参与度、积极性和培训广度、深度明显提高,效果更加显著。

(2)改变以前的个人大分散培训为备课组小分散培训,这样做既有利于教师们相互讨论、互通有无,更有利于发挥小集体优势,让培训成果进行延伸,共同进步,提高教育教学质量,推进学校整体的教育教学工作。

(3)培训作业的形式进行了变革,可以是学校网站论坛的发言截图,可以是培训反思,也可以是组内讨论的录像,还可以是检验培训成效的课堂实践和小课题研究的研讨、成果等。培训作业形式的改变减轻了教师的负担,增加了教师参与培训的兴趣。

三、及时评价,鼓励先进

(1)学校重新修订、完善制度中关于培训评价的条文,加大对培训先进个人及集体的表彰奖励力度。

(2)每逢教学年会、学期末总结会、教师节等大型活动,学校都对在培训中表现突出的教研组、备课组和个人进行表彰。

(3)在学期末业绩考核和每年的评优选先中,按照制度对培训先进个人给予适当加分。

总之,以上措施实施后,教师们参与培训的积极性、主动性有了大幅度地提高,参与培训的热情与日俱增,培训的效果也越来越好,在学校的引导下,有越来越多的教师走上了爱研究、勤思考、深反思、多实践的专业化成长的幸福之路。

创新工作机制　打造诚毅教育品牌

崂山五中　陆典民

近几年崂山五中教育教学成绩突飞猛进,由一所乡村学校,逐渐成长为一所高质量学校,连续五年年度考核优秀,中考升学率由20%提高到59%,比五年前提升了近200%,并获得山东省教育先进集体称号,这不能不说是一个奇迹,现就近几年质量的提升进行一些梳理。

一、制度服务质量,规范凝聚力量,顺势而为,塑造风清气正校风

制度是保障发展的重要因素,为向管理要质量,以管理促发展,全面提高教育管理水平。结合教体局《教育管理提升年活动的实施意见》和《教学质量提升三年行动计划》,我校抓住时机,顺势而为,出台了以提高标准,激发动能为目的的《教育管理提升年活动实施意见》和《教学质量提升三年行动计划》,为保证顺利完成目标,配套出台了以评价促进教师发展,为教师发展而评价的《"千分制"教师过程考核制度》;基于班主任和项目组的,双核目标驱动的《质量目标考核》机制;以汉河基金

为补充的《绩效工资考核机制》；以不放弃任何一个学生为主导思想的《全员育人考核方案》；以重资历、重业绩为主要内容的《职称考评方案》等一系列制度。努力为想干事、能干事、干大事的教师搭建施展才华的舞台，营造了风清气正、干事创业的育人氛围。

二、寻求各方助力，加强技能培训，借势而进，打造精诚合作团队

在教体局的关心指导下，在研训中心的精准扶持下，各级领导、专家来校指导工作，我们的教师以"海绵吸水"模式，加强自我技能提升，借势而进，竭力锻造一支能打硬仗的教师队伍，我们深知，我们不是最优秀的，但我们是最努力的，也终将会成为最优秀的。

与南京师范大学的联合办学模式，我们已调整为"3+X"培训模式，即"三位专家＋一线实践教师"，通过一对一的研讨模式，进一步探索课堂教学规律，构建有根的"三元课堂"。

在汉河教育基金的支持下，我们与开发区实验初中、开发区育才、26中、平度西关、青大附中、65中、济阳竞业园学校、平度长乐中学等手拉手共建，与区内兄弟学校加强学科交流，共享教育经验。种种举措，提升了干部管理、教师把握信息、运用信息的能力。

借力学区建设，学区内干部培训、骨干培训、课堂模式培训、项目对接，课程衔接实现了共通共融，管理上实现了相互扶持。

三、诚毅引领文化，真诚而且坚毅，造势而起，营造"团队第一"核心价值

学校打造的"诚毅教育"，就是培养师生"诚朴做人，坚毅做事"的品质，用"诚毅"精神锤炼团队意志，践行"不达目标、绝不退缩"的担当精神。

在诚毅文化的引领下，我校已经打造出一支思想理念一致、目标方向一致、行动步伐一致、讲求奉献、敢打硬仗的干部教师团队。

近几年，我们完善了诚毅教育体系：诚毅三元课堂、诚毅耐冬课程、诚毅德育、诚毅共享评价、诚毅月度人物、诚毅温馨班级、诚毅科学院、诚毅生态文化等方面的实践。学校巨大变化的背后，是干部、教师们忘我的付出：

英语刘老师去年因煤烟中毒住院，上午治疗，下午就赶回上课；生物王老师心脏不好，但坚持在教学第一线；班主任于老师因身体原因，晕倒在讲台上，恢复意识后，马上要求回班开家长会；朱书记家老人离世，只请了一天假……这样的坚毅故事就

发生在我们身边。

"将爱和责任做到极致"，老师们用自己的行动对"诚毅"教育做了最本真的诠释。

四、天下教育，唯细不破，坚定不移抓落实，蓄势而发，助力攻坚克难

为切实开展好教育教学活动，我们创新载体，开展以"八个一"为抓手的"一线工作法"，要求每一位干部：情况在一线掌握，为做决策、抓落实提供第一手资料；能力在一线锤炼，提高驾驭复杂局面、破解工作难题的本领；作风在一线转变，通过深入现场，精准指导，向精细化服务要质量。

为促进学校各项工作的高标准推进，启动"项目组负责法"，即为完成某个特定任务，整合能够推进项目的人力资源，组成项目团队进行联合攻关。目前，我校组建的大项目组有"千分考核项目组""质量提升项目组""管理提升项目组""三元课堂项目组"等，大项目组有效地解决了部门管理短板，实现了经纬有度的网格化管理模式。另外，我校还成立"一线项目组"，每个级部成立了不同层次的五个项目组，有效整合了校内资源，助力学生分层提高。

实施"蹲点工作法"，全体干部担任副班主任，蹲级包组、包项目。由此产生了"校长有约""导师制""22点有约""班级教导会""学术顾问"等抓好落实的助力模式。

五、问题即是课题，解决即是研究，乘势而上，助推教师可持续发展

为了提升教科研水平，学校专门成立了学术委员会，进一步做实教科研工作，引领全体教师进行海大云平台的使用、学本课堂改革；实施"三明工程""草根工程""双复工程""青蓝工程"，促使教师迅速成长。

至今，我校区级以上骨干教师达37人，五年内先后有6人在全国优质课评比中获奖，23人次获市级优质课评比一、二等奖，85人次举行过市区级公开课、研究课。就在上周五刚刚结束的全国数学建模大赛中，我校有4名教师获得录像课一等奖，3名教师获得现场优质课一等奖。

我校研究课题获青岛市教育成果一等奖、山东省教育改革成果二等奖。学校研究性成果《"复讲复评"教师专业发展模式下的导学案研究》顺利出版。

"诚朴托起梦想　坚毅铸就品质"，经过全体师生的忘我拼搏，我校教学质量也在乘势而上，实现了一年一大步，三年大跨越的目标。

诚毅教育的价值追求，让新时代的五中人，瞄准新目标，开启新征程，全面夺取质

量提升新胜利。

加强教师队伍建设，促进学校可持续发展

青岛大学附属中学　彭念东

一、铸造师魂，弘扬高尚师德，为学校发展奠定基础

"国无德不兴，人无德不立"。对于一个单位也是如此，任何一所优秀的学校都必须有一支全身心扑在教育事业上的队伍，这支队伍的师德垂范对学生正确的人生观、世界观和价值观的树立，起着任何说教无法替代的作用。把学校办成推进素质教育的示范学校，对教师师德必然有更高的要求。

二、教师队伍建设的路径与目标

1. 教师队伍建设的发展路径

坚持文化立校，以一种可持续的、多样化的、具有无限可能性的教育生态影响和作用教师，以学校课程建设和人力资源两大互动的战略为主线，以教师与学校的共同发展，将青大附中转化为学习研究共同体。

2. 支柱与目标

（1）建设终身学习的教师队伍：一是进一步促进教师的职业意识，提高教师职业满足感和幸福感。二是引入人力资源管理理念，建立校本人力资源管理体系，提高学校效率与公正性。三是各学科涌现出在青岛市乃至山东省、全国有一定影响的名牌教师。

（2）构建培养学生的课程体系：一是建设学校课程体系，形成青大附中学校本课程特色。二是通过教学评价与研究方式的改革，进一步提高课堂教学的有效性。三是改变原有的传统学习方式，促进师生共同学习。四是实现有效的课程管理，增强教师课程意识，提高教研组和教师的课程改进与开发能力。

（3）创设促进学思的管理模式：一是形成全岗责任追究制、团队绩效共担制，教

育创新保护制等新的学校制度体系；二是围绕学校建设，完善各项评价制度，增强评价的权威性，从而有效促进教师专业发展；三是提高学校全面质量管理水平，进一步提高个人与团队的绩效。

（4）打造有利学智的学校文化：一是形成学校共同愿景与共同价值理念；二是形成"尚德、敬业、合作、创新"的学校精神的文化内涵和特征。

（5）团结关注学业的合作伙伴：一是扩展和保持与兄弟学校友好合作关系，积极参与协作体学校的各项沙龙活动；二是建立和保持与省内外友好学校交流合作关系；三是积极吸收家长力量，参与学校各项改革；四是建设和保持与社区的良好合作关系。

三、教师队伍发展的策略与措施

1. 长板先行：引领团队高水平发展

"长板先行"各级组长在整个团队中要发挥"长板"的引领作用，提出"一群领跑的人"的观点，让每一个年级、每一个学科、每一个课题组、每一个集备组、每一级骨干团队都有领跑的人，让名优教师成为团队跑得最快的人。

2. 短板增值：加快团队发展速度

就一个木桶的容量而言，即使长板再长，可是决定桶最终容量的仍然是短板，这就引发了对教师队伍中"短板"增值的需求。为此，学校将从团队协作、课例跟进、常态指导三个层面加大"短板"增值的力度。

3. 间隙无缝：提升团队整体绩效

团队的整体绩效，不仅取决于个体的素质，更取决于个体间、各集备组间的协作程度，即板间隙的紧密程度。为此，学校从优化团队建设的基本要求出发，创设有效的沟通平台，营造包容和谐的团队氛围，彰显团队特色。

青大附中师资队伍的年龄结构、学历结构、知识能力结构要呈均衡化，并保持梯队合理；重视扩大高学历师资的比例，更重视教师的实际能力；做到"三个形成"，即形成内在激励的良性循环机制，形成青大附中独特的教师培训模式，形成青大附中教师团队精神；弘扬四种精神，即发扬锐意改革的创新精神、团结协作的敬业精神、取长补短的竞争精神、荣辱与共的爱校精神。

潮海中学新任教师培训策略

青岛市即墨区潮海中学　黄祖润

近年来,由于学校工作需要,不少的新教师调入和聘到我校,且青年教师居多。青年教师是教育事业的未来和希望,是学校可持续发展的基础。提高青年教师的思想政治觉悟和业务素质,是我校教师队伍建设中一项重要而又紧迫的任务。这些新任教师都在一线担任重要的教育教学任务,但教学素质参差不齐。为进一步提高这部分教师的综合素质,促使每位教师尽快成为思想过硬、业务精良的优秀教育工作者,潮海中学对新任教师进行全方面培训,具体策略和方法如下。

一、培训目标

根据教学的自然规律与教学发展总体要求,结合我校新任教师实际,围绕道德素养、业务能力、管理水平诸方面,开展系列教育活动、业务培训。通过培训让新任教师在短时间内熟悉学校,熟悉工作岗位,进一步巩固新任教师的专业思想,增强事业心、责任感和敬业精神,做到"敬业、勤业、乐业"。初步掌握学科的教学常规和技能,理解学科的业务知识和内容体系,课堂教学、作业批改、课外辅导等逐步走向规范化。全面提升新任教师的道德修养、学科素质、工作技能、科研能力、管理水平、实践与创新能力。

二、培训途径和方式

实行"两条线"培训方式:一是学校示范引领,二是自主研修提高。

(一)学校

(1)组织培训学习:培训学习内容包括教育法律法规、师德修养、提高教育教学质量的策略与方法、本学科课程标准、学校推行的教学模式、班主任工作、现代教育技术的使用等。采用集体学习和个人学习两种方式。

(2)观课研讨提升:①观看优课实录。学校定期组织新任老师观看优秀课堂实录。②观后研讨。观看后发表自己的心得体会,同科分组讨论总结。③迁移延伸。依照课例及归纳总结将观课收获迁移到自己的课堂教学中,在课堂实践中将所学巩固、深化。

（3）师徒结对引领:实行新教师与老教师结对,青蓝同盛。老教师要发挥榜样引领作用,对新教师进行如何备好课、如何上好课、如何批改作业、如何管理好学生等各方面进行指导引领,给新教师上好示范课,多听新老师的课,及时交流与反馈,带动新教师快速提升,超越师傅。

（4）"请进走出"交流:邀请本校和外校市级以上优秀教师执教示范课、观摩课,与同类学校开展业务上的双向交流与合作,在活动中开阔新任教师眼界,提高教学能力。学校定期组织新任教师外出参观学习、听课评课、对口交流等活动。

（5）"教师沙龙"互学:利用微信群建立新任教师沙龙,组织新任教师相互交流,探讨教学体会、畅谈教学感受、倾诉教学困惑、研究解决方法、介绍成长经历;或就某个专题开展讨论,发表自己的见解,给他们创造学习和展示自己才华的机会。

（6）教学展示评比:每学期定期组织新任教师进行优秀课评比,通过说课、模拟上课等方式进行比赛,对成绩优秀的,学校给予奖励。

（7）召开座谈完善:①学生座谈会,听取他们对新任教师的意见,并及时将意见反馈给相关教师;②召开新任教师座谈会,听取有关学习、工作、生活方面意见,总结交流教学实践中的得失、体会、业绩;③指导教师、行政领导研讨会,就新任教师的培养工作专题进行意见交流,总结经验,完善培养措施。

（8）建立档案总结。档案包括:①听课笔记、评课记录;②说课、模拟上课、汇报课、评比课案例设计;③每学期教学成绩及竞赛辅导成绩、各项比赛的成绩和记录;④各项检查考核评估结论及其记录;⑤本人的发展规划、总结;⑥参加培训的有关情况和成绩;⑦指导老师评价;⑧学生调查结果。

（二）个人

（1）发展规划:制订个人切实可行的发展计划,有目标,有要求,有措施。

（2）理论学习:培养良好的自我学习习惯,多浏览、查阅与教育教学有关的书籍,每学期至少要读一本教育、教学理论书籍,要做好读书笔记。

（3）教学反思:每周在教案中写好教学反思。反思内容字数不限,重在记录感悟,总结得失。

（4）主动听课:除了学校组织的听课,自己要积极主动地随时听课,学习同科各位老师的长处,甚至跨科听课。

（5）网上研修：网络研修平台有很多优秀课例和有效的教学方法，要多渠道学习，不断积累，不断提高。

（6）参与管理：不担任班主任的，要主动任班主任助理，参与班主任管理，在协助该班主任的工作中学习、体会、探索班级管理的理论方法、技巧，努力提高班级管理的水平和能力，全面地提高自己业务能力。

永远和教师站在一起

青岛市即墨区第二十八中学　李志刚

教师有热情，学生才有幸福。当下的学校中教师团队年龄跨度大，更多的"80后""90后"年轻教师成为中坚，团队中包含着从 20 世纪 60 年代到 90 年代之间迥异的价值观、人生观，作为校长，要锤炼团队凝聚力激发教师积极性，建设优秀团队，我们该从何做起？

用榜样引领人。凝聚力来自共同的目标，来自榜样先锋的带领。要影响到教师，首先要从凝聚干部队伍开始。任用干部我的体会是德排第一，勤排第二，能排第三。师德、品德都有很多公论，人的能力水平可以在工作中发展提升，所以任用干部我特别看重是否愿吃苦、是否能奉献。如果一名教师担任干部后工作量反而减少了，要么是制度缺失要么就是导向出现失误。教师心中都有一杆秤，此风一长必然带来学校管理多方面的混乱而失去人心。引领干部吃苦、奉献，任何时候校长都要敢于立下"向我看齐"的标杆。正是我的决心和坚持，让两所学校的干部队伍始终充满干劲高效运转。校长鞭策干部，干部引领教师，教师团队就有了向心力。

用真心感动人。我从担任即墨二十八中校长起，就给自己立下了一项规矩，每位教职工生日时，我要亲手给这位教师书写一张贺卡。十五年来，从未间断，现在钢笔也用坏了十多支，算起来也有几十万字了。工作量是增加了，特别是有时候忙起来经常要带回家写到深夜。但也正是这一张张不起眼的小小贺卡，让校长和教师间完成了一次一对一的交流。近几年来，我又开启了另一项工作，就是校级领导每年要到全体教师家中拜访一次，争取三年下来校长要亲自到每位教师家中一次。登门走访面对面交流进一步拉进了校长与教师的距离。

用事业发展人。每位教师心中都有一个名师梦。在即墨二十八中我研究推广"和谐互助"教学策略十多年，一直采用大开放的策略，不是打造几位教师的成功，而是通过各种方式吸引更多的教师参与到课堂改革中来，不是精心打磨几节公开课、优质课，而是突出每位教师的常态课。以近几个学年为例，每学年全体教师迎接外来听课5000多节次，参观人员对教师们的"和谐互助"常态课给予高度评价。学校每学期有近100名教师应邀到全国各地送课200多节次。这种职业的成就感是任何物质都无法代替的，极大地增强了教师们的职业使命感和幸福感，不仅他们自身的职业发展更加优秀，而且能带动更多的教师投入到教育教学改革中来。

用正能量激励人。在二十八中，我每年都组织开展三个主题活动——"幸福二八"做幸福教师、毕业典礼感恩教师、"感动二八"校园人物评选。获奖教师中有面对生活磨难笑对人生的典范，有精研业务团队前进的领军人物，有热心教改探索创新的先锋，有矢志教育无私奉献的楷模，有忠诚事业默默无闻的"老兵"……教师们在聆听这些事迹的过程中，在体验艰辛的感悟里，心灵受到洗礼。从上个学年开始，我们又推出每周光荣榜制度，表扬近期处室工作先进教师。其实每天都有很多动人的教育故事发生在身边。把这些感动的瞬间发掘出来，让感动与教师们同在，既是对当事教师的肯定，更是引导学校正能量的有效措施。

用考核尊重人。有什么样的考核，就会有什么样的教师。校长的一项重要工作就是在条件允许的情况下，最大限度地通过考核为学校树立导向和标杆。在二十八中担任校长多年，我们制定考核文件原则都是突出中会考成绩、突出班主任、突出工作量。如中会考成绩取得全区第一名，所在学科组教师可能全部考核优秀；每年的教师考核量化积分，班主任、超工作量的老师积分肯定排在前列，评先选优坚决按积分名次推荐；每年的奖励性绩效工资核算，中会考教师拿的一定比其他教师多，担任导师班主任（一人兼任多个班班主任）的教师比校级领导都高出很多。我一直坚信，教师们看重的不是有限的物质，而是学校对他们付出的肯定与尊重，这种肯定与尊重就是导向，就是学校凝聚力的源泉。

校长是教师的教师。要提升教师的凝聚力、战斗力，校长就要坚定理念排除干扰，秉持一颗公心，时刻和教师在一起，以饱满的热情与激情为学校定目标、定规则、定标杆。校长的热情感染教师，教师的热情感染学生，校园才会充满浩然正气、蓬勃朝气，我们的教育才会永葆生机和活力。

加强教师队伍建设　引领教师专业发展

胶州市第十九中学　罗济京

学校的发展离不开教师发展,如何引领教师发展,从根本上提高教师的专业水平,胶州市第十九中学本着"着力打造一支勤勉敬业、团结合作"的教师队伍的团队为目标,以"多维度"促进教师成长与专业发展。

一、搭建教师多维成长平台

（1）建立了促进教师成长发展的有效机制,促进教师全面发展。完善教师培训制度,统筹安排远程培训、学科培训和校本培训,从学校实际出发,以微课、阅读、集课为主题进行系统化、专题化的培训,提升了教师的综合素质。

（2）实施教师培训成长工程和一带一"青蓝工程",培养青年骨干教师和学科名师。为此学校开展了教研组长、备课组长示范课、名师示范课、支教教师示范课、导师诊断课、青年过关课、改科过关课、一师一优课、一人一堂公开课等,促进教师业务水平全面提升。

（3）进一步完善了教师个人成长档案。在老师每人一本《教师成长档案》的基础上,又完善了《教师教学计划》,让教师在制订计划时规划好自己的成长途径和方法目标,提高了教师成长档案的实效性。同时注重彰显教师个性发展,通过定期的成长档案展示活动,让教师在回顾、交流与反思的过程中,感受自己的成长与进步,培养教师的自信心与自豪感,激励教师向更高的目标迈进。

（4）实施"名师工程"。每一年评选一次,第一年入选授予"胶西镇习行好老师"称号,连续两年入选授予"胶西镇博知好老师"称号,连续三年入选授予"胶西镇行知名师"称号。已获"胶西镇行知名师"称号,连年入选者,视指导青年教师进步情况确定称号并享受相关待遇。

在学校"名师工程"培养中,每年都有多名出示级公开课在地、市级赛课中获奖,特别是今年有四位教师被推荐参加国家级的"一师一优课,一课一名师"比赛。

二、强化集体备课，增强团队意识

以"集体备课"为抓手，达到共同提高，集备做到"三精四效四环节、一清单、两个80%"（"三精"是指精备、精讲、精练，"四效"是指备、教、学、练要有效；"四环节"是指学、展、导、练；"一清单"是指堂堂清，当堂反馈落实；"两个80%"是指80%的学生掌握80%的知识）。

为保障集体备课落到实处，干部包组深入备课组参与活动，并做好指导。集备的成果材料发教导处，为形成学校丰富的教学资源奠定基础。集体备课发挥了教师的集体智慧，在市优质课比赛中，多名教师获奖。

三、加强引领，提升教师的业务能力

1.以市级课题为主导，下大气力搞好"高效课堂"为主的各类课题研究

对于课题的研究纳入规范化管理、通过实验总结规律，进一步指导教育教学工作。加强课题组成员的培训学习，提高科研水平，加强调查研究，积累资料，总结研究成果。指导全校教职工按照"选准课题—积累资料—撰写论文—推广成果"的轨道，重点指导承担立项课题的教师，提高研究的目的性和实效性，使他们真正起到带动作用。

2.积极参与"读教育名著，做智慧教师阅读实践工程"

以青岛市中小学教师阅读实践工程的要求为契机做好教师读书计划，要求教师及时撰写读书心得体会并记入相应学分，积极发表论文，学期结束教科室编辑出版了教师优秀论文集。将阅读教育经典与反思教育实践、研究教育问题、探索教育创新、提升育人质量紧密结合；将教师经典阅读与指导学生读好书，引导学生爱读书紧密结合，将经典阅读与社团活动和胶州秧歌、墨河文化等历史文化遗产进校园紧密结合，着力打造学习型、研究性、专家型教师团队和书香浓郁、特色鲜明的"书香校园"。

四、实施"核心工程"，倡导和谐幸福的工作理念

学校大力实施"核心工程"，建设好三支队伍：一支想干事、能干事、干成事的干部队伍；一支勇于创新、甘于奉献、朝气蓬勃的班主任队伍；一支勤勉敬业、团结合作的教师队伍。同时在工作中倡导和推行和谐幸福的工作理念，注重建立和谐的同事关系、师生关系，让教师找到工作的幸福感。学校举行了"做幸福的班主任""做幸福的教师"等经验交流活动，增进了教师们幸福工作理念的探讨。

新形势下如何引领教师发展

青岛大学城阳附属中学　姜　涛

　　新的教育教学形势要求我们对课程教学的领导要不断创新。教师的角色、观念、行为等方面都在发生着变化。教师从知识权威逐步变成学生学习的组织者、指导者和促进者。教师关注的不仅是学生知识的掌握情况,更注意学生的个性是否得到了彰显,能力是否得到了提高,学生的情感态度价值观是否得到了整体的培养。这就要求教学方式更加灵活多样,通过新课程标准的实施,师生之间共同学习、平等交流的民主关系将逐步形成;教学过程将从禁锢走向开放,教师不再完全依赖于教材,而是通过挖掘、补充和整合相关的课程资源来组织教学,新课程所倡导的自主、合作、探究的学习形式在教学实践中将得到充分的体现。合作学习、小组讨论、共同探讨会成为学生学习的主要方式,学生由被动地接受知识变为主动地探究知识,由个体学习变为合作学习,学生主动参与教学过程,从以往单纯地听教师讲变为师生交流合作,共同探究。

　　下面我就从新形势下如何引领教师发展来简单地谈谈我对教师角色转变的一点浅薄的认识。

一、由管理者变为组织者

　　以前,教师或多或少有这样的观念和做法:学生是不懂事的,生来就需要大人管,教师和学生的关系是管与被管的关系,而不是平等关系;服从管理的是好学生,不听话的是坏学生。就在这样的"管理"中,学生"望师生威",培养了一批批平庸听话的"好学生"。现在的教育要求教师成为引导学生主动参与学习的组织者。教师不再是高高在上的管理者,更不像以前维持纪律、不断施加压力的"监工"。

二、由传授者变为参与者

　　以前,教师站在讲台上,像个讲经布道的"大师"。而现在,教师和学生应该在活动中学习、在争论中寻求真理,与学生们分享他们的感情和想法;教师不是只顾自己

"导演"和"主演",而是把学生尊为"主人",改变传统教学中"我讲你听"的教学模式。学生受到重视,积极性大大提高。教师的主动参与更能激发学生的兴趣。

三、由独裁者变为协助者

以前,在课堂上,教师一人说了算,而今,教师应该充分尊重学生的个性,重视健全学生人格。在学生自主探究合作学习时给予最大的帮助。比如在语文教学中,当学生对某一篇课文的主题争议不定时,教师给予指导,并对那些持"不同政见者"加以肯定;对于那些很少发言的学习困难学生,教师要给他一个发言的机会,解除他心中的恐惧。在语文教学中加强学生的语文实践,一是采取多种多样的形式,给学生创造尽可能多的实践的机会;二是不断开发、充分利用无处不在、无时不有的语文教育资源,使学生凭借丰富的资源和大量的实践,在学语文、用语文中渐渐习得语文学习规律,不断提高整体把握的能力。教师的任务看似减轻了,实则担子也更重了。

教育是在不断变化的,有它的活力和发展空间,这给我们发挥潜能、施展才华提供了一个广阔天地,教师的专业化发展也应该不断进步,而教师也应该不断学习,与时俱进,把自身锻炼成为一代新型教师。

引领教师成长的四步策略

青岛市即墨区新兴中学 吴成海

教师成长的不同阶段会有不同的困难和瓶颈,许多时候仅仅靠教师个人是很难克服和突破的,这时就需要来自学校的帮助。只有找准问题,做到对症下药,引领帮扶,才能推动教师不断成长。 那么,校长该怎样引领教师成长呢?学校培育好教师可分四个阶段进行,即教学生,上好每一节课;教家长,家校携手育人;促读书,提素养促成长;抓教研,帮带抱团成长。

一、教学生,上好每一节课

一个好教师,首先应该上好课。课堂是教师教书育人的舞台,上课是教师教学工作的主要内容,上课是教师专业成长的主渠道。最重要的事情就是要掌控课堂,能够完成教学计划,实现有效的教学。我校通过学校领导参与听课评课、师傅带徒弟等制度安排,来帮助年轻教师成长,帮助他们明确教师的专业职责和要求,读懂学生,学习面对当今有个性的学生,努力适应生活环境和节奏的变化。一个教师只有读懂了学生,才能有效地开展符合学生认知规律和适应学生成长需要的教学活动。青年教师是学校发展的生力军,骨干教师是教师队伍中的精华。为充分发挥我校骨干教师的示范引领作用,帮助新入职青年教师快速成长,早日成为学校教育教学的后备力量,每学期初我校都要举行隆重的师徒结对仪式,为了充分发挥"师傅展示课"的引领作用,真正让徒弟学有所获,学校推选的师傅教师前期精心选题并在同学科组内多次磨课。学校领导走进每一节展示课,认真听课、记录,狠抓每一个课堂教学细节,课后与教师深入交流,要求教师们绝不能止步于这一节"优秀的课",而是要充分发挥师傅课的引领作用,把常规课当成展示课一样精心打磨。接下来,青年教师会在前期观摩学习以及师傅的指导下精心打磨备课,以期在学校"徒弟展示课"上崭露头角,这也是师徒结对系列活动之一。

二、教家长,家校携手育人

教家长,是学校引领教师成长的第二个阶段。一个好老师不仅要教学生,很多时候还需要教家长。学生背后是家长,教育背后是社会。学生的问题,通常都与家长有关。教育出了问题,通常根源在社会发展出了问题。学校要引领教师教家长,家校合作,携手育人,达到教师、家长、学生共同成长的目的。我校为此搭建各种平台,譬如家长学校、家长教师委员会、家长开放日等,打通教师与家长交流的渠道,架起家校共建的桥梁;引领教师教家长,给家长授课,给家长教育孩子新的思路和方法,通过开展家长课堂、召开家长会、个体咨询、微信聊天等活动,吸引家长关心并参与学校教育。没有纯粹的学生问题,也没有纯粹的教育问题。教师教家长的前提是,老师先要研究家长,了解家长,懂得家长。好教师要想方设法唤醒家长,改变家长,提升家长对家庭教育重要性的认识,使其在家庭中对孩子的教育方式和方法更加科学有效。好教师要指导家长科学育儿,提高家长的教育素养,引导家长重视家风建设,引领每位家长成为言传身教、教子有方的好家长。取得家长的支持配合,会让教师的工作如虎添翼,事半功倍。

三、促读书,提素养促成长

学校要引领教师的读书和交往,让教师懂得人性的复杂、教育的复杂和社会的复杂。读书让教师知道自己的欠缺,从而获得学习上进的动力。教师是专业做教育的人,就要对教育规律和人才培养更具学术素养和专门技能。我校定期举行教师读书交流会,开放学校图书室、阅览室,鼓励教师们工作之余积极读书,不仅读专业书籍,也读人文文学类书籍,有阅读,有思考,有体会,然后在读书交流会上进行分享。交流会上,与会教师也纷纷参与讨论,交流日常读书心得,充分展示了教师的文化素养与审美品质。心灵的融合,思想的碰撞,把读书交流会推上了高潮。学校还定期举行教师各类征文比赛,对获奖教师予以表扬奖励,大大激发了教师们的读书热情,提升了教师们的素养。

四、抓教研,帮带抱团成长

学校积极推荐课堂教学好、受学生欢迎的教师成为校级、区级骨干教师,参评各级学科带头人,提拔优秀教师做备课组长、教研组长或者教学干部,让他帮助同事尤其是相对年轻的教师提高教学技能。学校适时提供一些高端培训进修的机会,譬如参加国家、省、市级培训项目学习,激发优秀教师进一步发展的需求和愿望,鼓励其成为岗位明星或教育教学某个领域的专家;同时,搭建多种平台,以参观考察、同课异构、座谈交流、挂职锻炼等形式,引领优秀教师广泛参加校内外各个层次的教育决策及咨询活动,让优秀教师成为大多数教师学习和研究的对象,在输出经验和思想的过程中,成为"教学风格独特、教育思想日臻完善"的名师名家。

青岛启元学校探索教师培养新途径

青岛启元学校　马新卫

加强教师教育发展力的培养,全面提升教师的教育素质,引导教师在教育实践中融入先进的教育理念并在教育实践中丰富其教育思想。

一、建设学习型教师队伍

树立终身学习的理念,在干部教师中开展"走进经典,牵手名师"活动,鼓励干部教师多读书,通过阅读不断提升个人修养。抓好"青年读书班",倡导教师阅读人文与科学经典作品,引领教师提升人文素养。坚持和完善教师持普通话水平等级证书上岗制度,大力推广普通话教学,使用规范汉字。

二、加强师德修养，铸就高尚师魂

进一步建立健全师德建设工作机制,推进师德自我教育和全员育人工作的深入开展,培育师德品牌。强化以敬业爱生、为人师表为主题的教师职业理想和职业道德教育,增强教师的责任感、使命感,以人格和学识魅力教育感染学生;增强教师的改革、发展的意识,争做创新型教师。在教育实践活动中锤炼教师的教育理想、激发创造潜能、提升工作境界,努力做到"高品位做人、高标准做事,高规格育人",进而提高教师的工作热情和职业幸福感,提高教师为教育事业奉献的责任感。

三、完善教师专业化发展机制

建立激励机制,通过评选"教育成就奖""名师工作室""首席教师""首席班主任"等,鼓励骨干教师争当各个方面的领军人物。突出"名师工作室"的引领,在已有的四个"名师工作室"的基础上,开设名师工作室,让更多的优秀教师站在学校教育教学的前沿;加强对青年教师的培养,建立青岛启元学校"优秀青年教师后备人才"培养机制,制定《青岛启元学校青年教师培养方案》,通过"新秀工程""青蓝工程"等提升青年教师的专业素养和自主发展的能力,鼓励教师参加专业学位课程的学习,为青年教师创造更多的学习机会,使青年教师迅速成长,成为学校的教育教学骨干。通过开设"启元讲坛"、教育叙事、教育博客、教师论坛、教学案例和教学反思的撰写、微型课题的研究等方式,提升教师的理论素养。

四、实施"学术休假制度"和"教师兼职制度"

定期选派骨干教师到教育发达地区的中学或大学任教、研修学习,吸收先进教育教学理念,促进教师个人的专业化发展。力争五年内市级学科骨干教师占全校教师比例不低于20%,区级学科骨干教师占全校教师比例不低于50%。

五、关心教师身心健康，提高教师幸福指数

建立完善"教工之家",定期开展健康知识讲座、文艺健身、教职工健康体检等活动,将教工之家建设成思想之家、民主之家、学习之家、温暖之家、健康之家,为教师的身心健康和可持续发展奠定基础。

多措并举，锻造基础，塑造儒雅教师

——青岛广雅中学教师队伍建设案例

青岛广雅中学　范　磊

青岛广雅中学（山东省青岛实验初级中学市北分校）是经青岛市教育局批准，由青岛市市北区教育局与青岛实验初级中学联合创办的一所依托岛城初中教育的品牌学校——青岛实验初级中学办学优势的全日制公办初中学校。建校以来，学校在教师队伍建设方面始终坚持拓宽培养思路、塑造儒雅的教师团队理念，在教师队伍不断壮大的同时，师德、师能也在不断提升。

1. 深化德润广雅，做"四有"好教师

（1）进一步提高教师的思想政治素质。我校以"坚持立德树人，回归教育初心，做四有好教师"为主题深入开展师德师风教育活动，深入学习党的十九大精神和习近平新时代中国特色社会主义思想，全面领会精神实质。全面提升依法依规工作的能力和水平。郑重签订《师德师风承诺责任书》《拒绝有偿补课承诺书》，努力把核心价值观内化为精神追求，外化为自觉行动，树立广雅教师"爱岗敬业、爱生乐业"的高尚形象。

（2）进一步提高教师的职业道德水平。学校积极组织教师开展"2019 最美教师"评选活动，大力表彰在活动中涌现出的先进典型。以"爱生月""近师周"活动为载体，让家长义工团走进学校，参与评价；走进教室，关注教育；走近孩子，倾听心声。在"小手拉大手"中展示师情、浓缩师爱、锤炼师魂。加强师德宣传，结合教师节、国庆节等庆祝活动，充分利用橱窗、网络等，大力宣传先模人物典型事迹和师德师风建设成果，展示教师精神风貌，营造良好社会舆论环境。鼓励和号召广大教师以先锋模范为榜样学习他们的先进事迹。在全校进一步加强社会主义核心价值观宣传，激励和引导广大教师争做"四有"好教师。

（3）进一步提高教师考核考评工作的实效性。学校重视教师的师德师风建设工

作,大力开展违反师德师风行为专项治理活动,把师德师风考核结果作为教师业绩考核、职务评聘、评先评优的主要依据,对于考核不合格者实行"一票否决"。结合师德教育活动,在全校教师中开展了一次师德师风自查自纠活动,广泛征求本校在师德师风方面存在的突出问题及个人教育教学中存在的问题和倾向性问题,认真剖析,深刻反思,并对查出的问题,进行认真整改。

2. 注重以学促能,以赛促能,全面提升教师技能

(1)落实"四个一",推动"青蓝工程"。针对我校青年教师多、教育教学经验不足等特点,围绕"青蓝工程"制订了青年教师培养计划。组建青年教师培养工作领导小组,完善青年教师培养制度,从教学实际出发,从青年教师实际出发列出培养清单,以问题和需求双导向组织各类培训,促进青年教师综合素质的提高。通过"对内邀请,对外聘请",以内为主,以外为辅,从本校优秀教师中寻找资源,就我们工作中的一个教学难点,一个教育热点问题以教育教学沙龙或研讨会方式,进行交流,发现青年教师问题,满足青年教师业务成长需求,提高青年教师的自信心,挖掘青年教师的内在潜力,激发其内驱力。

倡导并督促青年教师做好"四个一",即在一学期内读一本教育专著,写一篇教学反思,主持一次组内主题教研活动,进行一次课堂教学展示。"四个一"的成果将作为青年教师个人成长档案的重要内容计入年度考核。在青年教工中组织开展师德建设工程"六个一"活动、岗位双促、基本功大比武等活动。

(2)打造"广雅·名课堂",推动"凤凰工程"。充分发挥骨干教师的带头作用,同时在骨干教师中树立科研意识。学校着力打造"广雅·名课堂",由骨干教师开设示范课,学校邀请专家进行点评,与骨干教师一起挖掘课堂亮点,发现教学智慧,鼓励骨干教师彰显自己的教学风格。同时,学校积极组织纳入青蓝工程的青年教师听课,并撰写评课感悟,交流观课体会,互相促进,共同提高。

3. 多措并举,努力提高教师科研意识

学校在全体教师中以"三个倡导,六个平台"引领教师的自主学习和团体学习。三个倡导:倡导教师学习学生身心发展规律和学习规律方面的知识,为教学研究奠定基础;倡导教师阅读人文与科学经典书籍,提升人文和科学素养;倡导教师研读教育专著,提高教学能力增长教育智慧。六个平台:依托实验初中,落实"五同步",搭建学科集备教研平台;利用网络研修及项目化培训,搭建继续教育平台;继续实施凤凰工程,搭建骨干教师提升平台;继续推进青蓝工程,搭建青年教师成长平台;成立教育科研促进委员会,搭建教育科研平台;举行班主任智慧论坛,搭建班主任专业发展平台。同时,学校充分利用合作办学资源,聘请实验初中教师参与教研组、集备组集备,举行"广雅·大家"讲堂活动,邀请专家做教育科研培训讲座,使教师特别是青年教师的科研能力不断提高。

4.落实优秀教研组评选,设立"红杉奖"

学校建立和完善了教研组考评制度,制定了教研组评选"红杉奖"方案,将考评项目细化量化,通过评价体系改革激发教师工作激情和创造力,变强调个体考核为强调团队考核,从突出个体奖励到突出团队奖励,加大对教研组、集备组、年级组等的奖励力度,以此促进教师团队的共同成长。

主题研讨引领教师发展

青岛市市北区实验初级中学 陈庆祥

没有教师的发展就没有学校的发展。为了使学校的教研能够达到解决教学实践中的问题和困惑的目的,学校充分发挥"大集备"和"大教研"组的集体智慧,以"集思广益、优势互补、资源共享,减负增效"的教研思路,创设真实、有效、浓厚的研究氛围,努力提高全体教师的专业素养,促进课程的发展,提高教学的整体效益。

主题式系列教研活动的基本程序是:问题—计划—行动—总结—调整计划—行动—总结—再调整计划。各教研组要把教师在实践中发现的问题、遇到的困惑,教师比较关注、相对集中的问题,经过梳理,调查分析,学习论证,提炼成一个个教研主题,通过开展一系列的教师群体合作的教学研究,形成对教研主题的共识。教研主题一般从以下四方面着手:①问题来自真实的教学情感,来自教师自己的教学生活;②问题是大多数教师共同关注的问题,具有一定的代表性;③问题是目前学科教学中急需解决的问题;④问题通过教研活动有解决的可能。

主题式系列教研活动的基本要求包括以下几个方面。

(1)活动主题要有针对性。主题开发是本活动进行的核心,主题的开发和确定必须要结合教学现状和教师需求,只有大家都认同的主题才能得到教师的支持和执行,因此,活动主题的开发必须要有针对性。

（2）系列活动要有整体性和结构性。活动安排时要充分考虑整体性和结构性，体现教研系列性，必须坚持对某一主题进行多方位的、滚动的、持续的研究。实践中可将大主题细化为若干可操作的小专题，再结合具体课例对小专题进行持续的滚动研究。

（3）活动过程要保证教师的参与性。每次活动都要设计不同教师的参与点和参与方式，使每位教师的困惑能及时得到回应，每位教师的经验能及时与同事分享，尊重和保护教师教学研究的积极性和创造性，增强教师职业自信心。倡导教师提前介入教研活动，要求所有教师在大集备、主题备课和主讲备课的"三备"过程中，都要与主讲教师共同经历编写预案、上课、评议，研讨，直至形成最佳方案。

搭建更多平台　引领教师成长

胶州市第十七中学　史文江

我校坚持实施"六课制"促教研。即"一人一堂研究课"，教师全方位找差距；举行"示范课"，突出引领作用；举行"诊断课"，评判课堂教学手段优劣；举行"骨干教师风采课"，展现精彩课堂教学技艺；举行"青年教师过关课"，促进青年教师课堂业务的快速成长；开展"教学能手评选课"，提升教师的课堂竞技水平。通过实施"六课制"，提升了我校教师业务素质，提高了课堂教学水平，同时打造出我校的教研特色。一年来，在各级主管部门组织的各学科小论文、各种征文大赛、创新实验、研究性学习成果、英语口语大赛中，分别有70余人次获得一二三等奖，有36位教师获得了"优秀辅导教师"称号。在"优学天下"杯微课评选活动中，我校有5人获得一等奖、9人获得二等奖、18人获得三等奖，学校还获得优秀组织奖；在青岛市优课比赛中，有3人分获一二等奖；在青岛市作业设计大赛中，有6人分获一二三等奖，受到了教研室领导的表扬。

重视实验教学，学校以分管教学的副校长牵头，由教导处制订实验操作的具体考核办法，严格监控整个教学过程，切实把实验教学落到实处。

我校在心理咨询室的基础上，建设了120平方米的心理教室，是胶州市所有学校中的第一家。我们非常重视学生及教师的心理健康问题，举行了多次培训活动，组织教师外出学习，鼓励教师参加心理咨询师的考试。学校被评为胶州市四星级心理学校。学校主要开展了"三个面向"的心理健康教育活动,即"面向学生"的两周一次心理健康辅导课,开放心理咨询室,针对有需求的学生,帮助他们解开疑惑,促进成长;"面向教师"的"做幸福的老师"的健康讲座,提升教师的幸福感;"面向家长"的"坦然迎接中考"的心理辅导讲座,指导家长在中考前如何做一个合格的父母,缓解焦虑,提高自信心。

在一师一优课评选中,心理学科成绩突出,被推送至青岛市参加评选。在山东省优质课比赛中,我校心理学科也取得了一等奖的好成绩。

我校投资16万元建成了"同步课堂录播教室",集授课录课、同步授课、视频会议、教师培训等多项功能于一体。同步课堂为录制教师教学活动提供了专业的数字化平台,可以高质量地记录教学活动全过程,满足了学校视频公开课、精品课程的打造任务。同时,通过校园同步课堂的实录活动,教师之间可以相互评课、议课、学习、借鉴,加大了教学研究和学校管理的深度和力度,成为有效提升办学质量的有力工具。另外,学校举行了多次教师业务、心理健康等多种形式的培训,既促进了教师的专业成长又促进了团队的和谐发展。

打造个性教学法,引领教师专业成长

青岛市城阳区第十中学　曲新忠

教育应该回归课堂本位,教育者应该更多地将焦点聚焦在学生的"学"上面。诚然,学生的"学"是有效教学的万本之源;但是,教师永远是教育事业的第一资源,只有持续优化教师这个重要的教育资源才能更好地服务于学生的"学"。我校在构建生态课堂教学模式的实践活动中,除探索出"先学后教、三学联动"的课堂教学模式,优化学生的"学"之外,还同时进行教师个性教学法研究实践,提炼出"五步多元""任务驱动""情浸"等符合学科特点的个性化教学法,引领教师专业成长。

一、全员参与课堂教学模式探究

2017年,《城阳十中课堂教学改革实施方案》正式出台,学校校委会牵头召集全校各室、骨干教师专门召开了教学模式改革研讨会,在总结以往经验的基础上初步敲定了"先学后教、三学联动"课堂教学模式。该模式分为"自主学习、合作释疑、展学训练"三大环节。

（一）自主学习

要求学生结合学习目标,根据《导学案》的指导,认真学习教材,自主独立完成导学案自学部分,积累自己对学习内容的认识理解,遇到障碍时,做好记号留待全班交流时解决。

（二）合作释疑

教师选择具有代表性、典型性,体现本节课的教学重难点的知识进行例题讲述,并根据例题的关键点切入,设计问题串;根据心理学的雁行理论,学生进行合作交流讨论,小组代表展示,教师进行精讲、精评。

（三）展学训练

教师根据典型例题,适当拓展,学生通过独立思考、展示,根据心理学墨菲定律,故意让学生示错,同伴纠正,以此来做到举一反三,进一步培养学生分析问题、解决问题的能力和探索精神。

该模式以导学案为统领,以小组学习为抓手,以自主、合作、探究为本质,以发展学生为方向;课堂以学生的"学"为中心,以导学案为载体,为学生提供学习资源和学习路线图,并提供必要的学法指导与帮助,让学生明确学什么、怎么学、学到什么标准;让学生亲身经历自主学习的过程、经历知识的形成过程,获得亲身参与科学探究的体验,培养学生自主探究科学知识的能力;提高课堂教学的针对性、实效性,最大化地提高课堂教学效率。

二、青年教师积极试水个性学科教学法

青年教师尚未形成教学定势,可塑性强,因此,要让他们及早成长为懂教学、会科研的人,按照学校的培养模式,课堂模式改革无疑是一次绝佳的"练兵"机,以他们为突破口进行模式推介与实践的难度相对较小。在我校课堂模式的基础上大力推进、鼓励青年教师研究个性化教学法。教学法对于青年教师最大的作用莫过于提供了一整套现成的关于怎么教与怎么学的方法,可引导大家在课改的道路上少走很多弯路。可以说,教学法就像道路上的护栏,能保证大家始终走在前进的道路上不至于偏离太多。两年来,先后推出物理学科青年教师纪俊杰"五步多元"教学法、道德与法治学科青年教师崔雪梅"情浸"教学法,被评为城阳区优秀教学法并成立工作室。

三、课堂模式引领青年教师专业成长

我们的课堂尤其是青年教师的课堂到底需不需要一个模式？我们的实践证明是有必要的。要课堂模式来为青年教师践行课改精神提供一个依据，要课堂模式来为青年教师紧跟课改步伐搭一架梯子。同时鼓励个性化教学法，才能更好地引领教师根据学科特点加以融合，教学法如同业务发展的发动机为青年教师专业成长助力。有无相生，这一朴素的辩证思想同样适用于我们的课堂改革，只有先将现有的课堂模式练熟，才能提炼出个性教学法，参透课改的本义，才能真正在课改精神的指导下去有意识地创新。

以提升教师专业素养促进学校发展

青岛市即墨区通济中学　刘顺德

《国家中长期教育改革和发展规划纲要》明确提出"育人为本，改革创新，促进公平，提高质量"十六字方针，明确把教育摆到优先发展的位置。"百年大计，教师为本"，教育要发展，教师要先行。如何提升教师的专业化发展素养，就显得尤为重要。

这几年，青岛市即墨区通济中学确定了"以教师专业素养提升为契机，推进学校教育质量提升"的学校发展策略。学校开发了涉及培训、帮扶、竞赛、名师引领、导师制、校本教研、课题研究等方面的教师发展课程，规范课程育人措施，提升了教师专业素养和师德水平，打造和谐幸福校园。

一、以教学质量提升为目标，提升教师的能力素养

教学质量是学校的生命线，也是评价教师的重要标准。提高教学质量和提升教师的素养，我们认为二者都很重要，"鱼肉"和"熊掌"都可以兼得。我们通过搭建"平台"来既获得"鱼肉"也兼得"熊掌"。我们的做法主要有两个：第一，搭建"名师工作室"的平台，"复制孵化"成功经验。学校的"名师工作室"，主要以专家引领为主要的研修形式，通过成员自主研习和集中研修，切实提高工作室成员的个人修养和专业素质，从而实现在名师带领的研修中促进交流与合作，汇聚智慧，共享资源。第

二,搭建"青蓝工程"的平台,将青年教师扶上马送一程。学校每年为青年教师和新进教师搭建"青蓝工程"的平台,为骨干教师和青年教师牵线搭桥,结为"师徒",从而使青年教师在教学岗位上更快地脱颖而出,更快地成长起来。

二、以教学研究为抓手,提升教师的创新素养。

1.培育创新素养第一步,以教研促教学

做教学研究是"输出",育专业素养是"输入",二者看似矛盾,其实二者可以兼得。我们的策略是:以教研促教学,实现教师专业素养和教学成绩双提升。我们的措施主要有:第一,举行"推优课""示范课",实施名师锻造工程。让"名师"成为一颗种子,撒土播种,细心浇灌,收获更多的"名师",最终形成"蒲公英"效应。第二,强化教学管理,向常规要效率。每次活动,我们都讲究一个"实"字,平时要做得"扎实",最后要收获得"厚实",我们要求经验共享、成果共享。共享的是集体的智慧,收获的是共同的进步。

2.培育创新素养第二步,以科研促教研

我们通过科研引领教研,让教师能够时刻站在时代和学科的潮头,用先进的知识武装自己,让教师从"专业型"转变成"专家型"。我校用6年的时间,申报和研究青岛市"十二五"课题和青岛市"十三五"课题,通过课题的研究,我们凝聚了力量,打造了一支会教学、懂科研,能够立足当前,着眼未来的高素质的教学队伍,教师在科研中得到了锻炼,也得到了成长,教师的专业素养也随之提高。

3.培育创新素养第三步,以反思促进步

子曰:"吾日三省吾身",人只有在反省中才能进步和成长。我校非常强调教学反思,教学反思是教师适时总结经验教训,找出教学过程成败的过程。常写教学反思,对教师提高自身教学水平,优化教学结构是行之有效的。

三、打造幸福课程,提升教师的伦理素养

教师的职业归属感和幸福指数是教师专业素养的一个重要的方面。学校需要打造幸福课程,帮助教师走向成功,提升教师的幸福指数,让我们的校园成为幸福校园。第一,我们推崇导师课程。我们推选优秀的教师成为"导师",这些导师完全是自愿为学生服务,并把这当作自己的一种幸福。第二,挖掘爱心课程。如我们设立每年一次的"爱心飞扬"全校师生捐款,专门用于家庭困难学生的救助。每年一次的捐款,对全校师生来说,都是一次心灵的洗礼,都是一次爱的奉献。

有人说,"学无止境",同样来讲,"工作也无止境",促进教师专业化成长之路也没有止境,"路漫漫其修远兮",在提升教师专业化素养之路上,我们只有"吾将上下而求索",再接再厉,争取更大的进步。

促进教师专业成长的几点思考

青岛西海岸新区育才初中　隋同梅

教师的专业成长离不开学校这块土壤,学校的教学质量离不开教师的整体素质,如何提高教师的专业成长,是学校管理者绞尽脑汁思考的事情。其实如何促进教师的专业成长更恰当地说就是如何提高教师的整体素质,下面我就简单地总结我校在促进教师专业成长的几点做法,供大家批评指正。

一、通过理论学习,促进教师专业成长

理论学习要给教师创造学习的条件和氛围。没有理论的实践是盲目的实践,没有实践的理论是空洞的理论。每学期,学校根据各位教师的状况,给每位教师一本教育教学书籍,这几年给老师们相继发放了《陶行知》《第五十六号教室》《方法总比问题多》《优秀教师一定知道的17件事》《教育的智慧》《教育让梦想成真》《心理暗示力》《重新认识课堂》等教育书籍。组织教师学习课程标准,认真研究本学期教材,组织教师说课标、说教材、说考点的说课活动,让教师学有可学,说有可说。

二、通过校本教研,促进教师的专业成长

首先制订符合学校实际的校本研训计划。每学期初组织学校教学领导、教研组长及骨干教师专门开展制订出切合实际的校本研训专题,制订切实可行的校本教研计划,分解给每位教师符合自身实际的校本研究主题,每位教师一份教学计划,让他们心中有数。

其次完善校本教研的模式。校本教研我们依托"录播教室"与"教改会客厅"这一平台。"集备研课"严格按照要求,做到"四定",即定时间、定地点、定内容、定主题,

把工作细化到人,改变原来一个人说其他人听的研训模式,确定每周一个主题,让主讲教师积极准备下周PPT,每位备课组教师都收集资料,提出修改建议,实现主持讲、众人议、及时改、大家用。在研课活动中,每位教师都出示一节教师达标课,让每位教师都发言议课,而且要求每位教师的发言必须有理论的依据,说一个优点三个建议,改变以往的"你好我好大家好"的老好人的评价方式,切实让每位主讲教师,通过校本研课能提高自身的课堂教学水平和理论实践水平,极大地促进了教师的专业成长。

三、通过专业引领,促进教师的专业成长

学校每周周一的下午第四节时间,都是我校固定的论坛集体学习的时间,组织开展系列教师培训活动,我们采取把专家请进校园,让教师和专家面对面的交流,专家的教育讲座,极大地提高和促进了教师教育教学的理念的提升。我们组织有能力的教师进行骨干教师的引领课教学,让全校教师观摩,综合评定得失,找出原因不断改进。完善学校的问题导学高效课堂的教学方式和课堂评价方式,从而不断提高教师的专业素养和驾驭课堂的水平。同时制订青年教师三级培养计划,每月组织一次青年教师沙龙活动,使活动主题更加明确,活动更有实效,同时进一步深化"青蓝工程"培养机制,为教师发展注入活力,缩短教师"成长期",推出更多的教学名师。

四、通过课题研究,促进教师的专业成长

课题研究是学校解决实际教学问题、促进教师专业成长的重要载体,也是推动学校发展的有力杠杆,育才初中在2013年迁校后把课题研究作为学校发展的突破口,其中学校2013年申报立项了青岛市教育科学"十二五"规划重大课题"个性化教育视域中的初中课程整合与开发研究",2014年8月与实验初中60余位教师远赴成都进行了为期半个月的课程整合理念封闭培训,2015年春我校在山东省第二届课程整合研讨暨青岛经济技术开发区现场观摩会上做了"学校课程整合规划"的专题报告,还有10多位教师出示了课程整合的学科规划和示范课。并于2015年12月顺利结题,通过课题研究,完成了《学校课程整合规划》、各学科的课程整合规划、《学期课程整合纲要》和课程整合后的高效课堂导学单的编写,初步形成了各学科整合的完整体系。2016年4月荣获青岛市第四届教科研优秀成果奖,并在2017年4月青岛市教育科学"以研究的方式提升育人质量"主题论坛上向全市教育工作者汇报并推广。2017年11月申报中国教育学会"十三五"教育科研规划课题"家校合作模式下促进青春期学生人格健康发展的策略研究"获得通过,并于2018年1月开题,利用专家

资源指导学校从实际出发,探索适合本年龄阶段、本校情况的促进学生人格发展的策略,有效地促进学生的人格健康发展。同时鼓励教师积极参与学校课题,倡导问题即课题的意识,引导教师树立"研究"意识,确保人人参加校际课题的研究,细化课题任务,注重材料的积累,丰富课题的过程性材料,并及时收集汇总研究资料,让"教育科研"落到实处,推动育才的教师成名师、成专家,我校教师先后开展了山东省教科所的"无'微'不至,翻转课堂"、青岛市"十二五"规划立项课题"开展多维课堂观察,打造生物高效课堂"等多项课题研究,有力地促进了教师专业成长,推动学校教育教学的发展。

五、积极组织教师走出去，促进教师的专业成长

学校为了促进教师的专业素质的真正成长,积极组织教师走出去听专家培训、向先进学校学习、到各地参赛。在学校教学紧张的情况下,分别派出教师到南京、济南、邹平等地观摩省优质课、参加同堂异构课和说课标说教材大赛。每次听课回来后让参加听课的教师写出自己的感受,评价每位讲课教师的得失,让听课的教师上范例课,让没有参加听课的教师通过模仿性的课堂了解现在课堂教学的教学手段、教学方法、评价方式等的变化,及时调整自己的课堂教学。再组织教师前往北京、广州、浙江、南京、武汉、成都、上海、杭州等地参加培训,到名校参观学习,通过学习不断提高教师的自身教育教学水平。随着派出教师的增多,教师的教学水平也随之得到很大提高。

总之,教师的专业成长是我们每个管理者都应该认真思考的问题。教师的专业成长要求管理者给予积极的支持、制度的完善、民主的氛围、科学的方法等。要求我们管理者积极地思考,不断调整管理方式和管理水平,教师的专业水平才能得到极大地提高,教师专业成长之路才会更加的宽广。

青岛超银中学科研兴校引领教师专业成长

青岛超银中学（镇江路校区）　张丽梅

青岛超银中学有着 20 多年的办学经历,近期刚刚获得了青岛市市长质量大奖,

这也是山东教育的唯一质量奖。"重科研、强管理、创特色"的办学思路,已在超银中学达成共识。学校始终认为教育科研是学校不断前进和可持续发展的不竭动力,一所学校的发展不仅要立德兴校,更要科研强校,超银学校以教育科研为动力,努力实践"学校工作科研化"的办学特色。更为重要的是学校在引领教师发展中,强化了一线教师的科研意识,通过一线教师做科研来引领教师发展,促进教师的专业成长。

一、高效课堂带动教师成长

学校开展了高效课堂教学基本功大比武。我校的超银大讲堂开设了课堂教学系列专题讲座,《一堂好课的标准》《怎样备课上课》《怎样自备和集备》《怎样听评课》等,抓实了备课、讲课、听课、评课等教学基本功。同时学校优化了课堂教学的自备集备,发挥着教师团队的合作精神。教研集备促进了教师发展与成长。学校加强了教研组建设,提出了"抓常态、强效益、细教研、升品质"的教研主题,将教学和研究有机结合,通过实现民主、合作、共享,打造了高效课堂,提高教学质量,有效地促进了课堂教学的实效性,带动了教师专业化发展。

二、研究能力促进教师成长

学校引领教师从自身教育困惑中发掘研究素材,对教育做更深层次的探讨和理解。学校引领教师在课堂教学研究中,运用观察法、数据统计法,去发现问题,解决问题,提高研究能力。超银的"量—联—升—实—确"复习"五字诀"教学法收到很好的课堂教学效益。学校在新课改中总结出 20 多个实用教学法,这也是超银能取得骄人成绩的一个重要因素。 超银中学为使教师队伍科学化发展良性循环,突出了四大中心, 分别创建了教科研中心,心理健康研究中心,家庭教育指导中心和科创研究指导中心,围绕四个中心开展了促进教师专业化发展的各项活动,教育教学科研已根植于一线课堂教学之中,教师核心素养在不断提升着。

三、评价培训引领教师成长

发展性评价的目的是促进教师的发展与成长。这样的评价为教师提供教育教学信息反馈和咨询,学校帮助教师反思和总结自己。超银中学加强了课堂教学的专题研训,各学科教师积极参与研训讲座和专题研讨"怎样讲评试卷""怎样上好复习课""记叙文教学的思考""如何进行散文教学""文言文教学三部曲""漫话中考作文"等。在教学年会的"优化课堂效益,放飞理想育人"的专题总结中,学校提出了"新颖有趣,优化课堂导入;重点突破,优化教学情境;形式新颖,优化合作学习;有效整合,优化课堂实践;培养习惯,优化学习素养;生动形象,优化教学语言"的教学模式,学校的"立足教研组建设,促教师专业化发展"理论在引领着教师的专业化发展。

四、有效沟通促进教师成长

学校借助获得市长质量奖的契机开展了质量活动月的提质增效活动。通过与教师的有效沟通,提升教师的教学质量意识,抓管理,提质量,减负担,增效益已成共识。学校注重与教师的沟通,学校发展决策与教师沟通,学校教学管理与教师沟通,制订考评方案与教师沟通,从教师的角度尊重理解并及时沟通。学校以沟通为桥梁,倾听教师的心声,教师有教育教学的话语权,学校通过多种渠道倾听教师建议,倾听教师心声,帮助教师专业成长。学校建立了"教师驿站""网络心语""心灵在线"等教师喜闻乐见的沟通形式,使教师在沟通中不断发展。

多措并举促进教师业务发展

青岛市即墨区龙泉中学　朱瑞霞

我 2017 年到青岛市即墨区龙泉中学担任校长,学校距即墨城区 12 公里,是一所农村初中。学校现有教师 98 名,全部拥有本科学历,其中 2 名为研究生学历;教师平均年龄 44 岁,其中 50 岁以上教师 23 人,35～50 岁教师 65 人,35 岁以下教师 11 人;教师中获得过即墨区及以上级别优质课比赛一等奖的仅有 3 名,出示过青岛市公开课的 2 名,即墨区教学能手 7 人,青岛市教学能手 1 人。教师队伍从总体上看,学历水平达标,但偏老龄化,教师队伍缺少活力和争先意识,缺少业务骨干和学科带头人。我们知道好学校必须要有好教师,"谁站在讲台上"是教育质量的最关键变量,提升教师队伍的业务水平是目前至关重要的任务。针对现存问题,我们多措并举,促进龙泉中学的教师业务发展。

一、制订教师发展三年规划

"十年树木,百年树人",一百年太久,三年看变化。学校制定《即墨区龙泉中学教师发展三年规划》,从教师专业素质、技能水平、管理能力等多个方面进行了长远规划。按照教龄成长历程将学校教师划分为试用期教师、发展期教师、成熟期教师、倦怠期教师、更新型教师五大类,分层促进教师专业发展。这三年,并不因学期的结束或是教师教学或管理岗位的变化而改变或中断,这三年是正序贯穿的,在这三年中让教师在借鉴中自我成长,在探索中自我提高,在发展中自我完善,在成长发展中看到自己目标达成及教育教学成果体现。

二、健全教研集备制度

我一直觉得教研集备制度是取优秀教育工作者之长、补落后教育工作者之短的利器。这项制度不仅对于教师的水平提升很重要,对学生的影响也是显而易见的。集中力量才能办大事。各备课组根据自己的学科特点,制订详细、高效的集备流程和具体要求,做到"三定六统一",即定时间、定内容、定主备人,统一教学进度、目标、重难点、课堂练习、作业、测试。通过教研集备,以点带面,共商共研,"择其善者而从之,其不善者而改之"。

三、课题研究引领教师反思成长

三尺讲台是教学研究的试验田,课题研究则是教育研究的丰收地。通过课题研究,我们可以将教师由经验型向反思型转变,将日常教育教学模式提炼成原理性的、可传递性、实践性的成果,也可以让教师重新审视多年来的教育方式。今年我校申报了《基于核心素养提升的农村初中学校课程体系建构的研究》这一研究课题,并被评为重点课题,旨在通过课题研究带动从个人到教研组,从基层到管理层全方位、多层次、宽领域的深层思考和创新前行,让教育教学的理想重新启航,这是提高教育质量的突破口,反思过往,大胆创新,这也是教师专业成长的必然要求。以科研为支点,促进教师的专业发展。

四、加大教师培训力度

教师的培训工作是学校教务工作的重要方面。面对教育资源不均衡的现状,对本校教师进行培训的工作刻不容缓。我们从课程资源、人力资源、网络资源三方面进行培训,从全员培训到骨干培训,既照顾到全体教师,又侧重抓好骨干教师。对外派教师出去听、评课、研讨等,派部分学科教师到兄弟中学集体备课,向先进学校教师学习,广开渠道,八方吸纳,有力地促进了教师专业发展。对内搭建平台,通过"一师一优课"、优质课比赛、精品课例展示、骨干教师座谈会、班主任培训提升会等丰富多彩的校本培训,创造契机、搭建平台。

眼光决定着境界,境界决定着舞台。教师的成长和发展决定着学校这出"剧目"的好坏。即墨区龙泉中学不仅仅是一所初中学校,更承载了学校 98 名教师以及每年从学校走出的学生的希望和期盼。百年大计,教育为本,教育之本,在于教师。多措并举促进教师专业发展,绝不是一句空空而谈,是扎扎实实在做的。

青岛九联中学促进教师专业发展

青岛九联中学　解　磊

教师是个性化的劳动,只有让每一位老师在适宜的岗位及环境中发展其积极向上的个性,发展其正确的教育理念和教育行为,将来才可能出现真正的学校"大师",为此青岛九联中学校长在促进教师专业发展方面做出了以下努力。

（1）关注细节:深入教师当中去,关注他们的教学情况、教研情况甚至是生活情况。找到教师的兴趣点,以兴趣点为契机展开讨论。比如,最近大家都在头疼班里那为数不多的上课捣乱的孩子,我们是否能在教师专业发展的培训上提出问题,一起想想办法。每一次关注都解决一个很小的问题,久而久之,教师也会愿意主动参与这样的关注。

（2）调动情绪:教师在发展中会遇到瓶颈与倦怠,这就需要我们赋予这些反复训练的基本功一些新鲜的元素,我校在做教师基本功培训的时候,用一些故事、视频来激发教师的职业兴趣,唤醒教师职业本身那一点点甘甜,用一些小幽默,呈现一些搞笑的图片,减轻教师的心理压力。

（3）分解任务:教育理念的问题远比教学问题更深层的存在于教育活动中。教师压力大,负担重是个普遍现象,学校教会教师分解任务的本领,让教师生活在平和的环境里,这样就使教师们真正地拥有了积极的心态。

（4）发展性评价:该校强调教师对自己教学行为进行反思与分析,建立教师自评为主,校长、教师、学生、家长共同参与的评价体制,使教师从多方面获得信息,不断提高教学水平。评价不再以把教师分成等级为目的,而是一种形成性的评价,这样的评价为教师提供教育教学信息反馈和咨询,帮助教师反思和总结自己的优势和不足,从而提高了教师的专业化水平。在评价过程中,注重个性化,因为教育活动的丰富多彩决定着教师类型的多样化,如果采用同一个标准去评价所有的教师,就会丧失教师独特的教育思想,因此,应给与教师动态的评价。

构建教师发展乐园

青岛市即墨区环秀中学　孙福安

教师队伍建设是一所学校发展教育事业、提高教学质量最重要的基础工作。近年来,学校把强化育人观念与敬业精神,作为一个教师搞好教学工作的前提,并融入教师教学培训、教学培优的全过程中,全方位支持和服务教师提升教育教学能力,使教师教学发展中心的工作更加系统化、常态化和制度化。

一、学习提高,做好教师培训工作

将教师培训当作学校常规工作来抓,做到培训工作日常化,培训内容广泛性,培训形式多样化,与平时的教研活动、业务学习相结合;固定集备时间,使培训工作制度化、日常化。培训内容是教育法规、最新教育动态、课程知识培训等。采用专家讲座、案例分析、反思教学、参与式讨论等研讨形式,要求备课时要想到、教学中要做到、课后要反思到位。

二、反思交流,开展丰富培训活动

教研组是开展教研的中坚力量与基本组织,其职责是合理划分教研组,明确各备课组长的职责,加强对备课组的指导与考评。学校通过开展教职工演讲比赛校内优质课比赛、的形式,以赛促练,以赛促学,充分发挥教研组和备课组凝聚力,教师在同学科间相互交流、相互学习,资源共享。

三、协作互助,强化集体备课与网络教研

积极探索备课制度改革,探讨新形势下加强集体备课制的新思路。学校在备课制度改革方面的总体思路是"分块备课、集体评议、反馈改进、注重反思"。推进教研

信息化,加强教研力度。制订《环秀中学网络教研考核办法》,引导教师走"捷径",善借外力,增强实用性。

四、专业引领,搭建学习对话平台

开展"传帮带"活动,采用新老挂钩、师徒结对的方式,要求教龄未满 5 年的教师必须拜一名老教师为师,全面学习老教师的优秀经验和敬业精神。实行"推门听课制",要求学科指导组成员每周听课不少于 1 节,每学期不少于 20 节,定期汇报交流教学情况,形成大家都深入课堂、研究教学的良好氛围。

五、规范办学, 提升素质教育

根据国家、省、市课程方案要求,积极利用专用室、运动场、书屋等为学生开展社团活动创造条件,成立了艺术类、体育类、科技类、文化类等 22 个社团,开齐课程,上足课时,开发《即墨古城》《海上名山—崂山》《走进即墨》等 11 门学校课程,形成了具有自己特色的、规范科学的课程体系,为学生的多向成功拓展了空间。

六、激励保障, 发挥服务导向功能

形成"校长亲自抓,分管校长负责抓,教导处、备课组具体抓"的校本培训的管理网络。先后制订各项教学常规制度、听课评课制度、师徒结对制、青年教师课堂教学达标评定制、教师外出学习汇报制等,从制度上保证并激励了教师参加校本教研培训活动,提高活动质量。专门出台校内绩效奖与科研奖实施办法,用于奖励在教学、科研方面有贡献的教师。鼓励教师向"科研型、学者型"教师转变。

近几年来,学校聘请多位专家学者来校做报告,派出多位课题组教师外出参观、学习,组织了多次经验交流会,为教师成长创造了环境,搭建了平台,全面提升了教师素质。近两年,我校有 78 人次参加了青岛市级以上的骨干教师培训;2 名教师获得青岛市教学能手,16 名教师获得即墨区教学能手,32 名教师获即墨市优质课比赛一等奖。

"路漫漫其修远兮,吾将上下而求索。"以教师培训为重点,促进教师专业化发展,构建学习型、理念型、科研型、现代技术型学校永远在路上,也是我们不懈的努力与追求,只有打造好教师发展平台,培育教师成长土壤,构建教师发展乐园,才能谱写好一曲教师个人追求、素质提升与学校发展的美好颂歌!

引领教师专业发展

平度市南村镇郭庄中学　侯　刚

平度市南村镇郭庄中学着眼全局,突出重点,真正把教育科研的研究方向与重点转移到实际问题的解决上,以提高科研的针对性、实效性。同时牢固树立"科研兴教""科研强校"的理念,以确保教育科研工作的实效性,促进教师主动发展。通过整体构建教科研氛围,组织教科研理论学习和指导,深入开展教科研课题研究,探索教研培训,三位一体的教科研工作新模式,引领教师专业化发展。

一、坚持科研兴校战略,改革完善教育教研的管理激励机制

建设先进、实在、实用的科研文化。"先进"是指科研要以科学理论为指导,以探索教育教学规律为目标;"实在"是指科研要重视中考的研究,要关注学校的教育教学改革,要关心学校的教育科研团队建设,要注重学校办学理念、办学风格研究;"实用"是指科研要有正确的价值观、效益观和效率观,要有利于学校的发展、教师的成长和学生的进步。

学校不断改进完善教育科学科研的管理激励机制,以制度为保证驱动教师积极参加科研活动。在科研管理制度上,我校形成了以教科室为中心各处室互相协作的格局,教科室在学校教育的实践中也不断完善常规管理,强化服务意识,在开展教科研活动时,以方便科学激励规范为原则,鼓励引导教师参与教育科研,为他们提供必要的指导和周到的服务,努力促进他们的专业成长。在评价激励制度上,我校实行了教育科研实效评价制度,将教育科研与教师利益分配挂钩,激励更多教师参与,建立了校级课题制度,给广大教师多元化的科研机会;设立了教育科研成果奖,引导教师把教育科研做好、做优;实施名师工程,鼓励骨干教师进行教育科研活动。

二、重视科研骨干队伍的建设,引领教师群体实现可持续发展

推进学校的名师工程建设,制订并实施"骨干教师培养计划",开展"特级教师研

究活动"，认真实施"青年教师 1357 工程""校内教坛新秀评比""课堂及教学质量评价"等制度，加快青年教师成才的步伐，提高其业务能力。

三、加强课题研究的管理和服务，提高教师专业成长的效益

对于教师来说，每选择一个研究课题，就是确立并实现一个具体明细的奋斗目标；每进行一个课题研究，就是不断获取新的教育信息，掌握新的理论与方法，实现对教育实践认识的新飞跃。在课题研究的管理中，首先注重课题的选择，其次我们加强课题的过程管理，最后我们努力推广运用科研成果，以提高教师对课题研究价值的认可度，激发教师参与课题研究的积极性。学校充分发挥学校教科室的学术引领和科研管理作用，抓好教育科研行的总结、培养和推荐工作。

四、打造校内交流平台，创设同伴互助的科研网络

搭建好教育科研平台，大步推进科研成果的转化、应用、推广和交流，积极提供教师发展的良好环境，促进教师的专业发展。开展青年教师教育教学研讨会，为青年教师搭建自我展示的舞台，研讨会以撰写教育教学论文、参加评选经验交流和听专家报告等形式进行。利用学校校园网搭建科研网络，实现校内信息教科研资料的网上交流与共享，为教师的科研活动提供帮助。

多措并举引导教师专业化发展

胶州市第二十三中学　刘作星

教师是学校的最大财富，教学质量是学校的生命线。如何提高课堂教学品质，引领教师专业发展是每个学校都面临的重大课题。新学期，我校多措并举积极促进教师专业成长，努力在办有品质的活教育上下功夫。

一、围绕一个"教"字，探索课堂教学

"做与学的结合，学与教的统一"是每位教师追求的"活"课堂。新学期，为提高教师对新课标的学习和理解，学校举行名优教师课堂教学展示周活动。来自各个学

科的优秀教师,用全新的教学理念、精湛的教学语言、高超的教学艺术,充分展现自身扎实的教学功底以及对课堂教学艺术性和有效性的探索。课后,相应教研组进行集体评课,结合课堂教师的教态、教学环节的处理、学生的学习效果等方面综合评价课堂效果。

活动中,全校每位教师每周听课节次都超过五节,甚至十多节。听课过程中,大家思考课堂教学问题,提出教学疑点,互相探讨学习,通过"上课、听课、研课",形成共同聚焦课堂、关注教学的良好氛围,实现共同进步,提高课堂教学质量。

二、围绕一个"研"字,丰富备课活动

成立一支善于专研、充满教育活力的教师队伍是"活"教育的关键。我校利用备课组这一教学科研共同体,让教师的专业"活"起来。

学校以教师的专业发展和教学水平的提高为核心,营造民主、积极、合作、共享的文化氛围。每周开展的备课组活动都由不同层面内容构成。在理论学习层面,教师们将加强师德师风建设和本学科专业知识学习相结合,不忘初心、牢记使命,系统建构专业知识架构。在集体备课层面,教师们研读教材,优化教法,打造集体备课模式,共同追求高效课堂。在课题案例研究层面,教师们立足课堂教学实践,关注课堂变化和学生发展,分享教学经验,引领其他教师对实践的不断反思,提高教学技能,实现个体专业的成长。

三、围绕一个"学"字,促进专业素养

"做中学,做中教,做中求进步"。在教的同时,积极引导教师去"学习"。

人成长是关键,学校给每个教师选购有关学科专业的书籍,同时每学期列出一个公共书籍清单,涉及教育理论、文学艺术、人物传记等多方面,并通过阅读征文、"经·原讲坛"读书篇等形式,交流学习心得,开阔视野。此外,学校还十分重视青年教师的培养,落实班主任和学科两个层面的师徒结对机制,鼓励青年教师拜师学习,学师德、学技能、学处世,促进个人素养的提升。

每学期,学校都会组织备课组团队"走出去"学习,前往兄弟学校及省内名校开展面对面学习,进行学科交流探讨,促进团队专业素养的提升。

初心就是情怀,使命就是担当。学校将以"不忘初心、牢记使命"主题教育为契机,落实立德树人根本任务,以提高教师教学能力、实践能力为目的,以备课组为基本单位,开展基于岗位和课堂的展示研究,深入课堂教学探索和研究,着力提高教师教学能力,助力学校高品质发展。

多措并举促教师专业成长

青岛西海岸新区宝山中学 王学纲

百年大计,教育为本,教育之本,在于教师。青岛西海岸新区宝山中学以教师个性化需求为导向,坚持"以教育教学实践为载体,以努力提高教师专业素养为重点,以名师梯队建设为突破口",以提升教师专业素养为核心,采取专家引领、同伴互助、个人成长的研训一体发展战略,完善全员培训体系,系统推进,区域联动,整体提升,全面提高教师专业成长的实效性。培养造就一支师德高尚、业务精湛、身心健康、充满活力的教师队伍。

一是坚持"教师至上",厚植发展优势。树立"教师至上"的发展理念,营造奉献、创新的行政队伍,敬业、激情的教师队伍,拓展"快乐工作,幸福生活"的工作方式,营造"和谐竞争、风清气正"的团队氛围。

二是落实总体发展目标。坚持"一个中心,两个转变提高",即以教师专业水平不断提升为中心,转变提高教师教育观念与教学行为。学校所有发展活动均围绕这一中心开展。提高教师专业技能,促进学校教育教学高质量发展。

三是分层制订发展目标。通过"师徒结对""研磨课"等形式打造合格的青年教师;对教育教学能力较强的教师,通过自我学习、校本研训、外出学习等方式使其尽快更新专业知识,熟练掌握信息技术和课堂教学技能,促其成长为校级骨干教师或学科带头人;打造具有学科引领能力的名师。

四是科学构建发展策略。加强师德教育,扎实开展"教—研—训",努力提高教师的专业知识、专业技能和教学水平,提高教师课堂教学效率,实现教师专业的螺旋式发展。

五是积极为教师专业成长搭建平台。积极构建基于网络的教师发展平台,建设实用性较强的网络资源库,为教育教学提供优质服务;鼓励教师建设个人博客,并通过网络环境进行互动交流、经验共享,提高资源使用效度。经常开展各种类型的业务技能竞赛活动,如课堂教学竞赛,教学技能竞赛,说课比赛以及评选典型教学案例、教育叙事、优秀教育科研论文等活动,为广大教师开辟互动交流的通道,搭建展示才华的舞台。组织教师开展专题研讨；有计划地组织学科带头人、骨干教师到教育发达地区考察、学习；邀请名师大家到校讲学,聘请专家跟进指导；多方面畅通交流渠道,为广大教师搭建学习平台,拓宽教师教育视野和知识视野,转变教师教育观念。积极构建校本研究共同体,致力于把教研组建设成为学习型、研究型组织,开展"学习型教研组"评选活动；通过各种教研活动和理论学习,提高广大教师教学分析与设计、教学实施与调控和教学总结与反思能力,真正提高专业素养。

六是实施教师专业成长发展台账。建立教师专业成长发展台账,建立教师发展性评价,强调教师的主动参与,注重教师的未来发展,尊重教师的个性和专业价值。对不同的教师实施不同的评价策略。

七是重视培训,全员培训与入职培训相结合。

（1）全员培训,专家引领。首先采取"请进来"的专家带动策略。每年根据区域实际,确定培训主题,在暑假期间聘请省、市学科教学专家,帮助教师学理论、转观念、优教法、升素养。其次采取"本土化"的专家引领策略。以学科教研员、学科带头人组成培训组,每人承担一个专题,对全县本学科的教师进行全员培训。

（2）入职培训,名师引领。首先是角色定位,每年依据新教师特点,聘请特级教师、学科带头人等名教师谈自己的成长经历,对新入职的青年教师进行引领,帮助他们尽快完成角色转变,胜任教师岗位。其次是专业技术岗前培训,教师发展中心聘请县内外名师对新入职的青年教师进行师德教育、班主任工作、教育理论、教育科研、心理健康、现代信息技术、"三字一画"等岗前培训。然后是课堂教学业务培训,让新教师走进名校,对他们进行如何钻研教材,如何备课、上课、听评课,如何进行教学反思等专项实践性培训。

浅谈如何引领教师的专业化发展

平度市蓼兰镇蓼兰中学　隋有善

教师专业发展问题已经成为世界范围教育改革中的热点问题之一,也成为教师教育的新命题。随着研究视野的扩展,人们对教师专业发展的内涵、过程、途径等方面都有了逐步深入的认识,为新时期加快推进教师专业成长,切实促进教师专业发展,提供了较好的理论氛围与经验支持。正确认识影响教师专业发展的诸多因素,积极探究引领促进教师专业发展的途径,对于引领推动教师成长和加速教师专业化进程具有极其重要的意义。

一、教师应该不断加强自身方面的提高

教师专业化对于教师自身方面有着较高的要求,要实现教师专业化首先应加强教师自身方面的提高,只有这样才能确保教师专业的良性发展。教师专业发展的途径是多元的,教师主动认识自我、分析自我、完善自我,是教师专业主动发展的内在动力,教师应确立远大的志向,并在这一目标的指引下不断地完善自我。当前,教师应该不断加强自身方面的提高,努力达到教师专业化的要求,为教师专业的发展奠定良好的基础。

1.教师应更新观念,深入实施新课程改革

教师的专业发展实际上是角色的转变过程,新课程要求教师应具备以下角色行为:从教与学的关系看,教师应该是学生学习的组织者、引导者、参与者;从教学与课程的关系看,新课程要求教师应该是课程的建设者;从教学与研究看,新课程要求教师应该是教育教学的研究者。

2.教师应勤于学习,不断提高专业知识

教师的专业发展是一个终身过程,既要靠岗前培养,更要靠职后的进一步学习。

3.教师应努力实践,通过实践加强对理论的探索

学习、实践、反思是教师成长的三个动因,而教学实践又是教师专业成长的核心环节。美国的马萨莉说:"教学艺术只有在课堂教学实践中,才能够真正地学到。"教师卓越的教学才能、灵活的教学技巧,需要经过长时间的实践磨炼。因此,教师应视课堂教学为自己的成长舞台,坚持在实践中学习。

二、学校应该采取多种措施引领教师专业发展

1.大力开展校本研究,为教师的专业发展提供平台

校本研究是指学校充分利用校内外教育资源,围绕学校专业、课程、实验、实训和职业素质教育等教学实践,以教科研项目小组为团队,进行解决教学实际问题的研究活动。因此,学校应组织引导教师积极开发校本课程,并进行校本研究,让教师参与校本教材的编写、校本资源的整合,不断吸纳新课程的理念,丰富课程知识,提高

自己对新课程的理解和驾驭课程的能力。

2. 不断完善教师研究成果、研究水平的评价办法

对教师研究成果、研究水平的评价有助于促进教师职业技能、科研能力的提高，有助于教师队伍整体素质的提高。要由原来的重文本成果，转变为重视教学实践成果。此外，校长在促进教师专业发展的过程中要发挥重要作用。校长应该是一个学习者、思想者和服务者，不仅要有爱才之心、识才之眼，更要有励才之术，为提升教师的专业精神和专业水平当好领头雁，做好支持者与实践者，从而有效地引领和促进教师群体的专业发展与共同进步。

3. 成立教师专业发展机构，建设实现教师专业发展的平台

教师专业发展机构应立足于教师的专业发展，按照教师专业化的标准来统筹全校的教师专业发展规划，建立相应的规章制度和激励机制，协调各级教学和职能性组织，充分利用校内外一切可利用资源，为教师提供校内、校外合作的机会，为教师的个体专业发展提供指导性建议。

4. 建立多种模式的培训机制，充分利用现代信息技术来提高教师的专业教育技能

随着知识更新的日益加快，教师所具备的专业知识应该紧扣时代的脉搏，不断推陈出新，使自身的知识始终处于时代的前沿，良好的专业培训有助于教师知识技能的提高和视野的丰富。

5. 把学校建设成为学习型组织

形成教师终身学习的校园文化氛围。学习型组织是指通过培养整个组织的学习气氛、充分发挥组织成员的创造性思维能力，建立一种有机的、符合人性的、能持续发展的组织。它把学习与工作系统持续地结合起来，使人在工作过程中实现自我超越，以支持个人、工作团队乃至整个组织系统的共同发展。要把学校建设成学习型组织就必须积极营造一个有利于师生学习的、催人奋进的、具有浓郁人文气息的校园文化氛围。在学习型的和谐校园中，以人性化的标准去规范教师的行为，启迪教师在学习和教育实践中形成良好的专业和教育研究氛围，在培育学生全面发展的同时，实现全体教师的专业发展。

总之，教师的专业发展并不神秘和高不可攀，它扎根于教育实践，融合在教师的教育与生活之中。只要校长无论在什么样的环境中，都能永远保持对工作的那份使命感和责任心，我们就能不断丰富个人化的实践智慧，就能在引领促进教师专业发展过程中走上专业成熟之路。

"小处着手"引领教师发展

青岛市即墨区金口中学　苑强先

拥有教育素养的教师,不仅能够教给孩子广博的知识,更能引领孩子在愉快的氛围中主动获取知识、技能以及对待生命积极乐观的态度。所以,加强教师的培训学习一直是我们学校工作的重要内容之一。

我们在对教师进行培训和指导前,会先充分做好对每个教师的"定位"工作,就是清晰地分析每个教师的特点、优势、劣势,并结合他们的现状给予描述及方向性的指导。这样每一位教师在保证基本共性要求的前提条件下,会努力做到"一师一风采"。只有让每一位教师在适宜的岗位及环境中张扬其积极向上的个性,才会取得最好的教育效果。

1. 以"制度"保障教师专业发展

在制定教师专业发展的保障制度的过程中充分发挥民主性,教师、学校领导团队共同参与。这样会使教师在执行制度时心平气和,因为这是他们自己参与共同制定的制度。同时,在制定制度时,充分关注制度本身的合理性和可行性,并将教师专业发展制度融入学校整体的文化建设制度中。

2. 以"基本功"来带动教师专业发展

作为一名教师,"三字一话"仅仅是基本功中一个重要的组成部分。而备课、说课、听课、评课,这些也同样属于教育过程中的基本功。①善于发现,关注细节:我们在参加活动的时候,笔、本、照相机,能携带的时候都要随身携带,这些可以捕捉到很多不起眼的画面。深入教师当中去,关注他们的教学、教研情况甚至是生活情况,找到教师的兴趣点,以兴趣点为契机展开讨论。比如,"怎样防止厌学学生把课堂气氛带跑偏"这个问题,在教师的学习培训中我们就一起想办法,各抒己见,相互借鉴,努力去解决这个问题。所以每一次培训并非要有一个宏伟的目标,仅仅解决一个很小的问题就可以了。因为实用,教师们也愿意参与这样的培训。②捕捉优势,绽放培训:每次听评课活动前,让授课老师先进行说课,并请其他老师从学生的角度来评析这节课。给这些成人以足够的激励和舞台,让他们积极起来。③乐于搜集,调动情绪:在做教师培训的时候,多用一些故事、视频来激发教师的兴趣,唤醒教师职业的幸福感。多讲一些小幽默、呈现一些搞笑的图片,减轻教师的心理压力。拿鲜活的案例和教师们分享,让教师自己学习、分析和感受。④分解任务,积极心态:教师压力大,负担重是个普遍现象,要教会教师分解任务的本领。比如,对文字的驾驭能力,是教师必备的本领。学校要求每个教师每学期要写10000字的读书笔记,但是分解到每天,其实每天不过写80余字,大家一定会坚持。

3. 以"研究能力"提升教师专业发展

一个专业发展的教师要具备一定的研究能力。在课堂教学研究中,多用观察法、数据统计法,能很明显地发现问题,找到原因,设计改进方案。比如,课堂中教师对学生的关注程度研究,我们可以观察,班里有多少学生,在一节课里,教师一共请几位学生回答问题?每个孩子回答了几次?关注时,教师除了使用目光交汇的方法,有没有点头肯定,走到孩子身边轻触其肩膀示意其坐下?整个一堂课,教师占用多长时间?孩子占用了多长时间?这些问题看似渺小,但是在教育研究中足以说明问题。

4. 以"评价"促进教师的专业发展

不再单纯以考试成绩作为对教师教育能力的评价,从学校、家长、学生三方进行评价,帮助教师反思和总结自己的优势和不足,从而提高了教师的专业化水平。

5. 以"成果"激励教师专业发展

教师专业发展的培训会经历培训—实践—反馈—修订—发展这样不断循环的过程,每一个培训阶段,我们会将大家的文字材料分类整理汇总,然后将所有教师的课堂实况课例收集起来,既有了成果又可以作为下一次培训的引子和内容。

搭建成长平台　助力教师专业发展

青岛第三十七中学　邓欣元

教师是学校发展的宝贵财富,是学生成长的引路人,教师的专业成长会直接影响到学校、班级和学生个体的发展。青岛第三十七中学多年来致力于为教师搭建平台、提供路径,有效地促进了教师的专业发展。

我校教师对学校感情深,凝聚力强;专业素质高,责任心强;对教育教学有思考,愿意为学校发展和学生发展贡献力量。但教师年龄过于集中,平均年龄偏大,青年教师较少,整体上专业成长动力不足,不太注意总结提升和理论支撑,凭经验开展工作的情况较为普遍。

基于我校教师特点,学校注重根据教师个体差异开展课题研究、教师培训等工作,希望通过骨干教师引领、干部带头学习、青年教师快速成长来带动全体教师的专业发展。

一、制度保障

为了切实做好教师培训工作,青岛三十七中制定了《青岛三十七中干部素养提升方案》《青岛三十七中教师素养提升方案》《青岛三十七中青年教师培训方案》等,从制度层面为教师的专业发展提供保障。

二、课题研究

学校重视课题研究,鼓励广大教师积极申报、开展不同层次的课题研究。学校现有青岛市教育科学"十三五"规划一般课题 1 项、"十三五"规划教师专项课题 1 项、青岛市教育学会立项课题 4 项、中央电教馆立项课题 1 项,约有 30 名教师参与到课题研究中。

同时学校还鼓励骨干教师成立、主持"项目推进工作室",2019 年共有 8 个工作室在 2018 年挂牌的基础上高效运行,有 40 多名教师在不同的工作室中进行小课题研究,骨干教师的辐射带头作用得以充分发挥。

目前"张业芬学生阅读能力提升工作室""张成永班级系列教育活动设计与实施工作室""肖传魁分层走班研究工作室""赵秀燕学科作业改革研究工作室""贾道坤创客教育工作室""薛虓嵩学科发展方案开发工作室"已取得阶段性成果或突破性进展。

三、校本教研

加强教研组、集备组建设,保证校本教研的实效性。落实好学校教研、集备管理制度,要求教研、集备有主题、有任务、有质量,积极组织开展案例研讨、学情分析、课例展示、课程开发、作业展示等专题活动,扎实推进校本教研。例如最近学校围绕"学科核心素养"开展了培训和专题教研。

四、分层次开展教师培训

学校关注不同教师群体的特点和需求,分层次进行梯队建设。在满足绝大多数教师专业成长诉求的同时,还面向干部、班主任、骨干教师、青年教师等不同群体开展有针对性的培训工作。

针对干部群体开展典例分析、案例交流、月汇报活动,组织干部参加高端培训和跟岗培训,提高干部队伍的整体能力。

组织骨干教师开展域外研修、专题研讨、校际交流、成果推介等活动,全方位提升骨干教师的专业素养,并发挥骨干教师的带动作用。

针对班主任队伍开展拓展培训、班主任论坛、案例分享、经验交流、班会展示课等活动,提升班主任的班级管理能力。

为青年教师确定学科教学和班级管理的指导教师,面向青年教师进行每月一次的系列培训,培训内容涉及教学基本功、教育教学、班级管理、德育活动设计、命题、信息技术与课堂教学融合、人文素养提升等多维度,卓有成效地帮助青年教师迅速进入角色、胜任工作。

学校支持教师自主报名参加国家、省、市组织的各级各类培训,并给以资金支持。同时学校注重对外交流,与上海同济大学附属学校、无锡洛社中学、平度新朝阳中学、莱西姜山镇中心中学建立合作关系,定期派出教师就学校管理、教育教学、制度建设、课题研究等方面进行深度交流。2019年下半年,学校共有约120人次参加了不同层次、不同主题的培训和交流活动。

学校对教师专业发展的重视,有效地促进了教师的成长,近些年来成绩斐然。在刚刚过去的一个学期中,学校有 5 名教师举行了青岛市公开课、名师开放课;有 17 名教师在省、市各种教育教学比赛中获奖;有 3 名教师在市级工作会议上交流发言;有 2 名教师在国家级刊物发表文章;有 1 项国家基础教育外研中心课题结题。

基于校本实际的教师专业化发展

崂山八中　肖世强

《中共中央、国务院关于深化教育教学改革全面提高义务教育质量的意见》的实施,对教师的专业化发展提出了新的要求和挑战,凸显了教师专业化发展的紧迫性,也为教师专业化发展提供了良好的大背景。

当前,影响本校教师专业化发展的因素有:老教师的"船到码头车到站"思想,"传帮带"成为一种传说;中年教师对于上一级职称无望的"安贫乐道"思想,创造、创新成为一种奢求;青年教师职前职后分离"仓促上阵"的窘迫,满堂灌,欲盖弥彰;40 岁以上教师占到教师总数的 70%,只知埋头苦干,不愿仰望星空。

深化教育教学改革,全面提高义务教育质量,教师专业化发展是必由之路,通过科学规划、研训结合、专业训练、实践反思,不断接受新知识,提高教育教学综合素质,努力使自己成为一个自我导向、自我驱动、自我调控的发展者,从而有效地实现自身的专业化发展,提升学校教育教学质量。

一、专业发展规划——教师专业化发展的出发点

"教师培养有规划,固本强技分类推。"科学的专业发展规划是教师专业发展的出发点,为增强教师专业发展的系统性和科学性,在学校层面制订了《崂山八中教师专业发展三年规划》,搭建起"新秀—能手—风华—弥坚—名师"五级平台,逐步推进教师专业发展。每一位教师根据对其专业发展的需求,在对自己专业发展环境、个人专业需求和发展水平进行深入全面分析的基础上,结合学校教育发展目标,准确定位,确立自己的"最近发展区"并制订了《教师个人专业发展三年规划》。

二、研训结合——教师专业化发展的着力点

"专家引领促成长,且行且思共芬芳。"课程改革不能"等待"教师的专业化成长,应强化教师的主体意识,变被动接受培训为积极参与培训,主动地提升自己的专业能力。我校在积极组织教师参加国家级、省级、市级各类研修、研讨会、新课程培训、省市级骨干教师培训等专业引领研训的基础上,充分利用校本培训、校本教研的强大教育发展功能,将研训工作置于教师的教学实践中,积极开展师德师风、专业知识、云平台教学研训工作,促使教师自我发展、自我超越,提升教师专业化发展水平。"青蓝工程",做到了"师徒结对传帮带,言传身教促成长"。听专家讲座,"采他山之玉,纳百家之长"。海大云平台辅助课堂教学,深刻体悟到了"科技是第一生产力"。在教中学,在教中研,在教和研的路上,老师们共同体验收获的喜悦。

三、教育教学实践——教师专业化发展的关键点

"问渠哪得清如许,为有源头活水来。"教师专业化发展的"活水"来自自身的教育教学实践。本学期教师以主体的身份投身课堂教学及教学反思等教育教学实践,教师的教育理念、教育行为有了较大提高,实现了教师的专业化发展。

"万物得其本者生,课堂究其本者成。"教师发展中心积极利用课堂阵地为教师的专业成长搭建舞台,围绕"生本课堂"建设,引导教师树立并践行以学生为根本的教学观,以各级教学基本功比赛、优质课评比、骨干教师示范课、青年教师汇报课、学校常规的教学调研、对外的教学开放日活动为任务驱动,引导教师在准备过程中发挥集体智慧,锤炼教学基本功,让教师在积极参与学校"高效课堂"的构建中提升自身的专业素养,"专业发展搭平台,教学节上展成果"。"旁观者清",上海罗星中学是上海一所知名的学校,借助罗星中学给予教师课堂教学指导,更加明确教师的课改方向与标准,"借助'罗星'定准星,坚定方向促发展"。

四、科学管理——教师专业化发展的保障点

教师专业化发展是制度、环境、文化和教师自主参与等多方面因素共同作用的结果。没有教师的自主参与,教师的专业化发展就不可能实现;而没有来自环境的支持,科学的管理,教师的专业化发展也不可能得到有效的保障。

树立科学的教师发展观,营造和谐的学习环境,引领教师的专业化发展;建立科学的选拔机制,遵循教师的成长规律,致力打造骨干教师队伍;建立适当的激励机制,挖掘教师的内在潜能,为教师的发展注入持续的动力;建立典型带动机制,让优秀教师、名教师带动其他教师步入良性的专业化发展轨道,从而有效地提高教师整

体的专业化发展水平。

高端引领专业发展

青岛第六十五中学　林中先

为切实发挥骨干教师的引领作用,持续推动学科建设,浓厚学校研究氛围,有效提高教学科研水平,我们在实践中探索成立学校学术委员会。

学校认为,学术委员会是我校进行教学研究、学科建设、业务评议、学术评审等活动的学术组织。学术委员会要体现学校通元识微、学者治学的精神,充分发挥骨干教师在学科建设中的作用,保障学校教育教学科学、高效地发展。

一、完善组织结构

学校的学术委员会由学校具有较高学术水平的中高级职称的骨干教师组成,人数定为全校教师人数的10% ～ 15%。学术委员会委员采用自荐和校荐相结合的办法,等额确定符合条件的人选作为候选人,最终由全校教师民主投票产生。学术委员会设主任1名,副主任1名,委员若干。主任任命根据个人学术水平及民主评议情况综合考虑,原则上得票最高且教学类荣誉称号最高的教师当选。副主任参照主任的评选条件执行。学术委员会实行换届制,委员会委员任期3年。

二、明确权利与义务

学术委员会主任全面负责组织学术委员会的各项工作;学术委员会副主任协助学术委员会主任,搞好学术委员会的建设及相关组织实施工作,若主任因故缺席,其职责由副主任暂行代理;学术委员会秘书协助学术委员会主任、副主任搞好学术委员会的建设,落实学术委员会的相关具体工作。

（一）主要义务

（1）审议学校学科设置。学术委员会负责审议学校课程建设规划方案;审定年度学校课程开设方案。

（2）审议学校科研、教学计划方案。学术委员会就学校科学研究、教学计划方案的可行性和学术价值进行审议，决定该方案可否列入学校科学研究及教学规划。

（3）审议学校申报的教学、科研等项目。对学校、教师申报的科研课题进行审议和申报指导，提高申报项目的质量；当项目申报有限项时，评选并决定学校科研项目限项申报。

（4）广泛征询学校学术发展意见。根据学校制订的学术发展目标，商议学术发展方向和纲要，为学校的学术发展寻求可行的发展策略和措施。

（二）主要权利

（1）评定学校科研、教学成果。对学校内申报的年度或阶段性科研、教学成果的学术水平与价值做出判断，决定成果的等级、层次，并提出审核、推荐的意见，向更高级别的学术评议机构申报。评选学校的教育教学成果奖，并负责科研、教学事故的相关处理事宜。

（2）参与学校在师资队伍建设、人才引进、教师招聘等工作。

（3）参与组织审核学校职称晋升，评定岗位设置、规划和评聘工作。

（4）学术委员的全体委员享受学校学术休假。

三、机制保障运行

学校为保证学术委员会的严肃性和权威性，对相关制度予以完善和保障。如任期制度规定学校学术委员会委员每届任期三年。议事制度规定学术委员会议题应与学校相关部门调研协商后提出，再经学术委员会主任、副主任及相关人员商讨确定，最后交由学术委员会进行审议。严格遵守当事人回避制度要求学术委员会讨论事项涉及委员本人或讨论的当事人与委员有配偶或亲属关系时，该委员在委员会讨论表决中须回避，但仍可对其他事项参加表决。学术委员会委员因某种原因不能完成相关事务或不能出席会议时，应及时通知学术委员会或请假，不能委托其他委员或人员代理相关事务。保密制度要求委员对在会议中发表的涉及个人、学科和单位评价的言论，有关学校的学术秘密及个人秘密和学术委员会认为应当保密的其他事项予以保密，有违反保密规定的，一经查实即取消委员资格，情节严重的，予以通报批评。

成立学术委员会是深化学校改革、完善现代学校管理体系的重要举措之一。成立以来，各位委员都能严格遵守章程，充分发挥示范引领作用，大力提升学术研究水平，带动提升教育教学质量。学校和委员会将进一步完善制度机制，科学、合理、高效进行教学科研，共同推动学校不断取得新的发展。

搭建教师成长平台　助推教师专业发展

青岛西海岸新区第七初级中学　陈瑞尧

教师专业发展的现实意义在于：它是学生发展的根本保障，是提高教育质量的关键，也是教师自身幸福感的源泉。细究教师的专业发展，我们会发现，它大致需要经历从角色适应、经验积累到专业成熟的基本阶段。而要让教师走过这样的阶段，离不开学校的悉心培育，离不开教师步步留痕的实践。正是基于这样的认识，我校多措并举，精心搭建教师成长平台，把促进教师专业发展作为大块文章来做，取得了一定的成效。

一、青蓝结对促成长

我校近几年新进教师比较多，为使新教师尽快适应教师角色，我们发挥老教师的指导作用，中年教师的示范作用，学科干部的引领作用。以师徒结对为形式，以结对帮促为目的，以期实现让年轻教师适应教学、认同教师职业，让年长教师在示范引领的过程中发展自己。同时出台了配套的制度，落实师徒职责，规定师徒双方在一学年内要共同达成的目标，这一活动的开展带动了一大批青年教师成长起来。

二、分层锻造育动力

教师专业发展不能缺少动机。现实告诉我们，不同层次的教师，其成长诉求是不同的，为让不同层段的教师都有自觉发展与成长的强烈动机，我们对全校教师采取了有针对性的分层培养、分层锻造措施。首先，依据教师的年龄特点和当下业务实际能力将全体教师分成了五个梯队，它们分别是：高屋建瓴队（市级以上优质课一等奖或教学能手骨干教师）、百舸争流队（区级以上教学能手骨干教师或优质课评比一等奖）、蓓蕾初绽队（教龄不超过5年，新调入教师）、乘风破浪队（5年以上，25年以下正在成长的教师）、德艺双馨队（25年以上师德高尚且业务精良的教师）。每个梯队都有不同的培养目标。学校根据不同梯队的培养目标，从读、写、讲、研、听几方面提出不同的要求。例如，高屋建瓴队在读、写、讲、研、听几方面的要求如下："读"，每学年至少阅读两本教育专著,研究两位名师的课堂教学艺术、阅读大量的教育书籍;"写",每学期至少撰写 2 篇高质量的论文、10 篇教学反思和大量的读书笔记;"讲"每学期至少举行 2 次讲座、上 2 节校级以上公开课;"研",承担或参与市级或市级以上课题研究;"听",每学期至少听 40 节课(包括观摩优秀课例、听徒弟的课等),并做出有针对性的评课。对于以上业务培养,教导处学科干部每周都进行评比检查,确保所有教师的专业发展过程化、制度化。

三、校本研修铸技能

"打铁还须自身硬",教师专业发展,重要的是锻造教师的专业技能。技能如何锻造?校本教研则是最佳路径。多年来,我们始终将"校本教研"作为教师课堂教学技能锻造、业务能力培训与问题研究的主要载体。我们的校本教研以提高课堂教学能力为核心,我们以赛课、磨课为主要形式,负载着课例打磨、业务培训、问题研究等内容。具体说来,就是以解决教学中的实际问题为目标,通过赛课、观课评课和问题研究,全方位提升教师的课堂设计能力和课堂实施能力以及教学基本功,从而达成积累经验、铸造技能的目的。磨课分为两种形式:一是由全体学科教师参加的学科磨课,二是由年级组教师参加的组内磨课。每周既要举行一次学科磨课活动,也要举行各个年级组的组内磨课。无论是组内磨课还是学科磨课都按照执讲教师上课、说课,其他教师观课、评课,执讲教师修改教案,其他教师借鉴运用的程序进行。为确保活动效果,切实发挥"同伴互助作用",开展了集智化教研,实行了"一课三评制",即教师个人反思性自评、磨课组教师互助性点评、学科干部的引领下主评。通过同伴互助性评课,力促教师转变教学理念,优化教学过程。为了激发教师自觉打造课堂动力和热情,学校规定,同一位教师在同一个学期参与不同轮次的赛课活动中,以得分最高的那次成绩作为学期课堂教学最终评价,纳入教师个人量化考核之中。无论是学科组的磨课,还是年级组的磨课,都始终在问题研究的导引下进行。比如,语文学科,就先后开展了"如何整体感知课文""如何切入部分""如何突破重点"的研究,并针对既往课堂上学生的主体地位不够凸显,基本功训练不够扎实的实际,提出了"自主、留痕"的教学主张。经过一个学期的实践,我们明显地感觉到,教师自觉变革课堂的意识越来越强烈,参与研讨的积极性越来越高,努力锻炼教学基本功的主动性也越来越强。

四、外出学习拓视野

教无止境,学无止境。教师的专业发展离不开广泛地吸纳与学习。只有广泛地吸纳与学习,才能更新理念,拓宽思路,开阔视野,积累经验,走向成熟。因此,我校对教师的外出听课、培训、学习特别地支持。我校针对教师的外出学习始终坚持三个原则:一是不拒绝任何机会。只要有机会我们就派教师走出去学习。二是一视同仁。外出学习的机会一律平等,无论本校的,还是借调的,还是临时代课的,每位教师都享受同等的学习待遇。三是资源共享。学习归来的老师执讲汇报课让全体教师观摩学习。领导干部外出学习要整理出材料,给教师们做专题讲座。真正做到一人学习,全体受益。

五、读书自修增素养

苏霍姆林斯基曾说:"一种热爱书、尊重书、崇拜书的气氛,乃是学校和教育工作的实质所在。一所学校可能什么都齐全,但是如果没有为了人的全面发展和丰富精神生活而必备的书,或者如果大家不喜欢书籍,对书籍淡漠,那么,就不能称其为学校。"重视读书、崇尚知识,尊重学术不仅是学校成为学校必备条件,也是教师成长不可或缺的重要因素。基于此,我们学校非常重视读书对教师成长的作用,并把读书自修作为教师专业发展的重要举措来抓。一是校长带头读;二是要求中层以上干部重视读书,多读书;三是成立了青年教师读书社;四是积极开展活动推动教师的读书自修。这些活动的开展极大地激发了教师的读书热情。

一年来,我们借助"青蓝结对、分层锻造、校本研修、外出学习、读书自修"这样的形式,坚持走教师专业化发展之路,取得了较为明显的效果。2019年5月,在教育发展中心组织的优质课比赛活动中,我校利用参赛教师参加优质课决赛的时机,让青年教师全程参与,通过"三备两磨"的方式,达到共同提高课堂教学水平的目的。七名参赛教师最终取得了五个一等奖,两个二等奖的好成绩。这些成绩的取得得益于我们对教师队伍长期有效的培养,没有教师的专业发展就没有高品质的教育,这已经成为教育界的共识。作为学校管理者我们要致力于打造一支高素质的教师队伍,培养一批合格加特长的学生,创建一所有文化内涵的学校。

努力做教师发展的引领者

青岛西海岸新区第七初级中学　王玉存

"己欲立而立人,己欲达而达人。"在参加了北师大校长研修班后对这句话有了更加深刻的感悟。

一、博学善思，不断提高自身管理水平

现代校长的角色不仅仅是行政管理者,更是教师发展的引领者,学校文化的塑造者,是教育的思想者。要不断加强个人修养,提高自身素质,以身作则,为人师表,用自己的人格魅力感染教职工。努力提高自己的管理能力,勤于管理,善于用人,以人为本,民主治校。细节决定成功,心态决定一切。应做到让自己的天空常蓝,让别人的内心温暖,应有一颗平常心。作为学校管理者,首先应是思想的领导者,这需要有明确的办学理念、办学目标。因为办学理念是推动学校可持续发展,形成特色学校的重要思想基础。作为学校领导,观念需要前卫而深刻,具有超前导向性。具体落实在学校的发展历程中,即必须走超常规、高质量、可持续、良性循环的发展道路,必须与时俱进不断创新。

王岚校长、卓立校长用自己对教育的理解办教育,引领着教师发展,体验着成功的快乐。做教师发展的引领者,就必须加强自身的学习,多读书,多思考,把读书与思考作为工作状态,尽量排除一切干扰,静下心来研究教育,方可提高自身管理能力与思想认识水平。这也是我将我校今年下半年刚刚启用的两座新楼分别命名为博学楼、善思楼的理想所在,希望全校师生都能博览群书,都能日省自身,在思中前行,在思中成长。

二、以人为本，营造自信阳光育人环境

人文管理一直是我奉行的管理原则,在管理中体现尊重、信任,尽量以服务精神,为中层干部和每一位教师创造学习与发展的平台。今年的学科教师赴青岛大学进修,我校就大胆选派了九年级的骨干教师参加,然后通过他们来带动同学科教师的

发展。通过学习使我明白今后还需在以下几方面继续努力：一是发挥评价的引领作用，在评价中体现人文性，借鉴赵德成博士的研究，在教师评价工作上进一步改革完善。二是引导教师体验成功，体验快乐。这应该是较难的一点。目前教师普遍存在心理压力较重的现象。缓解教师压力，提高教师的幸福指数，帮助教师体验源自成功的快乐。这也是我工作的着力点。例如我们周四的大教研活动，通过常态课，选出优秀教师出示示范课，让他们体现出自身的价值，体会到成功的快乐。三是善于鼓励教师，善于发现每位教师的优点，关注每位教师的成长，认真对待每位教师的意见与建议，如对获奖老师及时发送短信祝贺等，均能让老师倍感幸福。

三、有效沟通，形成融洽干群关系

通过姚计海教授的讲座，让我更加认识到有效沟通的重要性。任何矛盾的出现，都是缺少沟通的表现。其实在学校工作中的矛盾应该说不是很多，但也有处理不好发生激烈冲突的个案。小的矛盾不注意及时沟通，必然会导致矛盾堆积、升级，那时再去处理必然会困难重重。现在绩效工资的实施，职称名额的稀缺，即将推行的校长职级制，都会不同程度地影响干群关系，这时就必须进行有效沟通。

一年来，听到很多干部、教师反映以前个别不上进的教师现在也"动"起来了，令人刮目相看，我觉得这就是我跟教师的有效沟通在起作用。

四、文化引领，促进教师专业发展

只有发自内心的学习，才能是真正意义上的学习。要凭空改造一个人的思想，可以说比登天还难。要促进教师的专业发展，唯有读书学习。今后要结合学校实际，通过教师大讲堂活动，引领教师自觉学习，体验快乐。此外，通过给教师买书、赠书、大家共读一本书、将阅览室的书下放到教研组等活动，创造条件让教师读书。只要持之以恒，我相信我们的教师都会有提高。

教育的本质就是文化与精神的传承，需要用一生的品格去熏陶，用一生的时光来完成，还我们的教育以本来的美好。在实践中，如果把任何一位专家所讲的内容吸取一两点，在工作中深入开展下去，坚持下来，都能够对自己的工作有一个极大的推动。其实在我们每个人的工作历程中，都会或多或少地受到身边人的影响，回过头来看看，在我的日常工作中，不知不觉中就会借用他们的很多智慧。

"路漫漫其修远兮，吾将上下而求索。"在教育的路上，我将尽己所能，努力做教师发展的引领者。

构建学习共同体　助推青年教师专业成长

莱西市第七中学　赵树斌

随着课程改革的深入和实行小班化教学的新形势,近几年新入职教师数量增多,形成一个比较大的青年教师群体,如何让他们又好又快地成长起来,关系到学校未来的发展,是学校迫切需要解决的重要问题。近些年,莱西七中积极探索新入职教师专业成长的有效路径,促进他们又好又快地发展。

一、上好"入职第一课",强化对学校文化认同

新入职教师报到后,学校会安排一天时间进行集中培训学习。参观校容校貌、各种活动室、荣誉室等,了解学校教育理念、发展方略、办学特色等,通过参观,了解学校的发展和进步,增强新入职教师对学校的文化认同,激发他们的自豪感。

组织座谈会、让每名新教师在全校教职工大会亮相,并做自我介绍,学校领导介绍学校课程改革情况及青年教师成长档案有关内容。通过互动交流,增进相互了解,明确了工作方向。

二、开展以老带新师徒结对活动

对于新入职教师,学校指派师德高尚、业务过硬、经验丰富的骨干教师与新入职教师结对子,举行拜师仪式,签订协议书。通过集体备课,听评课等,指导新入职教师掌握科学的教学方法,提高教学技巧和能力。 以老带新、师徒结对,发挥了骨干教师的传帮带作用,让新入职教师能够从身边的榜样中汲取力量,增强责任感和使命感,有利于形成和谐而且充满关爱的工作环境,促进新入职教师的专业成长和发展。

三、开展青年教师课堂教学比赛

每学期举行一次青年教师课堂教学能力比赛。学期初,新入职教师要在帮扶教师的指导下,认真研读《莱西七中课堂教学能力评价表》,在集体备课的基础上,通过听评课,加深对课堂教学基本标准的理解。

青年教师课堂教学能力比赛由学校干部和教研组长组成课堂评价委员会,对青年教师的课堂教学进行评议。每次比赛结束,授课教师集中在会议室由评委会集中对当天的讲课进行及时点评,评委会对青年教师不求全责备,实事求是,既找出教学中的优点,也中肯指出课堂教学中存在问题,帮他们找准提升能力的突破口,不断提升教师的业务水平。学校将授课教师的课堂实录、教案、教后反思、评价委员会的评语,制作成光盘,放在档案袋中留存,建立青年教师成长档案。在迎新年前的教职工例会上对青年教师进行表彰,给青年人一个出彩的机会,培养他们做好教育工作的自信心。

四、开展读书活动,提升教师个人素养

学校在推动全体教师共读一本书活动的基础上,重点关注青年教师的读书工作开展情况。每学年都会赠送青年教师一本书,作为必读书目。学校定期开展读书交流,寒暑假全校范围集中交流,让他们结合工作实践谈心得体会,这样不断提升他们的理论素养和科研水平。另外,学校既实行同读推荐的教育名著名篇,也实行分散学习,鼓励自学,满足个性化的需求,将《教育文摘》《青岛教育》以及学校征订的教学期刊分发到阅览室、级部和处室,利用空闲时间边读边记,边记边悟,更新教师们的教育理念,升华教育情感。

五、建立成长档案,引导青年教师自觉成长

学校为每名青年教师建立成长档案,内容包含每学期承担的工作量、任教学科任务、课堂教学能力评价、教学效果以及读书、写作、获得各种荣誉等。入职第一课即向他们介绍说明以上内容及考核办法,每学期个人填写,学科师傅、有关干部等予以评价签字。这项措施有效地促进了青年教师的健康、快速成长。

以学促教,促进教师角色转换

胶州市第十八中学　姜　新

教师是学校教育的实施者,课堂教学是教育的主渠道。新课程改革和信息化给

我们教师带来了前所未有的挑战,新课程使教师的职业角色和职能发生了很大转变,学校、教师在课程执行者的角色上要迅速转换成设计者、开发者、研究者、评价者和执行者。这就要求教师必须自觉实现自身角色的转换,自我设计专业发展,提升自己各方面的素养。在这个过程中,学校应该努力创设环境和条件,关注和促进教师的专业发展,以适应新形势发展要求。

具体工作中,我们以"办让人民满意的教育"为宗旨,以校本教育教学实践为载体,以校本课程开发、校本教研和校本培训一体化建设为重点,着眼于教师综合素质、专业水平的提高和建设更加合理的师资队伍结构,服务于课程改革的需要,立足于学生的全面发展。使教师具有可持续性发展和自主发展能力,为推进素质教育,促进教育改革和发展提供教师人力资源保障。

我校是一所农村学校,教师的职称结构、年龄结构都存在许多需要改进的方面,中青年教师占绝大多数,是优势也是劣势,中青年教师爱岗敬业,专业发展的后劲和潜力十足,但是经验不足。作为学校,就是要通过校本培训,使教师群体形成共同的学习愿望,转变教育教学观念,树立自我发展目标;以新课程改革为导向,深化培训工作,加强队伍建设,促进教师的自主成长,培养创新精神和实践能力;加强理论学习与教学实践的联系,促进每位教师的专业发展,能独立开展教学研究,提高自我反思、自主发展的能力;结合我市"名师、首席教师评选"工作的开展,进行有关方面的业务培训,通过这些方式,变劣势为优势。为此,学校的主要工作包括以下几个方面。

(1)成立教师专业成长发展领导小组,由校长及一批业务骨干组成,客观分析学校教师教育教学水平实际现状,明确学校教师队伍建设发展目标,制订校本培训整体方案,落实校本培训具体活动,评估教师参加校本培训的实际效果。

(2)通过师德建设活动、教师的读书活动、文化建设、外出教育教学考察活动,努力提升教师的专业精神,转变、优化教师的专业思想,使每一个教师能自觉成为具有高度责任心、事业心、上进心和爱心的学习共同体成员。

(3)立足校本研训主渠道,围绕"学习—备课—上课—交流—反思—课研"主流程,坚持以课改为核心,用课改的新思想、新要求来指导自身的教学实践,不断改变教学观念、教学方法和学习方式,建立自我反思、同伴互助、专家引领的学习交流系统,着眼于教师课堂教学效率的提升,努力提高教师的专业知识、技能和课研能力,实现教师专业的螺旋式发展,具体措施包括以下几点。

(1)督学习。全体教师要结合自身实际制订个人专业发展计划。树立"终身学习""全程学习""团体学习"的观念,做学习型、研究型教师。要求每学年每位教师读一本以上教育教学专著;跟踪阅读一到两本教育教学报刊;撰写一篇以上学习心得体会；摘抄或以其他方式搜集、整理一定数量的理论资料，做到"工作学习化""学习工作化"。其中，我们多年坚持开展"周周读写"活动，坚持每两周精选一篇富含哲理或对教学工作有启发的文章作为学习材料印发给全体教师。先后下发了《沙丁鱼的智慧》《学大雁，别学海鸥》《成功就是简单的事情重复做》《青蛙的启示》《成功需要准备》等文章，教师阅读后，写出学习体会。学校定期举办读书沙龙活动，并对优秀文章进行推介。其中有十几位教师撰写的读书、学习体会在《胶州教育》上刊发。通过"周周读写"活动，让教师在读和写的过程中逐渐感悟到教书育人的真谛，增强了教师的履职尽责意识，激发了教师的工作热情，进而提升了他们的教育教学理论水平。

（2）抓备课。①制定《十八中教学常规要求及检查制度》，加强对各教研组集体备课活动的监督、检查。②实行集体备课，共享备课资源：积极倡导教师建立自己的个人教学资源库，充分发挥网络资源和教师合作平台，实现备课互助、资源共享。

（3）重上课。一是抓教学常规管理。落实教学常规管理"四个必须"原则，即教学常规管理必须有助于促进教师落实课程改革的新理念、新要求；必须符合教师的工作和心理特点；必须有助于教师的工作创新和专业发展；必须有助于教师真正提高教学质量，促进每一位学生的发展。通过落实教学常规行动，进一步规范教师教学常规。落实"四个凡是"原则，即凡是学生自己能说出的，教师不引；凡是学生自己能做出的，教师不启；凡是学生自己能探究的，教师不导；凡是学生自己能学习的，教师不教。以求每位教师都能立足课堂教学，运用新的标准、新的要求改革课堂教学。二是以教研组为单位，开展常态课指导反馈活动，挖掘放大教师教学个性和特色。三是开展课例研究。切实提高教师教学能力，更新教师教学理念，促进教学技能的提高。

（4）促交流。①内部挖潜，择本校之能人，训本校之教师。即充分发挥我校那些实践经验丰富、理论水平较高的各级骨干教师的带头示范作用，通过讲座或示范课向其他教师传授课堂教学经验、展示教学基本功与教学技能，促进全体教师专业水平的提升。②继续进行"一人学习，众人受益"式培训。学校要求外出学习、考察培训的骨干教师，必须写出学习汇报材料，并利用校本培训时间对全员教师进行培训，传达学习精神。培训可采用做专题讲座、经验交流、讲汇报课等多种形式，产生一人学习，多人受益的效应。③做好"请进来"工作。针对教师在教育教学中普遍出现的疑难和困惑，尽可能地邀请校外专家、学者来校开展专题讲座，进行"临床会诊，现场诊断"，找出问题及原因，制订对策措施，帮助教师解答疑难。④实施"青蓝工程"，促进青年教师快速成长。坚持实行"新老结对"制度，根据其任教学科，选派事业心强、业务水平高的骨干教师与他们结成对子,实行"导师制"。联系培养期间,导师要坚持跟踪听新教师的课,找问题、提意见,为新教师出示示范课,从教师工作的各个层面、教学工作的各个环节对新教师进行具体的指导。

（5）倡反思。①以教研组为单位,建立起经常化、系统化的教学反思制度。教师要以检查、总结自己教学实践为手段,监控、诊断自己的教学行为,优化和完善教学方法和策略,淘汰不良的行为习惯,理性地审视自己的整个教学过程,以研究者的角色反观教学。②写课后反思,倡导反思性教学。通过反思使老师认识到自己日常教学的成功之处,增强自信;也让教师能及时总结发现教学的错误和败笔,通过这种循环往复的"实践＋反思",教师不断积累经验、吸取教训、减少失误、专业不断成长。③撰写教学案例、教学随笔、教学论文,开展评比,汇编交流。

做教师发展的领航人

胶州市第二初级实验中学　李　疆

我校在"实施择善教育,奠基幸福人生"办学理念的指引下,以提高教师教育素养为基点,以坚持素质教育为核心,不断加强对教师专业发展的培训。作为一名校长,是教师专业发展的指导者、引领者和实施者,我始终将培养教师具有丰富的知识储备和教育能力,具有高超的教学技巧和教学艺术作为引领教师发展的目标。

一、读书启智,丰富教师素养

欲作"教书人",先做"读书人",这是一条颠扑不破的真理。教师的人格修养,专业水平,归根到底又都依赖于读书。正所谓"蜂采百花酿甜蜜,人读群书明真理"。古今中外的优秀教师、名师大家都用读书不辍的经历为我们做了很好的诠释。我校每学期订阅60多种刊物、采购1000余册图书供大家阅读,成立书友会,定期举行读书活动,组织教师进行读书征文比赛、朗诵比赛,邀请专家进行读书专题讲座。让教师们通过主动阅读,夯实文化底蕴,懂得去如何为师、研学、沟通、修为;也明白了许多生活的哲学,做人的道理,让大家在忙碌中得到修整和反思。

二、培训增识，助推名师成长

自建校以来，学校始终秉承全新的办学理念，构建科学的培训模式，加大对教师的培训支持力度，让教师在培训中不断开发潜力，超越自我，真正做到创新、务实、与时俱进。不断邀请专家对全体教师进行课题研究、读书、礼仪、班主任管理等方面的培训。集体组织教师到诸城、潍坊、青岛、济南等地学习先进的教学模式与理念。鼓励教师积极参与上级领导组织的各种培训，平度、青岛、寿光、龙口、天津、江苏、厦门、上海、沈阳、长春等地都留下了我们教师培训的足迹。在2019年教体局对全市初中学校的评估中，我校教师专业成长得分位居全市第一名。

三、骨干引领，发挥榜样作用

2019年1月胶州市第二批名师工作室成立，我校共有三位老师成为名师工作室主持人，分别是初中物理周玲研名师工作室、初中历史王召爱名师工作室、初中美术吴晓东名师工作室。学校发挥工作室的纽带作用，"近水楼台先得月"，对学校的历史、物理、美术教师多次进行业务培训和听课指导，促进了教研组的发展和提升。同时，我校充分发挥各科骨干教师的带头作用，把他们安排在教研组长、备课组长的岗位上，让他们上示范课，带头进行课题研究，帮助青年教师，等等，均收效显著。

四、团队互助，促进共同发展

学校高度重视教师个人综合素质的提升和业务能力的培养，打造了"三大团队"，即备课组长研讨团队、骨干教师研升团队、高效策略研学团队，促进教师成长。备课组长研讨团队打破了原来的备课组内集备，实行"三级一体"跨级部大集备。三个级部的教师统一思想、统一认识，树立整体规划意识，整体考虑学生的学习，通过互相参与集体备课，参与课堂听课，抱团发展。同时，重视以赛促教，我校每学期都会举行一系列富有特色、主题鲜明的课堂教学展示活动，如："魅力课堂"教研组比赛、"说课标＋模拟讲课"大赛、备课组"教学基本功大比武"、集备展示等，大大提高了教师们的授课水平及专业素养，在全体教师中普及和推进教育教学改革的新理念、新做法。

一个人能走多远，看他与谁同行；一个人有多优秀，看他由谁指点；一个人有多成功，看他与什么人相伴。校长必须帮助教师找准专业发展的路径，锲而不舍地为教师发展领航、铺路、架桥，安装好助跑器，引领教师走向成功，走向卓越！

制度引领，提升教师专业化发展水平

城阳区第六中学　刘方明

城阳区第六中学有 117 名教职工，由于历史和地域关系，教师流动很少，近五年新进的教师一共才四名，加上个别骨干教师调动，六中教师呈现年龄偏大、教师结构不合理的现状，50 岁左右的老师仍然是学校教师的主要力量。在这种情况下，教师们辛勤努力，克服身体疾病、家庭负担大等困难，仍然创造了很好成绩。这与学校制度考核的重要作用是分不开的。合理的制度，严格的落实，公正的操作让教师们的教育教学行为成为自然，爱岗敬业成为常态。学校评价结果关乎教师切身利益，因此教师们对合理的评价方案尤为重视，成为瞩目的焦点。

一、制订考核内容

学校根据德能勤绩四个大方面，制订考核标准。这一点，各个学校框架基本一致。我重点介绍一下教学常规（能）部分和成绩（绩）的考核。六中中考成绩连续 12 年居于街道学校前三名。应该说，六中教师整体上业务能力强，驾驭课堂能力高，接受新思想比较快，课堂效率较高。之所以出现教师专业素养这样高的局面，也和制度考核密不可分。例如学校推行的"三六三"课堂教学模式、集体备课、三案合一、小组合学、教学评一体化等要求在教学中得到落实；教研活动丰富多彩，并且注重实效，做到了"上课—听课—评课—集备"一条龙教研；听课教师人人打分，学校算出平均分后与年度考核中的教学常规紧密挂钩；等等。学校的教研部署之所以得到落实，根本原因是有条条框框约束教师，有利好刺激教师。为确保教师教研活动积极性和教学行为的规范性，学校制订教学常规考核方案，常规检查包括备课上课、作业、听课、学习笔记、集体备课、教研活动、教研成果等七个方面，每个方面都有具体细化要求。以教研活动为例，我们规定教研活动占 6 分，具体分配是：服从安排，工作认真负责，按时、保质、保量地完成组内任务得 2 分；学校展示课准时参加听课、评课且出勤率100%，得 4 分，出勤率 80% 以上的，得 3 分，出勤率 60% 以上得 2 分，出勤率不够50%，此项不得分。再比如：教研成果部分，包括各类公开课、论文、上级教学比赛成绩、辅导学生、科研课题等各个部分,有的加分项精确到小数点后两位数。在评价制度的引领下,六中教师积极创造教研成果,仅 2019 年,六中教师就展示了 6 节青岛市级公开课。

二、考核标准的制订过程

考核标准的制订过程包括广泛征求意见,充分酝酿,最终由教代会或是全体教职工大会讨论通过。制度通过以后,不可能一成不变,因为上级会不断出现新思想新政策,学校内部也会不断出现新矛盾,随着中考评价方案的调整,对教师的评价也必然进行调整。特别是近两年来,各项调整更为突出。为广泛征求意见,让教师们无所顾忌地畅所欲言,学校给每位教职工发放一张空白信封,要求教师将意见建议匿名统一投到学校意见箱中。由于避免了当面反映问题的尴尬,所以教师们反映的问题都十分尖锐,比如说教师午餐质量问题,教学成绩考核、教研成果加分、出勤问题,任课班级数权重问题等。学校将这些意见统一整理,对于反应比较集中的,校委会先拿出初步意见,交给教代会讨论,出台最终方案。这样每学期一次,基本摸清教师们的意见,教师们的思想越来越统一。

学校充分尊重教师们的意见,在确定重大事项的时候,教师们争论的得面红耳赤是常有现象,正是这种争论,才消除心中壁垒,对于政策的执行才有尚方宝剑。

三、对于评价的操作

学校制订的考核制度不可能让每一位教师都觉着公平,但它毕竟是经过全体教师讨论的结果,对一个单位而言,就具有最高权威。此外,保证考核结果的客观公正,也是至关重要的环节。首先,考评小组要认真负责,实事求是,客观公正,此外,为增加公平系数,还要广泛吸纳普通教师参加。在民主评议中,分成两部分,一是全员参加的全体评议,二是由领导干部、教研组长和办公室主任组成的小组评议,最后两者结合,分数统计时,推选有责任心的普通教师操作,相互监督,将评议结果公示,原始数据封存签字盖章密封备查。教学成绩核算由分管副校长和教导主任完成,结果在各年级公示。教学常规检查由分管副校长,教导主任,教研组长共同完成,随时公示结果。

四、结果的使用

每学年,根据德能勤绩的综合评定结果,由高到低确定年度考核优秀等级人员,然后根据年度考核等级由高到低确定当年区优名单。年度考核分数与期末绩效的30% 挂钩。

莱西市日庄镇院里学校校长的"底线管理"

莱西市日庄镇院里学校　邵守波

莱西市日庄镇院里学校制作悬挂"应知应会",保障学校的工作底线和道德红线,以合全体之力营造公平正义的育人生态,让努力与成绩获得肯定。

一、院里学校综合绩效管理"应知应会"

（1）综合绩效管理分四类：教学质量考核（党总支统一考核）、绩效考核（学校考核）、班主任绩效考核（只班主任参加,学校考核）、事业单位人员年度考核（学校考核）。

（2）激发人的工作热情与活力是实施绩效管理的目标,考核方案是最主要的抓手,考核结果要彰显公平,让多劳、绩优和能高者多得绩效奖励和荣誉。

（3）奖励性绩效的分配最关注工作量（课时量）和工作业绩,不搞平均主义,用辛勤的劳动和学生的分数证明自己的价值,赢得自己的绩效奖励。

（4）申请照顾者不得优秀。

（5）欢迎教师随时提出建设性修改意见,经与校长和分管领导论证有效后,在此学期初修订考核方案经教代会通过实施。

二、院里学校师德师风"应知应会"

（1）要团结同心,拥护党的领导。不说有损团结的话,不做破坏稳定的事,共同推进教育质量稳步提升。

（2）要严于律己,为人师表。不在工作时间玩电脑或手机游戏、看小说、闲聊；不组织或参与有偿补课。

（3）要爱岗敬业,关爱学生。不忘"有志于教育"的初心,牢记"为国育英才"的使命；不歧视体罚学生。

（4）要珍爱身体,尊重家长。不在室内抽烟,力争戒烟；不呵斥、粗暴对待家长,春风化雨。

（5）要诚实守信,乐观豁达。不弄虚作假,真诚待人,说老实话,办老实事;做人大气,不斤斤计较,乐于奉献,富有同情心、牺牲精神。要正直正义,传递正能量。不抱怨与浮躁,以免"传染"给不善分辨的年轻教师和学生,给其带来痛苦;不消极和冷淡,以免动摇"军心",影响团队的集体力量。

三、院里学校课堂教学管理"应知应会"

（1）干部教师学习要虚心,领会课堂展示、合作、探究等新教学理念的价值,不光着眼于教学成绩,更关注育人过程。

（2）当堂教师要提前2分钟入教室维持课堂秩序,禁止学生说话打闹、睡觉和玩手机等,"我的课堂我做主",对课堂安全负全责。

（3）有教案（或学案）上课,青年教师手写详案（至少四面纸）,老教师手写简案（重点内容,两面纸）;建议有学情分析和教学反思。

（4）每堂课应有题组训练（或当堂检测）。文科有课堂笔记,理科有错题本,建议以正规作业的形式呈现。

（5）禁止体罚学生;填写《院里学校课堂秩序记录表》,认真记录违纪学生,让教师和家长形成教育合力。

认真构建提升平台，积极引领教师发展

青岛市第三十三中学　王明强

教师的业务能力高,是提升教学水平的关键之所在,为此学校积极构建"提升平台",以"研"字入手,积极推进教学工作的开展。

一、实施"动享课堂"教学实践，让教研领跑课题研究

加强以校为本、研训一体的教研培训制度建设。引导教师在教育教学实践中,学会把问题转化为课题,学会解决实际问题,这是提升教师专业素质的关键所在。

为全面提升学校综合能力，唱响"动享课堂"的教育品牌。我校紧紧围绕"动享课堂"展开深入的、多彩的课题研究活动，让教研组成为课题研究的领跑者。

1. 主题引领，以主题促活动

近几年来，每个教研组都能在学校总体工作目标引领下，结合本组实际开展教研活动，每次活动都有明确的主题，全组老师积极围绕主题参与研讨，大大提高了教学研究的效果。如"提高学生的阅读理解水平"是我校的一大难题，语文组围绕这一难题，开展了类文阅读专项研究，并做到持之以恒，定期总结反思，从而使学生的阅读水平在原有基础上有了较大提高，增强了学生学习的信心。

2. 以活动为载体，以活动促发展

学校每学期开展"动享课堂"模式下的一人一课活动，各教研组均以"高效课堂，有效学习"为目标开展研究。全体教师积极落实"听、评、思、学、改"五个环节的打磨，学习优秀教师先进教学方法。定期举行"目标导学"的校级优质课比赛活动。

备教研组教师心态开放，积极参加各种教学观摩、教学比赛等活动，在活动中树立信心，增长见识。

3. 走近名家，感受名师魅力

为更好地提升教师教学研究能力，学校不仅积极外派教师参加各级各类培训，而且按时邀请名师到校开展"面对面""一对一"指导。这些活动，让教师领略了名师风采，激发了改变自我、突破现在的动力。学校还邀请了齐鲁名师赵春凤定期到校指导，给教师"量身打造"个性化成长方案，在"面对面"交流、碰撞中，激活智慧，助推教师个性化成长。

二、全力做好研教一体建设，正确引领科研方向

科研即教研，教学研一体化是我校坚持的基本策略。教师成长，以学生成长为标示，科研以教研为根基，一切成果都应见之于课堂，立足于孩子的成长。

1. 一线助推，让经验得以及时推广

为使老师不断涌动科研热情，学校领导深入教研组，参与听课、评课、集备等活动。做到及时了解情况、及时解决问题、及时推广经验，确保教学科研不断走向完善。

2. 辐射带动，让名师真正成名

名师、骨干是学校工作的风向标，其辐射引领作用不可小视。为此我们创建名师工作室，让名师成为课题负责人，学科"掌门人"，让名师创建名牌，让学术成为学校

的"新时尚"。让小草变大树,让大树共荣共生,学校成为一片郁郁葱葱的森林,教育的希望便在于此。

助力教师发展,提升教师素养

平度市实验中学　耿佳堂

教师是立教之本、兴教之源,教师发展是教学质量提升"第一工程",平度市实验中学现有青岛市学科带头人 21 人,青岛市教学能手 47 人,青岛市优秀专业人才 45 人,平度市学科带头人 179 人,高素质的教师队伍成为我校前行的压舱石。

我校提升教师专业素养,促进教师主动发展,主要采取了以下几方面策略。

1. 多点发力,助推教师专业成长

外请名家:我校组织领导教师先后到全国各地几十所名校参观学习,培训回来后由教科室组织二次培训,达到一人学习、全校受益、同步提升的效果。

内塑名师:我校成立"名师工作室""名班主任工作室",定期组织各类教育研讨活动,如示范课、公开课、诊断课、专题讲座等,"传"递正能量,"帮"助新人才,"带"动大发展。

能者为师:由于我校办学规模不断扩大,每年新进大量教师,我校实行精准结对,为每一位"新"教师点对点对接师傅,分教学结对和班主任结对两种形式,缩短"新教师"适应时间。

助推"青师":我校成立青年教师研究会,制订"青师"成长三年规划,举行读书沙龙、技能培训、教材研读,教科室跟踪指导,促使年轻教师学好常规、站稳讲台。

2. 聚焦课堂,全面提升教学能力

校本教研提升教学质量:我校定期开展"三·三"课活动,即每学期举行立标课、达标课、抽标课三大活动,出示新授课、复习课、讲评课三种课型。每周教务处安排名师示范课、新教师汇报课,全体同科教师参与听课、评课,围绕课堂教学"三驾马车",即学案导学、小组合作、积分制,不断改善优化,落实学科核心素养。

智慧课堂引领教学方向:我校在初一级部班级配备平板教学,推进校园信息化基础建设,外派教师进修学习,提高教师信息技术素养,打造一支业务精湛的信息技术教师团队,为数字化校园建设服务。蒋秀敏等教师成为平度智慧课堂 Pad 教学排头兵。

捆绑评价带动抱团发展:我校按照"个人成绩:学科成绩,4:6 的比例"对教师进行绩效考核,学期末教务处每学科随意抽取教个人成绩后 1/3 的薄弱教师,进行课堂教学评价,分文理两组同时进行,评委当场亮分,成绩代表本备课组本学期的学科成绩。科学公平的评价有利于形成教育合力,打造"利益共同体",让每个人成为最好的自己。

总之,为提升教师专业素养,我校不但有专家名师引领,为教师成长提供一面"镜子";组织各种培训和展示活动,为教师成长提供一架"梯子";还进行各种评选奖励,为教师成长提供一个"面子",评选实验中学教学名师、教坛新秀、教坛常青树、教科研先进个人、巾帼明星、最具魅力教师等等,让教师在普通的岗位上体验一种成就感,热心从教、舒心从教。从而既涌现出青岛市最美班主任——肖春风、青岛市学生最喜爱教师——赵海芳、青岛市优秀教师——刘健等一大批学生的"引路人",也培养出国家级优质课一等奖获得者郭晓燕、省级一等奖获得者贾笑玲、崔媛媛等一大批业务精湛"大先生"。

教师好,学校兴,教师发展是学校发展的原动力。建设一支师德高尚、业务精湛、充满活力的教师队伍,是我校当前及今后工作的重中之重!

多点布局,引领教师发展

莱西市实验中学　刘本帅

工作中,坚持以课堂为核心,以科研为指导,以常规管理为基础,以集体备课、课堂教学改革为突破口,促进教师整体素质提升;以"抓常规,重基础,讲规范,创特色"为根本,强化制度建设,瞄准"立德树人"总目标,多点布局,引领教师发展。

一、加强师德建设,树立师表形象

深入开展师德师风建设及整顿工作,大力开展"坚持立德树人,回归教育初心"

教育理念及师德师风大讨论活动,并建立《师德师风建设学习档案》,与全体教师签订师德师风责任书,使师德师风建设落到实处。严禁教师从事有偿补课活动,签订《自觉抵制有偿补课责任书》,规范教师从教行为。在全体教师中形成"以德立身、以德立学、以德施教、以德育德"的良好风气。

二、加强教师梯队建设,促进教育教学工作的可持续发展

实行集体备课制,各教研组骨干教师出示"高效课堂"示范课;由备课组长牵头落实每人一节研讨课;新教师出示汇报课。大力推行"推门听课"制度,促进教师业务水平的提高。加强骨干教师的示范引领作用,开展"师徒结对"活动,组织青年教师专题培训,提高青年教师业务水平;组织青年教师基本功比赛,提高青年教师课堂驾驭能力。注重骨干教师培养。

三、搭建教师成长平台,积极组织参与各类教学赛事

支持帮助教师参加各级优课、公开课、优质课选拔比赛,提高教师业务水平,本学年有9人出示莱西市公开课,4人获得莱西市优质课一等奖,13人获评青岛市优课,3人出示青岛市公开课,2人获得青岛市教学能手,1人出示青岛城乡交流课,2人出示青岛市名师开放课,4人在市级以上教研活动中进行了经验交流,4名教师获得莱西市学科带头人称号,2人被评为青岛市学科带头人,1人被推选参加青岛名师培训,1人在第九届全国数学建模优质课比赛中取得一等奖,5人出示莱西市青年教师展示课,3人在教体局组织的"三说"比赛中获一等奖,6人获二等奖。昌少华老师被评为2019年青岛市"最美教师",并在青岛市教师节表彰大会上作为两名代表之一做了典型发言。

四、开展特色创新工作

(1)成立学科指导委员会。成立以教研组长、骨干教师为代表的学科指导委员会,加强教学和教科研工作研究,加强对本学科的教学指导,着力提升课堂教学质量,助推学科教师业务水平的提高。

(2)成立名师工作室。以导师组织研讨、现场指导、专题研究、课题研究、观摩考察等形式对工作室成员进行培养,以论文、专著、研讨会、报告会、学术论坛等形式向全校、全市辐射示范,引领本学科课程教学改革。工作室将为教师培养和培训工作积极创造条件,邀请学科教研员定期到工作室指导,利用名师工作室成员研究的优势领域、让成熟教师和青年教师结队共进。

（3）落实分层教学，开展学科竞赛。有效利用中午、晚学后及周末等课堂边缘时间做好培优生辅导工作，切实提高优质生水平，带动学校整体成绩的提升。

让教师因专业而赢得更多尊重

青岛滨海学校　陈祥波

青岛滨海学校立足学科素养，深化育人目标，聚焦策略实施，打造至善课堂。以"主题教研"为研究场，以"至善课堂"为实践园，以"多元培训"为加油站，以"课程建设"为创新坊，以"多元发展"为成长营，聚焦教育效能，提升教育品质，努力将学校打造成一所有人性、有温度、有故事、有美感的具有滨海文化气质的新样态学校。

一、团队建设有实效

在教研组建设中，我们注重团队建设，以"训"为着眼点，以梯队建设为主线的"发展型"团队建设；以"组"为着眼点，以文化内生为主线的"内化式"团队建设；以"研"为着眼点，以共生共创为主线的"研究型"团队建设；以"学"为着眼点，以互助分享为主线的"学习型"团队建设。围绕师德规范、业务提升、科研能力三方面，聚焦教学技能、教学智慧、教育管理。

以"至善教研团队研修"为核心，确立教研方向，探讨教研主题，提升团队建设。通过至善课堂的打造、至善作业的规范、信息化的深度融合等主题，强化贯彻落实，细化管理流程，深化工作反思，促进学校各个层面教师专业化发展的主动性和积极性，实现教师专业素养的全面提升。

二、主题教研有方法

学校立足学科素养，聚焦策略实施，以内化式主题教研、问诊式学科教研、联动式区域教研、课例式共创教研为载体，落实"三强化"：强化理念更新、强化课程建设、强化策略实施。开展了主题明确、形式多样的主题教研，重点关注学科核心素养的提升，探讨至善课堂的优化实施，引导教师有效教学、有效反思、有效提炼，促进教学智慧团队化、教学研讨专题化、教学活动系列化。

三、课程建设有纲领

积极探索九年一贯制课程体系,聚焦"人文与品德""数学与科技""体育与健康""艺术与审美"四大领域,从课程设置、课程实施等方面实现科学整合,形成基础性课程、选择性课程和综合性课程三个层次,形成立体化的课程结构,横向明确学科素养内涵,科学确定课程目标,并从素养发展的角度进行课程结构的设计和学科内容的遴选,实现核心素养与课程领域、具体学科的融合。纵向根据具体学科需要落实的核心素养在不同教育阶段的表现特点,从小学到初中垂直连贯的角度,修订各领域或学科的课程目标,完成核心素养与课程目标在不同学段的纵向衔接。

四、分层作业有梯度

学校各教研组结合学科特点,制订实施方案,进行了"作业规范化和分层作业"的研讨与交流,规范作业布置,提倡"三布置、三不布置";指导作业方法,践行"四先四后";落实作业批改,做到"四精四必",让作业布置、批改和反馈环环相扣,相得益彰。

五、至善课堂有策略

以 4C 核心素养(批判性思维、沟通、创新、合作)和学科核心素养为基础,探索"同模式"课堂教学方式,围绕教学策略、学习方式、素养提升、有效途径四个层面,提高教师教学设计、实施、评价、反思教学的能力,促进学生核心素养的提升和发展,深化"4C 至善课堂"行动改进。

通过四课推进(精心"研究课" — 校级"调研课" — 典型"示范课" —精彩"展示课"),聚焦课堂,从"加强集备策略""推进思维导图""倡导信息融合""实施小组合作"等主题入手,提升教师的课程执行能力,提升学生的学习能力和思维品质。

六、加强信息融合有亮点

学校通过基于无线微录仪、希沃白板等信息技术融合的课堂教学研究,加强教师与学生、课内与课外的互动,线上与线下结合,促进学生学习的主动性、自主性,提升课堂质量。我校教师能够全员使用信息技术进行教学,并先后有四位老师分别参与青岛市信息技术融合优质课比赛,现有两人获得青岛市一等奖,三位老师举行了无线微录仪的全国、全省的课例展示。我校英语教师在乌兹别克斯坦教育部到校考察时进行了精彩的英语 Pad 课例展示。

专业提升催生教师学研高潮

田横岛省级旅游度假区中学　陈懋庆

教学永远是学校教育的中心,而作为教学活动过程的教师、学生两个"主体"能否顺利互动就显得尤为重要。因此田横岛省级旅游度假区中学多年来将教学研究的重心下移,以课程实施过程中教师所面对的各种具体问题为对象,以教师为研究的主体,既注重解决实际问题,又注重经验的总结、理论的提升、规律的探索和教师的专业发展。把教师专业发展的校本教研制度化、规范化提升到关乎学校未来发展的高度,从学校的实际出发,依托学校自身的资源优势和特色进行教育教学研究,逐步形成了具有我校特色的"学、教、研、思"四位一体的校本教研模式。

一、学——学习

(1)向理论学习,以理论为支撑。有效实施课堂教学改革的关键在教师,教师要实现自身的专业化发展,就必须学习先进的教育理论,转变陈旧或落后的教育观念,因此我校倡导教师读书,营造教师的精神家园,将现代教育理念和教育教学理论作为校本教研制度建设的基础。如:我校先后成立了"教育名著研修班",每年组织的"读书节"和年度读书计划,每周定期、定时组织集体阅读;另外我校把免费给教师订阅的教育教学杂志——《青岛教育》和《中国教育报》作为每周业务培训的主要内容,在此基础上我校定期组织读书征文比赛和读书经验交流活动,收到了良好效果。

(2)向专家学习,以专业引领为保障。为避免先进的理念缺少以课程内容为载体的具体指引,我校在实施校本培训中,坚持实施"请进来,走出去"策略,让专家和骨干教师在我校通过"进课堂""结对子"等形式,使先进理念和实践经验互相结合,实现我校教师的专业引领。如我们每学期聘请我区教研室专家们到校进行"教研互动研讨会"或通过教研室实现有省、市级骨干教师参与的现场指导。这些专业指导、听课点评、问题解答、探讨交流和课堂再造等活动,不仅使老师在专业方面得到提升,更营造了学校良好的教研氛围。

(3)向学生学习,以创新教育观念为切入点。身处信息时代,现在的学生不仅才思敏捷、接受新事物快,且对所有知识都充满好奇和欲望,他们敢于对教材和教师说"不"。在此基础上我校喊出"教师走下来、学生走上去"的新思维教育口号,摆正老师在教学实践中的地位,我们提倡把多种结论提供给学生参考,成为点燃学生思维火焰的"火把",避免出现"教师万能"。为此我校通过聘请学生督学对学校工作进行监督,提出建议;同时我校还通过每学期的学生评教建立师生对机制,让教师在学生的评价中得到成长和发展,真正使学生成为教育的主体,逐渐构建起师生同为共同体的学习型校园。

二、教——教学实践

教师自身的教学实践活动是一个感悟、学习、提高的培训过程。我校通过每学期举行的研究课、比赛课、示范课等教学活动,积极开展教师与教师之间在教研、集备、上课、听课、评课中互相合作的"互助"活动,达到了共同提高的目的。这些教研活动中教师们形成自己的特色,依次循环往复,有力地提高了教师的业务水平和教学质量。

三、研——教研与科研

(1)教研:教学必须研究,教师必须通过积极参加教研活动提高教育教学质量。我校认识到提高校本培训的质量更显重要,因此我校加强校本教研,树立"校本教研"的理念。我校除常规的教研形式外,还由教导处牵头成立专门考核小组对教师实行"研课、推门听、跟踪课、同课异构"四种交流形式,然后通过面对面、教研组、备课组、教师专业会等沟通方式,促进教师专业健康发展。

(2)科研:树立研究性学习的理念,构建学习型组织,选择有价值的课题进行合作研究,使"组组有课题,人人搞科研",从而实现用课题研究解决教学难题和培训师资的目的。目前我校已立项一个市级课题和多个区级研究课题。另外我校充分认识到教师在工作中学习的重要性,认识到研究和解决教学工作中遇到的实际问题可以帮助拓宽教师校本培训途径。如学习兴趣的激发,困难学生的研究与转化,特长生的培养,授课模式的研究,学习方法的培养等效果方面的评价,一直都在我校每年的教师教学过程考核中作为一项重要的依据。

四、思——教学反思

"教学反思"它不仅是促进教师专业发展和自我成长的核心要素,更是教师自身改进教学、提高教学质量的一条有利途径。为此我校通过由教导处牵头形成的专门小组,不仅关注教师对教学过程的观察、感知和比较,更关注教师对自我的内视和对教学过程的体验。我校主要通过定期组织授课后记、教学叙事、听课感想、继承与发扬、反思日记等教学反思方式,促进教师的专业成长。

总之,正是因为对校本教研的重视,使我校的教育教学质量有了长足的进步和提高,但在探究适应当代新课改和学生发展需求的教学方式转变方面,我们还有很长的路要走,我们相信经过度假区中学全体教师的共同努力,我校一定会实现"办一流学校、创一流业绩、做一流教师、育一流人才"的教育承诺。

强化校本培训　促教师专业发展

平度市明村镇明村中学　董希平

平度市明村镇明村中学加强校本教研培训,努力提高教师业务素质,关注教师心灵成长。让校本教研化作滋养教师心灵的雨露甘霖,使每一位教师都能感受到做教师的自豪和幸福。

一、坚持学习,让读书成为习惯

学校重视教师的理论学习。将校本培训和读书活动有机结合,为广大教师订阅教育教学类的 80 余种报刊,引领教师与书籍为伴,与大师对话,"让读书成为习惯",使教师的发展建立在科学的原理之上。学校也重视加强实践学习,让教师在真实的教学情境和教学实践中增长教育智慧,使教师的发展建立在"实践文化"的基础之上。大家在交流中碰撞思想的火花,获得教育智慧,促进了专业化发展。

二、坚持集备,　让互助成就共赢

学校每个教研组按照学期教学计划及组内公开课的安排,将集备落到实处,领导干部包学科。坚持集体备课的"三备、四定、六明确"的模式(三备:备课标与教材、备学生、备教法;四定:定时间、定地点、定课题、定主讲人;六明确:重点、难点、基本知识点、基本能力训练点、思想基本结合点、知识迁移的基本结合点)。学校鼓励教师在教育教学活动中加强互动、交流、对话、协作,通过同伴互助,共享经验,共同成长。学校也注重专家的引领提升和骨干教师的示范辐射作用,采用"请进来,走出去"的方式加强校际交流,取长补短,相互借鉴。

三、课题引领,让教研成就高效

学校积极参与青岛市"田野项目"课题研究,《乡村中学高效课堂有效教学策略研究——以平度明村中学为例》课题获得青岛市级立项。学校将课题研究纳入校本教研培训,提高教师研究能力。注意课题研究团队与校本培训的自然衔接,通过课题研究带动校本培训,促进教师群体专业素质提升。要求每位教师努力做到勤于学习、勇于实践、善于总结,将重点放在思考上。学习、实践、总结,成为我校教科研培训的三种主要研究方式。要求教师们勤学的时候要慎思,实践的时候要三思,总结的时候要反思,从而使课题研究体现层次性,体现教师的合作意识和集体智慧,形成了学校教师人人参与教科研,并从教科研中获益的局面。

灵山中学引领教师专业发展措施

青岛市即墨区灵山中学 陆金祥

青岛市即墨区灵山中学在学校管理工作中,把教师的专业发展摆在重要位置,切实认识到学校要发展,学生要发展,教师必须首先要发展。作为一名管理者,只有做到以教师为本,教师才能做到以学生为本。学校从以下四个方面引领教师专业发展。

一、加强师德培训

学校把教师师德建设工作摆上议事日程,定期召开会议,统一思想认识,成立教师师德建设领导小组,部署教师师德建设活动,有效开展教育活动。

(1)有计划有步骤地抓好学习教育活动,利用每周一例会时间,组织教师学习《中华人民共和国教师法》《中华人民共和国教育法》《预防未成年人犯罪法》《未成年人保护法》《中华人民共和国宪法》《学生伤害事故处理办法》《中小学教师职业道德规范》等法律法规,提高教师的法律意识,增强依法治校的能力和水平。

(2)新老教师结对。学校为每名新教师安排专门的指导教师,一对一、手把手对教学和德育管理工作进行指导,并要求新教师准时参加新教师培训,做好笔记,写好教学反思。

(3)学校将师德失范行为纳入学校管理绩效考核中,对师德师风存在问题的教师,实行"一票否决"制。

通过开展一系列活动,使教师的师德修养得到了提升,灵魂得到了净化,为学校的可持续发展奠定了坚实的思想基础。

二、做好教师培训工作

(1)利用教研员到学校调研之机,组织教师向教研员请教,面对面交流,开阔视野。

(2)通过外出培训时间,聆听名师名家先进的教学方法以及教学理念,提升自身的业务素质。

(3)充分发挥校内骨干教师、教研组长的引领示范作用,定期举行骨干教师培训会、每学期上一节公开课、做一次专题讲座等。

三、抓好集体备课

学校设置专门的集备室,由教研组长带头,在学期初做好集备计划,并严格按照计划,每周安排特定时间进行集备,相互学习,取长补短,促进教师专业发展。

四、写好教学反思

"一课一反思"是我校教学的常规要求。教师在反思中,可以写出教学过程中成功的做法和经验;可以写出自己当时的教学体验;可以写出自己教学中不足的地方;及时记录自己对教学的灵感和思考。我们鼓励教师进行教学反思,并做好存档,使教师在反思中不断感悟,改进教学方法。

几年来的实践充分证明,我校在教师专业化发展方面采取的措施具体、可操作性强,教师专业发展进步较大。

课题研究引领教师专业成长

青岛市即墨区七级中学　孙元兵

德国著名教育家第斯多惠指出：教育艺术的本质不在于传授本领，而在于激励、唤醒与鼓舞。这是对我校"激励教育"办学特色的直接启发。我们认为"激励教育"就是以人为本，就是尊重人、关心人、激励人，实施激励教育的根本目的在于激发潜能，鼓舞人心，激励志向。即在"尊重差异，尊重个性，尊重多元"的过程中，让每个人的身心都迸发出正能量，为教师和学生创造充满向上、温馨的氛围，力求把学校教育变成学生精彩生活的一部分，把工作变成教师精彩生活的一部分。

我校办学特色的打造主要借助课题研究来实现。例如我校承担的中国教育学会课题"农村中学多元评价的实践研究"和青岛市"十三五"规划课题"农村中学激励教育的实践研究"均顺利推进并取得阶段性成果。

（1）形成了"竞赛检测旧知—预习自学新知—合作解决困惑—依据学情点拨—巩固应用新知—竞赛展示所学—学习效果评价"的"七步教学策略"。

通过小组 PK 等方式有效调动学生参与积极性。"小组竞赛，多元评价"很好地体现了激励的作用，促使小组成员相互团结，发挥团队精神，从而激发了学生学习的兴趣。

（2）构建起"主体多元、内容多维、方法多样"的多元评价模型。

构建自我激励性评价—学伴激励性评价—小组激励性评价模型—班级和级部激励性评价—学校激励性评价"五位一体"的评价模型。自我评价包括制订近期、中期、远期目标，如周目标、月目标、期中目标、期末目标，依据自我评价目标的实现程度，对目标进行适当调整，制订相应措施；学伴评价以师友结对为主要形式，课堂师友互学、助学，阶段性总结师友优缺点及目标完成情况；小组评价以课堂竞赛为主要形式，通过组间竞争，以分数量化的形式进行小组评价；班级和级部评价融合了文明礼仪、卫生、纪律、品德、活动参与、课堂参与度等方面的内容，评价内容丰富；学校评价主要是通过周一升旗仪式进行表彰，表彰层面主要有：校园之星、优胜小组、星级班级。

课题研究促进了教师的专业化发展,促进了学生的多元发展。激励式德育、激情式课堂、激活式管理、激趣性社团,凸显了"激励教育"的办学特色。

合作达标　互动展示

青岛市即墨区蓝村中学　王高洪

一、构建合作达标　互动展示教学策略

现状:青岛市即墨区蓝村中学是一所农村学校,外来人口多,生源复杂。经济条件好的家庭,多把孩子送到外地上学。我们在教学过程中发现,学生分化严重,每次质量分析,有的分数段没有学生,导致中等生优化困难。

策略:学校先后外派教师200多人次,到崂山三中、昌乐二中等学校参观学习。先进的教学理念冲击着我们的思维,我们成立了高效课堂工作室,探索"合作达标互动展示"教学策略。

我们一边实验,一边总结教学得失,并不断撰写讨论文章,经过几年的实验总结,我们确立了"合作达标　互动展示:三段六步一评价"教学策略。

二、"合作达标　互动展示:三段六步一评价"的内涵

"合作达标　互动展示:三段六步一评价"是指开放课堂,还学生主体地位。三段即预习、展示、反馈。六步即课堂教学六环节:第一步明确学习目标任务。第二步学生自学,学生自己看书、做题。第三步合作达标,在学生自主探究、独立思考的基础上,由各组组长主持进行小组内交流。第四步互动展示。第五步小结反馈,教师应对一节课的知识概括总结,形成知识树,强化目标达成。针对性设置巩固性练习,反馈学习效果。第六步教师总结评价,评选优胜组和优胜个人。一评价即课堂教学评价,包括教师课堂教学评价和学生课堂评价。

三、研究教学流程,形成课堂"六步"教学法

课堂是学生的课堂,要让学生占主导地位,培养学生的自主性,就必须规范教师

的课堂行为。根据先学后教，自主合作，循序渐进原则，我们形成课堂"六步"教学法：明确任务—学生自学—合作达标—互动展示—小结反馈—总体评价。课堂六步骤的确立，规范了教师的课堂行为，由教学变为导学，课堂地位发生根本性转变。

四、研究评价，打造愉悦课堂

为了充分调动学生的课堂积极性，根据学生的年龄特点，我们研发出"笑脸"评价方案，经过试验表明确实提高了学生的积极性，学生抢着发言，争着展示。在此基础上，我们开发出一套发展性评价系统，能够比较全面地评价每个学生的课堂表现和学习成绩的相对发展，成为全面、科学的评价方案。

五、建立并完善合作达标 互动展示教学保障机制，扎实推进校内网络集备工作

成立网络集备领导小组，校长任组长，挂科领导亲自参与，定时、定点、定内容，以备课组为单位，由备课组长主持进行，级部主任、挂科领导、教研组长检查督促。备课组长在集备前一周认真做好分工，各成员根据分工认真备课，修改，形成共案。学校对上课做了具体要求，含教师、学生两方面。要求教师明确目标，精讲多练，小组合作，探究质疑，达标检测，现场批阅。要求学生两分钟铃即进入教室，静候上课。所有学科都要有随堂检测，且要布置一定数量的作业，教师要做到全批全改。作业批改要有具体时间，单元结束必须进行单元检测，由备课组长出题，随堂检测，做到周周清。教学常规规范了教师的工作行为，让备课、上课、作业批改、检测反馈这些教学之根本的东西重新回归，形成精讲多练、反馈迅速的格局。

六、研究成果

在近几年的中考中，我校取得了优异成绩，得到社会和家长的认可。其中2015届毕业生高开，2014届毕业生周辉，2011届毕业生孙菲都以优异的成绩考入北京大学。在2019年的中考中，我校360人参加中考，直升生达线12人，升入重点高中85人，升入普通高中192人，综合评比全区第10名。英语、语文、物理、生物、地理荣获区优胜备课组，语文、数学、英语参加青岛市抽考，获得全区第11名的好成绩。

总之，合作达标　互动展示教育是满足人民群众接受优质教育急切要求的教育，我们将加快"合作达标　互动展示"教学改革步伐，决心走学校内涵式发展道路，让"合作达标　互动展示"教学结出丰硕成果。

精致备课规范 提升高效课堂效率

青岛西海岸新区弘文学校 王金奎

青岛西海岸新区弘文学校为强化课堂主阵地作用,坚持把课堂教学作为提高教育质量的关键环节,高效课堂既强调创新教学方式方法,促进信息技术与教育教学的深度融合,更注重强化教学规范管理,"让教学常规在高位运行成为常态",备课就是关键一环。

(1)任课教师备课前必须熟悉新教材和新课程标准的要求及相关年级的知识衔接点,查找备课所需的各种资料,包括电子资料,制订有效的备课计划。

(2)任教师课备课时要深入钻研教材,灵活处理教材,把握重点、难点与知识点,找准知识的融合、衔接、整合点,根据学情预测学生的认知障碍,备出合适的教学方法,设计合理的、具体的教学步骤,尤其是师生的双边活动,同时要备齐、备好相应的教学用具。

(3)教师授课前一周必须按要求撰写好"导学案"。"导学案"的具体要求依据《弘文学校初中部"导学案"编写与使用细则》——包括《"导学案"的编写流程》《导学案的编写细则》《导学案的使用细则》《教师编制和使用导学案评价细则》,学案编写中要突出学科素养和德育渗透。

(4)"导学案"的"教学反思"部分要书写认真、格式清新、内容详尽,具有实用性、科学性、创新性。要定期撰写教后札记,每单元或每章一篇,字数应不少于500字,每学期不少于四篇。

敢为人先　挑战自我

青岛市城阳区第二实验中学　矫　伟

一个校长的领导力,除了表现在规划学校发展大局上,还表现在对每一位教师的引领和带动上。教育是人与人之间的交互传承,一线教师作为直接塑造学生心灵的人,其素养和水平代表着学校的核心竞争力。城阳区第二实验中学充分关注教师的发展情况,注重教师队伍建设和人才培养,引领教师敢为人先,不断进行自我完善和挑战,从根本上提高了学校的教学质量和办学品质。

一、"日志清单"日查日新

学校积极组织开展铸师魂、育师德、树师表、正师风、练师能的"五师"工程,激励教师恪守师德,爱岗敬业。建立教师梯队、加强分层管理,对不同层次教师提出不同的要求,制订"量体裁衣"的教师成长菜单,并引导教师设置"日志清单",将个人发展的中长期规划切分成一个个小目标,再制订出每天的工作计划,督促教师持之以恒、日差日新,切实提高教师自我发展的内驱力,以点带面,促进教学能手、优秀教师竞进涌现。

二、"一专多能"促进提升

学校用"时间久、定位稳、深扎根、向上长"的大树理论鼓励教师"一专多能"、迅速成长,从享受生活的平庸到享受生命的卓越。学校关注每个教师的发展方向,积极构建学校人才高地,以年级组、教研组、备课组"三级"建设为基点,架构具有校本特色的人才培养发展平台,把教师队伍建设的重点与"三级"建设融合起来,使之成为队伍建设的主要落脚点。通过各种形式的活动,使教师在提升本学科专业能力的基础上拓展领域,提升与教学有关的各方面能力。

三、"目标导向"内驱前行

开展"立德树人，回归教育初心"大讨论活动，引导教师读原著、学原文、悟原理，开拓视野、放远眼光，不仅关注课堂建设、教学水平，还关注当下社会的发展情况。通过讨论"实现目标"和"完成任务"两种工作心态的区别，使教师们在工作中追求目标导向，留心工作中的新思路、新灵感，增加工作的创新、创造性。讨论不仅提升了教师的工作质量和积极性，还促进了教师之间的凝聚力、向心力，将每个实验二中人都纳入共同为实现学校发展目标而奋斗的事业之中。

四、"九段教师"精益求精

学校借鉴"九为终极之数"的传统思想，提出争做精益求精的"九段教师"，引导教师们不断探求更加细致的处理方式，进行自我完善，追求卓越；从明晰工作的基本思路入手，逐层细化工作内容；从源头上寻找工作上的问题，做到发现一个问题清除一类问题。长此以往，城阳区第二实验中学教师们精益求精，以绣花般的细心、耐心、巧心，促进学校教学、管理的体系与实践相辅相成、相向而生。

现在的城阳区第二实验中学，"青岛市教学能手""学科工作坊主持人"不断涌现，学校师资建设逐渐形成区域优势。在山东省第三期名校长、第四期名师评选中，城阳区获评的 2 人都在本校，实现了城阳教育的新突破。5 位教师被评为"青岛市教学能手"；3 位教师被评为城阳区"学科工作坊主持人"，并成立了自己的工作室；1人举行省级示范课，3 人举行市级公开课，9 人举行区级公开课。在青岛市名师开放课、市优质课、区优质课、区青年教师基本功大赛等赛课活动中都活跃着城阳区第二实验中学教师的身影。城阳区第二实验中学正一步一个脚印地向高品质学校的目标迈进。

深挖内部潜力　促进教师队伍建设

莱西市院上镇武备中学　赵学东

一、学校教师队伍情况

（一）学校基本情况

莱西市院上镇武备中学现有 21 个教学班,在校生 948 人,教职工 83 人,生师比为 45:1。

（二）教师队伍状况

（1）教师老龄化现象严重,教师队伍已出现青黄不接。

（2）学科结构不合理。

（3）教师队伍的整体素质有待提高。

（4）教师自然减员、优秀教师资源外流严重。

二、教师队伍管理机制

一是加强了教师管理制度建设。严格执行教职工请假制度和教职工绩效考核制度,按照考核评价体系,全面客观评价每位教职工,并注重考核结果的运用。把考核结果作为教师评优、骨干认定、绩效工资兑现、职称评审和提拔任用的主要依据。

二是加强教师培训。建立师资培训机制,大力实施教师全员培训工程,采取"送出去、请进来"和校本研修相结合的办法,在继续依托国培计划、省培计划、远程培训的基础上,充分利用校际交流和校本培训等形式来加强教师培训工作,全面提高教师教书育人的本领。

三是加强师德师风建设。建立了"以校为本"的师德师风建设机制,大力弘扬师德师风建设先进典型。

四是加强常规管理。进一步规范了办学行为,切实减轻学生课业负担。与此同时扎实开展德育工作,通过定期召开家访、电话沟通、一封信、家长会、班级微信群,建立学校、家庭、社会"三位一体"的德育网络。

三、典型案例做法

为提升干部教师教育教学能力,解决教师短缺、年龄老化、学科结构不合理等困难,实现学校教育的高效、可持续发展,近年来,武备中学通过狠抓教师队伍建设,强化制度管理,深入实施绩效考核,凸显政策的导向作用,广大教师勇挑重担,工作积极性有了较大提高,一定程度上缓解了师资短缺问题。

我们在加强管理,实现政策的连续性,管理的合理性,评价的公正性的基础上,加强了教师能力的培养,围绕"一年打基础,二年见成效,三年大改观"的短期目标,加快实现干部教师教育教学能力的专业化成长步伐。

(一)完善管理措施,促进干部教师工作作风和工作态度的进一步转变

(1)实施目标化管理。通过建章立制,将学校发展目标、干部任期目标、班级管理目标、教师业绩目标明确化。初步建立了学校、级部、教师三级目标化管理体系。通过强化目标考核,加强过程管理,使广大干部教师的教育行为目的进一步明确,学校的办学行为进一步规范。

(2)推进工作重心下移,落实一线办公制。盯住不落实的人,抓住不落实的事。我们紧紧围绕教学、管理两大中心工作,多管齐下,立体约束,确保各项工作落实到位。收到了很好的效果。

(3)加大政策的导向激励作用。利用好绩效考核制度的杠杆作用,在干部任免、评先选优、职称评聘中,彰显教育教学质量的核心地位。广大干部教师"一切围着教学转"的思想进一步明确。

(二)课例引路,"聚焦课堂",加快教师教育教学能力培养步伐

我们注重培训方式的教育实践化,让教师们在课堂教学、教研等日常教育活动中积极践行先进教育理念,使他们在实践中培训,在实践中提高。从而加快其专业成长步伐。

一是广泛开展同课异构活动教学,通过优秀课观摩、同科交流评价课两种层次的课堂教研,加强教师教学横向对比,让教师在对比中取长补短,共同提高。

二是开展推门听课,规范常态课教学。在实施过程中,我们着眼于教师能力提高,强调服务意识,提倡三多三少,即多提建设性意见,少些无关痛痒;多做正面肯定,少些无端指责;多做单独沟通,少些当众批评。使他们消除紧张甚至逆反心理,欣然接受,正常发挥,从而达到课堂教学行为日趋规范,教学能力逐步提高的目的。

三是发挥优秀课例的示范作用,引领教师实现观念的更新。我们坚持优秀课应从常态课中推选的做法,将推门听课过程中发现的优秀课例典型加以发掘,呈现给广大教师,使之真正具有推广和示范价值。

总之,通过深挖内部潜力,提高教师工作热情和工作能力,引领教师专业发展,一定程度上缓解了目前面临的师资困难,有效促进了学校教育教学质量的提升。

为青年教师搭台唱戏　引领青年教师主动成长

青岛市第五十中学　张文革

青年教师是学校的生力军,也是学校发展的根本保障,他们的状态决定了学校的发展方向。年轻人有活力,有追求,也有目标的不确定性和思想情绪上的冲动性。正确的引导,及时的鼓励和肯定,因才设岗,为他们搭台子唱戏,是青岛市第五十中学引领教师成长的主渠道。

对青年教师的培养,不能只局限于上好一节公开课那么简单。作为校长,要有国际眼光和创造培养新型人才、一专多能人才的培养观,对每一个青年教师因材施培,挖掘每个人的潜能,让教师自我确定目标,自我加压,自我完善。我校引领青年教师成长的具体措施主要有以下几条。

第一,名师引领,团队成长。青岛五十中将各学科35岁以下的青年教师组成了一支追梦团队,激发他们的青春热情;安排岛城名师做导师,从班级管理艺术、师德提升品位、业务比武竞赛、科研创新、志愿服务交流等多方面开展互助共赢的团队发展模式。

第二,用课程做引领,让青年教师知识结构多元化发展。结合现代社会的需求,新时代、新技术要求我们有崭新的教师队伍,传授新知识、新技能,于是,STEAM创新课程团队诞生了。生物、地理、机器人设计、赛车和数学五科教师组成了一个新的教育科研团队,率领学生在市区级各种科技创新比赛中奋勇前行。

第三,走国际化教学道路,英语教学与数学教学相融合。学校引进新加坡教学课程,并安排一位青年数学教师用英语上数学课。这种新的教学模式,变成了青岛五十中学生家长梦寐以求的课堂新模式。新课题带来的成就感,让这位青年老师放弃了出国继续深造的机会,并且全身心地投入新课程的研发过程当中。

第四,用科技手段引领青年发展。希沃白板的引进与使用,给青年教师带来了新的生机和活力。两位化学老师的微视频制作在全市起到了龙头作用,他们用一年的时间制作了 500 多个微视频课程,录播教室变成了青年教师交流互助的平台。

第五,通过艺术体育社团的建设,促青年教师综合素能的多方面的发展。学校开设了武术、足球、篮球、排球、乒乓球、健美操、艺术绘画、3D 设计、合唱舞蹈等 20 多个社团,每个社团都有青年教师们多彩的身影。

第六,制度引领,让青年找到了努力的方向。学校多劳多得、优劳优得、评优奖先的制度,让青年教师明确了自己应该努力的方向。

培养人才不能光讲业务,政治思想品德也要到位。鼓励青年教师参加红歌演唱、演讲比赛等活动,让他们用自己的成长历程来表达"不忘初心,牢记使命"的宗旨;在一次次家访中,他们感受到了家庭教育在学校教育中的重要性;在导师制实施的过程中,他们利用业余时间为孩子们做义务辅导;对学校安排的各种工作,他们都会义无反顾地做到最好。

好的团队,好的平台,好的作风,好的策略,必然会培养出优秀的青年教师队伍。

让民主成为共同的信念

——教师民主管理的思考与实践

青岛滨海学校　李全慧

教师在学校教学工作中起着主导作用,如何调动教师的主动性、积极性和创造性,是校长必须认真考虑的问题。根据麦格雷戈 Y 理论中对人性的假设,认为学校实行民主管理,让教师参政议政,可以激励教师最大限度地发挥出自己的智慧、经验和创造力,为达到学校的目标而努力工作。因此,现代学校管理必须要尊重教师,让他们充分参与管理,成为学校管理的主体。

一、加强三项建设，打造教师民主管理组织

（1）加强教职工代表大会建设。将教职工代表大会作为教师参与民主管理的基本形式，学校高度重视教职工大会的民主建设，工会主席和工会委员由教职工公推直选产生，教职工代表均是在教师自主申报的基础上竞争当选。尊重并发挥教职工大会的职权，学校发展规划、年度报告、重大改革方案等，都按规定向教职工大会汇报，并根据大会提出的意见建议进行修改调整；与教职工利益直接相关的事项，均提交教职工大会讨论通过，结果及时在校务公开栏公开。

（2）加强学术与师德委员会建设。教师的职业特点决定了其参与学术研究和专业培训的重要性，需要有一支团队予以引领。学校组建了"学术与师德委员会"，民主推选师德好、教学业绩突出、深受学生欢迎、同行好评的教师代表担任委员。委员会作为教师民间自治团队，承担了职称评审、业务评价、评优推优、指导促进教师专业道德成长等职责。委员会的主任和副主任都是普通教师，每周参加学校干部办公例会，享受学校中层干部待遇。"学术与师德委员会"成为学校行政管理的有力补充，极大地发挥了一线、骨干教师的作用。

（3）加强级部团队建设。学校将工会小组与团队建设相结合，组建了级部团队。级部团队成为最基层的民主自治组织，实行团队组长负责制。每学年学校进行人事安排时，首先进行级部团队组长的竞聘。由组长根据教师自主申报的工作岗位需求，行使选择教师、组建级部团队的权力。级部团队成立之后，组长组织团队成员制订团队发展目标，制订团队发展规划和评价方案。学校将级部团队组建、考核、评估的管理权下放，激活了级部团队自身的管理活力，实现级部团队发展和教师发展的紧密互动。

二、制度建设保障，确保教师民主管理权的行使

（1）加强学校章程建设。学校章程是学校运行和全部工作开展的依据。为确保教师民主管理组织的运行，学校组织教师修订章程，将民主管理内容、自治管理组织运行规则、民主管理形式等在学校章程中予以确定，实现依法治教。

（2）加强配套制度建设。以章程为依据，学校在充分征求意见的基础上，修订形成一整套规范和制度，形成大家都能遵守的公共规则。比如：为将教师监督行政干部的任务落到实处，学校出台了《干部监督实施细则》，明确监督内容与措施，用制度保障教师对校长工作的检查督促；为使教师的诉求能及时得到解决，学校建立教师申诉制度，维护教师的合法权益；为保障教师的民主权利，学校调整了公平表决机制，使校长与教师一样，平等投票……一系列的教师民主管理机制的实施，使教师的

民主权利得以尊重与保证,民主意识和集体荣誉感不断增强。

三、立足学校实际,开展学校民主管理特色活动

(1)定期开展金点子征集。通过征集"学校管理金点子"的方式,及时听取、采纳教师的意见和建议。例如,学校针对教师提出的给班级设立卫生橱和学生储物橱的建议,为每一间教室设计了集书橱、卫生橱、学生个人储物橱于一体的组合橱。教师的意见得以采纳和实现,激发了教师参与学校管理的热情,增强了教师参与民主管理的意识和能力。

(2)自主开展职称评审。"学术与师德委员会"成立后,教师的职称评审工作由委员会负责组织开展。委员会主任列席参加区里的培训会,会后带领全体委员研究文件精神、出台评审标准、组织自主申报、整理审核材料、开展民主评议。以往的职称评审,由校领导组织,即使过程再公正透明,评审后也会出现不和谐的声音。但"学术与师德委员会"的成员都是民主推选的来自一线普通教师,无形中增强了教师的认可度。评审结束后,学校还组织参评教师座谈会,开诚布公地与教师探讨成功与失败的原因及改进方向。近年来,学校职称评审工作一直能平稳高效地完成。

(3)坚持开展教师宣誓活动。学校把教师誓词的征集作为增强教师民主管理意识的重要途径,由"学术与师德委员会"在全体教师中广泛征集,并经全体教师评选,形成了学校教师誓词。每学期的开学典礼上,"学术与师德委员会"主任都会带领大家集体背诵教师誓词进行宣誓,深化了大家对教师职业道德的认识,增强了教师的主人翁意识。

(4)实行项目校长管理制度。基于"面对学校的发展,人人都应有同等关注和参与的权利"的民主管理思考,学校推行项目校长管理机制。比如,学校请全体教师推选能够承担改建教师阅览室任务的"项目校长",具有时尚感的辛老师当选,从阅览室的房间布局规划到内部施工,"项目校长"一手把关,学校全力配合。一个月后,温馨、雅致的"教师书吧"建成,成为学校靓丽风景。再如,新招聘来的体育孙老师年轻、阳光,对改善学校体育工作充满了设想。学校委任其为课间操的"项目校长",严谨的队列训练、标准的动作指导、新颖的环形跑、嘹亮的特色口号……在他的带领下,课间操充满了活力与激情。

实现教师民主管理的关键在于校长要让渡权力,把权利让渡给教师、让渡给学生。如果一所学校的每位教师都以主人翁的姿态工作,那么在这所学校里,受益的不仅仅是学校,更是参与其中的每一个人。

以教研组的发展引领教师前行

青岛市第五中学　李　红

一、制度引领教研组方向

教师的发展离不开团队的力量。学校分析每个教研组的优势与不足,确定各组发展方向,并完善制度,为达成目标保驾护航。重新修订或制定了教学管理制度 38 项,进一步规范了教研组的各项工作。

制定了《干部联系教研组制度》,每位干部联系一个教研组,全方位参与教研组的工作,督促、指导组内工作的开展,献计献策,同时配合组长解决教研组出现的问题。制定了《干部听课议课兼课制度》,每月月底,干部根据当月听课情况议课成为办公会的常规内容,议课堂中的亮点与问题,由教学干部汇总后反馈给全体老师。

制定了《教研组长竞争上岗制度》,每年组织一次竞争,能者上、庸者下,保障德才兼备的优秀教师担任各教研组的领头人。制定了《教研组长聘任集备组长制度》《教研组长每月常规检查制度》,以及规定各类各级外出培训人选由组长确定等,用制度为组长开展工作提供保障。

二、品牌引领文化积淀

文化创造长远价值,文化建设是百年事业,文化是教研组的“根”。结合青岛五中“致知明德”特色文化,确定了“文化强组”的长远战略。

第一步:学习提升组长的文化层次。

创新教研组长每周例会,以学习代会议。教学干部和教研组长坚持单周“主题学习交流”。每学期,学校给教学干部和教研组长送书 1-2 本,制订学习计划,在单周教研组长例会时间,一人主讲,教研组长的理论文化层次明显提升。坚持双周“诊断课堂”,看变化、亮点、问题、实效,课后评课或者进行跟踪听课。使教研组长全面认识学校各科课堂教学的优点与不足,提出合理化建议,促进了学校教学质量的提高。

第二步：阅读让教师散发文化气息。

在教研组长提高自身的基础上，每学期初制订教研组文化学习计划，组长带领教师阅读教育著作等书籍，每两周带领组内教师进行一次"主题学习交流"，教研组逐步形成了阅读的氛围。学校借机制订了《教师三年读书计划》，引领大家有计划、有目的地开展阅读。每年12月份，在学校"读书节"上，教师开设"明德讲坛"，以讲座的形式推荐给学生阅读的书目，如《曾国藩》《王阳明》《明朝那些事儿》《罗斯福总统》等等。青年教师成立"明德班"，定期组织"明德论坛"，交流学习心得和教育教学感悟，促进了青年教师的成长。阅读让教研组的文化气息倍增。

第三步：品牌引领组室文化建设。

各组进行"一组一品"文化建设，七个教研组分别确定了自己的文化品牌。全面引领教研组精神文化、制度文化和行为文化的建设。

三、课改引领业务成长

改革是前行的动力。学校课改以小班化教学的推进为抓手，追求"八仙过海各显其能"的学科教学。数学、物理、化学、生物等学科初步形成以"小组合作与导学提纲相结合"的模式，并开始探索小组评价。同时小组合作方式由课堂教学渗透入班级日常管理。

加强教研组建设，教师的成长受益，教师队伍得到长足发展。学校涌现出一批市区级教学能手，市级获奖人数大幅提高。

打造平台　助力教师专业成长

青岛西海岸新区铁山学校　吕献志

教育教学质量是学校立足、发展的生命线，是提高学校的社会满意度的重要标准。在教学工作上，我们把质量作为改革发展的核心任务，开展教育教学系列活动，加强三支队伍建设，凝聚力量，齐抓共管，全面提升教育教学质量，打造铁山老百姓家门口满意的学校。

对于教师的专业发展，我们着重使用和搭建三个平台。

1. 发展中心平台

按照通知要求,积极参加发展中心安排的各项活动,做好校内的二次培训,确保区局和发展中心的安排部署落实到位。

2. 第二学区平台

在学区内,我们积极通过教学联合体开展区片教研教学活动,认真参加在南京师范大学举办的班主任论坛、在烟台市举办(烟台一中、烟台十中)的教备组长论坛,还到昌乐二中、广文中学进行参观学习。在这些活动中,我们认真深入课堂听课,积极参加评课论坛,吸收名校先进经验,丰富和拓展课堂教学思维模式,提升学校的教育教学水平。

3. 学校平台

一是学校课程的开设。优化整合课程资源,构建规范特色的课程体系。组织优秀教师继续系统深入开发软笔书法、手工编织、生活百科、形体健美等七个类别共40余门学校课程,组织学生自主选课走班。在教育发展中心组织的"2016年黄岛区中小学优秀校本课程评选"中,我校《我爱家乡美》等五门学校课程荣获一、二等奖。积极参加"一师一优课"活动,推进翻转课堂、微课程工作,施行有利于主动体验、合作探究、个性学习的教学方式。改进评价方式方法,优化实施基于课程标准的教学与评价工作。加强中考教学研究,提高备考工作的针对性、实效性、科学性。我校代表黄岛区参加全国"五艺节"年画展演活动,被评为全国第五届中小学生艺术展演活动教育系统筹备组织工作先进单位,在"我为国旗添光彩中小学生手抄报大赛"中获山东省优秀组织奖。

二是课题比武的展示。牢牢抓住课堂教学这个质量提升的"牛鼻子",重点推广以自主合作探究为主要特征的课堂教学模式,着力打造"先学后教,自主互助,当堂达标"课堂教学模式,让"轻负高质"的教学观在教师的教学常规中落地生根。建立教学研究机制、过程管理机制和质量评价机制,定期召开专题质量分析会,诊断、分析在各段教学过程中存在的问题,提出改进措施。通过电子白板比赛、课件制作比赛、三笔字比赛等途径,提升教师教学技能。

三是转差补弱的突破。我们在落实全员育人导师制的过程中,设立师生转差补弱奖,将学习技能有缺陷、学科成绩有偏差、行为规范有不足的学生配上学业导师,落实重点帮辅学生的有效措施,对转化成绩突出的教师和学生予以表彰。

四是团队精神的打造。教师队伍的良性发展还体现在团队精神和合作意识的培养上。我们主要做好班级教师团队和备课组教师团队的建设,在教师活动的开展过程中,我们有意识地强化团队思想、整体意识,比如教师体育节中的篮球、乒乓球比赛活动,场上队员和场下观众都是积分量化的因素,无形中将全体成员捆绑在一起,利于形成工作合力。

五是典型经验的引领。我们充分利用区局开通的"即时通平台",安排学校干部编印《教师学习文摘》,开设教育视点、教学论坛、健康提示、心灵港湾等栏目,将日常积累到的文章编印成册,以无纸化方式发给教师,到目前共编印了 200 余期,为教师提供了很好的学习提升平台,简洁又实用。

用脑科学知识引领教师发展

胶州市英姿学校　王金玺

脑科学研究领域是一个多学科交叉综合的系统领域,需要各学科理论研究专家和一线的教育工作者携手共进,在实践中丰富发展。通过参加两次全国脑科学大会,让我深刻感受到,用脑科学的知识引领教师专业化发展,具有非常重要的意义。在教育教学实践中,主要采取了以下几方面的策略。

一、利用"胜利者效应"和"习得性无助"找到"成功教育"的脑科学依据,引领教师专业化发展

"胜利者效应"和"习得性无助——绝望行为的动物模型"两个方面的内容对于教师在教育教学实践中运用脑科学知识具有指导意义。我校着力推行"成功教育"理念在教育教学工作中的深化。教师要坚信,只要采取合适的方法,每个孩子都有成功的可能。要求教师一切的出发点和落脚点都要依据"成功教育"的理念:成功是一种心态、一种习惯,"小的成功会集聚成大的成功",成功就是今天要比昨天进步一点点……学校就是要给学生自信满满的成长体验,就要让学生在成功的体验中增强自信从而迈向更大的成功。在成功理念的感召下,英姿学校培养了近 6000 名毕业生,他们分布在世界各地,在很多行业里都表现优秀、自信满满。很多学生发展变化的轨迹,都验证了学校成功办学的力量。"胜利的经历所带来的效果是可以相互转移的。"重复的成功可以塑造大脑。

"习得性无助",这是指由于个体连续的经历失败、挫折的体验而导致个体对事物感到无法控制、无能为力,从而产生自暴自弃、丧失信心的心理状态和行为。在日常教育教学中,我们常常会遇到这样的现象:学生在学习时毫无动力,缺乏进取心,遇到挫折时倾向于放弃,乃至对于力所能及的任务也往往不能胜任,正是由于以往的挫折经历,他们认为自己无论怎样努力都不能取得成功。他们沮丧,并以愤怒的形式表现出来。这类学生懒散、怠慢,有时是具有破坏性的。这一理论的阐述,让我们意识到激励、赏识教育的重要性,也看到了一味地批评会让学生长期处于"习得性无助"而丧失学习的动力和信心。根据这一观点,我校通过《英姿学校教师忌语忌事》落实具体要求,由此,形成了教师积极主动的教学风气和宽广、仁爱的教育情怀。

二、利用运动与脑健康的关系强化了体育教育在学校教育教学中的重要地位,促进教师专业发展

中国科学院院士苏国辉曾对体育运动对精神疾病的预防和改善、运动与神经元、神经细胞生发的关系、运动增加BDN1、运动有益于脑健康等方面进行了细致入微的阐释,使我更加真切地感受到运动与脑健康的重要关系。结合学校具体工作,我们努力做到以下几点:①重视教职工的运动时间安排,运动方式调整,让全体教职工通过运动有效的减压、调试,积极投入教育教学的研究当中;②号召全体教职工重视学校的体育与健康教育,开足、开齐体育课,配备强有力的体育教师队伍;③重视体育课的教学内容丰富而多彩,让运动内容与脑健康紧密相连,让学生喜欢上丰富多彩的体育课;④继续上好校本课程《国际跳棋》课,让每个孩子通过国际跳棋这一棋类运动锻炼大脑的敏锐性、灵活性,修养秉性,全面发展;⑤加强学校室内体育馆的建设、体育文化的丰富,给全体师生更多体育运动的场所和机会。

综上,利用脑科学的知识可以很好地促进教师在教育教学领域开展工作,促进教师专业化发展,惠及每一个孩子,让未来的教育更加的高效而科学!

多举措促进教师队伍健康发展

青岛市即墨区普东中学　王霄业

一、培训是最好的福利

多年来,学校一直坚持以培训促发展,全面提升教师素质。学校为教师的专业化发展创造有利条件,让教师参加多种形式的研讨会、教研会,加强校本培训,提高和更新教育观念,增强教研能力,以科研促教研,以教研促教学。李永妮老师参加青岛市农村中小学教师脱产培训,培训结束后紧接着到山东龙口市参加山东省初中语文部编新教材培训暨高端备课研讨会;杨景哲老师到华东师范大学参加青岛市信息技术学科整合研修;"他山之石,可以攻玉",我们分两批组织了 40 名骨干教师赴潍坊、曲阜进行考察学习,回校后,每个老师都写出了学习心得,以备课组为单位进行了交流,每人出示了一堂学习汇报课,有效地促进了全校教师专业化水平提高。

二、每天锻炼一小时,快乐工作五十年,健康生活一辈子

在日常管理中,将制度建设与人文关怀有机地结合起来,极大地提高了教师工作的积极性。我们提出"每天锻炼一小时,快乐工作五十年,生活一辈子"的口号,鼓励教师课间操和下午第三节课走出办公室,加强体育锻炼,并举行踢毽子、接力、保龄球等活动,调动教师参与的积极性。在教师生病时,我们会派专人前往看望,女教师生孩子,我们还会送上 99 个鸡蛋的祝福,今年的三八节,我们还组织教师"三八马山快乐行"活动。这些做法,不仅使学校生活更加温馨,增强了干群关系,促进了和谐校园的建设,也使教师在工作中更快乐,更富有激情,增强了教师的幸福感。

三、创新交流方式,充分调动教师工作积极性

2014 年前,普东中学教师交流情况是这样的:普东辖区内的小学教师严重缺编,需从中学选出部分教师到小学任教。于是,学校便把一些教学成绩较差、业务能力不强的教师安排到小学,当时的政策是,到小学任教算是"支教",根据成绩在职称评审

中加 2～5 分。这样的弊端是,优秀教师得不到支教加分的机会,在职称评审中明显处于劣势,工作积极性受到了很大打击。为了能既调动教师积极性,又保证我校教学工作高质量完成,我首先召开领导班子会议,强调普东社区"大教育观",即小学教育是中学教育的前伸,是中学教育的基础,中学有责任协助教育办做好小学教学工作。从而达成共识:可以派优秀教师到小学支教。然后召开上学期学科考试前两名的教师会议,引导他们正确认识学校大局和个人利益之间的关系,学校鼓励、支持优秀教师到小学支教,希望他们在工作中兼顾小学和中学。学校在优秀教师自愿报名支教的基础上,协调各受支教的小学,合理安排支教老师的授课时间,确保支教老师既能很好地完成小学的教学任务,又能高质量地从事中学教学,最终达到中小学教育共赢的目的。

四、加强师德作风建设

我校开展了"发现身边的美"活动,发现了一大批敬业爱岗的好教师。用身边教师的亲身体验来激励、鼓舞、影响大家,在相互了解、沟通中感受集体的温暖、智慧,潜移默化地教育教师提升自己思想、精神、人性的境界。着力打造一种大家自觉、自愿约束自己的师德行为,而不是让学校领导刻意去管理的德育氛围。学校要求所有的领导干部在工作实际中随时拿起手机给自己的老师拍下那感人的一刹那。每周五办公会进行汇总交流,这同时又是对领导干部是否始终走在一线的很好检验。学校每月制作一个精致微信美篇推送给所有的教师、家长,引起家长对学校教育的关注。

团队成员品行高,不计较,能跟上学校的节奏。成绩的取得,得益于我们团队中有这么一支甘于奉献的老教师队伍,他们淡泊名利,忘我耕耘。李春兰老师,我们的老大姐,56 岁高级女教师,连续七年在毕业班从事教学,并且教学成绩优秀,连续担任九年级数学备课组长,带领数学组连续五年进入区先进备课组,老大姐堪称是我校教学一线的一面旗帜。隋邦英老师,57 岁的高级教师,依然任教一个班的数学且未间断过班主任工作,工作干劲儿一直是青年班主任的榜样。王桂霞老师,还有四个月就要退休的高级教师,依然坚持任教四个班的地理,工作中任劳任怨。邱秀玉老师,青岛市名师工作室主持人、正高级教师,繁忙的工作之余依然任教四个会考班的地理。类似默默耕耘的老教师还有隋爱环、王洁、李欣先、孙福来、黄淑华、林崇寿等等。正是因为他们默默无闻地忘我工作,给全校教师做了一个标杆,也孕育了我们普东中学甘于奉献的浓浓"家风"。

凝心聚力，促教师专业发展

平度市崔家集镇中庄中学　袁书慧

学校一直认为教师工作积极性要提高，就必须给教师一个好心情、好身体、好心态，尽力帮教师解除后顾之忧，凝心聚力，促进其专业发展。

一、关心教师生活，使教师获得幸福感

（1）教师节学校为全体教师献鲜花。

（2）三八妇女节、教师节等节日组织教师利用无课时间到食堂包饺子，改善教师生活，活跃教师节日气氛，愉悦教师心情。

（3）每年学校从有限的资金中，挤出一部分给全体教师进行查体，保证教师有病早医，有一个好身体。

（4）学校要求课间操时间，全体教师必须走出办公室，在学校操场、小广场活动一下或跟在学生后面，同学生一起跑操。

（5）教师生病、家庭有困难，学校会组织专人到这些教师家中进行看望、慰问。而教师也都会克服困难为学生及时上课补课。

（6）遇有大雾、雨雪天气，学校会让办公室发短信、微信、打电话通知城里、外地走读的教师早自习时间学校可以安排其他人看班，安全第一位，开车慢点，宁误上课，也不要出事，但教师宁肯早起早出发，也及时到校，准时上课。

二、打造高效课堂，推出精品教案

这一模式，先从英语、数学两科试点，其他各科随后跟进。根据教研室的时间安排，两科全体教师进入学校微机室，以学科组为单位，由一名教师把自己精心准备的下周教案、课件发送到各位教师的电脑中，大家共同切磋研究修改，力争从教学目标的确定、教学重难点的把握、教学过程的安排、当堂检测题的设计、不同层次学生的接收能力等方方面面，进行深入细致的研讨，形成一节比较完整的教案及素材，在下

一周的实施课上,全学科教师参与听课评课,最后打造成一节精品教案保存下来。今后教师上课根据本班学生实际,修改后即可使用,高效节时。在这一过程中,学校分管本学科的领导必须全程参与其中,其他领导有时间也必须参与。

三、节省有限资金,用于教师专业培训

为了使教师开阔视野,拓宽思路,集思广益,提高教育教学质量,促进义务教育均衡发展,我校加强对教师的培训。从省、市、区的观摩活动,到本校的教研活动,学校都非常重视。一直以来,多次分批派各科教师外出观摩学习。通过观摩学习和培训,教师们的教学能力和专业知识得到提升,能运用新的教学方法和更加科学的教学理念投入教学工作之中,提升教育教学质量,促进义务教育均衡发展。针对学校短板学科,学校还不惜花钱聘请外校优秀的学科教师来我校对教师和学生进行培训、授课。例如:地理、生物一直是我校的薄弱学科,学校每学期开始都从市教研中心聘请教研员到校做报告,同时也把教师派到别校跟班学习,边学边讲。

四、取得的成绩

实践表明,教师现有的课堂教学实践经验,能够胜任各年级段的教学工作。教师容易接受新事物和新观点,能够参与课题实验,具备一定的教育科研能力。教师能够运用现代信息技术,并灵活有效地为教学服务。

微课引领教师发展

崂山区第三中学 范延松

从2013年下半年开始,学校开始探讨"微课"使用等基于网络环境下"高效课堂"的探索与实践。与此同时,在崂山区研训中心的引领下,学校地理学科的老师开始尝试微课的制作与使用。微课的使用在学校经历了"微课件—微课程—动态云平台"三个阶段。

尝到了"微课"带来的甜头,学校又将微课变成微课程,利用信息技术与学科教学的融合,把零散的微课串起来,变成一个可以分享教学资源、作业反馈、师生互动

的平台。云平台将学生、教师的基础数据库和教育资源、学生活动等业务数据库进行梳理和统一,提供云平台开放数据接口,方便各种业务系统接入。云平台根据教师和学生的使用情况不断完善,是与真实学习活动相符的动态平台。

1. 方便学生课后巩固知识点

学生在家完成知识的学习后,可以反复观看平台上知识点的讲解。让课堂成为教师和学生之间、学生和学生互动的场所,学生在这里完成答疑解惑、拓展运用。教师的讲解可以做到事半功倍,学生的学习效率也大大增加。

2. 快速培养新教师

微课的出现,让学校看到了问题的一个解决方向,把优秀教师的课切成一个个几分钟的小片段:"课堂引入""知识点讲解""习题讲解""练习指导""课堂小结""突发事件处理"……使青年教师们可以利用一些零碎的时间去研究这些教学片段,反复地学习,以形成自己的理解。除了模仿以外,还能根据自己的认识,向优秀教师们提出疑问,优秀教师们也可以根据青年教师们的疑问给出答案,使传、帮、带可以跨时空地进行。

3. 由"高效课堂"到"自主课堂"

由于目前学校所打造的高效课堂不一定是自主的,而构建的自主课堂则一定是高效的。"自主课堂注重学生的个性化发展,注重学生的基本学习与生活的素养教育、注重学生的综合能力培养,还学生学习的自主权力,增强学生自主学习与生活的责任意识,才能真正达到立德树人的教育目标。"

将微课引入我校教学有利于将学生充分带入教师创设的情景中,既活跃了课堂气氛,调动了学生的积极性,又增强了学生思维和口头表述能力,学生身历其境地感受到新技术的奥妙与意义,在轻松愉快的课堂参与中得到了锻炼和提高。依托信息化的有力支撑,短短几年里,崂山七中已有17名老师开设区级公开课、9名老师开设市级公开课、研究课,2名老师取得青岛市优质课一等奖。

依托课例研究构建教师专业发展共同体

青岛沧口学校　张　伟

教师是学校改革发展最宝贵的人力资源。学校是教师实现专业发展的主阵地，校长是教师专业发展的第一责任人。引领教师发展是校长必须具备的专业能力。青岛沧口学校以"课例研究"为抓手，走出了一条研训一体的教师专业成长之路。

一、青岛沧口学校课例研究提出的背景

1.新的学校环境对课堂教学提出更高要求

青岛沧口学校由原青岛第二十二中学迁址扩建而成，是一所既古老又年轻的九年一贯制学校。学校教学设施完善、理念先进，社会各界对学校的教育质量有很高的期待，这对学校的课堂教学提出了更高的要求。

2.新的课堂模式倒逼教师改革备课模式

沧口学校打破原班级界限，创新性地进行了"基于单元目标达成度的自主选班"的教学探索。这样的课堂模式倒逼着教师们去研究学情，开发教材，改革教学方法。这就对教师的合作能力、学习能力提出了更高的要求。

3.课例研究是教师自身成长的需要

"课例研究"以教师成长为导向，通过头脑风暴式的思维碰撞使教师们的思想充分交流融合、取长补短。这种团队合作的发展方式，能够极大地助力教师专业成长。

基于以上现实情况，学校领导班子经过调研、探索和学习，决定在学校建立课例研究室，建立以"课例研究"为主的校本教研制度，教师们每周定期在课例研究室展开研讨、备课、评课、修订、磨课等一系列活动。

二、青岛沧口学校课例研究的具体做法——以八年级数学课例研究为例

青岛沧口学校重视课例研究的校本教研形式,在全校开展了多次区级、校级的课例研究展示,使课例研究这一先进的校本教研深入人心。学校结合胡庆芳博士有关课例研究的理论主张,在多次实践的基础上形成了课例研究的"六步操作法"。这里以理论结合实际的方式来做系统介绍。

第一步,确定研究专题。包括教学重点、难点、兴奋点(本学科教学中自己最饶有兴趣探究的问题或大家普遍关注的问题)等都可以确定为研究专题。

案例:八年级上册数学学习的七章内容,可以说内容的深度和难度比初一都有了质的的飞跃。这么多抽象的概念或知识,有没有有效的方法突破,从而帮助学生理解新知,同时提升学生的思维层次呢? 基于这样的思考,我们确定本次课例研究的主题是:在数学课堂教学过程中如何有效突破每堂课的教学重难点问题。

第二步,选择执教内容。选择最能体现教学的重点、难点和兴奋点、热点的内容、单元作为探究型的试教内容,并进行基于原型经验的教学设计。执教教师完全可以按照自己的教学设计进行教学,让问题充分而自然地暴露出来。

案例:根据以往经验,在八年级上册第六章第一节《平均数》一节中,学生对"权"的认知和加权平均数的计算方法理解起来有困难,所以我们选择了《平均数》作为课例,让姜老师按照自己的想法进行了试教。

第三步,带着目的的观察。参与专题研究的所有成员一起进入到执教教师的课堂,基于研究的专题开展课堂观察,获得真实而丰富的课堂教学信息。

案例:八年级数学集备组成员带着问题观察,希望找到合理计算加权平均数的方法,并以此问题为切入口,找到在今后在数学概念教学过程中解决重难点问题的有效方法。

第四步,畅所欲言发现。参与专题研究的所有成员在经历课堂观察活动之后进行集中的基于研究专题的课堂教学研讨,知无不言,言无不尽,一起围绕专题把课堂教学中的问题研讨彻底。

案例:(节选)

姜老师(执教老师):《平均数》这节课重点有两个:算术平均数和加权平均数。其中,学生理解"权"的概念是重难点,这部分我展开了三人行小组讨论,学生通过讨论可以想到将每一项的成绩乘以对应的比重,再除以总的比重的方法来计算成绩。学生体会算数平均数和加权平均数重要性的不同,从而体会加权平均数中"权"的概念及计算方法。

马老师：为了引发学生的兴趣,帮助学生理解"权",我之前在课堂上采取了现场表演的方式。

孙老师：三人现场表演,设计操作难度大。我觉得可以利用微课来突破本节课的重难点,让学生在课上观看视频"权的由来"。

步老师：从另一个方面,我觉得姜老师设计的问题情境跨度有些大,我们不妨增加问题(3),这样设计:

(1)根据三项测试的平均成绩决定录用人选,那么谁将被录用?

(2)公司甲负责人将创新、综合知识和语言三项测试得分,分别按得分的50%、30%、20%计算应试者的平均成绩,应该录取谁?

(3)根据需要公司乙负责人将创新、综合知识和语言三项测试得分按5：3：2的比例确定各人的测试成绩,谁将被录用?

孙老师：为了更好地体会权的重要性,我觉得我们可以改变权的赋值情况,从而改变最终的选择结果。比如添加问题(4)将三项成绩按1：3：4的比例确定各人的测试成绩,将录用谁?

马老师：我们能不能在此基础上再扩大题目的自主性,让学生来自己设计呢?比如添加问题(5)如果你是老板,需招一名联络员.请你设计方案,来确定人选。

步老师：对,在课堂上可以来一个"微探究"。

……

第五步,着眼达成改进。执教教师综合教研会上的各种意见与建议,进行反复的教学设计与课堂实践,直至基于专题研究的课堂教学取得比较满意的教学效果。

案例：执教老师姜老师根据研讨时老师们给出的建议,进行再次授课,加入了微课的形式,问题设计采用了问题串的方式,并在课堂上加入"微探究"环节,同组老师积极跟进听课,反复观察课堂突破重难点的效果。

第六步,理清主线观点。基于反复的几次教学设计和课堂实践,清晰地梳理研究演进的主线或脉络,全面地总结提炼研讨过程中林林总总的结论与观点,最后形成思路清晰和观点鲜明的研究报告。

案例：本次的课例研究,我们梳理出了如下突破重难点的方法：①微探究活动(预设好要点拨哪部分学生,点拨到何种程度)。②三人行小组互助(讨论问题要具体,难度适中,使学生通过讨论能得出正确结论,获得成就感)。③采用微课讲解案例,降低难度。

上述课例研究的六个步骤可以看出,集体的研讨和总结非常重要,它直接关系到问题诊断的准确性,直接影响研究结论的可推广性。同时不仅需要每一次观课后头脑风暴式的研讨,还需要课堂教学改进的目标阶段达成之后的系统梳理与结论提炼。课例研究是一种持续研究,可以说始终是一种未完成状态,后续的研究还可以不断丰富和发展已有的结论和观点。

三、课例研究的实施成效

1. 课例研究激发教师对课堂提出问题,促使课堂教学目标的定位与重建

在课例研究中,教师必须思考一些重要的问题,例如:"在这本教材中这一节课的基本目标是什么?""这一节课如何与学生这一学年的学习和进步产生联系?"这些问题对教师非常有益。实施课例研究后,马老师说:"以前我所思考的是这一节课讲什么,现在所思考的是希望学生从这一节课中学到什么。"基于这样的想法,教师就会审视所教的"课",重建教学目标。

2. 课例研究构建了精细化教研制度,促成有效教研机制的形成

课例研究的开展使得传统的教研——听评课形式得到了改进。以往更注重的是结果,而现在更注重的是过程,同时也关注了研究结果的后期延伸。活动结束后要撰写课例或者相关的反思和随笔,对教师也是一次总结和提升的过程。

3. 课例研究促进了教师专业技能的学习与提升

课例研究促进了教师之间的经验交流与知识共享。课例研究中富有经验的教师的隐性知识被新教师保存和传播,起到了知识的纵向传承作用,不断修订改进的过程也使教师发现了新的教育技能。沧口学校实行"课例研究"制度以来,有一大批优秀老师成长起来。我校每年都有大量教师开展区、市级公开课,多位教师参与、主持区、市、省级课题研究。

搭建青年教师成长"共同体"

平度市第九中学　赵子军

青年教师是一所学校可持续发展的后备力量,是学校未来的中坚力量,青年教师强则学校未来强。针对他们教学时间短,教学经验缺乏,专业知识还不是十分扎实,同时又具有很强的可塑性这些特点,平度九中制订了详细的青年教师培养计划,做了大量扎实有效的工作。

一、加强理想教育,提高师德修养

爱默生说:"当一个人知道自己的目标去向时,这世界是会为他让路的。"为促进青年教师成长为合格教师,学校首先注重加强思想教育和师德培训,培养他们爱校、敬业、负责、严谨、甘于奉献的精神。让老教师宣讲九中历史和文化,带领青年教师理解"和谐教育"的内涵,让青年教师认识、认可进而热爱九中的文化、历史,尽快融入九中大家庭。

二、重视青年教师成长轨迹,加强青年教师职业生涯规划指导

教育家叶澜教授曾指出:"一个教师写一辈子教案不可能成为名师,如果一个教师写三年教学反思就有可能成为名师。"苏州大学博士生导师朱永新教授说:"能坚持每一天写一篇教育反思,十年后必成大器。"基于此,学校让青年教师智慧地算好自己的人生账。第一笔账,写三年反思成为专家:一天500字反思,一个月1.5万字,一年15万字,三年45万字,不成专家都不行;第二笔账,认真备课三年,快乐工作三十年,要求把每一节课都按照公开课的标准准备,三年后不成名师也不行,坚持一年,最少成为校级名师,坚持两年,县级名师定能成,坚持三年,市级名师也能成。

三、加强对青年教师的业务培训,注重青年教师教学能力和科研能力的同步提升

深入实施师徒结对"导师制"帮扶活动,为其成长搭桥铺路,缩短成长周期。坚

持团队评价和个体考核并重,既鼓励团队合作和协同创新,又营造人才脱颖而出的有利环境。

四、搭建青年教师成长共同体,推行"双周例会制"

学校领导、优秀青年代表和青年教师一起交流、分享、解决工作中的经验和困惑;创建"青年教师成长群",共享教育成果,树立"终身学习"理念,让自己在青年教师共同体中尽快成长。据不完全统计,学校自2012年以来参加工作的青年教师有70余人承担青岛市级、平度市级公开课或在各级各类优质课、教学能手等评选中获奖。部分青年教师参与编写了《成人》《孝德》《繁星》等校本教材。

目前,学校已形成一套完整的青年教师培养机制:每年9月份举行前一年入职教师展示课;每年10～11月份举行当年入职教师过关课;每学年第二学期第一个月举行当年入职教师汇报课;每年10月份举行教学名师示范课;每两年举行一届"青蓝杯"课堂教学大赛。一系列"量身定制"的"成长套餐",使青年教师走向专业成长快车道。

教师"随课成长"专业发展模式的实施

胶州市第三中学　王传武

教师是专业化的职业。教师的专业化发展有赖于持续的在职培训。但对教师在职培训的内容、方式等却很少有统一的意见。胶州三中在经过分析后认为:课堂教学是教师的主阵地,教师的专业成长不能脱离课堂教学而存在。在此基础上,学校提出了"随课成长"的教师专业发展模式。

"随课成长"模式核心是课堂教学问题解决,重点是备课组集体智慧的荟萃,载体是反映教师专业发展的课例,成果是教师教育教学水平的提升。经过三年实践,学校形成了系统的做法。

一、EPN集备,三人行必有我师

胶州三中推进说课式集备进一步细化和具体化,形成"EPN集备"模式。其中"E"

（Electronic）表示分散型电子集备；"P"（Paper）表示集中型文本集备；"N"（Note）表示教学日记。EPN 集备以说课为主线，每次集备的中心发言人采用说课的形式，阐明教学意图和设计，尤其是对教法和学情进行详细分析和说明，其他教师对发言人的说课进行评价，同时补充完善，形成教案和学案。

在"EPN 集备"的每一阶段都有相应的三条要求和规范：

分散型电子集备（E）环节分为：课型研讨、任务分解；熟悉教材、个人初备；初案流转、分散研究。集中型文本集备（P）环节分为：中心发言、个人解读；集中研讨，形成共案；共性学案、个性教案。教学日记（N）环节分为：课堂实践、信息反馈；教后日记、反思总结；资料留存、学期流转。

"EPN 集备"（Electronic-Paper-Note）注重将课堂共性与教师个性相结合，课堂实施与自我反思相结合，集思致精，让备课组的集备有了路线图，每一步集备都富有成果。

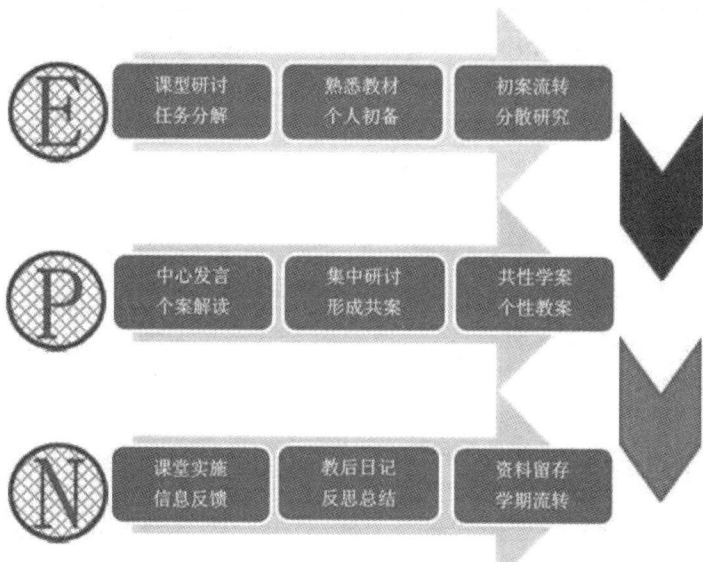

实施"EPN 集备"对教师专业成长的作用体现在：主讲教师会竭尽所能分析教材、梳理思路、优化上课模式；参与教师会借鉴吸收优质的教学思维，分享对教材文本的解读，拓展授课资源。在集备中，教师专业发展呈现出"共享教学高起点，自由追求最高点"的发展态势。

二、循环式教研，百炼精钢绕指柔

教学是艺术，课堂是舞台。教师的专业成长不应是话语游戏，而是课堂中的反复锤炼。胶州三中以学期为单位，一个学期一个课堂教学活动主题，全员参与，互动交流，共同成长。一个学期是教师的一个人成长单元；三个学期为学校的一个教学发展单元。学校现已实施了两轮"品课—磨课—赛课"的循环教研活动,教师综合素质得到了螺旋式发展。

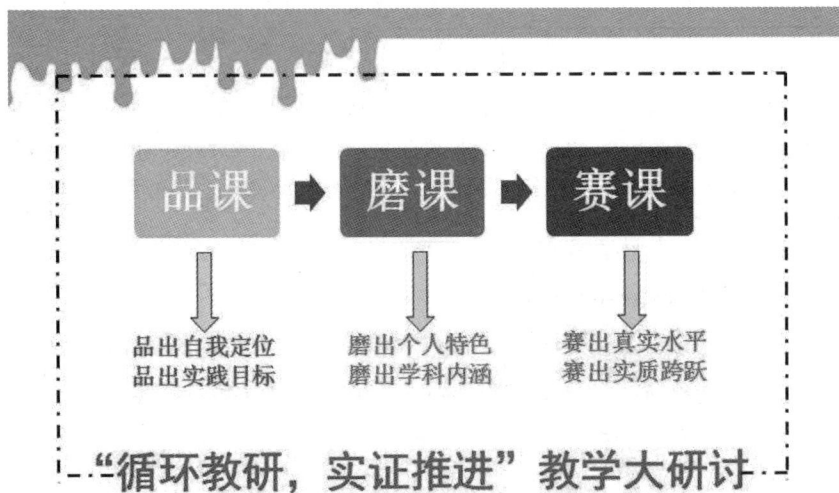

第一学期：品课

①各学科教师集中备课,教师在此基础上进行个人特色备课,做好各自的课堂教学设计。②在一次品课研究中,尽可能控制变量,聚焦所要研究的问题。③每一次课堂教学后,备课组对第一次课堂教学中出现的问题或"闪光点"进行总结,对第二次课堂教学提出建议。④各学科品课后,进行学生评议和教学检测,比较前、后检测学业成绩的变化。

第二学期：磨课

①指用平时积累的教学经验和备课组同事的智慧,对要上的公开课反复推敲,对课后的经验反复凝练。磨课的模式有:基本式、简化式、同课异构式、教学诊断改进式、行动导向式。②磨课活动共分两阶段:第一阶段:同课精构;第二阶段:同课异构,每备课组两名教师为一组合,若备课组人员为单数,则最后一组为三人。③授课人撰写磨课教学反思。其中,第二份教案和第二份课件中要用不同颜色的字体标注出磨课中修改的地方。

第三学期：赛课

①级部学科赛课以备课组为单位组织,采取同课异构的方法。参赛教师课堂教学结束后,由备课组集体评课,产生赛课评价及赛课等级。其中赛课评价包括五条优点、五条待改进建议。②各备课组开展专题研讨活动,追求"研"的多方信息沟通,促

进教师对问题的纵深性思考,以获得更大的专业成长。③每位老师组内赛课结束后集中评课,激发每个人的潜能,达到相互学习、共同提高的目的。

三、课例式反思，反求诸己凝经验

一节课的结束,是一般意义上的教学终点,却是教师专业成长的起点。胶州三中在鼓励教师撰写教学日记的基础上,逐步推进课例研究。

教师在"品课""磨课""赛课"活动后,要针对出示的教学课,选择切入点撰写教学课例。这种课例研究通常是关于一节课的研究,即以一节课的全过程或片段作为案例进行解剖分析,采取行动研究的思路,以问题解决为目标,以课堂观察为手段。因此,当教师在研究"课例"时,一是要观察课堂,收集学生的一切表现,包括学习目的、学习兴趣、学习行为、随着课堂节奏变化的思维,激发教师采用各种各样的教学方式,根据学生的年龄、接受能力等客观条件采用不同的教学方式方法。二是教师要写好课例,就必须研究把握教材,吃透教材,掌握教材的编写目的、编排特点、知识体系、学习重点、难点、隐含的思想方法,并要对教材呈现的教与学的方式及习题的练习功能等进行研究、了解透彻、运用自如。

学校还为优秀课例成果的推广提供平台。一是备课组一个月一次课例成果交流;二是学校设立教改行动研究的博客,展示优秀课例;三是组织教师发展论坛,全校交流推广优秀教师的课例研究成果。

教研活动务实有效　促进教师专业发展

胶州市第四中学　周华文

胶州市第四中学深入贯彻全国教育大会和市县有关教育教学工作会议精神,以常规教学管理工作为保障,以教科研工作为先导,以课堂教学质量提升为重心,以课程及评价改革为主线,加强教师队伍建设,促进教师专业发展,激发教职工工作积极性,推进班中班工作,完善全员育人导师制,积极应对高考改革,切实提升办学质量和水平。

一、坚持教师全员学习制度

学校拓宽校本学习活动的层面,在学科教学研究层面、理念更新层面取得实质性的突破;加大与名校的交流学习,采取请进来、走出去等多种形式提高教师教研、科研水平;推进"读教育名著、做智慧教师"读书工程,通过优秀教师赠书活动、名师工作室、读书沙龙、读书心得展示、网上读书平台等途径,培养爱读书、能创新、会研究的现代教师群体。做好全员暑期网上培训,学习先进的教学理念和教学手段。

二、深入开展听评课活动

安排好骨干教师示范课、青年教师提高课、新教师过关课,推出优质模式课,抓好考后诊断课。各学科深入研究新授课、练习课、复习课、讲评课等课型建模,推行同课异构和一课两上,严格落实"一课两备两上两评两反思"制度,充分发挥骨干教师作用,助推青年教师快速成长。鼓励教师积极参加优课评选活动,举行校优质课比赛和教师基本功比武,综合教师业务考试、普通话测试、两笔字、微课制作、课堂观察等多项成绩,评选出四中教学新秀进入骨干教师团队。

三、做好教师队伍的梯队、团队建设

学校发挥骨干教师的引领作用,加大年轻教师的培养力度,以名师(名班主任)工作室、青年教师专业发展共同体等形式为载体,以外出培训、校本培训、优课比赛、教师基本功比武、科研工作、读书沙龙等为平台,落实青蓝工程,推动青年教师的业务成长,提升骨干教师的业务能力和管理水平。同时,要充分发掘青年教师在改革创新和教育技术运用上的优势,在集体备课和班主任管理中,鼓励青年教师敢说敢干,进而会干、干好。力争培养一批研究型、学习型、精专型、跨专业的教师,形成优质教学团队,以适应高考形势变化,整体推动学校工作。

四、推行"班中班"模式和"全员育人导师制"

胶州四中"班中班"全员育人导师制是学校教职员工全员参与德育、全面关心学生健康成长的一种协同育人机制,学校通过学生和教师双向选择等方式,为每名学生确定导师,对学生的学习生活、心理健康、生涯规划、选课走班等各个方面予以指导管理。全面实施全员育人导师制,有利于引导学生学会做人、学会生活、学会学习、学会合作,全面提高学生综合素质,为学生终身发展奠定基础;有利于更好适应学生个性发展需要,促使学生的潜能得到充分释放和发挥,为学生自主发展提供保障;有利于深入推进素质教育,促使教师有效落实教书育人"一岗双责",为四中教育工作发展注入动力。

五、做好科研立项和课题管理工作

学校以全面提升学校教科研实力为宗旨,大力扶持各学科的科研立项工作,管理好各级各类课题,引领教师们搞科研,培养一批教科研骨干,学校对各级科研项目给予支持和奖励,以教科研带动促进教学工作。

团队共创，促进教师专业发展

青岛第四十四中学　张青涛

青岛第四十四中学以"让每位教师遇见更好的自己"为教师发展理念,以"让每位教师的潜能得到更大程度的发挥,让每位教师在原有基础上收获成功,提升自己的工作质量和生命质量"为教师发展愿景,依托教师成长共同体建设,走更加科学、有效、精准的教师发展之路,促成高品质教师团队向上生长。主要采取了以下策略。

一、规划发展，做好自我预见

学校引进专业权威机构测评软件,对教师风格进行了系统测评。测评后,每位教师获得一份非常详细的测评报告。测评帮助教师了解自我风格、教育风格、职业倾向性,而职业加油站则给出了教师对于团队的贡献及个人发展建议。

在自我认知基础上,各教研组组织团队会议,针对个人的优点、缺点及发展的优势、劣势进行了全面评估。每位教师将自己置身于团队中,在依托团队发展的同时,勾画了个人未来的发展趋势。

每位教师基于自身认知和团队发展撰写个人五年发展规划,确立自身发展的总体目标和阶段目标,明确重点发展项目,制订自评机制。学科分管干部根据教师自身实际,帮助教师们进一步明确规划的指导意义和今后五年的成长路径,提升落实规划的自觉性和紧迫性。

二、运用工具，打破思维壁垒

使用SWOT分析，找寻前行的触点。SWOT分析是学校经常使用的一种态势分析法，通过对优势、劣势、机会、威胁的分析，全面呈现学校及各组织的所处情境，引导团队对组织发展有更加明确的认识。

使用ORID技术，促使青年教师对自己未来发展进行系统思考。通过故事画廊、成长历练等培训板块，引导青年教师敞开心扉，讲述自己走过的各种心路历程，聚焦积极面对未来，得到了"新人，用心做事业""以接受变化的心态，实现自我成长""内外兼修"等会场金句，引发共鸣。

使用团队共创和外交大使模式，对学校部门职能进行梳理后，进行组织结构调整，为进一步厘清部门职责扫清了障碍，让所有干部更加明确本部门职能，为组织调整的顺利进行奠定了基础。

三、上位引领，遇见更好自己

学校特邀华东师范大学"新基础教育"专家吴亚萍教授、杭州师范大学袁德润教授到校进行为期三年的数学和英语课堂跟踪指导，以初建课和重建课的听课评课、交流指导模式，全面促进教师教学理念转变和课堂教学水平提升。

学校紧跟时代发展，以项目变革为抓手，促成教师以"变"求"进"。戏剧课程、海洋课程、阅读课程、智慧课堂、项目式学习、人工智能等课程的设立，极大丰富了教师一展身手的空间，激发了教师的探索欲望。同时，学校积极跟进培训指导，通过举办名家讲座、承办区、市两级现场会等形式，使教师有机会与有经验的名校教师研课磨课，获得成长，加快历练，快速推动了教师的专业发展。

多措并举，打造高品质教师队伍

习近平总书记说：一个人遇到好老师是人生的幸运，一个学校拥有好老师是学校的光荣，一个民族源源不断涌现出一批又一批好老师则是民族的希望。教师水准决定学校水准,直接影响学生发展。教育的关键在教师。为此学校采取多种措施,不断提升教师专业化水平,打造教师队伍特色品牌。

学校每学年选派优秀骨干教师赴华师大、浙大等高校进行高端培训,从分校教师和学校发展的实际出发,订制课程,针对性的培训,为分校教师开展教学改革提供理论抓手;与卡耐基合作,开展教师交流沟通和领导力的培训;组织"教育人生访谈",邀请教育名家从职业人生发展规划、师德修养、业务能力的提升、教育思想的形成等方面开展访谈报告。举办"贡献者论坛——我的教育故事"活动,倡导全体教职工奉献、创新、发展,目前已有30余人次走上论坛,他们有教研组长,有学院导师,有创新竞赛指导教师、学生社团指导教师、优秀青年教师,还有图书管理员等教辅部门人员,教师们一个个感人至深的教育故事,彰显教职工自主发展、服务学生、奉献学校的精神,创建二中分校的卓越文化。

青年教师是学校的未来,学校成立青年委员会,实施"青年教师师徒结对工程"和"双导师"工程,开展教学比武活动,组织"教坛新秀"评选,鼓励青年教师争先创优,推动青年教师专业化发展。

分校还充分利用青岛二中的优质教育资源,通过同课异构、专家送课、专家讲座和专家评课等方式,开展课堂教学的互动研究,开展更加密切的教学研究活动,深入探索学科价值,使教师的教学更好地体现支持学生全面发展和个性发展的价值,以更快的速度促使了教师的理念和教学能力的提升。

学校开展优秀教师的奖励活动,通过评选"校级教坛新秀""教学能手""优秀学院导师""校园精彩人物""学生最喜爱的教师""最具仁爱情怀人物""最具智者风范人物"等,不仅奖励在教育教学方面突出的教师,而且奖励那些在指导学生开展各种社团及科技创新活动中表现突出的以及对学校发展做出贡献的教师,引导教师寻找自身成长的亮点、精彩点,凝聚人心,启迪未来,增强信心,更好地促进学校特色发展和教师的优势发展。

教师发展,外在的机制和支持固然重要,但只有转化为教师自觉的追求和行动才能具有持久活力。为此学校开展了教师专业化自主发展。全体教师自行制订三年发展规划,自我设计成长之路,每个老师根据自己实际情况,提出自己专业发展和优势发展的设计,学校根据教师自己发展愿景,进行支持。

抓课堂展示，促教师成长

青岛第十六中学　田广廷

2017年下半年以来，青岛第十六中学结合学校"激励式小组合作探究课堂"改革的不断深化，以教师课堂教学展示为抓手，让每一名教师"在展示中发现、在展示中思考、在展示中提高"，不断促进教师专业能力的提升。主要有以下几项做法。

一是以问题为导向，确立共同改进目标。2017年前的几年来，学校虽然在各种课堂比赛中有不少教师获得奖项，但在每学期的期初调研和年度考核工作中，课堂教学所获得评价总是不够理想，成为学校工作的一项较为突出的问题，教师内心也非常着急。为此学校召开了不同层面的教师会议，努力达成共同改进课堂教学的共识，把改进课堂教学作为今后一个时期学校工作的重点内容。

二是以优质课例为样本，学习讨论优秀课堂教学的核心要素。学校以教研组为单位，通过组织观摩、学习讨论等形式，各学科开展专题教研，商讨优秀课例和日常教学并重的好做法，明确优质课的基本核心要素。学校教学与课程中心制订了学校课堂教学评价标准——《青岛十六中激励式小组合作课堂评价标准》。

三是以活动为载体，推进各层次教师开展课堂展示。学校首先要求教研组长和骨干教师开设展示研讨课，为全体教师提供案例参考，不进行评价和比赛，让每一位教师逐步学习掌握优质课堂的核心要素。然后每学期安排不同课堂教学评比活动，如校优质课比赛、青年教师课堂基本功比赛、骨干教师先行课、党员先行课、获奖教师优秀课展示、教学能手评选赛课活动、教研组先行课、录像课比赛等等，在活动中，注重发挥集体备课作用，集中汇聚所有人智慧，大家互帮互学，共同促进，近两年来，每一位教师都进行过不止一次的展示活动，对于提高全体教师的课堂教学水平起到了良好促进作用。

四是以激励为手段，促进教师课堂教学水平不断提高。每一项活动，学校都会组织评比奖励，让参加教师有成就感和获得感，另外学校还将教师所获得的成绩纳入教师年度考核指标体系，并将其作为向上一级教育业务部门推荐参加各项比赛和评选的依据；每年教师节上对优秀教师予以全校表彰。这些措施有力地激发了教师的参与积极性和改进课堂教学的主动性。

近几年来学校在各级、各类课堂教学比赛中获奖层级和人数逐年增加,年度考核、调研的评价也有了较大改善,这与学校注重课堂展示活动的举措是分不开的。

搭建多元培训平台，促进教师专业发展

青岛第六十八中学　郭俭

我校通过搭建多元培训平台,开展教师专业发展系列活动,建设一支"师德高尚,业务精优,结构合理,和谐发展"的教师群体,培养一批"素质好、业务精、水平高、能力强,具有强烈责任感和职业精神"的优秀教师,促进全校广大教师的专业知识、专业能力的大幅度提升。

一、依据教师学分要求，完善校本培训制度

学校为贯彻落实青岛市教育局《关于加强中小学教师培训学分登记管理应用工作的通知》(青教通字[2017]058号)文件要求,结合我校实际情况,制订《青岛六十八中校本培训学分标准体系建设方案》和《青岛六十八中校本培训学分登记标准和要求》,明确了教师培训审批流程,为教师培训工作的开展提供了制度保障。

二、开展多元化培训，满足教师培训需求

学校教师培训工作形式多样,主要包括全员教师培训、教师个性化培训和学科特点针对性培训等形式,满足教师培训需求。学校通过组织全体教师参加山东省"互联网+"暑期全员培训和东北师范大学暑期研修班等活动,提高学校教师全员培训效能,通过组织教师参加学科类培训提高教师专业技能水平,通过组织参加青岛市个性化教师培训,满足教师个性发展需求。

三、发挥名师效应，引领多层次教师发展

学校成立了10个名师工作室,工作室成员64人;目前参与人数占一线教职工

的 53%。学校通过名师工作室,提高学校的教研氛围,并以此作为校本培训的重要形式。另有多位教师参加市级名师或班主任工作室,促进骨干教师发展。

四、完善梯队建设,促教师专业成长

学校高度重视青年教师和骨干教师的培养,开展"师徒结对"活动,组织青年教师跟岗学习,组织青年教师教学基本功培训比赛和青年教师师德演讲比赛。同时为骨干教师提供发展平台,组织骨干教师赴浙江大学参加新高考培训,组织高三骨干教师参加一轮复习研修班。通过教师培养,学校实施"科研兴校、科研强校"战略,承担国家级课题 1 项、省级课题 1 项、市级课题 4 项(其中 2 项已结题,并分别于 2018 年 2 月获青岛市教研成果三等奖)。2018 年教学能手评选中,陈值娥、李熠获得"青岛市教学能手"称号;2018—2019 学年青岛市一师一优课比赛中,单珊等 17 名老师获市级优课;2018 年基础教育优质课评选中,王美健获得全国优质课一等奖,贺莉获得市一等奖,戴淑琴等三名老师获得市二、三等奖;2018 年青岛市信息技术与学科融合优质课,尹瑞安老师获得市级二等奖;2019 年普通高中实验课比赛中张玉杰老师获得市一等奖,王秀娟老师获得二等奖;2019 年青岛市精品课程评选中,单珊老师主持开发的《悦印悦美》和邹宁老师主持开发的《Tasting Life》均获得市级精品课程。2019 年青年教师基本功比赛中,尹瑞安老师、张雯老师、李娇老师获得一等奖;2018—2019 学年青岛市中小学实验教学说课活动中邵杰老师获得二等奖,于菲菲等 6 人获得三等奖;蔡永青等 5 位老师在青岛市开设了公开课、名师开放课、观摩课;2018—2019 年度我校 12 名老师在各项技能比赛和辅导学生比赛中获奖项;2018—2019 年有 20 篇论文在国家、省市刊物上发表或评选中获奖,科研成果较快转化成了教育教学能力,教学质量稳步上升。

五、加强班主任队伍建设,打造智慧型队伍

班主任作为德育队伍的主力,其管理能力、水平和教育艺术对学生的影响尤其巨大。为更好地落实好德育工作,学校非常重视班主任的培养,搭建班主任培训的平台,采取走出去、请进来的方式,组织班主任安全知识培训,基础教育高峰论坛,在校内成立 8 个名班主任工作室,各工作室有自己的研究方向,班主任的培训更有针对性,大大提高了班主任的综合育人能力。结合学校全员育人机制、班级 ECM 管理方法,班主任队伍已发展成为智慧型班主任队伍。

教师是办学的主体,教师队伍建设是学校建设的一项核心工程,也是提高教学质量,提高办学水平的关键。在教师队伍建设中,我们既重视教师个体的发展,更注重

教师群体的提高。我们期待通过努力,使更多各具特色的优秀教师在青岛六十八中这片土地上涌现出来。

好风凭借力,扬帆正有时

青岛第四十四中学 张青涛

苏霍姆林斯基曾说:"如果你想让教师的劳动能够给教师一些乐趣,使天天上课不至于变成一种单调乏味的义务,那你就应当引导每一位教师走上从事一些研究的这条幸福的道路上来。"我们目前面临着教育的时代转型,通过校本培训达到教师专业化内涵发展的新需求是我校教师培训的关键之所在。

在多年的教育教学培训中,"大一统"的培训模式单一、僵化、缺乏活力,难以完成提升教师业务素养的任务。随着课改理念的不断深化,校本培训逐渐用创新的思想与观念,灵活多样的培训模式,研究新情况、新问题,从而提高了校本培训的实效性,助推教师专业化内涵发展。

一、案例分析式培训滋养教师师德师能

学校实施课改以来,无论教学还是德育,都取得了很好的成绩和社会声誉,其中不乏成功和受挫的案例。我们将这些典型的案例编成文本或声像或教师小品进行展示,培训期间,全体教师通过对这些教育教学情景、故事的观察、分析,以教研组为单位引导教师们进行研讨、交流,用以解决大量的实际问题,涤荡着每位教师的教育心灵。

二、课堂观摩式培训提高教师教学技能

为提高学校课堂教学水平,每学期利用校本培训时间,积极开展各种不同类别的观摩课,如专项调研课、骨干示范课、特色展示课、青年教师下水课等,推进思维可视及小组合作教学课堂的实施,积极创建"亦生亦师"模式下有学科特色的学科教学法。通过课堂观摩式培训,让受训者亲临现场观看、交流、借鉴,开阔了教师们的眼界,更新了教育观念,提高了教师们的教学技能。

三、专题讲座式培训开阔教师专业眼界

为提升学校教师专业理论水平和管理水平,我们往往采用专题讲座式培训。培训人有国内外的相关知名专家,有在某一领域取得优异成绩的名师或者校友。如连续两个假期的思维可视培训,聘请的是华师大刘濯源教授;学科方面,学校连续多年聘请华师大吴亚萍教授和杭师大袁德润教授长期分别对数学学科和英语学科进行提升指导;为提升学校干部、全体教师和部分学生的管理能力,邀请美国著名领导能力培训专家 Steve Baskin 教授来进行领导力培训。这些科学、系统的培训,有针对性,重点突出,尤其是学校近几年采用的 TED 演讲式培训,得到了广大教师的好评。极大地提升了我校教师的专业素养。

四、梯次培养式培训促进教师共同成长

学校秉承十年课改锻造的踏实勤奋、敢于重塑、勇于创新的教师特质,以青蓝工程、桂香工程、梧桐工程和东山工程为抓手,培养不同年龄段教师的教育气质与教育风格,推动不同梯次教师发展。在平等合作关系的基础上,每位四十四中人发挥着"传帮带"的作用。无论名师还是骨干教师,都传承着对青年教师培育的职责。他们从教育教学理论、专业知识、教学技能、工作能力等方面,对青年教师做长期的指导和培训,使之尽快成才,并形成特色。

五、循循善诱式培训引领教师超越自身

循循善诱式培训也就是现在非常时髦的引导力培训。旨在提升不同层面教职工的引导能力。两年以来,学校先后派全体干部、年级组长、教研组长、骨干教师参加培训,充分掌握具体流程和操作方法,回校后广泛应用于不同层面的校本培训中。通过头脑风暴、智慧共享、团队共创、世界咖啡等形式,完成了一次次团队的构建与自我超越。使教师们体验到校本培训的魅力,由以前讨厌校本培训发展到了爱上校本培训。

"好风凭借力,扬帆正有时。"多年来,学校通过顶层设计和精准定位,把握教育的需求,在剧变时代的坎坷道路上引领教师成长、陪伴教师成长,相信特色的校本培训一定会将我校教师推向教育的前沿。

立足实效课堂建设，打造"智慧多元"教师队伍

胶州市第一中学　王抟九

教师是教育发展的第一资源,教师的智能是多元化而非单一的,每位教师都拥有不同的智能优势组合。推进教师的多元化发展才能为学生的多元化发展提供坚实的教育资源。

胶州市第一中学实施教师"PCK工程",加强教师队伍建设。PCK,简单说就是教师学科教学知识,是教师的学科教学内容和教育学知识、方法的整合。PCK的实施,为促进教师面向学科核心素养的有效教学和满足不同层次的学生发展方面提供了有力的支撑。

以新教师成长为例。近几年来我校每年都有十几位新教师入职。新入职的教师多数是免费师范生,他们在个人素质和学习能力方面相比以前有了大幅度的提升。但是,他们在运用学科知识更好地实施教学上存在问题。我们通过新入职教师验收课、教学反思评比、新老教师"青蓝结对"指导、过关课等措施,助推新教师成长。

2019年我们学校新入职教师12名。国庆节后的第一个工作日,校长办公会专题研究新入职教师的专业成长。高一级部主任向校长办公会汇报新入职教师一个月的发展情况和存在问题。通过校长办公会讨论决定新入职教师验收课安排、教学反思评比要求、新老教师"青蓝结对"组合,以及青年教师过关课安排等工作实施方案。由分管校长跟进,教导处和高一级部落实实施。高一级部下午召开各科有新入职教师参加的各学科备课组长会议,就如何打造本组新入职教师的展示课、如何撰写教学反思、本组内的指导教师是谁等做出具体布置。从10月15日开始利用两个周的时间分别举行了展示课,结合领导、教师的听评课写出了高质量的教学反思。通过反思来看,这种形势将新入职教师内隐的缄默性的PCK呈现出来。进一步促进了新入职教师的快速成长,为学生的多元化发展提供了有力的保障。

在打造实效课堂上,胶州一中一直秉持"三个中心"的理念——教学是学校工作的中心,课堂是教学工作的中心,学生是课堂教学的中心。

全校目前教课的教师有350多名,每位教师风格各异,课堂驾驭能力也是参差不齐。我们以这个问题为导向,校长办公会做出在全校三个级部同时推行学校模式课和领导、教师推门听课制度。三个级部的各个备课组迅速行动,在组内讨论每个组的新授课、复习课、讲评课的课堂模式,在级部和教导处统一召开的备课组长会议上交流上报。每个学期第一个周开始各个备课组每周都要出示一节模式课,校长、分管校长、年级主任和同学科、同班级的任课教师去听课,听完之后根据前期上报的模式标准,由分管校长组织评课。学校每位教师每个学期平均要出示三到四节模式课,学校领导基本每两个月的听课就能覆盖每个班级、每位教师。每周一教学专题会议上,听课领导都要集中反馈情况、汇总问题,布置对问题课堂进一步跟进。

对教师的评价也要变"以学生的考试成绩论英雄"的单一评价模式为综合评价模式。每学期末,我校对每位教师进行一次综合评价,评价的内容包括德、能、勤、绩、研五个方面。评价的主体是全体教师、全体学生和学生家长。评价的方式是问卷调查。综合评价克服了片面评价导致教师畸形发展的弊端,有效地促进了教师综合素质的提升。

我校通过打造"智慧型""多元化"教师队伍,一年来共有70余名教师分别获得全国创造教育先进个人、山东省优秀教师、青岛市巾帼建功最美教师、青岛市优秀教师、胶州市优秀共产党员、胶州名师、首席教师、最美教师、优秀班主任、优秀教师、教学能手等称号。

引领教师专业发展

青岛市即墨区第二中学　迟　永

一、给教师提供充分的发展空间

首先,要给教师提供继续学习的空间。提供这样的空间和机会的路径与方式是多样的,比如,有组织有计划地走出去参观学习,定期聘请学者、专家来校讲学传经,组织读书活动,倡导教师不断进行学历提高,鼓励和支持教师积极承担教研科研课题的研究工作等,让教师走近大师、走近先进、走近经典,走近崇高,在积极、健康、和谐中追求卓越,与时俱进,使其融入主流教育文化的洪流中,以思促学,以学促进,从而不断提升自己,发展自己。

其次,要给教师提供展示自己的平台。人的素质与才智不尽相同。每个人都有自己的弱点,但又都有自身的长处。学校管理者应该人尽其才,扬其长,避其短,让每个教师都能有展示自己的机会与空间。

二、探索教师发展的有效途径

要让教师感受职业的乐趣。教师职业可以满足个人的表现欲、支配欲、权威欲、成功欲,还能和学生交朋友,保持童心,教师在丰富学生精神世界的同时也在不断地丰富自己的精神世界。如果教师能把教书育人当作一件快乐的事情来对待,那么他的精神境界就达到了一定的高度,于是他将自觉地把无穷无尽智慧和力量贡献给伟大的教育事业。

引领教师的专业发展。学校管理者要引领教师做好校本研修,即学校层面实施的促进教师专业发展与解决实践中的问题有机统一的活动。其特点是以校为本,问题来源于实践,以问题为载体的研究活动是提高教师教育教学能力的最有效途径,踏踏实实搞好校本教研活动是每一位学校管理者应该高度重视的问题。

在研究中工作。研究是为了更科学、更有效地工作,教育工作的特点决定了教师的工作必须在研究中进行,用智慧启迪学生的智慧,用人格和教育的艺术去塑造学生美好的心灵。教育是一项带有缺陷的艺术,怎样使我们的工作减少缺陷,这就是需要我们研究问题、解决问题。

在反思中成长。教师成长的最好途径是自己培养自己,即养成反思的习惯。反思是对自己的行为进行批判性的思考。人若只看到自己的长处,只会使自己坚持已有的做法,不能改进;人若能看到自己的短处,便会使自己加速进步。教师若能在反思中发现自己工作中存在的问题,就能主动想办法去克服它。

三、建立激励教师发展的长效机制

学校管理者在管理过程中,如何应用激励机制充分调动广大教师工作的积极性、主动性、创造性是一项艰巨而又复杂的工作,也是促进教师发展的一种无形力量。

情感激励。"感人心者,莫先乎情""三分管理七分情"。因此,管理者要注重情感投入,尊重教师人格,倾听教师心声,关心教师疾苦,端平"一碗水",与广大教师心心相印,同舟共济,群策群力。工作中要注意以情动人、以诚感人、以信取人,最大限度地把教师的主观能动性充分激发出来,挖掘他们的潜能,使他们积极工作,发挥他们的才能。

目标激励。做任何事,没有目标就会迷失方向。目标是人们要达到的预期结果。所以学校管理者要将大家所期待的未来愿景制订成近景目标、中景目标和远景目标。目标的制订要让教师参与,让教师认识到自身在集体中的作用、价值。增强主人翁的责任感,朝着既定的目标次第前进、次第提高。

民主激励。在学校管理中,在一定范围内由自己做主,管理者应充分尊重教师的创造性和主动性,相信教师、依靠教师,放手让教师去干,使他们把所做的工作当成自己的事业来干。这样,教师内在的能量才能充分释放,个性才能得到充分施展。

同听一节课,共评一节课 引领教师专业发展

青岛西海岸新区第五高级中学　丁纪申

青岛西海岸新区第五高级中学一贯注重教学研究,尤其注重打造高效课堂。为了更好地提高全校教师的课堂教学水平和教学艺术,学校聚焦课堂,开展"同听一节课,共评一节课"的活动,深度推进集体备课,进一步推动我校"问题驱动,多元导学"课堂教学模式改革,在全校师生中引起了强烈反响。具体操作步骤如下。

1. 成立领导小组

校长亲自参与听评课,领导干部主持现场评课,分工科学,责任明确。

2. 制订活动计划

下发活动通知,进一步确定参加对象、活动时间和地点,活动的课型和方式,为本次活动做好充分的准备。

3. 明确评课标准

初步制订了"我认为这样处理会更好的"评课标准,从"反思点、处理方案、处理缘由"三个方面,考虑如何进行听评课,提高干部教师"深入听课,深度评课"的水平和能力。

4. 活动实施

（1）按照"时间最宝贵,效率就是质量,落实才是关键"的思想,在高三分别开展了一轮和二轮复习课、讲评课示范课,进一步规范新时代背景下各种课型的设计与实施,进一步强化质量意识、竞争意识和责任意识。通过不懈努力,重新规范了课堂教学行为,做到把精细备课、手写教案和规范板书结合起来。实现了向课堂效率要质量,向课堂落实要成绩。

（2）遵循有效教学必须回答的三个问题:①你把学生带到哪里(教学目标)? ②你怎样把学生带到那里去(教学过程与方法)? ③如何确信你已经把学生带到那里(学习结果评估)? 在基础年级开展新授课、复习课、讲评课示范课。通过活动,大家达成关于课堂教学的基本共识:一是要抓住知识和能力两个根本;二是要注重学生分析、解决问题能力的培养;三是要做到教为主导、学为主体、练为主线、思维为主标。

5. 深入推进

各教研组进行大集备活动,出示组内展示课。

6. 反思提升

（1）针对听课过程中的问题,通过学校教科室和教研群,全校教师深入学习《现代教学目标的叙写》《山东昌乐二中"271 高效课堂"教学模式》《例说教学目标叙写的 ABCD 型式》三篇文章,明确学习目标的重要性,学习教学目标的陈述方式,思考如何进行教学目标的续写。

（2）对自己的课堂教学进行反思,进行课堂改革,撰写教学札记。

我校通过开展"同听一节课,共评一节课"活动,研究出台了新时代背景下新授课、讲评课、专题复习课"课堂教学基本规范"和"备课组集备基本规范",规范了教师的教学行为,提高了教师的教学艺术,有效提高了课堂效率。

我们将继续开展此类教研活动,争取让每一节课都是高效课堂,让每一位教师都成为教学能手,在提高课堂效率上为全区拿出五中方案,在提高教育教学质量上为全区总结五中经验。

专业发展共同体助力青年教师快速成长

青岛第六十八中学　宋　洁

　　青年教师是教师队伍的重要组成部分,是学校教育教学质量得到进一步提升的坚实基础,是学校可持续发展的战略后备队。青岛第六十八中学成立了青年教师专业发展共同体,以"青年教师三五十成长团队"成员为主要成员,以建设教学、研究、培训为一体的项目团队为依托,以推进青年教师专业发展"十个一"行动计划为抓手,以部分教龄在十年以上的骨干教师作为团队指导教师,全面提高青年教师的师德修养、师能素养以及人文涵养,优化青年教师队伍建设实施途径,实现青年教师快速成长目标,为激活学校发展生命力夯实基础。

　　成立青年教师专业发展共同体领导小组,制订了切实可行的实施方案,组织具体有效的培训、研究、学习等活动,对不同群体青年教师"因材施训",跟进引领与指导,搭建适宜青年教师相互交流、互助成长、共同发展的教、研、训一体化平台。

　　依据学校工作特点和不同项目团队青年教师的发展需求,采取了集中与分散、引领与反思、自主与互动、理论与实践、教学与科研相结合的方式,紧紧围绕专业培训、专业阅读、高效课堂三条途径,促进青年教师专业知识、专业技能和师德师风等全方位的提升。

　　落实了青年教师专业发展共同体"十个一"行动计划。①读一本经典专著,通过对教育教学经典专著的阅读,提升青年教师对专业价值重要性的认识,完善专业知识,生成专业智慧,构建专业精神,进一步促成专业成长。②办一次读书沙龙,通过读书沙龙活动,搭建了青年教师交流平台,营造读书、思考、分享的良好氛围,在思想碰撞中深化青年教师的教育责任感和使命感。③听一次专家讲座,通过专家讲座,引领青年教师了解教育教学发展新动态和教育教学改革新趋势,拓宽视野,更新理念,提升对教育热点、难点问题的认识高度,更有效地指导教育教学实践。④开一次研究课,通过研究课,落实"板块式问题组课堂教学改革模式"研究成果,以培育学生核心素养为目标,立足课堂,精研课标,提高质量,实现高效。⑤写一篇教学反思,通过教学反思,记录课堂教学的优点与缺点,对比预设与生成,完成对一堂课的再认识和再思考,总结教训,积累经验,促进教学技能的不断提升。⑥设计一个导学案,通过导学案的设计,进一步深化对学生主体地位的认识,理清课前案、课堂案、课后案之间的逻辑关系,自主合作探究,注重师生互动、生生互动,夯实高效课堂的基础。⑦研究一个小课题,通过小课题研究,引领青年教师将自身教学过程中发现的具体问题作为研究对象,通过发现问题、研究问题、解决问题的过程,促进青年教师研究意识和综合能力的提升。⑧设计一节主题班会,通过主题班会设计,寻找教育和引导学生成长的重要途径,承担起立德树人根本任务,进一步深化全员育人的责任和意义。⑨参加一次基本功大赛。通过基本功大赛,夯实青年教师成长的基础,提高青年教师业务水平,在比赛中学习,在过程中培训,在参与中成长。⑩建一本成长档案,通过成长档案的建立,明晰个人专业成长路径,有利于教育教学反思,成长档案的分享、交流能够更好地促进同伴之间的交流与发展。

提升教师六项能力,打造高水平教育质量

青岛西海岸新区第二高级中学　张德建

随着教学改革的推进,我们认为困扰教育教学质量的主要问题是教师的业务水平,而教师的教学能力又是教师进行高效教学的核心能力,是实施有效教学的关键。为此,我校提出了"提升教师六项能力,打造高水平教育质量"的思路和策略,大胆进行理论创新和实践探索。

一、提升教师教学设计能力

教学设计是在实施教学之前,依据学习论和教学论原理系统计划教学的各个环节,为学生的学习创设最优环境的准备过程。我们主要采取了三项措施。一是实行备课需"六问"。引领教师在"讲、问、练、背(悟)、讨论、课件"六个方面加强设计与反思。二是实行"问题先介入,凸显个人钻研"的集体备课。针对"双基的落实,重点难点的突破,如何指导学生学"三个方面列好研讨的问题清单。三是实行"三板块"教案。三板块教案包括教师活动、学生活动、设计意图三个部分。教师活动部分要求教师根据各类型知识选用适合的教学方法;学生活动部分要根据学生的认知规律设

计出最佳活动方案；设计意图应反映教师对师生活动设计的意图及理论依据。

二、提升教师教学组织能力

我们在课堂实践、反思、调整、再实践的反复操作中，历时两年推出了"486"课堂教学。"486"课堂教学，简单说就是"四主环，八必须，六方式"。

"四主环"是指：在"以学为本，问题导学"的教学理念下，课堂教学包含的四个基本环节——成果展示、互讲互评、问题提升、训练巩固。

"八必须"是指：课堂教学的八种主要方式——必须有成果展示、必须有互讲互评、必须有问题提升、必须有视听或演示、必须有阅读建网、必须有情境迁移、必须有实践质疑、必须体现教轻学累。要求教师根据知识特点和学生的认知规律，认真研究选取高效的课堂教学方式。

"六方式"是指：学生学习的六种方式——主动学习与被动学习、合作学习与独立学习、探究学习与接受学习。要求教师依据发展目标、学习内容和学习者的特点，有机地融合六种学习方式，指导学生进行学习。

三、提升教师作业布置批改能力

作业是课堂学习内容的巩固与内化，更是知识和能力的深化与发展。作为教与学的交汇点，它的布置与批改是影响教学实效的关键。因此，我们通过创新作业的布置与批改，提升教师作业布置批改能力。

一是推行分层作业。要掌握充分练习和自由发展的火候，实施作业量分层；要统一基础目标、发展目标和创造目标，实施作业难度分层。二是实行"对话"式批阅。所谓"对话"式批阅就是通过反问式、追问式"对话"，通过师生默契的符号启示等，引导学生反思出错的原因。

四、提升教师激发和维持学生课堂学习动机能力

为指导教师激发和维持学生课堂学习的强烈动机，我们专门出台了《关于实施"课堂激情学习"的指导意见》，提出了"引导学生有意培养激情；不做纤夫，而做牧者；实施问题教学；即时评价；激情感染；建立合作学习的机制；教育学生不怕'出丑'"七项措施。

五、提升教师个性化指导能力

教师在对学生实施个性化指导时，应重视学生差异，以最大程度的个性化、个别

化方式来进行指导、点拨。只有这样,学生的个性化学习才会获得真正意义上的成功,我们的教学才会产生最大的功效。为此,我们引导教师开展以"最近发展区""发展瓶颈""迁移能力""应试能力"等四个概念为核心内容的个性化提升。

六、提升教师教学研究能力

对于教师来说,只有经过反思并学习才能有效地促进自我更新趋向的专业化发展,提升自己的教学能力。为此,我们引导教师做好"教后反思""案例反思""亮点工作反思"三个反思,让教师更清楚地认识哪些教育行为取得了成功,哪些教育行为效果不够理想,从而对自己教育教学中一些常见问题与现象赋予理性思考,发现问题,探求规律,有利于改进自己的教育教学并形成理性认识,提高自主分析、解决问题的能力。

建设高素质、专业化干部教师队伍

青岛第三十七中学 周 强

一、抓好干部队伍是关键

青岛第三十七中学各项工作的开展,以每周四上午的校长办公会为启动路径,采用议题制有序推进、落实反馈;学校管理策略采取清单制,将阻碍学校发展的瓶颈问题形成清单分解到部门和干部个人,要求刀刃向内、自我整改,做到靶心明确、精准发力,形成了哪里有困难,哪里就有干部的氛围。本学年共召开校长办公会40次,商讨议题近100项;举办了12次理论中心组学习,有力促进了干部队伍管理水平的提升,为学校发展步入新格局打下了坚实的基础。

二、培养好教师队伍是根本

一是通过"项目推进工作室"发挥骨干教师作用,带动中青年教师成长。学校成立8个"项目推进工作室",目前共有30余名教师在不同的工作室开展研究工作。"张成永班级系列教育活动设计与实施工作室""张业芬学生阅读能力提升工作室""肖传魁分层走班研究工作室""薛虓嵩学科发展方案开发工作室""毛伟青'双减负'工作室""赵秀燕作业改革研究工作室""贾道坤创客教育工作室"等,一年来均成绩斐然,带动学校发展。

二是扎实做好青年教师培训工作。针对青年教师进行了信息技术与课堂教学融合、命题与评价等方面的培训,青年教师完成了模拟试题、信息技术与课堂教学融合的案例、培训总结;完善《青岛第三十七中学新教师培训方案》,学校为每位新入职教师安排了学科教学指导教师和班级管理指导教师,教科室每月对青年教师进行培训,每学期青年教师举行汇报课,使青年教师快速成长,在2019年青年教师基本功比赛中,4位参赛老师获得二等奖。

三是课题研究带动教师专业成长。以"问题即课题"为导向,以科研的思路去发现问题、思考问题,形成解决问题的策略,学校省规划课题"小班化背景下课堂分层次教学模式研究"完成结题。2018年又有6项市教科院、教育学会立项课题在逐步推进,"中学生'双减负'问题的行动策略研究""'互联网+'条件下初中地理提高学生图文转换能力的实践研究"等,参与研究的中青年教师近40人,以研促教,不断提升我校教师的教育教学水平。

四是充分利用校内外资源,"请进来、走出去、促反思",助力教师成长。学校牵手同济大学后,30多位干部、教师到同济大学交流、学习,增强作为同济附中的文化认同感;2019年春季,学校先后多次派出教师参加"中小学名师课堂与名校综合学习研修班""基于核心素养的中小学管理者综合素养提升专题研修班"等培训,参训教师150余人次;2019年5月,特邀青岛市教育学会翟广顺会长做了题为《让历史告诉未来——青岛礼贤等中学校史回顾》的讲座,增强了教师们对教育的责任感和使命感。学校通过"教师论坛"为教师提供展示、交流的平台,主题涉及专业阅读、信息技术与课堂教学融合、学科核心素养、微格教学展示等多个方面,有多位优秀教师、骨干教师发言,起到很好的示范作用。

打造教师合作发展平台

平度市第一中学　苏建良

梅贻琦在清华大学校长就职演讲中曾提出:"所谓大学者,非谓有大楼之谓也,有大师之谓也。"教师是学校的第一资本,是学校最为丰富、最有潜力、最有生命力的教育资源。近年来,平度一中积极把名师整合成教育教学的资源,锻造一支师德高尚、业务精湛、积极创新、爱岗敬业的教师队伍。

一、建章立制做保障

陆续建立和完善了《首席教师条例》《骨干教师培养制度》《青蓝工程实施方案》《平度一中名师工作室管理制度》等一系列教师发展制度,倾力打造名师队伍,提升专业发展水平。明确首席教师及校名师的聘期为三年,每学期对首席教师、名师工作室和教研团队进行绩效考核。

二、团队协作共发展

突出强调师德过硬、学科知识宽厚、教学业务精湛、创新意识和实践能力强,倾力打造名师团队。力推"一位名师,一个团队,协同学习,共同成长",由学科骨干教师和学科带头人组建名师学科教研团队,形成教师专业发展共同体,打造专业发展平台,有力地促进团体内每一个成员的专业化发展,同时也有效地推动了名师的教学理想的实践与教研成果的形成。

三、科研带动促提升

立足课堂,协同研究,打造科研共同体。要求名师要立足学科课程,打造精品课堂,开发科研课题,形成专题成果,以名师推动课堂建设,提升课题研究水平。学校《名师工作室方案》规定工作室要以引领学员提高科研能力,提升教学水平,凸现教学风格为核心,营造浓郁的教科研氛围,努力构建研究性教科研共同体。名师要主持至少一个青岛市级以上科研课题的研究,并开展至少两个校级以上小课题的研究,形成学术专题成果,激励每个成员有更多的教育教学论文在各级、各类专业刊物上公开发表、获奖,扩大区域学术竞争力和影响力,努力打造工作室的特色和品牌。

四、增强影响树品牌

积极扩大名师影响,借助教育新闻类报刊和网络大力宣传名师事迹,发挥名师品牌效应,提升学校办学影响力。我在校园网上设立"名师工作室"专栏,及时发布工作室动态信息,含新闻图片与课堂视频案例等;建设教育教学网络资源库,共享优质资源,定期组织工作室团队网上答疑,加强互动交流,给予广大学生、家长及青年教师指导。坚持名师是社会公共资源,名师要服务学生,服务学校,更要服务社会。学校还结合名师特长,推动社会课程建设,在为社会服务的同时也扩大了名师品牌,提升了办学影响。

教师队伍建设、名师的打造作为一个系统工程。我校正在积极探索并实践,期望借助于名师和名师工程,促进教师专业发展,构筑教育人才高地,让我们的教育更好地服务于学生,服务于社会,同时有更多的名师走进我们的视野,推动教育事业生态发展、和谐发展。

三维建模，运行校本教研新机制

青岛实验高中　　苏延红

一、更新理念，引导校本教研新方向

2014年初,孙睿校长到青岛实验高中履新之后的第一次讲话中,提出建设一所"全新的育人模式,现代的学校管理,人文的办学特色,成就学生和教师"的新人文教育特色学校,首次明确了我校"新人文教育"的办学特色,并着重指出全校工作特别是教科研必须聚焦于这一核心。

全新的教育理念,激发出了全校教职工的工作热情,学校的各项工作有了日新月异的变化。每一名教师都在专注于课堂的教学改革,每一个教研组都在精心地研究本学科的发展。为适应这种变化,学校成立了"学术研究委员会",全面统筹学校的教科研工作,全校上下形成了浓厚的教研氛围。

2014 年 9 月,孙睿校长在开学仪式上做《课程改革再出发》的主旨讲话,再一次鼓励全校教师大胆尝试,推进学校课堂教学改革。2014 年底,在年度教学工作会议上,孙校长再做《新人文,新常态,做有选择的教育》的主旨报告,总结学校一年来的巨大变化,进一步厘清了新人文教育理念的内涵和工作方向,号召大家再接再厉,助力新人文教育,为学校的发展和为自我的发展做出更大的努力。

二、更新平台,规划 "4+2" 的教科研新体系

我校 "4+2" 的教科研管理体系逐渐成形,"4" 为四级平台:集备组落实课堂教学,全面执行学校决定的各项改革措施;教研组研究本学科教学,确保各项改革措施的落实;学术委员会全面统筹学校的教科研工作,收集整理教师关于学校改革的意见建议,为学校办公会提供咨询,协助学校做好各项改革措施的落地;教学年会负责对学校的教科研改革进行总结,反思,提炼,推广,并负责将校外优质的教育资源引进校内,辅助全校教师的教育改革理念更新。"2" 即展示课和读书会推进。我校在 2014 年组织小班化教学展示课,在 2015 年组织 "学习共同体建设" 观摩课,2016 年组织 "分层走班教学" 展示课,2017 年和 2018 年组织 "学科素养教学展示课"。配合每学年教研重点专题,组织教师做好阅读跟进,陆续推出了《学习的挑战——创建学习共同体》《叩响命运的门》《中国教育寻变——北京十一学校的 1500 天》《教育的智慧》等指导性书籍,起到了较好的效果。

三、创新机制,建立教师专业发展 "阶梯计划"

学校将教师专业发展规划为 "优秀青年教师" "优秀青年拔尖人才" "骨干教师" "标兵教师" "模范教师" "首席教师" 等六个层级。各个层级围绕新人文教育理念,从展示课、公开课、学生管理、论文、课题等方面列出规定条件,满足相应条件的教师提出申请,经过学术委员会评定,即可获得相应层级,使得教师专业发展具有规范性、前瞻性、可操作性和不可逆性。2017 年,各层级人数分别为优秀青年教师的 6 人,优秀青年拔尖人才 7 人,骨干教师 35 人,标兵教师 45 人,模范教师 28 人,首席教师 5 人,教师队伍建设进入良性发展的快车道,为学校深入推进新人文教育提供了坚实的基础。

提升师德修养　促进教师发展

城阳区第三中学　葛永信

徐特立说过,教师"不仅是传授知识的人","更重要的是教人教育后一代具有共产主义思想品质的人"。教师的师德修养、思想品德、人生观世界观都会对学生产生潜移默化的影响,因此,师德修养建设成为学校建设的重中之重。而师德修养建设是一个系统工程,是一项长期复杂的任务。我校把师德修养提升作为教师队伍建设的核心工程进行了一系列大胆探索,取得了一定成绩,形成了全员育人、全程育人、全方位育人的良好氛围,教师队伍的综合素质有了显著提高,为学校可持续发展和全面实施素质教育奠定了基础。

一、教师为本，师德为本

教育发展,教师为本;教师素质,师德为本。我校提出了"名师工程"的师资队伍建设方略,以立德树人为指引,以城阳三中优秀的传统文化积淀为依托,以"四德教育"为主,按照以人为本的原则,大力推行人本管理,引导教师自觉地把个人理想与学校发展结合起来,使师德建设走上了健康的运行轨道,促进了各项工作的发展。

二、以德治校，严把师德建设关

（1）强化师德建设领导和责任机制。切实做到制度落实、组织落实,形成了由校长亲自挂帅,党、政、工、团共同参与,齐抓共管的工作格局,确保了师德建设重大活动、队伍培训、设施建设等有效开展。

（2）完善教育内部监督和奖惩机制。设立"师德师风监督岗",实行师德动态管理。设立"举报电话"和"举报箱",接受全体师生和社会的监督,对群众反映的问题都及时通过会议研究处理。学校坚持每学期对师德表现好、教育教学成绩突出的先进办公室进行表彰奖励,发放先进办公室流动红旗。

（3）建立科学合理的评价考核机制。结合局党委师德建设实施意见精神,我校修订完善了教职工评价体系,突出师德表现在评价体系中的重要位置,将师德建设与人事制度改革、年度考核、职称评定、教育教学管理等内容有机结合起来,每学期对教师进行一次师德考评,将考核成绩纳入年度综合素质考核评价。

三、以活动为载体,把师德建设落到实处

(1)德高为师,学为行先。认真学习十九大精神和习近平同志讲话精神,深入进行教育学习、问题查摆和整改提高。在心灵的深处进行自我认识、自我解剖、自我教育、自我斗争、自我改造和自我提高。摆正自己的位置,善于发现自己身上的缺点和不足,经常反省和检查自己思想和行为上的问题,明确前进的方向,增强自身修养动力,高标准地要求自己。

(2)高度重视师德教育月。创优质服务品牌、爱心结对帮扶等活动,认真计划,周密安排,深入挖掘各种教育资源,发挥了教育的最大潜力。定期举行优秀教师师德报告会,观看优秀师德事迹录像,特别是大力挖掘和广泛宣传教师身边的优秀事迹和师德典型。

依托特色校本培训 促进学校内涵发展

城阳区第一中学　刘　伟

近年来,城阳一中坚持"人本立校,和谐发展"的办学思想和"为学生人生幸福奠基"的办学理念,以校为基、以师为本,坚持校本培训工作理念创新、机制创新和模式创新,引领教师在学习中实践,在实践中研究,在研究中反思,促进了教师专业水平的持续提升和学校的内涵发展。

一、科学有效管理,为校本培训提供坚实保障

学校高度重视校本培训工作,成立了以校长为组长的"校本培训工作领导小组",建立了校长和分管校长领导,教导处和教科室具体组织和考核,教研组和年级组具体实施的三层面校本培训管理运行体系。做到职责明确,任务清楚,层层落实,人人是参与者,人人是学习者,人人是研究者,人人是实践者。将校本培训工作列入学校长远发展规划,并制订了城阳一中《教师专业发展规划》《关于建设学习型团队的意

见》等校本培训等制度和意见,为每位教师建立个人专业成长档案,定期对教师个人阶段发展目标完成情况进行考核评价。在此基础上,学校切实保证校本培训经费到位,逐年提升。积极建设数字化校园,现代化的培训教室和校园网等教育教学设施,为教师培训提供了优良的环境和条件。

二、丰富校本培训资源,打造教师多元发展平台

(1)强化师德建设。制订师德建设工作意见,进一步完善师德档案和师德考核标准,举行"三八"节表彰会和教师节表彰会,每年开展"师德教育月"、优秀教师报告团巡回演讲、教师宣誓等活动,邀请全国"十佳"师德标兵张桂梅、全国模范教师张利平、原山东教育报社总编陶继新等到校举行大规模的师德报告会,进一步增强了广大教职工教书育人的责任感、使命感和职业幸福感,让教师做到静下心来教书,沉下心来育人。

(2)培育良好的校园读书学习环境。我们大力建设"书香校园",让读书学习成为教师的一种生活方式。学校全天候对师生开放校图馆,每年免费为每位教师选订一份教育杂志,组织教师进行有计划的学习。拓宽读书领域,开展撰写读书札记,开展备课组研读、读书交流会、专题报告会、读书沙龙等活动,形成了良好的校园读书风气。

(3)组织教师走出去。学校让教师"走出去",到全国各地讲学授课和学术交流,到国内外名校考察学习,选派优秀教师、青年教师到省内外名校挂职锻炼。学校先后与苏州三中和美国克拉蒙特高中等国内外学校结成友好学校、开展交流活动,开阔了教师视野,丰富了教学经验。

(4)利用好现代教育技术和网络平台进行研训。学校建设了现代化的校园网络,开辟了校本培训专栏和专门的教学博客,形成了良好的信息互动和同伴互助的教研平台,并建设了独具学校特色的"教学资源库"。

三、立足常态教育教学研究,创建"专家引领、团队带动、教研反思、科研提升"四位一体的校本培训模式

(1)专家引领。充分发挥"中国教育学会实验学校"的优势,先后邀请当代著名教育改革家魏书生等专家、教授、名师到校,听课、评课、上示范课,举行讲座,诊断教学。众多教育大家、名家汇聚我校,从理念引领到教学实践操作,促进了教师专业水平的快速提升,引领着学校不断向更高的办学层次迈进。

(2)团队带动。我们以备课科组和教研组为单位,成立了"学科教研中心",推行

"日集备"。形成了一人主备、组内讨论、集体修改、组长把关"四环节集备"制度,做到时间、地点、内容、主备人"四到位",并通过学校教导处督查,真正将集备制度落到实处。

（3）行动反思。校本教研是教师专业发展的助推器。为了让教师在教学实践中反思、改进和创新,真正成为教学研究者,学校以教育教学中的实际问题为研究对象,让全部教师在常态教学中"带题授课"。学校还大力实施"先行课",开展"名师教学论坛"和"读书交流学习实践"活动,举行"优质课""样板课""录像课"全员比赛等活动,让教师人人参与教科研,人人参与教学研究,有力地促进了教师专业水平的全面提升。

4.科研提升。我们积极走由问题到课题,从结果到成果的科研之路,通过课题研究带动校本培训工作。作为青岛市"课题协作体学校",学校承担着国家、省、市、区20余项课题研究任务。我们规范课题管理,务实研究过程,及时做好阶段性总结,做好成果转化。

我们针对校本培训持续发力,有力促进了教师和学校的快速发展。近几年,学校大批教师在全国、省、市教学比赛、优质课比赛、微课比赛中获一等奖,"问题教学法""情景教学法"等教学方法先后被评为区、市优秀教学法,培养了大批高素质创新型人才,学校先后获得"全国生态文明教育示范学校""全国青少年校园足球特色学校""全国书香校园""山东省教育系统先进集体""山东省教学示范学校"等众多称号。

漫卷书香　成就教师诗意人生

青岛第六十七中学　施宝书

教师是学校实现可持续发展的关键要素,有高水平的教师队伍才能有高质量的教育水平。如何助力教师的成长发展,鼓励教师自我提高,培养在教育创新路上的领军人物,是管理者实现教师专业化发展的重要使命。教师发展自己,需要知识的补充,读书是知识补充的重要途径,提升教师水平最有效的行动就是阅读。读书可以让人保持思想活力,得到智慧启发,滋养浩然之气。养成读书习惯,享受读书的乐趣。

阅读在学校已经蔚然成风,从校长到一线教师,从办公室里到教室里、宿舍里,整个校园洋溢着浓郁书香。

一是举行盛大"共读一本书"阅读工程启动仪式。校长宣读《读书宣言》,面向全校教职工发出读书号召:共同努力,构建一所书香浓郁的校园,让师生幸福、诗意的栖居于此,快乐发展。

二是制订《"共读一本书,做出彩教师"读书活动方案》。每位教师每学期收到学校赠送的礼物就是图书,同时将图书搬到离师生最近的地方,让学校"师生目之所及,都有书的存在"。

三是享书香,传递正力量,开展读书交流。语文组的全体教师率先行动,在学校读书会上向全体教师分享最新阅读的收获和感悟,为全体教师营造积极、向上的读书氛围。读书交流常态化,两周一次的读书沙龙,准时有约。

四是开展"悦读"荐书。这是学校引领教师阅读的最大特色和亮点。学校每周推荐一本书,通过微信公众号推送,校长带头,仅仅一年时间,就阅读并向教师们推荐了 38 本书。随后从校级领导、中层干部、教研组长到普通教师,每人进行阅读后的推荐,目前已经推送了 40 多本书。

五是营造浓郁书香氛围。"耳濡目染,不学以能"。教师们不仅自己热爱读书,更以一系列丰富多彩的活动引导学生"好读书,读好书",让阅读成为"青春伴手礼",形成"腹有诗华,书香满园"的和谐校园;图书室建立推荐读书网,"你推荐,我买单";建立"班级图书角";邀请家长参与活动。

六是读写结合。阅读离不开写作。教师的专业成长特别需要阅读、反思与写作。学校坚持问题即课题,结合课程建设、课题研究、教学反思,鼓励教师写作。十几门课程结集印刷,正式出版两本,三门课程成为青岛市精品校本课程。读书与写作的有机结合,有效提升了教师的研究水平,带动了专业能力的提升。

"教育的本质就是一棵树摇动另一棵树、一朵云推动另一朵云、一个灵魂唤醒另一个灵魂。"学校在建设书香校园中,让所有人对阅读有了更深层次的认识,读书是一生的爱好,读书让人诗意地栖居。

校长如何引领教师发展

莱西市第二中学　郑文波

学校教育以生为本,但能否实现以生为本的目标则完全取决于每一个教师的观念和行动,因此如何有效促进和提升每一位教师的专业素养即通常意义上的专业发展则是每个校长都十分关注的议题。

校长作为教师专业发展的指导者、引领者和实施者,在对教师进行培训和指导之前,要充分做好对每个教师的"定位"工作,也就是要清晰地分析每个教师的特点、优势、劣势,并结合他们的现状给予描述及方向性的指导。我主张教师在保证学校基本共性要求的前提条件下,要努力做到"一师一风采",这也是培养未来教育家的前提条件和基础。教师是个性化的劳动,只有让每一位教师在适宜的岗位及环境中张扬其积极向上的个性,发展其正确的教育理念和教育行为,那么我们将来才可能出现真正的学校"大师"。

"一名好校长就是所好学校",校长是学校的灵魂,是师生的榜样,也是师生最信赖的朋友。莱西二中注重校长对教师的引领和带动,认为一个具有强烈敬业精神和奉献精神的校长,他的精神会感召其他教师勤奋工作,一个具有博爱胸怀的校长,他的教师一定会关心热爱学生,对学生负责;一个遵纪守法、行为文明、严于律己的校长,他的教师定会依法执教,礼貌待人;一个善于合作、尊重教师的校长,他的教师一定会尊重学生,乐于合作;一个勇于创新的校长,他的教师一定会积极投身于教育教学改革,积极实践新的教育思想,探索新的教育方法。总之,什么样的校长人格就会带出什么样的教师人格。校长只有努力塑造个人的高尚品格,才能带出一支具有高尚职业道德的教师队伍。

为有效地促进教师的专业成长,积极探究教师专业发展的策略,校长要有足够的智慧才行。我们坚持"以生为本",既强调课堂的"生本",更重视工作中的"师本",对教师的教学行为、教学模式、教学方式都提出了相应的要求,及时转变观念,注入新思想,新理念,让教师尽快成为新课程的研究者、实践者和创造者。

在实践中,莱西二中努力促进教师发展的五种意识以及调动教师发展的六种器官。重点是帮助教师树立问题意识,找到影响自身发展的核心问题;树立研究意识,用科学的精神探索问题;树立方法意识,用科学的方法研究、分析问题;树立创新意识,鼓励教师的不同意见及解决问题的不同方法,鼓励创新;树立合作意识,这是组织能否健康长效发展的根本,让教师们在合作的环境中共同成长。我们注重调动老师们的积极性,使其用眼睛去观察,观察自己的教学、身边的学生、课堂中真实存在的问题;用耳朵去聆听,聆听他人对自己的建议、学生对课程的评价;用双手去记录,记录每天每个孩子的每一点变化,以及自己在教学过程中的反思和成长;用头脑去辨别,事情发生的原因在于哪里? 不要武断地解决孩子的问题;用心灵去感悟,感悟教育的真谛;用行动去实践,让教育理想在实践的外衣中闪烁光芒。

新高考改革背景下的学校师资队伍建设

青岛第五十八中学　袁国彬

随着国务院《关于深化考试招生制度改革的实施意见》的颁发及上海、浙江高考第一轮综合改革试点的结束,在总结经验和教训的基础上,山东高考改革方案及时跟进,此次改革,对学校提出了新的挑战,下面结合新高考的改革背景谈一下学校在师资队伍建设方面的思考。

一、新高考改革的目标及变革

目前,新高考改革后,浙江、上海已有两届学子完成高考,反思梳理高考改革的目标,更有利于在实践中把握方向。

根据浙江、上海的试点经验及教训,结合山东方案,在推进高考改革的过程中,面临着五个方面主要变革:一是课程结构的变革;二是教学组织形式变革;三是课堂教学内容标准的变革;四是评价制度的变革;五是师资队伍建设的变革。

这五个方面组成了整个高考改革在实践层面的系统,是达成高考改革目标的关键突破点。学校推动高考改革的关键力量在教师,做好新高考背景下师资队伍建设是工作的核心要务。

二、推进高考改革中的学校师资队伍面对的挑战

1.教师课程开发开设能力（课程领导力）的挑战

课程是规定以什么样的教学内容来培养学生的问题,是教育教学价值得以实现的直接载体。新高考承载着为国家选拔人才的功能,选什么样的人？如何培养这些人？这些问题在实践层面都落实到学校课程设置上。

通过丰富的课程增加选择,引导学生发现自我,认知到自我发展潜能,从而实现自身价值,这是在新高考背景下应具有的基本观念。这对学校教师的课程开发、开设能力提出了挑战。如何基于校情开发、开设适合学生的课程,建立本校的课程文化并形成培养学生的系统将成为新高考的推进过程中的重要课题。

2.教师课程实施能力挑战

有了适合的课程,如何将国家课程、校本课程开发的理念渗透在日常的教育教学活动中呢？这对教师的课程实施能力提出了更高的要求。

从课程实施的分类上分析有三个层面需要考虑:一是国家课程的校本化实施;二是课堂教学中基于学生素养提升的课程实施;三是学校校本课程群的实施。

从实施的主体看,打造课程实施的师资团队,借助团队的力量突破高考中的问题是关键因素。

3.教师身份多元化挑战

随着新高考的推进,教师身份从传统教学中的一般教师向导师转变。职业生涯规划、心理健康指导、学涯规划、知识传授、情感引导、社团指导等多方面关系到学生成长的因素以更明确的形式出现在教师的日常教育教学中。教师主动调整和适应这种转变是新高考推动中的重要因素。

4.教师师资结构的挑战

教学班数目的增加带来师资人数的要求、教学场地的要求。比如,根据全省选择模拟选科数据,地理学科成为选择最多的学科,对大部分学校来讲,师资储备会出现短缺,在一定阶段,只能通过增加教师工作量解决。而且,每一届学生的选择数据会发生变化,对师资的要求会出现不确定因素。师资的储备是各校需要重视的问题。

随着高考改革的推进,对师资要求越来越高,有研究表明,生涯规划教师、跨学科创新教师、信息技术教师、研究性学习教师等要大幅度的增加才能满足新高考改革对学生培养的需求。

三、新一轮高考改革的应对策略

1. 做好师资储备，打造一流团队

对 2017 级开始的每届学生进行提前调研，了解学生的兴趣、选考意向，模拟选课走班并提前做好师资储备，为改革做好数据收集工作。结合实际情况，合理安排教师岗位，解决选课走班过程中的教师"潮汐现象"。

加强教师的集体教研，合理安排教师的辅导，打破行政班界限，让团队的力量在新高考推进过程中发挥作用。

2. 研究课程开发开设，提升教师课程实施能力

根据学科特点及新高考方案，完善课程的评价制度，组织教师开展常态化的研讨，对课程设置进行模拟规划，构建学生培养的学科课程群。加强对国家课程的校本化研究，开展好选修选考科目的教学，开设特色鲜明的校本课程，满足学生个性化的需求，为学生的未来奠基。建立和完善适应新高考改革的综合管理平台，整合教育教学资源，实现切合学校实际的数字化管理平台的统筹管理。

3. 深化全员导师制，加强学生生涯规划指导

深化学校全员导师制的工作，推动人生规划课程指导体系的建立。加强专业团队的建设，突破"班主任负责制"的惯性思维，完成普通教师身份向"成长导师"的转变。利用学校心理健康指导中心，指导学生做好规划和选择，加大对学生个性化特质的跟踪力度，作为指导学生生涯规划的重要依据，并在此基础上实现学生的有效分层，合理确定等级考试和合格考试的层次，增加学生选课的可行性和教师教学的针对性。

4. 研究教学评价，整合教师团队效应

建立新的学业成绩评价系统，整合备课组教师的集体智慧，利于学生自我评估、利于教师自我诊断、利于集体力量的发挥。研究高考等比例转换法则在学校成绩评价中的科学性，结合学校实际制订适合本校情况的教学评价方案。

新高考方案给传统的学校教育教学管理带来了挑战：教学制度的重建、课程体系的重构、课堂生态的再造，这些都考验着学校管理者及教师的智慧。从培养全面发展的人的角度来讲，本次高考招考制度的改革是战略性的，我们也有信心在实践中把改革推向深入，为国家、社会输送栋梁之材！

完善制度建设，引领教师发展

青岛市即墨区实验高级中学　王崇国

学校的核心竞争力是教师的发展，引领教师发展的途径是多方面的，既有教师自身的内在发展动力，也需要科学的外在制度保障。实验高中以加快推进"打造拥有人文情怀、鲜明特色、一流育人质量的现代化卓越品牌学校"进程为目标，全面贯彻实施《青岛市即墨区实验高级中学2018—2020三年行动计划》，深入落实"教师第一、学生中心、课堂至上"的核心价值观，规范学校办学行为，完善学校内部治理结构，促进学校内涵发展，全面推进现代学校制度建设，提升文化自觉，优化教育环境。

一、提出"教师第一、学生中心、课堂至上"的核心价值观

学校始终坚持这样的理念：教师是学校发展的生力军。学校把教师放在"第一"的位置上，重视教师的全面发展，满足教师的合理需求，解决教师的后顾之忧，这样教师才会安心搞好教学，提升教育教学质量。学生是受教育和学习的主体，学校的一切工作都应该围绕学生的终身发展展开。课堂是教学的主阵地，落实"课堂至上"理念，引导教师敬畏课堂，珍惜每节课，备课每节课，上好每节课，向课堂设计要效益，向课堂落实要成绩。

二、修订完善《青年教师培养方案》，制定新岗教师拜师制度

学校35周岁以下的青年教师占到了教师总量的三分之一，青年教师的成长是学校可持续发展的中坚力量，学校修订完善《青年教师培养方案》，着眼于青年教师长远发展，培育师德，提升师能，争取让我校青年教师早日成为教育教学方面的行家里手。学校充分发挥"即墨名师"作用，设立"名师讲师团"，每月组织名师对青年教师进行培训，每两周安排一节"名师示范课"，为青年教师与新岗教师提供学习机会。学校一直贯彻《新岗教师拜师制度》，充分发挥校内"资深教师"的作用，建立实验高中教育教学论坛，让优秀教师走上讲坛分享育人成果和先进经验，引导新岗教师快

速成长。

三、领导干部深入一线，加强短板管理

班子成员全程、深度参与年级工作，中层以上干部深入一线开展调查研究，走动式管理，近距离服务，坚持问题在一线发现，矛盾在一线解决，将教育教学中心工作始终置于视野范围中，为教师服好务，为学生服好务，为教书育人服好务。领导干部包班包组，在充分听课和参加集备的基础上，组织召开课堂教学改革专题会议，反思课堂教学中存在的不足，引导教师珍惜每节课，备好每节课，上好每节课。学校在征求广大教师意见的基础上，制订了《课堂观察量表》，规范教师课堂教学行为，提高课堂教学效益。坚持短板管理，问题导向，领导干部结合深入一线发现的与师生、课堂相关的热点、焦点问题，提报解决方案，妥善解决，服务一线，工作执行力得到有效提升。

四、推行全员育人导师制，落实全员公开课制度

推行全员育人导师制，分层教学，分类推进，对尖子生注重思维方式的点拨、拓宽和深化，打造核心竞争力；对边缘生采取"一生一策"的培养方式，设计个性化成长路径；对后进生采取面对面帮扶策略，侧重从学习习惯、学习方法和规范化的改善方面取得突破。落实全员公开课制度，要求每名教师每学期都展示一节公开课，备课组教师全员参与磨课，通过集备研讨、模式展示、反复研磨的方式，明确不同课型的基本模式、基本环节、基本流程。引导教师敬畏课堂，以公开课的标准打造每堂课，争取每节课备到公开课的精度，每节课上出公开课的质量，每节课收到公开课的效益，规范课堂教学行为，提高课堂教学效益。

立足教师专业化发展，成就教师的教育情怀

青岛第二实验初级中学　战志蛟

近几年我校着力进行师资梯队建设，专门成立教师发展指导中心，实施《青岛第二实验中学教师专业化培养目标规划》，每位老师制订个人成长发展规划和发展需

求,学校有规划,教师有方向;组织全体教师赴浙江大学、北京大学进行研修;针对各学科组的不同需求,请名师进校跟踪课堂;开展基于校情的课例研究、案例研究,加大校本培训的针对性和实效性。我们的做法是让教师进入"教师本真状态",活在学生的评价中。如果教师处在"非教师状态",活在自我世界中,无视学生的需求,不在意学生的评价,就很难建立良好的师生关系。而确保教师能处于这种状态的关键人物就是校长和学校的管理团队。我们的做法是树立一种专业精神,提升六种实施能力。

1. 树立一种专业精神

专业精神是一种职业精神,它是职业道德、职业能力、职业品质的体现,教师需要一种专业精神。

教书育人的特殊使命赋予教师职业不同的专业精神,"执着""精准""卓越"是每个二实验教师的共识。

执着代表着专业态度。教师需要一种教育情怀,用自己的执着和热情去诠释教育的真谛。执着意味着坚守,这是对教育事业最起码的尊重。办教育:一头是社会的需求,一头是学生与家长的需求。其关键是教师。所以,管理者一定要关注教师的需求,解决教师的后顾之忧;要让每个教师有自己的发展时间和空间。

精准代表着专业水准。精准体现在教材研究、学情研究、考试研究的方方面面。教材中的每一个字承载着什么学科意义、备课时如何根据学生的实际情况设计教学起点、题目如何进行有效的变式训练等等,每一个细节研究都要求教学的精准性。通过提升专业素养,促进教师把办学理念内化为自己的教育理念,并对自己的教育教学行为进行深入思考与反思,形成高度的教育自觉,将学校精神落实到日常教育生活之中,敬业乐教,崇善修德。

卓越代表着专业追求。社会和家长赋予学校太多的期待和厚望,这份期待和厚望激励着教师们去不断突破、不断超越。每个孩子都怀着对未来美好的憧憬,每个家庭都希望孩子拥有幸福的人生。教育就是为了成就这份幸福和期望。

2. 提升六种实施能力

二实验教师来自祖国大江南北,目前教职员工 156 人,其中青岛市内、青岛市外、应届大学毕业生各占 1/3,这就给学校师资培养提出了一个严峻的课题:如何让这些"有经验"的教师适应青岛的教育? 特别是如何尽快适应青岛的中考? 如何让这么多的新入职教师尽快成为合格的教师?

面对新环境,教师们需要重新找准自己定位,用实际成果去说明"我确实是骨干"。我对每一批外地来的教师都提出五个转变:名师到普通教师的转变(身份)、城乡到大城市的转变(学情)、认识教材的转变、教育理念的转变、学会学习的转变。我经常说的一句话是"成熟的麦穗总是低着头的",对教师需要有这种引领和要求。

针对我校师资的校情,我校将师资培养的主攻点放在教师专业能力的培养上。

1. 研读学情的能力

学情是教学研究的第一要务。我校学生来源广,学生差异很大,学习需求各不相同,所以学情研究是我校教学研究的首要任务,并列入教学计划的第一条。

※ 以学情研究为基点,分年级制订学生培养策略。七年级以"初小衔接"为重点。七年级教师站在学生角度思考三个问题"为什么衔接?""衔接什么?""怎么衔接?",并将其作为集备的重要研究内容进行集体规划。八年级以"优化学习方法,提高学习能力"为重点。教师适度提升对学生的学习标准,注意发现学生好的学习诀窍或方法,及时在班级进行共享、点评,从而指导更多的学生去不断反思、优化自己的学习方法。九年级以"面向全体,分层推进"为重点。学生的学习需求明显不同,分层辅导、分类指导是必经之路。

2. 统领教材的能力

统领教材的能力是教师的一项重要能力,我校各学科组主要在教材贯通、内容整合、形成结构性专题三方面下功夫。

※ 贯通式系统研究教材:数学组进行垂直式教材研究打破教材的章节模式,站在系统的高度,对初中三年的教材进行贯通式研究。形式分为大小集备,既有集备组的细化到每一节课的研究,又有专题形式的大的教研组的研究。开展系列化课例研究,分概念课、计算课、复习课、应用课、探究课、建模课,深入挖掘不同课型承载的育人价值。

※ 整合教材:现行语文教材是以人文为主题编排教学单元,它淡化了文体的教学。而文体教学在语文教学中至关重要。为弥补这一不足,我校语文组对教材做了一些整合,力求在强调人文的大背景下突出文体教学。主要做法有二,一是相似单元的联姻;二是读写结合。

3. 分层教学的能力

(1)掌握学情,以学定标。教学目标的确立,首先是课程标准和考试说明的要求,其次是学生的学习需求和个性差异。课堂环节的复习,教师以突出重点、突破难点为主线,力求讲解分析透彻,以理解性知识为主。全面性和系统性学案就是学生自主复习的指导。学案编写力求图文并茂,既有基础知识点,又有能力提升及学法指导,满足不同层次学习需求。

（2）研读教材，以学定教。挖掘教材，设计不同层次问题，使所有学生每节课都能有所收获。

通过分层设计问题，可以使不同层次学生找准自己的学习定位，课堂中也可以暴露更多的问题，找到学生学习困难的症结所在，使我们的教学做到有的放矢。

（3）坚持课时检测，及时反馈复习效果。复习过程中，不同层次的学生有不同的要求。针对每个同学的不同问题，找出错误原因，制订不同复习策略。尤其是对"边缘生""学困生"进行及时的指导和鼓励，使他们增强学习信心并不断进步。

4. 狠抓落实的能力

以化学组如何落实培养学生的学习习惯为例：

（1）课堂上良好的听课习惯：从学生养成"观、听、记、思"的良好习惯入手。观——指的是仔细观察，听——指的是认真听讲，记——指的是认真记录，思——指的是积极思考。为了让学生养成良好的观察习惯，教师在做第一个化学实验之前，就给学生介绍观察化学实验的一般方法，为了让学生养成记笔记的习惯，新课开始教师们会引领学生学会记笔记，后面经常检查学生的笔记，并进行及时的表扬与建议。

（2）及时记忆化学知识的习惯：初中化学是启蒙教育，许多化学基础知识需要识记，如化学反应的相关现象、元素符号等。因此必须养成及时记忆化学知识的习惯，才能确保化学学习的实效。为了使学生养成及时记忆化学知识的习惯，教师们采用了每节课使用小条听写的做法，每天听写上节课学习的基本概念、元素符号、化学式、化学方程式，并随时批改随时反馈，促进了学生及时记忆化学知识习惯的养成。

（3）认真作业和及时改错的习惯：一是对学生的作业要提出明确具体的要求，二是要进行认真的批改和讲评。为了让学生养成及时改正作业错误的习惯，我们还对学生的改错情况进行及时的检查。使作业的布置和批改达到有布置、有批改、有讲评、有改正。通过教师及时批改和有效讲评，使学生逐步养成认真作业和及时改错的习惯。

5. 编制习题的能力

编制试题能力是初中教师的一项很重要的能力，对教师把握课程标准、统揽教材、对学生应有的能力点的掌控等教学素养的要求是很高的。

我校每年中考的最后一段时间，校内精练用的都是我们自己教师精编的习题，我们教师经常说"与其迷信别人，不如相信自己"，这句话既有一份自信，又有一份担当。在刚刚结束的2017年中考中，我校数学、物理的自命题中都有分值很重、区分度很高的大题与今年中考题思路吻合，这为孩子们中考答题节省了宝贵的时间。

6. 开展学科活动的能力

※ 地理组将实验体验引进课堂教学,营造可感知、可触摸的教学情境,运用模型、实物、实验、实践活动,学习的过程转变为"发现现象—提出假设—搜集资料—科学考证—形成结论—解释现象"的过程,让课本与生活真正的互联互通,进而变革传统的地理教学,把学生的主动性、积极性都调动起来。

※ 化学组开发创新实验,开放"第二课堂"实验室。"第二课堂"是拓宽学生视野,培养和发现人才的重要途径之一,同时能培养一批实验操作能手,提高学生实验操作能力以及创新思维能力。化学组将"第二课堂"看作是整个教学活动的一部分,列入教研活动计划之中。实验室是学生进行操作技能训练的主要场所,学生在科技活动时间及自由活动时间到实验室做一些创新实验。这样既能解决个别学生在课堂上未解决的问题,同时通过开放实验室也培养了一批实验操作能手,这些操作能手在分组实验中担任小组长,能够带动和指导小组成员进行正确的实验操作。

教育的本质是发展人,我们需要用心去聆听花开的声音。我们全体二实验人将在"成就教育"办学思想的引领下,继续努力,用更坚实的臂膀去承担教育的重任,以更加优异的成绩迎接属于二实验的十年校庆!

"场":助推教师发展

青岛西海岸新区第三高级中学　刘光平

"场",《现代汉语词典》解释为:"物质存在的一种基本形态,具有能量、动量和质量。实物之间的相互作用依靠有关的场来实现。如电场、磁场、引力场等。"我们认为,"有场"就是创设一种氛围,然后发挥这种氛围巨大的"能量、动量",从而实现教师之间的"相互作用",让教师发展不仅靠外围的物质形态,而且靠潜意识的精神形态。我们在"场"的创设方面主要从如下几个方面做了一些探索。

一、精神导航

教师的教育品质是教师教育行为的精神支柱。学校每年举行教师师德演讲比赛,让教师们讲自己的教育故事,讲身边同事的教育故事。一件件真实感人的故事来源于身边,看似平凡但日久天长地坚持,其精神又是那样令人赞叹。那朴素无华的教师工作,内涵竟是充满爱的海洋,涤荡着教师们的灵魂,熏染着教师们的精神,使全校教师深受教育。学校每学年都要评选十佳师德标兵、先进工作者、优秀班主任、青年教师教学能手,全校教职工不仅在整个评选过程中接受了精神教育,而且有了学习的榜样。整个学校形成创先争优的氛围。

二、读书引领

有人说,教师的成长之路是用书籍堆积起来的。营造学校的书香氛围,让教师广博地阅读,不仅会丰富内心世界,还能潜移默化地影响人生观、价值观的形成。学校每年都拿出经费购买图书充实学校图书馆、教工阅览室,营造学校的读书氛围,让大家有书读。学校每学期给教师发放一本图书,还开展向优秀教师赠书活动。为了更有效地促进教师阅读,学校还安排时间让教师们交流读书体会,结合自己的教学实际谈感想。教师们通过读书,能够认真观察身边的教育教学人和事,静心思考,很好地促进了教师发展。

三、魅力熏染

校长是学校的灵魂,是教师的榜样,也是教师最信赖的朋友。校长的工作状态、工作热情对学校整体氛围的引领,对教师团队的建设有着巨大的影响力。工作过程中,校长高标准规范自己:用强烈的敬业精神和奉献精神感召教师勤奋工作;用博爱胸怀感染教师热爱学生,对学生负责;用遵纪守法、行为文明、严于律己规范教师依法执教、礼貌待人;用善于合作、尊重教师点化教师尊重学生,乐于合作;用勇于创新激励教师积极投身于教学改革,积极实践新的教育思想,探索新的教育方法。在校长的感召和带动下,乐于勤奋无私奉献的教师多了,教育的生活化氛围强了,校园文明气息浓厚了,团结合作的教师多了。校园里处处充满着生机勃勃的教育气象。

四、专业示范

校长作为学校的掌舵人,要全面系统地掌握教育教学理论,同时还应大胆地进行实践探索,高瞻远瞩,想在教师之前,做在教师之前,使教师信服。课题研究对于教师而言是神秘的,我们学校已经多年没有人敢触碰课题研究。上学期,我们迎难而上,敢于克难攻坚,校长亲自为大家讲解相关的理论,实地操作、实地指导,化除课题对教师的神秘感。教师参加优质课竞赛,常常是自信不足,害怕实力不够,校长建议并组织团队为他们研课、磨课,增强他们的自信,厚实他们的功力。组织管理班级是很多年轻班主任望而却步的事情,校长亲自组织相关的活动,如班主任论坛,亲自传授经验,使青年班主任勇敢地接受挑战,快速成长。

教师发展关系到学校的发展,促进教师发展是科学,更是艺术。我们将继续从多方面探索教师发展方法,与时俱进,使学校发展再上新台阶。

多元并举推进教师专业发展

青岛市即墨区第四中学　刘元君

进入 21 世纪,教师专业发展受到前所未有的关注,许多研究教师专业发展的成果不断涌现。对教师的培训能否对接教师专业发展的真实需求,如何调动学校各层次教师自身的教育教学资源,唤醒教师专业发展的内在动力,实现每一位教师的主动成长,即墨区第四中学在这方面也进行了自己的探索。

一、广视角的问题发现机制,为教师成长提供全方位诊断

通过推门听课,教师及时暴露自己专业成长中的问题,学校识别教师专业发展需求,进而预见教师专业发展的可能趋势并给予及时满足。为此,学校通过发放问卷、面对面访谈、听评课、跨学科交流、教师座谈等方式,让教师在课上课下或正式非正式场合自由自在地表达自己的各种需求,包括真实的、不真实的,高利害的、低利害的,宏观的、微观的,现实的、长远的。我们对来自不同渠道的需求进行甄别筛选,在对学校现有资源进行整合的基础上,将不同类型的需求与学校现有的资源进行统整,分门别类实现供需对接,满足教师专业发展需求。通过全方位的问题发现机制给予教师全方位的诊断,帮助教师解决成长中的困惑和工作中的难题,既尊重了教师的自尊心,又满足了教师自我发展的需求。

二、多平台的能力提升机制,激发教师主动成长的内动力

教师专业发展的动力源泉和根本支撑是内因,内因是事物发展的根据,促进教师专业发展关键在于唤醒教师内在的积极性、创造性和潜能。为此,学校搭建了八九个

教师专业发展平台,有面向全国展示教师研究成果的教育年会,有传播学术魅力的每周讲读,有痛点研究、经验分享的集体备课,有提升服务质量的后勤问卷,有破解管理难题的管理沙龙,有开阔视野的读书沙龙,有答疑解惑的心理辅导中心,有初任教师的主题研修,有提升领导力的读书会,有教学驱动机制的成绩分析会等。把每一位教师放在一个平台上进行相互切磋、相互点燃,在相互协同中构建积极的自我认知,进而形成"看得见的自我成长轨迹",有效解决了校内资源不足与严重过剩的矛盾,形成了每一位教师专业发展的不同范式,助推了每一位教师的主动成长。多平台的能力提升机制给教师搭建了一个自主、自愿平台,让教师在常态下展示自己的成果,抒发自己的困惑,分享自己的喜悦,暴露自己的苦恼,在彼此的陪伴中,在相互的激励下,自主选择自己的成长路径,规划自己的教育人生。宽松的氛围激发了每一位教师的创造力和主动性,在不断历练中提高了教育教学和科研水平,获得了充分的自我实现的满足感。

三、全方位的热情激发机制,增强教师职业发展的幸福感

我校建立了全方位的教师工作热情激发机制。每个学年度有"十佳班主任"评选,有"最受学生敬重的教师"评选,还有正式的表扬,如每年教师节表彰的即墨区第四中学优秀教师、优秀班主任、优秀备课组长、优秀教育工作者等。也有非正式的表扬,如最美的瞬间、教师才艺展示、教工党员风采等每月海报展示。可以说,每一位教师都在不同场合、不同方式、不同程度地受到赞美、受到奖励,全方位的热情激发机制极大地调动了教师的工作热情和积极性,教师全身心投入教育教学中,赢得了学生、家长、社会的赞誉。

多年的实践表明,教师专业发展课程为教师主动成长提供了课程支撑;暴露需求的发现机制为主动成长提供了良好的外部机制;多平台分享的动力机制焕发了教师主动成长的内在动力;全方位激励机制尊重了教师劳动的创造性,让教师获得尊严感、成就感、幸福感。这些都坚定了教师的职业理想,形成了良好的教师发展生态文化,涌现出一大批优秀教师。

"三级培训"引领教师发展

青岛第三中学　许　帅

为更好促进教师专业化发展,青岛第三中学大胆创新,不断丰富培训内容,使培训形式更加灵活多样,从以解决学校重点和难点为主的校本培训,到以教师个人或教研组为培训对象的教师个性化培训,再到"专家进校园"教研组培训活动以及"走进高校、对话专家教授"的全员高端培训,架构起学校的"三级培训模式"。

一、培训形式多样化

1. 通识培训

在学期初的校本培训及教师论坛上,根据学校发展的需要,组织优秀教师进行经验交流,组织校内公开课、示范课、评优课等,通过校本培训使教师们更新理念,开阔视野,提升专业水平,解决学校自身发展中的重点和难点问题。通过"请进来、走出去"的方式,学习前沿知识,与专家教授对话,暑假期间组织全体教师赴知名学府进行高端培训。学校积极为教师外出培训提供条件,每年暑期骨干教师外出培训已经成为学校教师培训的新常态。

2. 学科培训

组织各学科教师参加学科素养提升工程、新高一学科培训、教研活动、高三备考研讨会以及省优质课观摩等活动,鼓励教研组和教师自选课题、自选地点,开展学科培训。同时根据学校教研组建设的实际情况,学校提出"团队创优,合作共赢"的学科组建设规划,鼓励教研组邀请学科专家进校园,听评课、做报告,指导课堂教学与教师专业成长。

3. 个性化培训

以青岛市中小学教师个性化培训为契机,鼓励教师参加个性化培训,以满足教师专业发展个性化需求。教师根据学校要求、岗位需求和个人需求,自主选择培训课程、培训机构、培训形式、培训时间等。

二、校本培训专题化

1. 师德培训

通过师德培训使教师树立正确的世界观、人生观、价值观和教师职业观,提高思想道德修养及心理素质。建立新型的师生关系,强化教师自身修养,塑造良好的教师形象,不断通过学习和反思,提高教师爱岗敬业、乐于奉献的精神品质。

2. 教育教学技能培训

在全体教师中开展现代教学技能的培训,包括个案研究能力、教学设计能力、师生沟通的能力、问题反思与问题解决能力等培训。抓好教师队伍建设,加强教师业务跟踪管理,积极鼓励青年教师争当名师、教学骨干。

3. 教育科研培训

教育科研能力是校本培训的一个重要内容,要求教师逐步树立教研、科研意识,围绕新课程的实施、结合课堂教学,进行教育科研基本方法的培训,以逐步提高教师科研工作的水平和能力。

4. 名师引领及青年教师培训

学校充分挖掘校内名师资源,成立名师工作室,构建教师发展共同体,引领骨干教师专业成长。对青年教师通过开课、听课、读书学习、师徒结对等形式,促进青年教师教学业务技能和水平的提高。

三、培训机制制度化

为更好地完成培训任务,达到预期的培训目标,学校不仅为教师提供各类条件和经济支持,同时强化措施,进一步加强了管理力度。管理出效益是学校教师培训的另一亮点。

1. 做好培训情况记载

包括参培教师、培训内容、培训形式、培训时间、授课教师、培训结果、教师发言情况等,作为教师考核的第一依据。

2. 重视培训过程资料的积累

包括文件、制度、计划、总结、培训教材、培训活动情况记载、考勤登记、考核材料和教师个人培训档案的建立等。

3.规范考核管理

在对教师考核过程中,做到把教师平时的学习笔记、听课记录、学习体会、案例分析、研究论文等材料和教师参加培训的考勤情况,作为教师考核并获得校本培训学分的重要依据。先由教师自我评定,再由学校教研室考核审查后认定。

构建三个体系,促进教师专业水平整体提升

青岛西海岸新区滨海中学　吕恒杰

笔者2018年起参加青岛市教育局面向全市职业学校校长组建、由青岛电子学校崔西展校长担纲主持的"崔西展名校长工作室",接受崔校长的指导,耳提面命、努力成长。崔西展校长作为全国职业教育先进个人、全国优秀教育工作者、全国第四届黄炎培职业教育杰出校长,是一位特别有情怀、特别爱研究、特别有思想的职教先锋。

在崔校长的指引下,按照习近平总书记提出的"有理想信念、道德情操、扎实学识和仁爱之心"好教师标准,我们学校紧扣培养造就高素质专业化教师队伍的战略目标,严格遵循教育规律和教师成长发展规律,坚持面向全体、突出重点的原则,以落实教师专业发展为核心,推进新教师、中青年教师和骨干教师梯队培养工程,采取措施使他们在不同层面上有所提高,实现不同层次教师的联动发展,全面提升教师队伍的整体素质。

(1)健全新教师"研训"体系。一是对新分配教师进行指导和培养,通过随堂听课、同步备课、指导教法等形式,帮助新教师度过教师适应期,让他们"一年站稳讲台,两年做出成绩,三年成为骨干"。二是实施"青蓝"工程。通过结对子、拜师傅等形式,为工作不满三年的新教师落实好师傅,明确师徒各自的责任、权利和义务,实行捆绑考核。同时,学校将邀请各级名师到校讲课、交流活动,把名师的教育理念、教学方法、教学模式传递给新教师。

(2)健全教师全员素质"蜕变"体系。一是指导教师规划职业生涯,制订岗位成长成才的目标与措施,引导教师学会撰写教育教学案例、教育教学论文,不断积累、

提炼教育教学经验,参与教学理论的"生产"过程,提高中青年教师专业素养,促使中青年教师向专业成熟型教师发展。二是创新多样化学习组织形式,参与常规管理,加强对教师的教学工作、教研活动的管理和指导,及时树立先进典型,推广成功经验,努力提升教师的理论水平,拓宽教师的知识视野,丰富教师的文化底蕴。三是开展研修活动,以"教师提能、课堂提效、质量提优、学生提趣、办学提格"为目标,以转变教学方式、促进学科建设、提高教师的执教能力和学科专业素养为重点,以提高备课、上课、作业、辅导和评价"五环节"有效性为目的,以基于教学问题解决的"小专题"研究为载体,引导教师理解和掌握学科教学规范,大力开展主题研讨、教学沙龙、网络教研、专业技能竞赛等活动,提高教师专业水平。四是开展教师读书活动,完善读书制度,丰富读书形式。举办"暑期教育骨干读书会",集中学习教育教学管理、课堂教学改革的新理念。通过开展"读书沙龙""教育专著解读"等多种形式的读书交流活动,开阔教师的眼界,丰厚教师的学识,提升教师的理论素养和专业水平。每位教师每学年至少要研读一本教育理论著作。鼓励学以致用,不断提高专业水平。

（3）健全骨干教师"出彩"体系。一是做好学科带头人、教学能手、教学新秀评选工作,实施动态管理。二是实施名师培养工程。在条件成熟时成立名师工作室,充分发挥知名教师的辐射带动作用,影响和带动学校教师整体发展。

第四部分

职业教育

山东省平度师范学校 STEAM 教育引领教师发展

山东省平度师范学校 王启龙

平度师范学校是全省乃至全国同类学校中启动 STEAM 教育师范类人才培养项目最早的学校。近几年来。我校从实际出发,大力提升我校教师 STEAM 教育的高维实施能力,引领教师专业发展,形成了系列发展机制,为全国同类学校开展 STEAM 教育提供了范例。

一、引领师范学校 STEAM 教师发展的意义

引领师范学校 STEAM 教师发展是基于青岛市农村小学师资队伍建设需要和学校教育教学改革需要,具有重要意义:一是培养能够正确实施 STEAM 教育的小学和幼儿园教师;二是为构建面向未来的师范教育教学新模式找到突破口。STEAM 教师发展推动了跨学科的综合培养模式构建,让我们对构建面向未来社会的师范教育教学新模式充满期待和信心。

二、引领师范学校 STEAM 教师发展的主要措施

(一)建设了三大载体平台

第一,研究平台。在本课题的引领下,我校教师积极申报 STEAM 教育课题,目前在研 STEAM 教育国家、省、市级子课题共 4 项。

第二,学科载体。我校积极实践"全科教育"理念,课程类型包括"文化课、技能课、活动课、实践课"。比如,目前我校"3+4"小学教育专业开设了文化基础课 9 门,专业技能课 8 门,活动课和实践课 20 门。齐备的课程设置为我校 STEAM 教育开展打下良好的学科基础。

第三,资源平台。学校先后获评"青岛市跨学科教育联盟"常务理事、"青岛市 STEM 教育协同创新联盟"协同中心学校、"青岛市基于教与学改进的发展性评价改革实验学校",为 STEM 教师培养工作提供了优质平台与资源。

（二）构建了七大管理体系

学校成立了 STEAM 教育发展研究中心,构建了任务目标体系、行政管理体系、业务管理体系、课程管理体系、激励考核体系、资源支撑体系、制度保障体系七大体系。

（三）开展了四项重点工作

第一,开展了全校师生教育启蒙工作。一是 2019 年暑期开展了 STEAM 教育基本知识网络答题全校学生竞赛;二是印刷了五本校本培训教材和材料,组织师生学习。三是建设了 STEAM 教育校园文化长廊。

第二,举办了青年教师素养提升工程。2017 年引入 STEAM 教育后,我校已连续举办两届青年教师素养提升工程,通过赛讲课、赛论文、赛现代教育技术等重点培养青年教师的 STEAM 教育实施能力。

第三,开展"工匠精神"进校园活动。我校立足师范学校 STEAM 人才培养实际,弘扬新时代工匠精神,积极引进知名的技术工匠,参与我校的 STEAM 教育研究,培养学生的动手能力和系统思维。

第四,举办了系列 STEAM 教育成果展。一是于 2018 年 6 月,举行了 STEAM 教育课程建设成果展览;二是于 2019 年 6 月举行了 STEAM 教育创客节暨创意教具展览。

三、师范学校 STEAM 教师发展计划

（一）核心团队培养计划

培养 2～3 名省级专家,8 名校级核心团队成员,开发 3 门网络研修课程资源,引领学校实现创新发展。

（二）STEAM 课程开发计划

第一,数学、物理、化学、生物、地理、信息技术等理工类学科骨干教师每学期每人开发一项 STEAM 课程案例。第二,音乐、舞蹈、美术、手工等艺术类学科骨干教师每学年开展一项 STEAM 教育主题活动。力争在 2020 年形成 STEAM 教育课程资源体系包。

（三）STEAM 特色建设计划

一是实施学院管理:建设三个学院,分别是物理工程学院、化学工程学院、生物

工程学院。二是部分课程实施走班选课。三是举办第二届 STEAM 教育创客节暨创意教具展览,进一步提升作品水平。

（四）STEAM 学生能力培养计划

第一,培养学生参与项目式学习的能力,适应职责分工。第二,培养学生在科创竞赛中的竞争力,增强实效性。第三,锻炼学生 STEAM 课程实施能力和开发能力,在教育实习中集中展示。

（五）STEAM 成果展示计划

课题将形成研究报告、调研报告、课程案例、校本课程、研究论文等成果形式,并依托山东省"互联网＋教师专业发展"工程实现转化推广。学校还将制作专题纪录片,全方位展示我校 STEAM 教育发展成果。

打造职业院校"三师型"青年专业教师队伍

山东省轻工工程学校　李祥新

职业院校中,青年专业教师有其自身优势,体力充沛,理解力强,信息技术掌握快。同时也普遍存在课堂教学能力不足,专业实践技能欠佳,工程技术能力欠缺的状况。为提升青年专业教师的课堂教学能力、专业实践技能水平、工程技术能力,我校在全校范围内实施"三师型"教师队伍建设工作。

一、"三师型"青年专业教师培养策略

学校在激发教师自我发展的内在动力基础上,做好顶层设计,通过多种途径,立体式培养,形成了校企合作视野下"三师型"教师的有效培养策略。

（一）完善"三师型"教师培养机制，从政策层面予以保障

学校通过出台系列政策进行顶层设计,保障、完善"三师型"教师培养机制,保证"三师型"青年专业教师队伍建设的持续深入开展。先后出台了《山东省轻工工程学

校"三师型"队伍建设实施意见》《"三师型"队伍建设实施方案》,具体规划了诸如要完善教师发展档案、建立专业负责人和课程负责人制度、下厂锻炼、成立名师工作室等"三师型"教师打造措施。建立教师成长发展档案,教师自主规划个人五年发展,每年通过对照规划、年度个人发展与成长总结,重新规划与微调下年度的发展这样一个对标、达标的过程,促进青年教师专业发展。

(二)确定"三师型"青年专业教师能力要求

我校所倡导的"三师型"教师,是指同时具备教学实践能力、生产操作能力和工程技术能力,在课堂上能胜任讲师,在实训车间能胜任技师,在校企合作中能胜任工程师的专业教师。具体来说,"三师型"教师不仅对教学过程熟稔于心,能够驾驭现代化的教学方法和手段,高水平地完成教学任务;且对生产操作轻车熟路,通晓生产设备操作方法,能够高质量完成工件生产,高效指导学生实训,在大赛中取得佳绩;同时还要对生产流程了如指掌,深度参与企业生产,熟悉企业生产工艺,能够从事产品开发、复杂工艺设计及技术改造。在对教师专业、年龄、学历、职称、职业资格、素质和能力结构分析的基础上,针对学校的战略目标和发展需要,评估、预测教师需求情况,明确"三师型"专业教师的教学实践能力、生产操作能力和工程技术能力的考核标准。

(三)确定了三师型青年专业教师培养路径

1. 齐抓共育,提高课堂教学能力

通过信息化培训与比赛提升教师的信息化教学能力。引导教师积极主动、创造性地应用信息技术开展教育教学,推进信息技术与职业教育教学深度融合,引导教师转变教学方式。

全校范围内开展开心课堂建设,倡导开心课堂教学理念,推广打造优质课堂教学模式。制订以"学生为主题,以学生为课堂主角、将教学内容转变成学生可以完成的任务"为主要特征的开心课教学框架和评分标准。推动全校课堂教学改革,积极鼓励各个系部开展课堂教学互评,推出好课并进行全校示范。

新教师入职之时,学校组织为期一年的系列校本培训,采用"拜师结对"形式,对新教师进行教育教学方面的传、帮、带。采用跟岗实践+校本培训相结合的混合式培训模式,组织各校充分利用学校教育资源,夯实新教师专业基础、整体提升新教师职业素养和专业水平。

2. 三措并举，锻炼生产操作能力

措施一：与企业合作建立"专业教师实践能力强化训练站"，完善教师定期到企业实践制度，安排大量专业教师到该强化训练站进行企业实践。

措施二：学校积极组织青年教师参加或指导各级、各类技能大赛，指导各级技能大赛，让青年教师通过技能大赛锻炼操作技能。

措施三：从生产一线引进高技能人才担任专、兼职教师，改善专业教师队伍结构，把企业最新的技术、知识、方法、工艺带到学校教学中。

3. 五路并进，培养工程技术与研究能力

路径一：通过"专家工作站"专家引领。充分发挥专业名师的引领作用，产教研结合，着重培养骨干教师的技能应用能力。专家工作站每周一开展活动，采用讲—练—设计—动手的培训方法，通过个人设计，动手做出产品，达到工艺熟练，为"三师"中的讲师、技师水平提升提供帮助，进一步提升专业教师的工程实践能力，将青年教师打造成能独当一面、有较强产品设计能力和加工能力的行业工程师，是深入推进教师队伍专业化发展的重要措施。

路径二：组织骨干教师参加专项高端培训。使更多教师具备能够制定生产工艺，并操作先进设备完成工艺复杂的生产任务的能力。组织教师参与行业、企业组织的设备使用、生产工艺介绍培训。

路径三：融入企业，参与生产过程。专业教师融入企业，深入了解企业生产工艺，参与企业工艺改造设计，提高技术应用能力。每年分批次组织教师定期下厂锻炼：新教师进行一年的企业跟岗实践；每年学生顶岗实习后，无课教师除学校有特别安排外，全部下厂锻炼，增强专业技能，获取教学项目，学习新技术在企业中的实际应用。

路径四：参与各级、各类课题研究。学校以课程建设为主题，组织全校教师进行微课题研究，主题涉及一门课的教学重难点突破路径研究、一种教学方法在课堂教学的应用研究（如小组讨论法、案例教学等）、课外作业设计研究、课堂课程小结设置研究、课程资源建设与研究等，对提升教师的课题研究能力，促进学校教育教学水平的持续提高很有实际意义。

路径五：在为企业服务的过程中成长。学校每年为企业培训大量技术人员，在培训过程中"逼迫"参与培训的教师不断提升，以胜任培训的要求。如我校有11名焊接专业教师考取了"国际焊接指导教师"证书。

二、进行"三师型"青年专业教师的考核认定

学校制定"讲师""技师"和"工程师"的考核、认定办法,规定"讲师""技师"和"工程师"的具体的考核时间,并分步实施为保证测试的公正性与权威性,聘请高校、企业或研究机构等第三方对教师进行测评。对通过"讲师"测试者,即拥有了理论和实践教学主讲教师资格;获得"技师"证书者,则具有了带队参加各级技能大赛和在合作企业进行生产的资格;"工程师"的考核需要通过成果考核和企业专家认证,获得"工程师"资格者,则具有带领课题组参加校企合作和技术开发的资格,学校提供专项资金作为其校企合作开发经费。

三、"三师型"青年专业教师建设成果

青年专业教师结构发生了较为显著的变化。教师教学能力快速提高,教学质量明显改善。教师技能指导实践能力显著提高,在全国、省、市职业技能大赛中屡获佳绩。教师工程研发能力大幅提高,青年专业教师与专家工作站专家一起,进行了技术研发;参与企业定期下厂锻炼的专业教师,深入参与了企业技术创新与改进,为企业解决技术难题;教师们针对企业与教育教学实际,进行发明创造,并积极申请国家、省、市级专利,学校目前正在申请的专利有 4 项。

青岛烹饪职业学校如何打造优秀的专业教师团队

青岛综合实践教育中心　张　春

作为青岛市一所以烹饪专业为特色的中职学校,在打造烹饪专业教师队伍方面,始终秉持着"以人为本、统筹兼顾、和谐发展"的原则,致力于营造"自主提升,追求幸福"的教师成长氛围,为"让教师在成功中体验幸福,让学生在成长中体验快乐"而努力。

一、日常教育教学中,加大教师教育教学能力的培养

学校以深度开发和提升课堂效能为实施突破口,坚持课堂教学以学生为主体,全

面培养学生的可持续学习能力和创新能力。本着"专家引领—同伴互助—自主探究"的研学方式，遵循"观摩研讨—教学实践—教学反思"的实践流程，稳扎稳打地践行可持续发展的教学原则，在教学过程中同步设计与同步推进教师的教和学生的学；把指导学生做好课前知识预习与问题探究作为课堂教学的第一环节。学校定期请教科院相关教研员到学校开教学理念讲座、课堂教学诊断，与学科教师面对面开展交流，效果显著。同时积极创新教学方法，烹饪专业课充分运用项目教学法，做到理论实践一体化教学，目前这已成为教师的常态意识和设计理念以及日常教学实践。在教学课堂"教"与"学"的互动中，教师不断分析和正视自己在教学中的优势与不足，不断提升自己的教学设计能力、组织能力、互动能力、研究能力和自主研修能力，从而使自身的教学专业化水平得以提升。通过专家指导，项目教学法实践，学生的专业能力大有提升，专业教学市级普测成绩100%通过，市级抽测95%优秀。

二、以"专题参与式研究"校本培训为抓手，推动学校教师专业化发展

加强课题研究，提高教师研究能力。学校每年各教研组都有专题研究项目。像数学组的普职融通教学研究市级课题、语文组的传统文化与烹饪专业融合研究、外语组的餐厅厨房英语教学研究、烹饪专业组的学徒制教学研究国家级课题，都能以课题为纽带，构建专家、本学科、跨学科、信息学科等教师组成的校本研究团队。采取"专题参与式"校本培训方式，进一步推动教师专业化发展。近年来派出多名基础课教师和专业课教师赴法国、德国、意大利、北京、上海、广州、厦门、福州、成都、上海、扬州、广州等地参加四大名菜培训。教师的业务能力大有提高，近几年在专业教师的辅导下，我校学生参加全国技能大赛获得了28金26银14铜的优异成绩。

开发专业校本教材，提高教师课程建设能力。学校要发展，必须有鲜明的特色，尤其是在学校烹饪专业课程建设方面。近几年学校相继开发了《中餐烹调综合实训》《西餐烹调综合实训》《酒水实务》《中餐烹饪实训标准》《西餐烹饪实训标准》《面点实训标准》等校本课程；开发了《西式烹调综合实训》《中式面点综合实训》《厨房英语》等市级精品网络课程；编写了烹饪专业现代学徒制六门课程，获得青岛市现代学徒制特色课程。作为山东省烹饪专业和旅游服务专业师资培训基地，完成了山东省《中等职业学校烹饪专业教学指导方案》编写，参与编写了中等职业学校烹饪专业教学标准。主编教育部的"十二五规划教材"——《烹饪营养与配餐》《中式烹调综合实训》《宴席设计实务》《中式烹调技艺》《烹饪安全与操作》《酒水实务》等，已由重庆大学出版社出版发行。

三、在研究与实践中打造"自主提升，追求幸福"的优秀教师团队

本着"专家引领、互帮互助、共同成长"的原则，在教学研究的实践过程以及"评价—沟通—反思—改进—再评价"的良性循环的教学评价中，真正起到专家引领、专家倡导、专家示范的实际作用，引导教师在实践中不断提升自身的教育教学能力，从而切实推进教师团队的专业化发展。学校现有专任教师96人，高、中级教师占80%；专业教师44人，其中技师以上占95%。有齐鲁名师2人、省市优秀教师12人，省、市教学能手22人，省、市职业教育先进个人7人，青岛市劳动模范2人，青岛市拔尖人才2人，青岛市青年优秀专业人才20人，青岛市学科中心组教师11人，青岛市学科带头人2人。具有硕士及以上学位的教师17人，中国烹饪大师、服务大师23人，国家级评委16人。

实施"四大工程"，助力师资队伍建设

青岛幼儿师范学校　于　朝

青岛幼儿师范学校着力打造"专兼结合、校企互通、师德高尚、业务精湛"的双师教学团队，推动教师向着"双师型＋企业服务型＋行业专家型"的方向发展，主要采取了以下几方面策略。

一、实施师德塑造工程

"不忘初心、牢记使命"，深入学习领会习近平新时代中国特色社会主义思想，认真贯彻落实教育部《新时代教师职业行为准则》和《师德失范行为处理办法》等系列文件精神，深化"共筑中国梦""立德树人、成就未来"师德教育活动，从师行、师言、师表塑造师德形象，把师德师风建设列入教师的岗位责任制，定期检查和考核，不断提升职业道德素养。实行师德"一票否决制"。

二、实施师能拓展工程

（1）落实幼儿园实践制度。依托园校合作，派遣教师到幼儿园实践锻炼。落实

专业教师到幼儿园实践五年一周期的全员培训制度,专业教师每五年幼儿园实践的时间累计不得少于六个月。要求教师了解幼儿园的发展现状及趋势等基本情况;熟悉幼儿园相关岗位职责、操作规范,用人要求及管理制度等具体内容;学习所教专业在幼儿园实践中应用的新知识、新技能、新工艺、新方法等;结合幼儿园的生产实际和用人标准,不断完善教学方案,改进教学方法,积极开发校本教材,提高技能型人才的培养质量。

(2)落实教师培训制度。结合学校实际和教师培训需求,制订教师培训规划,有计划、分步骤实施五年一周期的教师全员培训,把现代教育技术、教师专业成长、服务管理艺术等纳入了日常培训中,按照立足本校、分类分层、着眼提高的培训宗旨,通过项目督导、科研带动、专业引领、活动促进等方式为教师创造良好环境。

(3)开展两个拜师活动。一是开展技能型教师与理论型教师的互相拜师活动。按照新老结合、理论型与技能型结合的原则,把教师以小组为单位组织起来,互相学习理论和技能,并安排他们共同参与理论课和实践课一体化教学的教材建设、课程建设和教学活动,促进理论教学与实践教学能力的共同提高。二是开展校内专任教师与来自幼儿园一线的实践课教师或幼儿园教师互相拜师活动。通过一对一结对子,校内教师向校外实践课教师交流教育教学基本知识和经验,校外实践课教师向校内专任教师交流来自一线的最新技术技能。

三、实施名优培养工程

(1)建立和完善"双师型"专业带头人和骨干教师培养、选拔和奖励制度。培养一批能承担本专业发展规划、课程建设、教学改革、课题研究的优秀教师,给予他们重点扶持,在福利待遇、工作条件、实践锻炼条件、培训机会等方面给以政策倾斜。

(2)建立名师工作室制度。实践证明,在新的形势下名师工作室已成为培养优秀教师,促进教学改革的重要形式。利用名师的示范作用带动教师队伍发展,对于改善教师成长环境,建立有效的教师成长机制具有十分积极的意义。学校在条件成熟的专业领域成立名师工作室,选拔工作室成员,推选名师工作室主持人。

四、实施激励保障工程

(1)引导机制。进一步调整和完善《绩效工资管理制度》以及教师职称评聘、各种荣誉的评定等制度,充分发挥这些制度在调整教师学习、工作主观能动性上的引导作用,引导教师主动参加学习和培训,不断提高自身素质和教育教学水平。

(2)保障机制。一是在校内资金使用上,设立专项预算,并采取有效措施,确保资金落实到位。二是积极争取建设项目,用好上级专项资金。

打造精于教学、乐于奉献、充满活力的教师队伍

胶州市职业教育中心学校　刘元福

为贯彻习近平总书记的教师要"有理想信念、有道德情操、有扎实学识、有仁爱之心"精神,胶州市职业教育中心学校抓牢教师队伍关键资源,靠硬制度管人,用软文化感人,打造一支精于教学、乐于奉献、充满活力的教师队伍。

一、实施 "五个一"

(1)建立一种常态:研学。落实"一会四课"制度,即开好每周一次的教研组会议,上好新教师过关课、青年教师汇报课、骨干教师示范课、获奖教师观摩课,形成了大量的优质学习资源,搭建起教学资源云平台。构建国家、省、市、校四级培训体系,通过综合素养系列培训、高职贯通培养师资培训等,实现专业建设、教科研、课堂教学、信息化教学、德育等全方位培训,让教师与前沿理念、全国专家零距离学习。

(2)搭建一个平台:名师工作室。以齐鲁名师、青岛特级教师、青岛名师为带头人,成立七个名师工作室。制定出台《名师工作室管理办法》,各工作室每年列支专项经费两万元,注重根植课堂、思想交锋、读书交流、示范引领、教育科研、网络辐射等,完成课题研究、校本课程开发等工作任务,搭建起名师成长以及教师"传帮带"的平台。2018 年 9 月,我校四位教师参加全国职业院校信息技术与教学融合优质课大赛,获得一个特等奖、三个一等奖;10 月,我校潘秀平老师在 2018 年全国中等职业学校语文课程教师信息化教学设计和说课大赛中获得一等奖。

(3)夯实一个阵地:课堂。提高课堂效率,引领教师进行"合作教学"课堂教学模式改革,依照"组间同质,组内异质"的原则,将学生划分成多个学习小组,让学生学会协作学习、主动学习、探究学习。

(4)达成一个共识:科研兴校。制定出台《教科研奖励办法》,明确每个人有课题、每个系做好一个课题的任务。国家级资源共建共享成果七项;山东省级优秀成果五项;青岛市级课题成果奖两项。其中,《基于技能大赛、职业资格考核、校企合作深度

融合下的数控专业教学改革》获山东省教育教学成果奖二等奖。

（5）压实一项任务："双师型"建设。职教教师不仅要胜任理论教学，又要能指导学生实践。学校组织300余名教师开展教学能力比赛活动、文化课教师理论考试、专业教师技能比武。专业教师技能比武主要涉及项目零件测绘及CAD成图技术、电子产品装配与调试等11个项目，营造了教师"打铁必须自身硬"的良好氛围。实施教师到企业实践制度，充分发挥企业第三方评价的作用，提高企业挂职实效性，引入专家型骨干教师，建立75人兼职教师人才库。现有高级工程师、注册会计师、律师、高级技师、技师、高级工等"双师型"教师235人。

二、制度规范 红利鼓舞 有情有义

（1）用完善的制度规范工作。制定"规范、质量、效率"工作方针，完善《处（室）、系工作量化考核办法》《教职工量化考核办法》等一系列规章制度，规范教师行为。全面落实《青岛市职业教育条例》《青岛市中小学校管理办法》，对照师德"十不准"要求，定期检查教师课堂教学、实训教学行为，形成良好的教书育人氛围。

（2）用切实的红利鼓舞斗志。制订教职工考核、技能大赛、春季高考等教育教学方面的奖励办法，调动广大教职员工的工作积极性，努力实现人尽其才。开展"身边人讲身边事""最美教师评选"等活动，树立最美胶州人杨世娥、21个党员先锋岗等先进典型，营造爱岗敬业的职教风尚，塑造干部、教师干事创业新风貌。

（3）用温暖的举措凝聚人心。落实红白喜事及大病特困慰问制度，建立学校爱心基金会，定期走访慰问老干部、退休职工、困难党员，传递爱心、温暖人心。组织开展八段锦比赛、乒乓球比赛、趣味运动会等丰富多彩的教职工活动，增进友谊、振奋精神，真正做到"有声有色的工作，有滋有味的生活，有情有义的交往"。

青岛商务学校全面实施教师队伍建设"六个工程"

青岛商务学校 马素美

青岛商务学校近年来健全师德师风建设长效机制，严格落实《新时代中小学教师职业行为十项准则》，在提升教师队伍整体素质方面，开启并实施了如下六个工程,营造了风清气正的政治生态和和谐团结、包容理解的工作氛围,涌现出一批乐业敬业的优秀团队。

一、名优人才引进工程

通过招聘公费师范生、双一流硕士生、公开招聘等方式招聘优秀毕业生;积极引进普高学校分流教师、外地市优秀教师;招聘少量校聘合同制教师,增加普高教师数量,满足综合高中师资需求,确保师资力量与办学规模相匹配。

二、师德师风建设工程

修订师德考核等规章制度,规范教师的职业言行;按师德量化考核计分办法对教师进行师德考核,把师德师风建设列入教师的岗位责任制,定期检查和考核,不断提升职业道德素养,实行师德"一票否决制"。开展推优推先及"最美教师"评选表彰活动,激励教师积极进取;发挥校内宣传媒体的作用,营造师德建设舆论氛围。

三、教师全员培训工程

通过国、省、市、校本四级培训,分层、分类开展教师培训。注重骨干教师培训,组织开展"学赶深圳"专题培训,实现了拓展骨干教师综合职教能力的目标。注重青年教师培训。通过举行新教师拜师活动、担任副班主任跟岗学习、青年教师"三课"、基本功比武等促进青年教师尽快成长。加强教师个性化培训,开展教师切实需要的、有针对性的教学培训,为教师们日后教学和评比活动提供了基础保障。在青岛市一师一优课评选中,两名教师荣获一等奖。

四、名优骨干教师队伍建设工程

(1)推进专业带头人、教学骨干队伍建设。支持重点专业带头人、教学骨干、名师参加各类学术会议、专业技能培训,通过外聘专家、出国培训、专业进修等多种途径,不断加大骨干教师的培养力度。

(2)建立名师工作室制度。在市教科院的支持指导下,在我校建立青岛市六门学科的"名师工作坊",利用名师的示范作用带动教师队伍发展。同时,发挥现有美术专业"徐璟名师工作室"的引领辐射作用,继续培养、选拔工作室成员,推选名师工作室、名班主任工作室主持人。使名师工作室成为教师专业发展的平台与加油站,专业建设与发展的智囊团,课程改革的实验室。

五、"双师型"教师培育工程

依托校企合作,强化教师到企业调研实践,修订《专业教师到企业实践锻炼规定》,落实专业教师到企业实践五年一周期的培训制度,专业教师每两年企业实践的时间累计不得少于两个月。本年度安排两名教师到企业挂职锻炼,两名教师跟岗培训,进一步推进教师"走进企业调研"实践活动,形成调研报告18份。

六、教职工激励保障工程

完善考核评价机制。进一步完善《青岛商务学校教师考核评价制度》《绩效工资制度》《职称评审》《岗位聘任》《评优奖励》等机制,充分发挥制度的导向引领作用,加大对骨干教职工队伍建设的倾斜和支持力度。设立师资队伍建设专项资金,将其纳入每年的经费预算,保证师资队伍建设计划的实施。

立教之本、兴教之源

——二职中专师资队伍建设见实效

即墨区第二职业中专　金积善

"百年大计,教育为本。教育大计,教师为本。"国家强盛在教育,学校发展在教师。高素养、高水平的教师是立校之本,强校之基,没有好教师就没有好学校。为努力构建一支结构合理、师德高尚、业务精湛、作风过硬、具有创新精神和发展意识的优秀教师队伍,推动即墨职业教育内涵式发展,学校立足实际,多措并举,教师队伍建设工作一步一个脚印,稳步推进,成效显著。

一、树"旗帜"强化精神引领

为给教师们树立典范,弘扬高尚师德,潜心立德树人,让全体教师认识到专业成长和素质提升的重要性,学校每年固定开展"优秀教师""学生最喜爱的老师""优秀班主任"评选等活动,鼓励教师参加各级各类比赛、教科研等活动,极大地调动了教师的积极性,激励了教师的工作热情,提高了教师的业务能力和综合素质。

截至 2019 年,我校在参加全国职业技能大赛中,共获金牌 7 枚,银牌 5 枚,铜牌 1 枚。赵贤、李美峰、李军军、刘晓艳、刘宗芹五位教师先后被授予"全国优秀辅导教师"称号;2019 年服装专业赵贤老师被评为"青岛市名师";胡明明、刘宗芹被评为"青岛市学科带头人";李美峰、赵贤、刘永岗被评为"青岛市优秀教师";陈琴、刘宗香被评为"青岛市教学能手";在青岛市一师一优课中,赵贤、刘宗芹 2 人获一等奖,陈枫等 7 人获二等奖,林盼盼等 10 人获三等奖;在青岛市青年教师基本功比赛中,赵金兰获一等奖,刘璐璐、张凌慧 2 人获二等奖,黄潇潇、张呈呈、赵民选 3 人获三等奖。2019 年度,1 人获即墨区"优秀教育工作者";6 人获区"优秀教师";1 人获区"优秀体育教师";2 人获区高中"教学优胜班主任";3 人获区"高中教学优胜个人"。共有 62 名教师被评为校"优秀教师",8 名教师被评为校"优秀教育工作者",21 名教师被评为校"优秀班主任",17 名教师被评为校"优秀青年教师",10 名教师被评为校"学生最喜爱的教师",11 名被评为校"教学成绩突出教师"。

二、重"骨干"发挥头雁效应

教学质量是学校办学的生命线,为了全面提高课堂教学质量,打造高效课堂,提高我校教师对课堂的驾驭及对教学方法的领悟能力,学校于 2015 年 5 月启动成立了第一批"名师工作室",姚胜刚、解冬梅、邴吉东等 21 人被授予"即墨名师"称号,学校对邴吉东名师工作室、解冬梅名师工作室、李晓燕名师工作室举行了挂牌仪式。

自工作室成立以来,相继开展了大量的工作,培养出了一批又一批师德高尚、业务精良、创新能力强的学习型、研究型青年骨干教师,同时通过他们辐射、引领和带动我校青年教师快速成长。本学期,教导处提出了"四课一线、问诊课堂"的师资提升思路,通过骨干教师优质课、青蓝工程汇报课、教学能手推荐课、校观摩课等"四课"活动,打造"名师带骨干、骨干带青年"的师资培养主线,深入课堂,问诊课堂,通过活动提升课堂效率,通过课堂锤炼教师本领。

在骨干教师优质课比赛中,英语组王雪娇、数学组桂春羽、幼师组闫慧洁三位教师名列前茅。王雪娇老师标准流利的英语口语、紧凑流畅的环节设计、生动多样的师生互动、适时巧妙的德育渗透深深地打动了在场的所有师生,展示了过硬的基本功和丰富的教学经验。2019 年 1 月 3 日,王老师再次代表骨干教师进行了观摩课展示,用实际行动为青年教师做了良好的示范。

2018 年 11 月,教导处再次组织"即墨区教学能手推荐课"评选活动。组织各科学科带头人、即墨名师、教研组长等骨干教师从教材研读、课堂组织、学生参与度、课件制作等方方面面帮助候选教师进行多次的评课研讨,通过集备一遍遍地磨课评课,五位参赛教师均获"即墨区教学能手"荣誉称号。

三、"传、帮、带"促青年教师成长

我校继 2006 年开展了"135 培养工程"后,2015 年又筹建了"青年教师工作室",并启动了第一届"青蓝结对工程",至今师徒结对已进行五届。通过"青蓝工程"这一平台,大批新岗教师迅速成长,使他们不但能够快速转变角色,而且教育教学水平也得到了很大的提高,在学校的教学科研、学生管理、班级管理等工作中均承担了大量的工作,并取得了优异成绩。 一批批青年教师在学校搭建的平台中脱颖而出,成为市级优秀班主任、教学能手、学科骨干、精品课程建设主力、全国技能竞赛优秀辅导教师。

为进一步提升新岗教师驾驭课堂教学水平,发挥名师工作室的传帮带作用,有效推进"青蓝工程",学校组织举行"青蓝工程"汇报展示课活动。活动分两个阶段:第一阶段——全校汇报,出课教师在师傅的精心指导下进行全校汇报;第二阶段——评选,出课教师在第一阶段汇报的基础上再行修课,由学校名师工作室组织评选出一等奖 6 人,二等奖 8 人。其中,刘红红、吴红雪、王妙妙、魏慧慧、赵金兰、魏楚翘六位老师的课堂精彩纷呈,或丰富多彩,或风趣幽默,或深入浅出,或饱含深情,展示出了青年教师独有的风采和魅力,令评委教师和学生耳目一新。张媛媛老师还代表青年教师进行了观摩课展示。

四、强"培训"提升整体素质

近年来,我校以创新工作机制为保障,以开展三级培训为重点,不断加大师资培训经费投入,积极安排教师参加国培、省培、市培,骨干教师将培训学习带回来的知识再以二传手的身份对全校教师进行再培训,形成由一人到多人的撒网式知识传递,人人参与、人人收获,极大提升了我校师资水平。校现有教职员工 260 余名,其中 55 名具有高级专业技术职务,94 名具有中级专业技术职务,20 名具有研究生学历,双师型教师达到 98%,双师中的技师人才达 50%。2019 年度学校派遣领导干部、骨干教师、班主任参加省级及以上培训 52 次,共计 137 人;青岛市级培训 36 次,共计 290 人;即墨区级培训 4 次,共计 13 人;校本培训 12 次,共计 250 人。

2019 年,教导处举行了国培教师集备汇报活动。杜晓晨、华军、崔亚飞、刘宗芹、王文学、封守华、于浩波、李欣、吴红雪共 9 位教师通过国培等外出学习的机会,接触到教育领域最新技术和理念,将新技术新思想在教师中进行集中宣讲,分别为全校教师进行了信息化、企业实践、思维导图、高效学习方法,教师心理等方面的专题培训,帮助广大教师与时俱进、更新教育教学理念,为学校教育注入了新鲜的活力和动力。

我校师资队伍建设始终秉持"人才资源是第一资源"的理念,以师资队伍建设为核心,大力实施人才强校战略,建立健全有利于优秀人才脱颖而出、人尽其才的体制、机制,抓好培养、管理和服务等环节,着力建设高素质、结构合理的优秀师资队伍,努力造就一批德才兼备的学科带头人和学术骨干。

整体规划,多维打造,推进德育队伍专业化发展

青岛华夏职业学校　侯　蕾

《国家中长期教育改革与发展纲要》中明确指出:"建设一支具有良好的政治业务素质、结构合理、相对稳定的班主任队伍是教育改革和发展的根本大计。"所以学校采用"建机制、重教研、细督评、强培训、勤反思"的"五位一体"培养模式,着力打造以"角色多维、能力复合"为特质的专业化德育队伍。

一、制定德育队伍专业化建设标准和考核办法

出台《班主任队伍建设指导方案》,根据学校德育工作特点及模式建设需要,重新定位班主任的工作角色,全面打造班主任"三重身份",即成长引领者、职业指导师、心理辅导员。调整班主任能力域,分析指导学生职业生命成长所需的能力,确定了形成适宜的教育目标、组织教育活动、优化班级文化、人性化班级管理、形成教育合力、促进学生个性发展、发展性评价、职业指导、心理辅导等九种能力,修订班主任工作职责,建立班主任成长档案,制定《班主任督评细则》,推行班主任督评考核管理制度,对班主任的专业道德、专业能力、专业效果等予以评价,在此基础上每学年推选"优秀班主任",以此作为班主任职级制的重要依据。

二、开展课题研究和专业培训

开设班主任论坛"争鸣",以青岛市"十二五"规划课题——"自信、负责、成功"

自主德育模式建设、中国职业技术教育学会德育工作委员会德育专项课题——"三全耦合"育人实践研究、中等职业学校提升学生人文素养的实践研究、中等职业学校社团建设促进学生综合素养发展的实践研究为引领,采用"基于问题任务驱动法",围绕校园文化、班级建设、家校合作、学生自主发展、职业指导、心理健康教育、人文素养提升等子课题成立课题研究小组,开展专题研讨;成立青年班主任培训班,配备导师指导其成长;先后完成北京师范大学骨干班主任培训、国家职业指导师培训、国家心理咨询师培训等校本专项培训六期。

三、定期开展专业比武

目前已完成班级建设任务书、主题班会设计、第一次见面、班级文化建设、职业生涯规划指导、案例分析等九期专业比武,从不同层面探索学生职业生命成长的内在规律,以赛代练,以赛促思,全面提升班主任复合能力。现已完成三个市级以上课题研究,形成五个专题论文,案例、活动方案 400 余篇,论文集、案例集等五部。

近三年学校先后推选班主任 90 余人次参加市级及以上专业培训,50 余人次在市级及以上各类德育比赛中获奖,学校拥有 38 位国家二级职业指导师,28 位心理咨询师。角色多维、能力复合的德育队伍为学生职业生命成长提供了有力保障。

依托五年制高职贯通培养平台,
提升学校教育教学质量

城阳区职教中心学校　张　蓉

一、遴选五年制高职贯通培养试点专业

学校高度重视试点专业的遴选,通过对专业规模、师资条件、课程建设、实训设备等多方论证,2016 年我校服装专业为首批五年制贯通培养试点专业。目前,服装专业共有 11 个班,362 名学生,其中,五年制高职贯通培养服装与服饰专业有 4 个班,143 人,高职段有 1 个班。

二、完善人才培养方案和课程体系

1.量身打造人才培养方案

根据青职院下发的《五年制贯通专业人才培养方案编制的指导性意见》,我校联合兄弟学校,借助青岛市服装职教集团和青岛市服装专指委平台,在深入调研的基础上,通过反复研讨、专家评审以及青职院审核等多个环节,量身编制了五年一体化的人才培养方案。

2.构建一体化课程体系

学校邀请服装企业技术骨干、青职学院专家以及部分中职校骨干教师共同研讨课程体系,发挥学校专业优势,持续调整五年一体化的课程结构,设置了独具特色的文化课、专业基础课、专业核心课及拓展课,避免了以往中高职课程设置重复、课程内容不连续等问题,使中高职课程衔接更具逻辑性。

三、拓展学生综合实践素质

学校为拓宽学生视野,开设了六大类综合实践课。一是结合我校"晨读圣贤书、午唱励志歌、暮练静心字"活动,让学生临帖经典诗文,诵读国学美文,弘扬传统文化。二是选修青职院网络课,每门网络课设有一名现场指导教师,帮助学生答疑解惑。三是开展绘制效果图、手工制作、刺子绣、形体训练等选修课。四是依托山东省技艺技能传承创新平台,组建手工刺绣、口金包等技艺传承社团。五是开展五年制高职贯通培养转段作品设计。六是组建各级技能大赛训练小组,提升学生技能水平。

四、加强师资配备和教学管理

1.高度重视教学管理

学校成立五年制高职贯通培养领导机构,选派专人负责高职段学生管理和教学管理,实时进行教学诊断与改进。学校严格按照学分制管理制度,由青职院参与考试命题,全面实施考教分离,学生技能评价采取职业技能鉴定、第三方技能抽测、作品设计制作等多种方式,班级学风建设情况则和常规考核挂钩。

2.加强师资队伍配备与培养

我校服装专业拥有较雄厚的师资力量,有山东省职教名师工作室和第二批山东省技艺技能传承创新平台,1位山东省特级教师、2位齐鲁名师、5位国赛金牌教练,100%的双师型教师,曾参加全国服装教师技能大赛并夺得过2金4银2铜。为了办好五年制高职贯通培养班,学校选拔具有丰富管理经验的优秀教师担任高职段班主任,选派校内具有资质的骨干教师任教,同时从农大、青大及青职院聘请专家教授承担部分课程教学任务。

选派教师积极参加青职院五年贯通培养师资培训。目前,有31人取得了高职任教资格,近百人次参与过青职院组织的教学、班主任、管理人员、知识及技能培训。外派教师赴即墨花边厂、酷特集团等服装企业拜师学艺,每年选拔骨干教师参加国培或中国纺织服装学会组织的高端培训。

五、组织丰富多彩的特色班级活动

学校从四个方面抓好特色班级活动。一是制订高职生入学教育计划,邀请青职院教师做讲座,单独组织军训,学习《青职院学生手册》,组织系列规章制度考试,实施学生自主管理,增强学生对青职院的归属感。二是组织学生实训作品、转段作品设计、技能大赛作品及省技艺技能传承社团作品展,为学生搭建技艺展示平台,提升学生自豪感。三是组织学生参加各类社会义工服务,参与省名师工作室创客项目,丰富学生的社会阅历,增强学生的社会责任感。

以赛促教　以老带新

青岛财经学校　孙玉珍

青岛电子学校通过内引外联,搭建起了"3+4"本科分段贯通培养、"3+4"中加国际合作培养、五年制贯通、"三二"连读大专、普通中专、普职融通、职业中专等七个人才培养平台,畅通了技术技能型人才培养的立交桥。近年来,与岛城知名企业海信集团、北斗导航应用配套企业华世基集团开展的订单班进出口两旺。目前,学校校企共同育人、互惠共赢的良好局面已然形成,真正做到了既服务社会,促进了经济发展,又实现了优质对口就业,成就了学生。

学校提出"决胜课堂"教学管理品牌,形成以教务处为主管、质量提升办公室为督导、各专业组为引领的三元发展结构,通过各级、各类比赛,锻炼队伍,提高教师专业发展水平,通过学校督导室聘请有经验的老教师,带动中青年教师尽快成才。

学校每月组织教学资源评比,教学资源含教案、课件和学案。教学资源的积少成多,有效地提升了课堂教学效率。

定期组织评教,分为学生评教、同行评教和家长评教三个维度。由学校质量提升办公室牵头组织的老教师听评课队伍,为指导青年教师备课、候课、上课、反思提供了良好的学习进步平台。

学校定期组织优质课、信息化教学、青年教师说课等校内评比,定期分享、交流比赛心得,在此基础上推出优秀教师省、市级比赛,均取得良好成绩。

学校从制度方面给予优秀教师发展的机会,无论是选先评优,还是职称评定,凡是有利于教师发展的激励手段,处处体现以优秀教师为先,以勤业教师为先,极大地鼓舞了教师的积极性。

"四大工程"引领教师专业发展

莱西职业中专　王振忠

教师队伍是学校立校之本,是学校生存和发展的保证。提高教师专业水平是学校建设的永恒主题。莱西职业中专坚持以人为本,针对学生的个性发展、教师的专业发展、学校的特色发展进行科学规划,以"让教师与学校一起发展,让教师与学生共同成长"为目标,通过打造"全员素质提升工程、名师培养工程、骨干教师培养工程、青蓝工程",为教师的专业成长铺路搭桥,引领教师快速成长。

一是全员素质提升工程。制定《校本研修工作制度》《"双师型"教师队伍培养方案》等制度,每两周举行一次教师业务理论学习,每月举行一次班主任工作艺术研讨,提高教师的课堂教学能力和德育工作能力。

二是名师培养工程。借助莱西市"名师、名校长、首席班主任队伍建设"活动,通过走出去、请进来、研修学习、校本培训等途径,加强拔尖人才培养,按照"一般教师—骨干教师—专业(学科)带头人"三级成长过程,对一般教师进行全面培养,骨干教师重点培养,专业带头人候选人优先培养。

三是骨干教师培养工程。举办专业技能比赛、开展"四课"展示(示范课、汇报课、公开课、教改观摩课)活动等,发挥骨干教师"传帮带"作用,促进优秀中青年教师组团发展。

四是青蓝工程。根据学校实际,制订青年教师培养规划,建立青年教师成长档案;组织青年教师系统地进行理论学习和业务培训。每学期举行"青蓝工程"结对仪式,让老教师和新教师结成师徒关系,通过"师徒"间每周相互上课、听课、评课,有力地促进教师间交流,让青年教师实现"一年掌握规范、三年能挑重担、五年成为骨干"的目标。

实施全员培训——引领教师内涵发展

青岛西海岸新区中德应用技术学校　姜秀文

多年以来,我校以课程师资培训为重点,以课堂教学为载体,以教科研为依托,不断完善教师专业发展的校本培训新机制。在培训目标上,立足于学校发展,整体提升学校教育教学质量;在培训切入点方面,基于学校的现有条件和基础,针对学校教师队伍建设中存在的薄弱环节,有针对性地开展培训;在培训的组织形式和参与范围上,立足于学校内部,本校教师全员参与,兼顾组织教师外出听课和学习。为引领我校教师内涵发展,做了创新性的尝试。

一、进一步提高全校上下对校本培训重要性的认识

领导重视,认识到位,制度保证。认真贯彻落实《青岛市教育局关于进一步推进校本培训工作的通知》的文件精神,学校成立了以校长为组长、副校长为成员的培训领导小组;成立了以教导处、办公室、实习实训处、政教处主任为组长、处室副主任、各专业部部长为成员的培训工作小组。学校加强了对校本培训过程的管理,及时宣传、提前布置、精选人员、教导处组织、督查,做到了培训时间、内容、人员、考评"四落实",确保校本培训工作扎实有效开展。学校扎实开展校本培训,做到了辅导教师上课有讲稿,听课教师有笔记,学校有记录和信息反馈有记载。通过多种形式反馈工作进展情况,对教师产生激励作用。把校本培训作为加强教师队伍建设的重要手段,通过开展校本培训,进一步提高教师教育教学能力和专业化水平。

二、进一步充实培训内容，完善培训方式

（一）新任教师培训

对新到岗教师的培训是我校校本培训的一项重要内容。我们通过教师会议、外出学习、理论讲座和老教师帮带、新教师优质课比赛等形式，进行了有针对性的培训。具体培训内容分别为教师职业道德规范培训、教育法规政策培训、所担任学科的教学大纲及教材教法分析培训、教学基本能力以及班主任工作培训等。通过这些培训活动，促进了新教师的成长，提高了他们对新角色的适应能力。

（二）教师岗位培训

教师的岗位培训是校本培训的主要任务。我们把思想政治和职业道德教育、现代教育理论、教学技能、知识更新与扩展、以计算机为核心的现代教育技术、教育教学实践研究、信息技术和现代教育技术的应用等内容确定为教师岗位培训的主要内容。这些内容主要通过"集体备课""主题研讨""专家讲座""课题研究""专题培训""校内优质课比赛"等培训形式来落实。

我们邀请了山东师范大学的李逢庆博士对我校全员进行了《互联网＋在教学中的应用探究》主题讲座，共有103人在石油大学进行为期三天教师综合素养能力提升的培训，148人次参加了市级以上教研活动，60人次参加了校级以上的信息化教学比赛，组织每周一次的校内教研活动，148人次外出教研活动，7人次参加了市优质课比赛，9人次参加了区优质课比赛，12人次参加了校内新教师课堂比赛。教师们在聆听、讨论、集体备课、评课、再授课、比赛的过程中使教学水平不断提升。

（三）"双师型"教师培训

学校高度重视双师型教师的培训。以职业道德教育、现代教育理论、教学技能、专业证书与技能证书等为培训重点，在学校的校本培训、岗位培训的基础上组织相关教师参加企业挂职培训、高校培训或省市级专项培训。学校选派姜礼鑫参加赴德国的专业培训；选派刘林玉、周长青等3人参加全国骨干教师为期3个月的培训，选派郑永强等13名教师参加了赛德尔基金会的培训，13位教师参加省市级骨干教师专项培训；有孙海燕、毕明霞、梁丽霞等13名专业教师考取了专业中级技能证书。

（四）班主任培训

班主任培训是我校校本培训的一项重要内容，也是我校特色培训项目之一。学校每周召开一次班主任培训会议，培训的主要内容以我校班主任工作中所面临的主

要问题,包括班主任工作基本规范、学生心理健康教育、班级活动设计与组织、班级管理、学校法规及卫生安全等为主。每次培训,政教处都会把近期学生中出现的典型问题以案例的形式提供给班主任,和班主任一起分析问题出现的原因并讨论解决办法。这种案例式的培训方式非常受班主任的欢迎。同时,我们还组织班主任论坛交流,通过班主任间的相互交流和专题研讨,促进年轻班主任的成长。

(五)教师学历提升培训

提升教师学历层次也是教师培训的重要一方面,通过学历提升,不仅开阔了教师的视野,对教师的教学工作也有很大的提升。我校共有 205 名专任教师,其中 201 名具有本科及研究生以上学历,在学校已有的 20 名硕士的基础上,近几年,又有 8 名教师先后取得了硕士学位。

三、校本培训成效显著

(1)上报了青岛市 3 个教学成果和两门精品课程。

(2)编写了数控、机电、物流、幼师、网络 5 门绿色校本课程。

(3)本学期学校教科研方面完成了 6 个汇编,分别为《优秀论文汇编》《优秀获奖教案汇编》《优秀教学设计汇编》《课题结题汇编》《教师培训总结汇编》《一起走过的见习路程》。

(4)课题研究:2016 年 7 月,完成了 4 个省级课题的结题,并且取得了 A 级鉴定成果;4 个课题分别为崔秀光主持的《中职校企合作生产性实训基地建设研究》,韩维启主持的《中职数控车技能竞赛与专业教学关系的实证研究》,侯方奎主持的《融入企业文化的中职特色校园文化建设研究》,薛正香主持的《中职英语合作型教学模式在教学中的应用探究》。2016 年 4 月,有 1 个由范金厚主持的《中等职业教育与高等教育一体化的研究》山东省十二五规划课题结题;2016 年 6 月,有 1 个由范金厚主持《青岛市职业教育优化布局结构、专业设计实验研究》青岛市十二五规划课题结题。

(5)本年度教师们参与了各级业务比赛活动,且取得佳绩。在青岛市组织的信息化教学设计比赛和信息化课堂教学比赛中,我校有 22 名教师参加了此项活动。其中,12 人次获青岛市一等奖,25 人次获青岛市二等奖。参加全国教育部组织的信息化比赛,有 1 人获国家级一等奖,1 人获国家级三等奖。9 人参加的黄岛区组织的优质课比赛中,有 4 人获区一等奖,5 人获区二等奖。在青岛市组织的读书比赛活动中,有 1 人获青岛市一等奖,1 人获二等奖,2 人获三等奖。在学校组织的新教师课堂教学比赛中,有 12 名新教师参加了课堂教学比赛,且均取得了良好成绩。通过一系列的教学比赛活动,深化了教师们的教学理念,也促进了教师们课堂教学水平的提高。

需求导向下的高素质"全能型"教师队伍建设

青岛外事学校　褚维东

青岛外事学校坚持需求导向,在 2015—2020 年发展规划中,确立了努力通过实施"名师工程""传帮带工程"和"外引工程",来建设一支师德高尚、业务精湛、技能过硬、充满活力的高素质"全能型"教师队伍的目标。在规划即将到期之际,对采取的主要措施做如下总结。

一、科学规划,超前布局

学校根据发展需求,专业建设本着"办好一批,调研几个,储备部分"的思路,为满足专业教学的需要超前布局教师队伍。要求每位教师根据学校发展,结合自身条件,规划好各自的发展方向,即以三至五年为一周期,确定目标,拟出步骤,定好措施,等等。学校根据统筹专业建设和教师发展两个需求,专研工作规划,制订实施步骤,做好服务保障。

二、根据实际,灵活实施,全方位推进

一是学历提升。要求年轻教师自觉提升学历层次,在一定期限内达到研究生学历层次,目前教师研究生学历已占专任教师总数的 30.4%。

二是专业素质提升。每位教师特别是专业教师、外语教师,要根据学校需求,完善专业素质,参加更新专业知识、专业技能培训、前沿知识拓展等多形式的专业培训。

三是创造条件使更多教师参加省、市级专项培训和远程研修。

四是争取机会使尽量多的教师参加国家级教师培训,选派优秀同志出国参加培训。

五是根据需要选派教师到高校、兄弟学校结对、跟岗培训。

六是鼓励教师参加"教师个性化培训",全方位提升个人素质。

七是请进来走出去,因地制宜,抓好、抓实校本培训。

三、以项目为载体,在项目研讨中提升素质

结合学校专业建设需要,组织学校教师与合作高校教师、行业企业专家一起合作制定"3+4"本科贯通试点、五年贯通人才培养方案、现代学徒制试点、普职融通试点等,开展中高职一体化、校企合作、普职融通等研究,从专业培养目标、课程设计、标准拟定、方案推敲等工作研讨分析,在项目实施中提升各自专业水平。

四、以课程开发建设为抓手,提升教师素质

课程建设开发是教师水平提升的重要途径,学校要求教师积极投身此项工作中,每年均有 6 ～ 8 门课程获评市级精品课程。锻炼了教师,也丰富了学校课程资源,至今已形成体系。学校正在规划梳理形成全校的课程资源库。

五、以科研引领教师素质的提升

学校重视教师科研能力的提升,除组织全员专题培训外,还组织申报了《核心素养视角下的国际理解教育研究与实践》《对以德育活动项目群提升中职学生综合素质的研究》多项国家、省、市级科研课题,引导教师投身教育科研中,在科研中滋养本体,在科研中感悟觉醒,在科研中解决教育教学问题,通过科研引领自身素质的提升。

以师资培训为抓手引领教师发展

青岛艺术学校 王守暖

学校倡导"在成就好学校、成就好学生的同时成就好老师"的理念,以提高教师队伍整体素质为着眼点,以提高教师的师德水平和业务能力为中心,以培养骨干教师和学科带头人为重点,促进教师专业化发展,构建德艺双馨的教师队伍。

一、加强培训制度与梯队建设

学校有完善的教师培训管理制度,制定了《教师校本培训管理规定》《教师结对帮教帮学工作方案》《"青年成才奖"评选管理规定》《首席教师制度》《名师工作室建设方案》《专业教师团队人才培养规划》《教师赴企业实践实施方案》《教师学术科研、艺术创作弹性工作制实施办法》《双师型教师培养办法》,为教师发展提供了制度基础。

打造了新教师、青年教师、骨干教师、首席教师、名师的梯队建设机制,不断提高每位教师对教育教学专题的研究探索能力,不断提高每位教师的科研水平。对新教师实施青年教师"一二三五"工程和新老教师结对帮扶政策。对于骨干教师,成立名师工作室,发挥骨干教师的示范引领作用。学校建立市级名师工作室 1 个,校级名师工作室 7 个。根据艺术学校的特点,允许专业教师进行学术科研和艺术创作休假。

二、加强班主任队伍建设

学校精心打造班主任队伍,严把关加强高端培训,促进班主任的专业化发展,形成了年龄结构合理、责任心强、综合育人能力高的班主任队伍。

1. 严把聘任关和考核关

严把班主任聘任关,选择有班主任工作经验的、认真负责的教师担任班主任。严把班主任考核关,通过周考核、月考核、学期考核,全面评估班主任的工作绩效,将考核结果与班主任绩效发放、评优评先紧密相连,切实提高了班主任工作积极性和班级管理能力。

2. 加强班主任之间的交流

学校坚持每周班主任工作例会制度,除总结和布置工作外,增加了德育理念、德育方法、德育标准、师德师风等方面的教育和交流,促进了班主任在理念和实践两个层次的提升。以"德育之光"班主任论坛为平台促进班主任之间的交流。开展"班主任故事我来讲"活动,选取班主任工作中的具体事例进行反思和交流,提高班主任的综合育人能力。

3. 加强班主任的个性化培训

利用个性化培训的机会,根据班主任个人的需求参加班级管理理念、方法、教育教学技术等方面的各级、各类高端培训,提高了班主任队伍的综合育人能力。

4.积极宣传优秀班主任

学校通过微信平台、宣传栏、校会等多种途径大力宣传优秀班主任的事迹,为其他班主任树立学习的榜样,在学校内部形成了"追赶超"的良好局面。

三、多形式开展校内外培训

学校统筹安排全校教师的校内外培训,校外培训注重与培训机构的有机协同,校内培训注重与教学、教研的有机结合,形成了"国家、省、市、校"四级培训体系,教师培训覆盖率达100%。

首先,学校对通识性教育教学培训采取"菜单式"管理,以"提供菜单—自愿报名—学校组织—团队培训"的模式,分专业、分主题提供培训机会,把选择权交给教师本人,提高了培训的针对性和实效性。

其次,学校鼓励各教研室参加专项高端培训,各教研室可以结合本专业需求,有针对性地选择外出培训,允许专业教师外出采风和专业观摩。

再次,学校利用"每月一讲""名家进校园"平台进行校内培训,不断提高校本培训的质量。

最后,学校开展"五课"教研和"两课"评比活动。以教研室为单位组织实施的"五课"教研,每两周举行1次,将备课、上课、说课、听课、评课提升到教学研究层面,整体推进教研工作的开展和教学管理模式的创新,彰显艺术职业教育本质特色。在"五课"教研的基础上,开展示范课和研究课,由督导室组织实施并进行课堂教学诊断。

通过学校的多项培训措施,提升了教师的师德修养和业务素养,完善了教师的能力结构,提高了教师的综合育人能力。

四部曲引领非师类新教师成长

胶州市职业教育中心学校　　匡德宏

胶州市职业教育中心学校作为一所中等职业学校,师资配置以专业课教师为主,而专业课教师大多未接受过正规师范教育。我校为教学理念和经验相对薄弱的非师类青年教师制订了长期有效的培训计划,四部主题曲循序渐进地引导新教师成长。

一、"三步走"完成角色适应

新教师一入职,学校就着手帮助他们尽快完成从学生到教师的角色适应,即角色认知、角色认同、坚定信念三步走。

(1)教师认知——"我是一名教师"。学校组织新教师集体宣誓:"忠于人民的教育事业,履行教师的神圣职责……"安排各专业优秀教师座谈,带领新教师熟悉专业教材及教学大纲,帮助他们适应自己的新角色。

(2)教师认同——"我是一名职业学校教师"。职业学校的学生基础薄弱,学习热情不高,缺乏追求。学校及时组织优秀教师介绍职业学校学生的特点以及自己教育学生的经验,举办教育教学方面的讲座,安排新教师担任班主任或副班主任的工作等,帮助他们尽快为自己找准定位。

(3)教师信念——"我要成为一名优秀的职业学校教师"。仅仅敬业乐业还不够,我校注重青年教师远大理想和坚定信念的培养,树立一批校内优秀教师作为青年教师学习的榜样,鼓励新教师好学进取,不断缩短与榜样的距离,成长为一名真正的教师。

二、"六载体""两赛场"助推教学提升

该校通过"六载体""两赛场"提升新教师的业务素质和教学能力。

(1)六载体。一是青蓝工程,即新老教师拜师结对活动;二是专题讲座,除邀请校外专家外,学校本着能者为师的原则,组建了以本校教师资源为主的教育培训队伍;三是教育论坛,校刊和校园网上的"教育论坛"记载着教师们的点滴成长;四是观摩教学,安排新教师静下心,听校内骨干教师的课,走出去,听校外优秀专家的课;五是教育会诊,老教师对新教师的课挑刺会诊,反复上课,多次打磨;六是教学反思,学校定期对教师的教学案例、教学反思进行考核评比,促使新教师在实践中自觉调整教与学的行为。

(2)两赛场。一是教学基本功比赛。该校每学期都要开展丰富多彩的青年教师大比武活动,如"每人一堂公开课""信息化比赛"等,选拔优秀青年教师参加各级各类比赛。二是专业技能大赛。学校组织专业课教师积极参与青岛市、山东省乃至全国"技能大赛",激发青年教师的教学热情,提高专业应用能力和实际操作能力。

三、"德识兼备"内化教师修养

(1)立身修德。学校组织青年教师学习《公民道德建设实施纲要》《中小学教师职业道德规范》《胶州市师德规范"十不准"》等法律法规,建立师德档案,实行"师

德一票否决制",把师德表现作为评优选先的首要依据。

（2）以学养识。一是本专业知识的深造。学校为专业课教师尽可能地提供培训机会,同时要求他们考取本专业至少中级以上的技能证书,尽快向"双师型"教师过渡。二是多领域知识的融会贯通。学校鼓励专业课教师多读多学,各教研室定期举办读书会,展评读书笔记,举办知识竞赛及各类文体活动等,青年教师把学养丰富、有人格魅力作为自己成长的目标。

四、"校企合作"锻炼教师技能

校企合作的开展为专业课青年教师成长为"双师双能型"人才奠定了基础。

（1）成立专业指导委员会。该校依托合作企业,聘请相关专家能手组成专业指导委员会,开设专题讲座,指导专业课教师构建课程体系、开发校本课程,就专业技能方向、课程设置等方面为专业课教师提供资源、信息等智力支持,最大限度地克服学校教学滞后于当前社会实际需求这一弊端。

（2）搭建校企双向进修平台。该校定期安排教师到企业参观学习,顶岗进修,向行家里手取经。同时,企业选派员工到学校参加岗位操作和技能培训,这对教师的知识架构和操作能力都提出了更高要求,双向进修平台实现了教师与行业的"零距离"接触。

四部曲引领非师类新教师成长,已取得显著效果。

双名牌战略引领"6+2"教师培养体系建设

青岛交通职业学校　刘　军

青岛交通职业学校是一所以交通运输专业为主要办学特色的中等职业学校,为青岛市首批开办职业教育的学校,是山东省重点职业学校。现有"3+4"分段培养本科、三二连读五年制大专、职业中专三个学历层次,开设汽车运用与维修、航海技术（帆船游艇方向）、汽车营销与服务、汽车车身修复技术等专业。

青岛交通职业学校全面贯彻"名师、名专业"双名牌战略,科学制订教师发展规划,为教师职业生涯的发展搭建平台,从教育、教学、教研等多维度规划教师的职业生涯,"6+2"教师培养体系成效明显。

一、教师培养六大工程

"6"即面向不同年龄段、不同层面的教师开展教师培训"六大工程",包括青年教师成长工程(面向35岁以下青年教师,主要任务是打基础)、中青年教师发展工程(面向35岁—45岁教师,主要任务是建特色)、专业教师专业素质提高工程(面向专业教师,主要任务是提技能)、名师工程(主要任务是树典型、传帮带)、班主任培训工程和中层干部培训工程。为此学校还出台了"名师评选条例",建立了名师库及后备名师库,通过设立技能大师工作室,培养有教育思想和教学风格的优秀骨干教师,打造一支理念先进、视野开阔、能力卓越的高素质教师队伍。

二、教师培养两大关注

"2"即"两大关注",一是关注教师身心健康,通过教师社团、教工文化沙龙、户外体育活动等形式,调整教师心态,改善教师身体状况,使教师以良好的身心状态投入工作;二是关注教师师德建设,注重树立典型,通过教师节表彰等形式,激发广大教职员工的教育使命感和责任感。

学校各个不同层面的教师业务能力均有了较大提升。2018—2019年度,2人先后承担省职业教育技艺技能传承创新平台主持人、省职业教育名师工作室主持人、青岛市职教名师工作室主持人;1人入选第二届山东省职业院校青年技能名师培养工程;2人入选第二批青岛名师;4人被评为2019年青岛市教学能手;1人被评为青岛市首批职业学校名班主任工作室主持人;3人指导学生参加全国职业院校技能大赛获二等奖;4人在"创新杯"全国中等职业学校教师信息化教学设计和说课及教学案例评选中获奖;7名老师获青岛市优质课比赛中获一等奖;2门校本精品课程入选2019年青岛市中小学、幼儿园精品校(园)本课程。优秀的教师团队已然形成,成为学校全方位健康发展的有力保障。

多措并举，引领教师发展

青岛海运职业学校　刘　航

学校重视一线教师队伍建设工作，把加强教师队伍建设作为落实学校长远发展规划的重要环节。学校每年均制订详细可行的师资年度培训计划，安排专项资金，组织培训和继续教育，不断提高教师的理论素养和技能水平。

紧跟行业政策要求，开展针对性培训。根据国际公约的变化和国家海事局的规定与要求，适时安排专业课教师参加不同内容、不同类别的业务和技能培训，安排教师参加各类研讨会、教学经验交流会、教学现场观摩会等，拓展教师的知识面和视野，不断提高教师的业务技能水平。

创新教师培养模式，打造优质教师队伍。采取校内培训和校外培训相结合、青年教师导师制、讲课比赛和观摩活动、教学质量活动月、技能竞赛、论文评选、以老带新、提高学历层次等多种形式，努力提高全体教师的教学能力，加强师德师风建设，打造德才兼备的"双师型"教师队伍。

坚持可持续发展战略，促进教师业务水平不断提升。学校先后制定了《教学督导工作条例》《教师教学工作规范》《青年教师导师制管理办法》《课堂教学管理》《教师课堂教学效果评估考核实施办法》《职称聘任管理办法》《教学及管理人员管理》等管理办法和规定，引导、促进教师素质全面提高。

统筹海上实习，紧贴现代船舶升级。根据国家海事局规定的海上专业课教师任职资格和标准，有计划地安排航海类专业教师到远洋船舶任职锻炼，使他们既获得考取高一级职务适任证书必需的海上资历，又可以在海上顶职锻炼中积累经验，紧贴现代船舶设备的升级改造变化，完成业务学习和课题任务，提高航海技能，更好地承担和胜任专业教学任务。

引入行业专家，加强外聘教师队伍建设。为了适应海事主管部门对师资海上职务及资历的要求，学校制定了《关于外聘人员聘用的管理规定》，全力营造事业留人、环境留人、待遇留人的良好氛围，外聘符合资历条件的、经验丰富的船长、轮机长等51人。建立了吸引人才、稳定人才、发挥人才效能的队伍建设长效机制并不断完善。

执行专业带头人培养计划,打造专业领军人才。学校制定了《一二三名师培养工程实施方案》,对专业带头人的培养提出了具体目标、要求和思路,鼓励骨干教师在学历、船上职务、职业资格等方面不断提升,满足专业带头人的要求。学校通过科学遴选确定专业带头人候选人,采取以下六种途径促其成长:一是制订培养规划并有效控制培养过程。根据骨干教师的专业特长确定发展方向和目标,制定培养方案,送其赴高等院校进修,获取硕士学位。建立个人成长档案并每年进行考核,与个人职称评定、工资晋级、评优评奖等挂钩。二是上船顶职和到企业实习,获取经验资历和技师以上技能证书。海上专业定期安排骨干教师上船顶职锻炼,一方面保持了适任证书的有效,另一方面使教师及时掌握现代船舶的发展动态和状况,把握当代船舶先进的技术和理念;陆上专业安排教师到专业对口、技术装备先进的企业进行锻炼实习,锤炼技能,了解企业生产的新概念、新技术、新工艺。三是积极参与教学改革、课程开发和教育教学科研,撰写和发表论文、论著,编写校本教材等,支持教师参加社会学术研讨、论文交流活动。四是名师传帮带。从中国海洋大学、青岛远洋船员学院聘请专家作为名师和专业带头人对学校骨干教师进行传帮带。五是要求和支持教师参加职业技能大赛并担任参加技能大赛学生的指导教师。六是外出短期培训。充分利用一切机会安排骨干教师外出培训、参观、学习交流和调研,拓展思路和视野,增长才干。近几年有 4 名教师到德国进修培训,3 人到韩国、2 人到新加坡、1 人到澳大利亚考察调研。

"动车型"教师团队成为学校的"金名片"

青岛高新职业学校　于江峰

近日,全国信息化说课比赛结束,青岛高新职业学校 6 名教师参赛,4 人获得一等奖,1 人二等奖,1 人三等奖,在青岛市同类学校中,参赛人数和获奖人数都位前列。这从一个侧面反映了我校在教学改革方面的新进程,折射出我校教师积极参与教学改革,追求专业成长的热情和智慧。

教师是学校发展的"软实力",未来学校间的竞争是教师的竞争,一所名师、大师云集的学校才是真正有竞争力的学校。青岛高新职业学校始终以提高质量为核心,始终把教师教学水平的高低作为学校总体办学实力高低的"晴雨表"。

近年来,青岛高新职业学校通过"搭台子,架梯子"等形式,以教师教育力提升"三个一"工程为抓手,聚焦教学改革,通过打造"动车型"教师团队,推动教师快速成长,一支师德高尚,业务精湛,素质一流的"动车型"教师团队成为学校竞争力的"金名片"。

一、名校长是学校改革创新的"金名片"

青岛高新职业学校校长孙洪传,作为首批齐鲁名校长,是青岛职教校长圈的佼佼者。他30多岁走上校长岗位,20多年教育管理岗位的实践与探索,形成了较为成熟的教育思想和先进的教育理念,他管理的学校都能在较短的时间内成为名校,一时传为佳话。青岛高新职业学校正在以齐鲁名校长为"火车头",打造一支"动车型"教师团队。

二、"技能大师"是专业发展的"金名片"

服装专业教师栾林静是首批齐鲁名师,她连续6年辅导学生参加全国职业技能大赛,获得4块金牌,2块银牌,1块铜牌,她本人4次获得全国职业技能大赛优秀指导教师称号。栾老师不仅个人专业技能水平高,教学水平也很高,她参加教学比赛,市课、省课都是一等奖。她还多次参与合作企业的技术创新,是服装专业领域响当当的"大师级人物"。青岛高新职业学校以栾林静为首的"技能大师"还有:汽修专业曲鹏老师,国赛一等奖辅导教师,青岛市优秀教师;汽修专业韩佳丽老师,国赛一等奖辅导教师,教学能手;服装专业马玉杰、赵玉隆老师,都是国赛一等奖辅导教师,青岛市优秀设计师;会计专业郭成岩老师,国赛二等奖辅导教师,教学能手;计算机专业王燕、陈素娟、柳继俊、余海龙、刘伟、毕春苗等几位老师,都是连续多年辅导国赛,多次获得二、三等奖;等等。

获奖证书上写的名字是有限的,但每一项比赛的胜利,每一项荣誉的获得,背后都有一个优秀的团队在支持。这些专业团队,以项目为纽带,以"技能大师"为引领,建立一个个"动车组",老带青,强带弱,后浪推前浪,滚动式向前发展。短短几年,服装、智能家居、网络安全、无人机、机器人、汽修、会计、机电、旅游等专业凭借优秀的教师团队,培养了一大批深受企业和社会欢迎的技术技能型人才,专业竞争力不断增强。

三、"职教名师"是教学改革的"金名片"

曲桂蓉老师,2017年被确定为第二批齐鲁名师培养人选,青岛市学科带头人、青岛市职教名师培养人选。作为学校的教师发展中心主任,为推广信息化课,她领头学习,带头参加比赛,为教师们做了很好的表率。她积极参加教学研究,承担学校礼仪精品课程建设工作,该课程被评为青岛市网络精品课程,并获得青岛市教改项目一等奖。她积极承担全国礼仪协会和山东省教育厅两项课题研究工作。除曲桂蓉老师外,学校还有很多优秀的职教名师,如李素梅老师,青岛市优秀教师,青岛市第一批职教名师;何欣老师,山东省教学技术能手,曾荣获省课一等奖,青岛市第一批职教名师,承担省级课题,是山东省精品资源共享课程的主持人;王燕老师,青岛市教学能手,青岛职教名师培养人选;等等。学校还有一大批优秀教师、教学能手、专业带头人,在教育科研领域取得丰硕成果。

动车的优势是每一节车厢都有动力、有刹车,所以比传统的火车跑得快。"动车型"教师团队的建设就是利用了动车的这一原理,充分发挥每一名教师的能动性。从被动服从,到主动参与,解决的是积极性的问题;每一节车厢的动力火车头是可以控制的,解决了放权和监管的问题;给每个项目组注入动力,解决了工作和绩效的问题。青岛高新职业学校的"动车型"教师团队为助力学生成长成才提供坚实保障。

知行合一,促进教师专业发展

青岛西海岸新区黄海职业学校   刘志强

青岛西海岸新区黄海职业学校通过阅读、培训、挂职等路径从教育理念、专业知识和专业能力三个维度引领教师专业化发展,与教师共进步。在学校的不懈努力下,黄海职业学校教师专业化发展取得了显著成效。

一、革新理念,端正三观

理念是行为的先导,对教师的教育教学行为真正起作用的是深层的观念。

2019年7月9日,学校邀请王爱玲老师,以《班级管理与教师成长》为主题,引导教师们在实践中逐步形成了科学的教育三观：教学观，学生在参与教学过程中，获得情感、思维、认知、想象、个性的尊重和发展；学生观，学生是有差异的个体，学生是可发展的，学生的问题随后是会解决的，学习是由学生完成的；教师观，教师研究教育教学行为，联合家长指导促进学生发展。

为使教师的理念更科学系统，2019年9月，学校发起了"教育理念读书月"活动，和教师们同步阅读了《教与学的秘密——解读佐藤学的课堂教学观》和《反思教育：向"全球共同利益"的观念转变？》，并组织了平等碰撞式交流讨论活动。

二、构建 π 型专业知识结构

教师的专业化离不开本体性知识、条件性知识和实践性知识，即教师需构建 π 型专业知识结构。

针对教师难以驾驭专业课程体系形成专业教学计划的现实问题，2019年10月，学校指导教研室分别对机械电子工程、建筑学、教育学等13个学科知识体系进行研究性学习，引导教师从课程知识向学科知识发展，逐步构建自己的学科知识体系，掌握学科的基本思想、原理技能、外部联系。

鉴于职业学校教师无教育学位的共性问题，2019年11月，学校教师主动自学自测教育学与心理学知识，以最大限度扩宽学生"自由"空间，最大限度提高学生掌握知识、发展自身的能力。

学校贯彻"知行合一"的教育理念，引导教师在教育教学实践中不断积累经验，在丰富多样的学科教学中灵活有效实践本体性、条件性知识。

三、培训培养，助力专业能力提升

黄海职业学校的发展急需教师快速成长，学校通过骨干教师外出培训、全体教师暑期挂职锻炼、暑期教师培训、教发中心活动、校本研修活动等助力教师专业能力提升。

（一）挂职锻炼，提升专业技能

2019年暑期，韩知音、李丽等7名老师分赴济南市市政工程设计研究院（集团）有限责任公司青岛分院、青岛中孚信息产业有限公司等企业挂职锻炼，通过企业挂职锻炼，教师的专业技能得以发展，使得教学内容更丰富、教学过程更生动。

（二）专家进校，引领能力提升

2019年暑期，执行校长刘志强邀请安海东、杨雪莉等6位专家，分别对"信息化课程设计及比赛技巧""微课设计""学生管理""教师成长规划"等开展为期 3 天的培训,教师分 6 个小组进行平等碰撞式交流讨论。

(三)培训课堂,提升教学能力

2019 下半年,黄海职业学校教师积极参加黄海学院教发中心组织的 10 项专题培训:遵循 OBE 理念的课程教学、基于"学习科学"的科学教学法、用 Rubric 评价学习成效:工具制作与实际应用、优秀课堂教学的逻辑和特征等。

(四)校本培训、现身示范,带领教师成长

2019 年 4 月 4 日至 12 月 20 日,我在全校发起了贯穿全年的校本研修活动"研摩评献"(43 节推门课、6 次标杆课、12 节评比课、14 节公开课),旨在发挥骨干教师的引领作用。在整个活动过程中我一共对全体教师开展了 4 次培训。

5 月 13 日,针对课堂教学存在的 18 个问题,我对全体教师做了专题培训。倡导教师设置好问题让学生去查阅、探究、合作、整合信息,然后由教师巡回指导点拨;倡导教师加强课堂管理;倡导教师让学生动手、动口、动眼、动脑;倡导教师设计好学生知识消化的时间和过程;倡导教师做好三套题;倡导体育课"一一二三"课堂模式……

5 月 27 日,以"打造魅力课堂,让学生动起来"为题,我对全体教师开展培训,指导教师如何与学生接触沟通,如何艺术地解决学生存在的问题与困惑。

6 月 16 日,我发布"标杆课观摩总结报告",报告涉及语言形态、三维目标、演示文稿、师生地位、教学方法、课堂参与度、学习评价、互尊互敬、效果展示等方面的内容。

培养"名师"带动教师队伍素质提升

莱西市职业中等专业学校   范旭政

莱西市职业中等专业学校通过"名师培养工程"引领教师队伍素质全面提升,主要做法如下。

一、培养对象及条件

从教学一线任课教师中选拔培养,每个专业(学科)1—2人。选拔条件如下:

(1)资格条件。学历符合相关规定,具备相应学段的教师资格;年龄女性50周岁、男性55周岁以下,身心健康;教龄5年以上,具有一级及以上教师职务资格;近5年年度考核至少有2次以上为优秀。

(2)教育教学成绩。能出色完成教学任务,实施有效课堂;教学成绩在前20%,学生和教师评议优秀率均在90%以上;获得过市级及以上优质课、公开课;有研究课题结题者优先。

二、选拔程序及办法

培养对象的选拔,采取个人申报、所在学部及教务处推荐、校长办公会审核通过的办法。

(1)学习、宣传、动员。认真组织全校教师学习有关文件,明确选拔培养的条件、程序、职责等,从而为工作打好基础。

(2)申请推荐。由本人提出书面申请,学部推荐,教务处进行汇总审核,提报校长办公会,然后确定校内培养候选人。

(3)研究确定。校长办公会根据参评者的平时表现、工作实际和能力,对符合条件的拟推荐人员,进行研究确定并公示。

三、培养方式与途径

(1)集中研修。在培养期内,安排培养对象在市级及以上培训机构或省内外高水平大学参加集中研修。

(2)实践提高。在培养期内,组织培养对象到名师实践基地或省内外知名学校进行学习研修,通过开展教学观摩、示范交流、专题研讨、实践反思等活动,保证实践教学的有效实施。

(3)学术研究。在培养期内,安排培养对象开展教育教学专题研究,培养对象至少选定一个研究主题,每学年要撰写一篇高水平的教育教学论文或研究报告,争取获奖或发表,提升教育教学科研能力。

(4)在岗提升。开展在岗自主研修提升活动。要求申报者从教育、教学、科研等方面制订自我提升计划,每学期要上一次公开课、示范课或观摩课;主持或参与专业(学科)校本教材编写、精品课程建设工作;积极参加权威机构已开展认定的中级及以上等级的执业(职业)资格或考评员资格等培训考试,对获得高一级执业(职业)

资格的,学校依据上级有关政策规定给予报销相关费用。

四、组织实施

（1）培养工作由领导小组办公室（设在教务处）统一规划、协调和指导,具体的培养培训工作由学校教务处和指定的培训单位负责组织实施。

（2）指定的培训单位要制订科学的培养计划和培训方案,科学设置培训课程,创新培养培训方式,强化教育实践环节,完善考核评价制度,健全绩效管理机制,确保培养培训质量。

（3）实行"名师培养工程"工作专档制度。对申报争创名师系列的教师建立教师成长发展档案,及时注意收集反映教师活动与成绩的各种资料,建立"名师培养工程"工作档案。

师资队伍建设

平度市职业中等专业学校　张培生

平度市职业中等专业学校始终贯彻创"双元制"特色、创"双元制"品牌的战略思想,遵循"优化结构、突出重点、实践为先、德技并修"的原则,通过引进、培养、外聘兼职教师等途径,紧紧围绕人才培养目标,以团队建设为核心,打造了一支德才兼备、素质优良的师资队伍。

一、长期规划，制度先行

学校通过对师资整体性分析,围绕人才培养目标对师资的长期性需求,遵循师资培养的基本规律设计学校长期规划方案。根据产业和专业发展需求的快速变化,每三年制订一次《教师三年发展规划》。

二、多渠道培训，提升教师价值观念层次

（1）国际培训。学校从1990年起组织教师到德国培训共171人次,学习内容包

括教学管理、教学法、专业技能等方面。

（2）国内培训。学校注重教师素质、能力、工作绩效的提升，充分利用国家级、省级、市级骨干教师培训、"双师型"教师培训和教师个性化发展培训等师资培养项目，有计划、有系统地开展教师国内培训计划。

（3）轮岗实践。学校遵循"实践强师，理实互补，统筹兼顾"的原则，着力打造真正能在生产中会管理、懂技术，在教学中会上课、能教研的技术引领型"双元制"专业教师团队。为保证专业教师的专业技术水准，所有专业教师长期在学校企业实体进行轮岗，学校运营的"三场五中心"中的所有企业管理者、技术人员全部为学校在职专业教师。

同时，学校采取"请进来，走出去"的双挂模式，对接行业下讲台，走进企业搭舞台，助推专业教师成长。学校借助平度市科技工信局平台，邀请平度市级规模以上企业470家，实施企业师傅到学校挂职，教师到企业参与管理岗或技术岗挂职的"校企双挂"制度。

三、加强项目团队建设，建立"名师＋团队"的人才发展模式

（1）以青岛名班主任工作室为依托，以学校教育为主导，以家庭教育为基础，以企业教育和社会教育为辅助，精心打造"家长指导委员会、教学指导委员会、全员育人导师制、党员示范岗、育人护卫队、校企联盟、社区教育基地"七位一体的德育管理团队，引领全校班主任、社团辅导员等共同发展。

（2）通过聘请高校专家、企业能工巧匠等，优化师资队伍，组建了17个专兼结合、素质优良的"双师型、学习型、专家型"专业教学团队，引领一线教师专业化发展。

（3）结合学校发展的实际需求，以课题为载体，通过课题研究、项目攻坚等具体措施，成立了国家级规划课题团队、省级规划课题团队、市级规划课题团队、各级教育学会课题团队、全国县级职教联盟课题团队、校级课题团队等共62个课题团队，372名团队成员。通过课题团队攻坚项目，带动全体教师参与教科研，做到人人有课题，事事有项目。

（4）以职业能力评价为导向，学校成立职业能力评价团队，把职业标准贯穿于整个教学过程中，做到教师教学有标准、学生学习有目标。团队现有中级考评员16名，为机械行业职业能力评价平台建设了14个专业共18个工种的题库，并在使用过程中不断修改、完善。

（5）学校为教师搭建展示技能、提升技能的平台，成立了大赛辅导团队。项目团队参与教育部门、行业、企业举办的各级各类师生技能竞赛，营造了掌握岗位标准，

提高技能水平,以赛带练、以赛促技的良好氛围。

(6)作为首批国家级重点师资培训基地,学校通过多种方式培养专业带头人和骨干教师,建立了一支师德高尚、业务精湛、结构合理、充满活力、适应职业教育改革发展的国家级骨干教师培训团队,为国家级骨干教师培训提供了有力支撑。

学校始终认为,师资是学校发展的第一资源,是学校发展、创新的基础,是提升学校核心竞争力和综合实力的动力之源。只有做到真正关心和信赖教师,尊重教师,依靠教师,从学校的实际出发,以教师发展为本,才能在实践中培养出高素质的教师队伍。

不断完善教师培训体系　统筹规划教师专业发展

青岛旅游学校　王　钰

青岛旅游学校严格落实青岛市教育局下发的《青岛市中小学教师继续教育学分管理办法》《加强中小学教师培训学分登记管理应用工作的通知》文件要求,认真学习了教育部下发的《教师教育振兴行动计划(2018—2022年)》文件精神,现将近半年教师培训工作总结如下。

一、不断完善教师培训体系

根据青岛市教育局全面推行教师个性化培训的精神与要求,青岛旅游学校制定了《青岛旅游学校教师个性化培训管理办法(试行稿)》,充分发挥培训实效与提升作用,以培训促教师发展。教师能够根据个人专业实际发展需求,自主申报参加符合个人教学能力与兴趣的个性化培训。逐步建立校级、市级、省级、国家级培训的贯通培训体系,为教师搭建深层提高的平台与途径,为培养专业化师资队伍奠定基础。

二、统筹规划教师专业发展

学校面向全体专业课教师进行小技能意愿调查,明确各专业课教师在专业小技能方面的发展方向。根据教师个性化选择,进行统筹培训安排。培养一专多能教师。根据青岛市职业教育统一布局调整,学校重点加强旅游服务类、航空类师资建设力度,培养跨学科发展教师。

三、大力推进个性化培训

学校鼓励教师参加各级个性化培训,截至目前,学校共有 127 人次申请了个性化培训,117 人报名参加 2018 年山东省"互联网 +"教师专业发展培训,30 多人赴企业挂职,培训覆盖率达 100%。

四、以培训促教科研工作提升

凭借着扎实有效的推进措施,目前青岛旅游学校王雁名师工作室已被评为山东省名师工作室;2019 年全国职业院校技能大赛酒店服务与 ERP 沙盘模拟企业经营赛项再获金牌;"走进青岛的世界酒店集团"入选国家旅游局 2018 年万名旅游英才项目并立项;学校开发制作的基于技能的系列微视频通过初审验收;参与超星教育集团学科资源库建设,通过验收;约 10 位老师发表论文。培训有效地提升了学校的教科研水平,提升了教师的业务水平。

搭乘中德培训"高铁",师资队伍建设"提速"

青岛经济技术开发区职业中等专业学校 侯方奎

一、实施背景

2010 年 7 月,中国商务部与德国经济和技术部签署了《关于共同支持建立中德生态园的谅解备忘录》,中德生态园落户青岛经济技术开发区。随着中德生态园的建立以及一批高端产业的国际化企业的不断入驻,急需一批技能过硬、素质优良的产业工人。

我校作为中德生态园的职业技术培训基地,肩负着为中德生态园和青岛开发区五大板块建设输送技能型人才的重大责任。学校瞄准国际合作办学的发展方向,着力加强中德师资建设合作,加快建设一支素质优良、数量充足、结构合理、专兼结合的高质量"双师型"教师队伍,努力提高人才培养的数量和质量。

二、实施目标

（1）学习借鉴德国职业学校专业教师的培养培训机制，结合学校实际，建立持续、科学的教师培养培训机制。

（2）专家引领。聘请德国职教机构专家学者，赴国内校内培训基地，对专业师资开展教育理念、教学方法等方面的专题培训。

（3）项目推动。积极引进中德合作师资队伍建设的培训项目，打造高水平的国际化师资培训平台。

三、实施过程

我校借鉴国内外职业学校师资队伍建设及第一批示范校的成功经验，以中德合作的国际化师资培训为特色，努力提升师资队伍的素质和水平。

（一）全方位合作

在借助中德两国合作良好发展的外部环境下，我校融合多方资源，建立师资项目紧密型的合作。学校与德国的职业教育师资建设合作项目，具备两个显著特点：一是合作对象的多元化，既有德国政府和学校，也有跨国职业培训机构和公司，还有知名德国企业。二是合作方式的内涵化，依托中德合作实施全方位的改革和提升，在中德合作过程中学习德国先进的职业教育理念，先进的职业教育方法，实现教师队伍职业教育理念的变革，孕育职业教育教师发展新的生长点。

（二）重实效发展

中德师资建设合作项目既有利于职业教育的发展，为中德生态园储备坚实的师资力量，又能促进教师国际化发展。

（1）我校与欧洲职业教育与社会教育集团合作，成立欧洲职业教育和社会教育大中华区培训中心。培训中心的建立，为我校师资队伍建设提供了一个更为便利和高端的平台。借助这个平台，选派教师赴德参加专业培训，派遣专家来校指导。

两年来先后有 13 名教师赴德培训电工技术、机电新能源、风电技术、数控技术、教研组长培训、教学法培训和校长培训等，有 2 名教师参加了德国专家组织的国内培训，并考取了德国培训师资格。先后有 4 个 EBG 考察团、12 位专家到职业中专做指导、专业培训 20 余场次，培训校内外教师 400 人次。

合作开办 EBG 机电专业精品培训班，按照德国工商行会的标准进行原汁原味的德式高端人才培养，由 EBG 集团派专家进行流程节点指导，引进德国职业培训标准和 AHK 资格认证,采用国际化的考核标准。在前瞻性的储备服务与为中德生态园区建设培养专业人才的同时,也使教师的专业培训技能与国际接轨,而师生水平的双提高,又为中德生态园区建设提供智力支持。EBG 机电专业精品培训班的开办,在借鉴德国职业培训模式的基础上,对我校完善技能型人才培养模式起到了积极的推动作用。

（2）与德国汉斯·赛德尔基金会合作设立"青岛西海岸职教师资培训基地"。成功举办幼师、汽修、电工技术专业培训、中职校长培训 4 期培训班,培训来自全国的教师、校长 100 余人,培训校内师生 300 余人。

（3）与德国乌帕塔职业学院、西门子电子学校签订友好协议,确立姊妹学校关系,实现互派暑期实习师生常态化,引领两国教育、教师之间的交流。通过姊妹学校交流互访,我校教师了解了德国职业学校人才培养细节,体验了德国职业教育文化,引导教师对职业教育的再认识。

（4）与西门子(中国)、凯勒数控、IEF、费斯托等企业开展对话与合作,建设凯勒数控仿真中心 1 处,实施西门子培训计划、引进德国先进制造业装备 3 台。在实现教师学校教学与企业技术零对接,提高教师掌握德国设备操作技巧的同时,为向中德生态园区企业输送合格人才做好准备,为教师自身的国际化成长不断拓宽空间。

四、条件保障

（一）政策支持

青岛市教育局、青岛市外国专家局对我校开展中德职教交流合作给予了大力支持,建立了畅通的交流渠道,让更多的国外专家走进来,让我校更多教师走出去,搭建了高质量的中德职教交流合作平台。

（二）区位优势

近年来,青岛西海岸新区及中德生态园相继落户大量德资企业,为学校开展中德职教合作提供了一方沃土,吸引了更多的德国职教机构。同时,中德职教合作基地落户青岛,我校作为示范基地的德国专家流动工作站,让更多的德国专家来我校兼职任教,引进了多项中德职教合作项目,有力提升了学校开展国际职教合作的水平。

（三）学校重视

为切实做好中德职教交流合作特别是师资培训工作,学校相继出台了一系列激励和保障措施,加强对年轻教师的培养锻炼力度,加强专业教师自身层次业务水平的提高,有效调动了教师投身中德职教合作、提升专业素养的积极性。

五、体会与思考

(一)专业教师引进机制方面的改革

师资队伍建设是职业教育发展和规划系统工程中的重要一环,应该有长远规划和设计,必须要从长计议,定位在整个职业教育链中的准确位置,并由此推动职业教育的整体工作。

(二)教师专业教学法方面的改革

中职教育的学生由于在文化知识和专业理论方面的限制,在传统教学中,先讲授理论知识,再运用理论指导下的实践活动有许多困难,有时可能收到反面的效果。因此,对专业教师进行教学理念和教学法的培训学习是其重点之一。

青西新区高职校"双师型"教师队伍的建设

青岛西海岸新区高级职业技术学校　张继军

学校把"双师型"教师队伍建设作为推动学校发展的重要抓手,制订涵盖新教师、专业教师、骨干教师、学科带头人、名师、兼职教师等不同层次教师的建设方案及相应培训措施。初步形成了校企"双主体"办学模式下双师型教师队伍培养的有效建设框架。

一、搭建制度与资金"双保障"基石

学校成立组织机构、制定相关制度、确保培训资金。成立了由校长任组长、合作企业领导参与的师资队伍建设领导小组和由教学副校长任组长,合作企业人事、技术部门领导参与的工作小组,全面负责教师队伍建设规划、组织协调、制度制定、成果审查、资金保障、培训基地建设等工作。先后出台了《教师专业发展规划》《骨干教师、双师型教师培养培训计划》等相关制度,并设立了专项教师培训经费,完善了教师队伍建设的保障机制。同时,将教师的培训、认定情况,与个人的考核、评优、晋升等直接挂钩,激励教师个人成长。

二、用好校本培训的重要抓手

以学校为主阵地,充分借助高等院校、行业、企业等专家资源,采取"走出去、请进来"等方式,构筑"双师型"教师校本培养网络。一是开展"青蓝工程"活动,教师之间结成对子,共同研讨教育教学方法和策略,促进交流、共同进步。二是实施"名师"培养工程,建立名师培养档案,明确培养方向和内容,加强考核督导,为青年教师指路子、压担子,加快青年教师的进步与成长。三是组织专业教师外出培训学习,结合学校专业特点,根据教师技能情况,由教师提出培训需求和途径,学校安排参加培训,有的放矢提高专业技能。四是利用学校丰富的校内外生产性实训基地资源,组织专业教师在其中参加生产性实训和顶岗挂职锻炼。学校支持、鼓励专业课教师到校内实训室参加实践操作练习,并对专业教师有计划地开展各类专业技能提高培训和操作技能达标考核,促进教学过程与生产实践紧密结合。这样既促进了技能教学,也方便了"双师型"教师的实用锻炼培养。五是充分发挥兼职教师的作用,学校根据需要聘请高水平技能人才作为兼职教师,安排本校教师作为助教跟班学习培训,让本校教师在辅助兼职教师过程中提高技能水平。六是提高对教师的要求,引导教师主动提高技能水平。学校打造教师由"两维素质"向"五维素质"的提升,即由过去的"教师＋技师"的两维素质,提升为"教师＋技师＋信息化工程师＋心理咨询师＋职业指导师"的五维素质,全方位提高教师的教育教学水平和职业能力,适应了现代职业教育对教师的素质要求。

三、规划校企联合培养为主要途径

专业教师通过高校研修、参加国家级和省级骨干教师培训、行业企业培训等方式,提高教师的操作工艺,熟悉工艺流程,搜集项目教学资料,提高专业教师整体的技能水平和技能研发能力。学校安排教师协助企业进行新产品研发、市场调查与分析、技术攻关,教师加强了对生产一线上技术要求、工艺标准的直接了解,对教学思想、教学内容、教学设计有了新的理解。同时,请企业的工程技术人员将其丰富的生产技术和管理经验,以及生产实践中的新技术、新成果、新工艺介绍给教师,进一步提高专业教师的双师素质,促进教师教学、科研水平的提高,也促进了教师和工程技术人员之间优势互补。

四、用好技能比赛的有效方式

学校突出实践教学,鼓励教师参加各级、各类技能比赛,坚持以赛促教、以赛促学,实现"全面训练、全员训练、重点训练"相结合,通过举办技能节,实现广专业、全覆盖,为每个师生提供展现的舞台,形成了国家、省、市和学校四级职业技能竞赛机制,连续四年承办了全国职业院校信息技术技能大赛。在各级、各类技能比赛过程中,要求专业教师必须参加各级比赛。技能比赛中,教师既是教练员,又是运动员。作为教练员,要熟悉比赛规则,掌握赛项实践技能,提升了教师指导水平。赛项覆盖面广,参与师生多,提高了教师的实践教学能力,提高了双师型教师队伍建设的广度和力度。

五、把好国际交流合作

我校积极开展职业教育国际交流合作,尤其加强与德国的职业教育合作交流,近年来迎接德国交流考察团3次。每年都安排教师参加各类技能培训,为双师型教师培训提供了机会,推进了我校双师型教师队伍的建设。

加强师德建设,夯实立教底线

青岛城市管理职业学校　邵　婷

青岛城管职校以办人民满意的教育为目标,以提高教师队伍的整体素质为核心,通过制度规范和系列活动引导教师规范从教行为,优化师德师风,潜心育人,乐于奉献。

一、以制度为抓手,将师德底线管理贯穿于各项工作

学校制定《青岛城市管理职业学校教职工师德师风考核办法》,将师德师风作为评价教师的第一标准。同时以制度为准绳,在学校职称评审、年度考核、教学工作量化管理、班主任职级制实施、绩效工资发放以及各项评优评先工作中,将师德作为底线管理,实行师德失范"一票否决"。组织全体教师签署《师德承诺书》,在全体教师

中形成师德红线不能碰触的舆论氛围。

二、以学习为保障，不断提升师德认知

将学习贯穿于师德教育全过程，引导教师规范从教行为，提升理论水平，营造风清气正的教育氛围。

（1）围绕"坚持立德树人，回归教育初心"，将习近平关于教育工作的有关论述、教育法律法规、教育教学管理规范汇编成册，组织教师常常学，时时新。

（2）利用全体教工会宣讲《新时代中小学教师职业行为十项准则》《中小学教师违反职业道德行为处理办法》，并开展学习体会征集活动。

（3）围绕全教会精神，开展系列讲座和学习活动。例如：校领导举行题为《加强师德建设，增强育人本领》讲座；邀请青岛职业技术学院丌殿强教授举行题为《新时代教师的使命与追求》讲座；围绕"培养什么样的人""怎样培养人"等问题开展学习讨论和党员沙龙活动；举行"尊重教育"班主任论坛活动。

三、以活动为载体，营造良好的育人氛围

围绕学校党建品牌"诚铸师魂"，开展系列师德活动，营造爱岗敬业、岗位建功的工作氛围。

（1）以教师节宣誓活动彰显师德风范。每逢教师节，全体教师在学生的见证下，面向国旗庄严宣誓，既是一次公开的宣告，也是一种郑重的承诺。铿锵誓言彰显了一名人民教师身上的使命、责任和担当。

（2）挖掘师德典型，开展系列宣传活动。围绕"教育报国守初心，立德树人担使命"等主题，在微信平台宣传师德楷模、先进人物，弘扬主旋律，增强正能量。

（3）弘扬高尚师德，组织系列表彰活动。教师节隆重举行"感动城管（匠心）人物""优秀教师""优秀班主任""先进教育工作者"系列表彰活动，为全体班主任颁发聘书，一段段感人的颁奖词，一曲曲奋进的园丁颂，让教师们充分体会到从教的获得感、价值感和幸福感。

（4）开展师德建设"五个一"工程，增强教师育人本领。深入贯彻中共中央、国务院《关于全面深化新时代教师队伍建设改革的意见》，开展师德建设工程"五个一"活动，即读一本好书、学习一项教育教学新技能、写一个精品教案、帮扶一名学生、分享一个育人故事，进一步提高教师思想政治素质、职业道德水平和专业素质能力，培养德艺双馨的优秀教师队伍。

四、以管理促实效，规范师德行为

学校出台《青岛城市管理职业学校教学质量提升年实施方案》，以师德教育和常规要求为主线，以"规范教学常规，打造高效课堂"为主题，具体从教研活动、备课、课堂教学、作业批改及学业检测入手加强督导和考核，引领教师规范教学常规，规范师德行为，在此基础上全面提高教学质量。

创造空间、搭建舞台，推进骨干教师队伍建设工程

青岛华夏职业学校　吴章鑫

骨干教师队伍是学校的顶梁柱，他们一般都获得过较多的教学荣誉，但也容易故步自封，止步不前。如果引导得好，他们将是促进学校教学质量提升的发动机；如果放任不管，则可能使他们长期徘徊在"高原期"，造成巨大的人才损失。如何发挥骨干教师作用，引领带动广大教师专业成长，提高学校教育教学质量一直是我校教师队伍建设工作的重中之重。学校领导班子高度重视，努力通过建立科学的管理制度、创造成长的空间、搭建锻炼的舞台、实施激励的措施来不断推进我校骨干教师队伍的建设。

一、不断加大骨干教师培训经费投入

近年来，学校一直高度重视骨干教师的继续教育和校本培训工作，明确了校长亲自领导，办公室和教科研室负责落实的骨干教师继续教育和校本培训工作团队，并逐年加大了培训经费投入。

二、建立健全培训管理制度

学校建立并实施《青岛华夏职教中心校本培训管理制度》《青岛华夏职业教育中心教师继续教育管理规定》《青岛华夏职教中心校本教研制度》《青岛华夏职教中心专业教师到企业挂职实践制度》等规章，明确落实职责，加强过程管理，做到培训前有要求，培训中有监督，培训后有交流、存档案，确保各项培训的实效性。

三、强化督查激励机制

学校出台了《青岛华夏职业学校教师继续教育学分及学历进修奖励办法》《青岛华夏职业学校教育教学科研成果奖励办法》等一系列管理、表彰奖励规定,充分发挥正激励效应,调动教师自我攀升的积极性、主动性,促进教师素质的全面提升。校督导室还将教师校本培训部分项目纳入了教师绩效督评内容,教师年度考核评优方案中也明确提出了评优必须包含继续教育学分要求,对老师的培训参与起到了有效的督促激励作用。

四、拓宽骨干教师培训途径

一是实施跨界培训。连续多年自觉组织骨干教师按期保质参加了山东省普通高中暑期网络远程研修工作,100 多位老师和全市普高老师一起学习、交流,提升了教师信息化教学和文化基础课教学能力。二是开办假期高端研修班。学校与浙江大学等多所国内著名高校联合建立了师训基地,组织全体骨干教师、班主任参加了高端研修班,徜徉在高端学府、聆听大师的教诲,让参训骨干教师受益匪浅。三是组织专业拓展培训。骨干教师参加了"心理咨询师"培训考级工作,目前学校共有 43 位老师参加,其中 15 名老师在第一次考试中就顺利通过并取得了三级心理咨询师证书,专项培训提升了教师们面对多元教育问题的应急能力、处置能力、教育能力。

五、加大双师型教师培养力度

学校根据有关文件要求,结合学校实际,克服师资不足的困难,统筹安排骨干教师积极参加国培、省培和市培,专业教师定期参加赴企业走访、调研和挂职实践,提高了骨干教师专业教学的岗位匹配能力和市场适应性。

六、搭建骨干教师锻炼成长平台

一是每年组织实施校"示范课"和"创新课"展评,"每周五课"观摩和每人一节"督评课"等赛课活动。课堂的实战演练为骨干教师的示范、展示搭建了平台,促进了大家对教育教学工作的深度思考,也使骨干教师的丰富教学经验得到了传承,促进交流,共同成长。二是将校本培训与教育科研紧密结合,组织开展课题研究和创新教法、学法研究,合作能力生成课堂教学模式研究,精品课程建设研究,银行分岗实习与培训等课题研究激发了教师们的教研热情,提高了大家的专业发展水平。

七、开展"青蓝工程" 结对互助成长活动

学校牵线联系年轻教师和骨干教师结成师徒,为骨干教师压担子,充分发挥老教师的经验和才能,更快更好地促进年轻教师业务上的成长成熟。目前,共有32位高级教师和34位青年教师结对共成长,学校专门制定了帮扶成长方案,教师们也都制订了活动方案和记录表,有计划地推进着青年教师培养工作。

城阳区职业中专引领教师专业化发展
的五个"两手抓"

青岛市城阳区职业中等专业学校　苟钊训

近年来,城阳区职业中专制订实施了教师专业化水平提升计划,以建设学习、发展型学校为目标,以打造优秀骨干教师为核心,以"善教、乐学、有效"为重点,多项举措在行动,全面推进教师专业化水平提升,具体落实在五个"两手抓"。

一、学校目标与教师个人目标"两手抓"

学校每三年为一轮,建立学校教师专业发展培养目标。设立完善的培养机制、学习机制和奖励机制,运用经济手段、行政手段等,推动和激励教师专业发展。实施教师全员菜单式培训,增强培训的针对性、系统性,充实学科理论知识,改进教育教学行为,引领教师不断反思,转变教育观念,提升专业素养。通过骨干教师重点培训、青年教师成长助力培训和校企合作双向交流培训等方式,重点培养一支高素质"双师型"教师队伍。

要求全校教师每三年为一轮,根据全校和各专业分层发展目标,对自身的专业思想、专业精神、专业知识和专业技能做全面自我诊断,剖析自身专业发展的优缺点,确立自己的专业发展三年目标;同时结合自身现状,制订专业发展自我设计方案,初步形成对教师的专业发展进行动态的、交互式的评价。

二、校本培训与专题培训"两手抓"

组织骨干教师参加国家、省、市等各级、各类培训,切实提高专业教师的实践能力和技能教学水平。定期开展班主任培训,推荐优秀班主任参加各级培训,并及时传达、交流培训成果,提高育人能力。提高校本培训的实效性,扎实做好分级培训工作,促进教师专业成长。加大教师培训力度,丰富菜单式校本培训内涵,将新老教师帮扶活动、骨干教师外出培训、网络校本研修等各项培训有机结合,鼓励教师积极参加校本培训,重视二级培训效能,促进教师的专业化发展。加强全体教师信息技术应用能力培养,提高教师电子白板应用水平,鼓励教师探索微课、网络技术等在课堂上的应用,进一步提高课堂教学的有效性。

三、课堂教学与挂职实践"两手抓"

引导教师关注学生、聚焦课堂、钻研业务、有效教学。对全体教师进行信息技术专项培训,鼓励教师参加区、市信息化比赛,推进信息技术与学科教学的融合。开展骨干教师挂职实践提升培训,聘用有实践经验的行业专家、企业工程技术人员担任兼职教师,建立兼职教师人才储备库。

注重精品课程与校本教材紧密结合,以教材开发促进精品课程建设,以精品课程丰富校本教材,形成精品课程建设新常态。在已有校本教材开发成果的基础上,争取把校本教材开发工作辐射到其他所有专业和学科中,并做好已开发教材优秀成果转化工作。

四、青蓝工程与名师工作室"两手抓"

实施"青蓝工程",将新、老教师结对帮扶,进一步推进我校"青蓝工程"的育人作用,青年教师迅速成长为学校骨干。建立名师工作室,发挥教学名师和优秀教师的示范引领作用,鼓励青年教师参与教学团队。创新团队,鼓励教师大胆探索,创新教育理念、教育模式和教育方法,形成教学特色和教学风格。建立教师分层动态管理制度,通过培养校级骨干教师、区级优秀教师、市级学科带头人、齐鲁名师等,形成名师梯队建设机制。

五、教学研究与成果转化"两手抓"

鼓励广大教师潜心教育教学研究,推进学校活动课程化、课程校本化。加强精品课程与校本教材的紧密结合。以校本教材开发促进精品课程建设,以精品课程丰富校本教材,形成精品课程建设常态化。注重课题研究过程跟踪,提高课题研究效果,结合教学热点、难点问题推进教学改革,将课题研究落到实处。把课题研究的最新成果通过示范课展示实践,引导督促广大教师积极参与听课研讨。努力让示范课与课题研究对接,让课题研究更深入实际,最大限度地发挥辐射作用。积极推进教科研成果转化,继续扩大各项教科研成果的辐射层面。从三个方向推向课堂,打造出在区域范围内具有一定美誉度、具有更高推广价值的教科研成果,真正实现教科研为教育教学服务的良性循环。

第五部分

特殊教育

"讲培融推"阳光教师四部曲引领教师发展

青岛西海岸新区特殊教育中心　王永宾

学校开展"讲培融推"阳光教师四部曲锻造工程,切实提高学校教师的整体素质,推进特殊教育改革,全面提升教育教学质量。

一、讲

学校将每周五下午作为集中学习日,组织全体教师进行学习。讲政治理论,结合十九大精神、习近平总书记系列讲话精神开展主题研讨会、座谈会等,提升教师政治素质及政治站位。讲师德师风,通过开展师德演讲、观看师德影片、签订师德承诺书等多种形式,加强教师的思想自觉和行动自觉。讲教育改革,开展"1+3"教育模式改革经验交流,分享包班协同教学心得,推广班级特色做法,实现经验共享,增强教师教学业务能力。学校还组织教师以撰写业务学习笔记及撰写学习体会等自主学习的形式,提高教师专业化水平。

二、培

"培"即开展内涵提升培训讲座。开展教研组培训,"大"教研、"小"教研、班级教研三类教研培训共同推进,夯实教师教学功底。以"走出去"+"请进来"的途径开展全员培训,选派教师赴重庆、南京、武汉等地参加特殊教育学习培训,按照"写一篇学习感悟、结合实际工作做一场教师培训"的要求开展校内培训,确保外出学习收获最大化辐射。邀请各领域专家到校讲座、跟踪指导,使教师足不出户就能接受到专业引导。实施"青蓝工程",师徒在目标明晰的责任书规范下共同研讨、共同成长,师傅做到"三带"——带师魂、带师德、带师能;徒弟做到"三学"——学思想、学为人、学本领,提升青年教师综合素质。

三、融

一是学校用休闲时间开展健康、和谐、丰富多彩的融合教师情感的各项活动,丰富教师文化生活，如"525"心理体验讲座、三八妇女节花艺讲座、春季拓展训练活动、新年联欢会等，以此增进教师之间的交流，激发工作热情，增添教育活力。二是学校先后与武汉市第一聋校、务川县特殊教育学校、普定县特殊教育学校缔结友好学校关系，学校与友好学校融合交流，在课程与教学改革、教师专业发展、学生个别化教育等领域实现优质资源共享，实现教师资源互助，提升教师业务水平。

四、推

"推"是推选道德典型。每学年度，学校组织推选优秀教师、优秀教育工作者、爱岗敬业老教师等一批模范典型，并组织开展优秀教师宣讲会，优秀教师将工作亮点、教育故事等内容进行总结凝练，带动教师学习榜样力量，汲取榜样精神，争做"四有"好老师。

学校不断探索实践，逐步形成了"以教师为中心，以讲培融推四部曲为途径"的教师专业发展引领模式，促进教师知识、精神和身体三个层面的提高，引领教师阳光从教，阳光工作，阳光生活。

"双师型"教师，让每一个教师都成功

青岛市城阳区特殊教育中心 刘佳胜

教师是学校发展的第一生产力，专业是教师成长的护身符。在教师管理中，我一直坚持"让每一个老师都成功"的发展理念，构建"双师型"教师团队。

"双师型"教师是指既具有基本的教学能力，又具备康复训练技能；既掌握教育学相关知识，又了解多种特殊儿童康复知识的全能型教师。在我国加强特殊教育师资队伍建设的背景下，"双师型"教师的培养需求日趋急迫。基于此，学校明确了言语语言康复师、ASD康复师、心理康复师、职业康复师四大重点培训方向，采取学校规划与个人优势相结合、集体培训与个人研修相结合的培训措施，逐步构建"双师型"校本培训模式。

一、"双师型"教师培养目标

"双师型"教师的培训目标是了解教育以及医学相关康复理论；熟练掌握必要的康复实践技能；具备快速判断特殊儿童障碍特点，独立承担个别化训练的能力；具备个别化康复教学与集体教学相融合的能力。主要有两个方面：一为医学康复技能。包括言语功能康复技能、运动功能康复技能、职业康复技能等板块，其培训的理论基础偏重生理及病理学方面，目的是为了更好地发现及解决特殊儿童的康复问题。二为教育康复技能。包括语言能力、认知能力、学科学习能力、心理与行为能力等方面，其培训的理论基础偏重于儿童心理学、教育学等方面，目的是为了更好地促进特殊儿童的心理及认知发展。

二、"双师型"教师培养措施

（一）全面统筹与项目组织相结合，保障"双师型"培训有序开展

学校成立了以校长为组长，副校长、教导主任、级部组长为组员的领导小组。制订"双师型"教师队伍的发展计划，分析教师的现状，包括数量、年龄、学历、职称、专业、性别，以及教学能力、身体状况、组织能力、协调能力、思想政治素质和工作态度等方面，拟定具体培训计划。

根据学校培训计划，在统筹规划的基础上，结合教师的专业特长，成立自闭症、职业教育和心理健康教育等教研组，将学校骨干教师全部纳入组内，培训组内骨干教师，突出专业化和针对性。

（二）全员培训和个人研修相结合，优化"双师型"培训方式

1. 立足校内，延伸校外，开展全员培训

依托学校培训计划，采用集中培训方式，加大全员教师培训力度，全员培训立足校内，辐射区域，面向省内，确保每学期一次市内全员培训，每学年一次省内全员培训。

2. 突出专业，结合项目，加强骨干培训

依托教研组，学校有针对性开展教师康复技能提升培训。教师先后赴上海华东师范大学、北京联合大学以及广东、哈尔滨等地参加专业培训，这些培训重点关注对教师康复技能的应用与实践的培训。

3.聘请医疗康复机构的专业人员进行培训

学校分别与城阳区人民医院及城阳区城阳街道社区卫生服务中心签订协议,定期到校对学生进行评估训练,对教师进行医学常识的培训,在评估的基础上,医生和教师一起共同制订学生个别化教育计划。

学校"双师型"教师的评价实施,贯彻"全面性、主体性"观念,坚持"过程性和形成性"相结合,将"双师型"教师的内涵与标准纳入教师评价指标体系的构建,采用考评体系和资格认证制度,学期阶段评价和学年度终期评价相结合,将教师的康复证书、教学能力、课题成果、学生康复等情况有机结合起来,促进教师业务素质和教学质量的提高,使评价结果既成为"双师型"教师培养的终点,同时也是"双师型"教师培养的起点。

三、医教结合"双师型"教师培训成效

(一)学校示范引领作用逐步提高

学校被确定为全国特殊教育特色科研基地、全国特殊教育改革"医教结合"实验学校、山东省"康教结合"实验学校。先后举办山东省特殊教育现场观摩会、青岛市特教学校自闭症儿童实验班现场会、青岛市中小学心理辅导教学交流会、青岛市特殊教育医教结合改革现场观摩会等。

(二)学生康复训练效果日渐凸现

6名学生在全国特奥会获得奖牌,90%的学生顺利就业,1名学生的美术作品在全国少儿绘画比赛中获奖,1名学生经过康复训练后到普通学校随班就读。

多元化促进教师专业发展

莱西市特教中心　王曙光

莱西市特教中心在2018年提出"学名师、做名师"战略计划,积极为教师专业发展提供良好环境,提升教师专业素养。学校为推进"学名师、做名师"建设,促进教师

专业发展,主要采取了以下几方面措施。

第一,制订激励制度,保障教师专业发展。

学校积极改进管理制度,发挥制度激励为主、约束为辅的作用,激发教师发展内驱力。首先,改进绩效工资发放制度,优劳优酬,多劳多得,以物质待遇调动教师专业发展的积极性。其次,改进教师职务晋升、岗位升级制度,充分考虑工作业绩、综合素质,以发展实效激发教师专业发展的主动性。第三,为教师搭建专业发展平台,提供更多展示才华的机会,给予成绩突出的教师较高的荣誉,以声望激发教师专业发展的内驱力。

第二,狠抓基本功,带动教师专业发展。

首先,加强校本教研。强化教导处对教研组的业务管理,让教研组从行政事务中解脱出来,充分发挥教研组效能。定期进行备课、听课和评课等系列活动,加强集体备课、专题讨论、反思研讨,提高教研活动的实效性,做到每日一练、每周一讲、每月一评。其次,聆听名师课堂。学校积极创造条件通过各种途径定期组织名师示范课、名师公开课、名师优质课观摩活动,要求全校教师积极参与听评课,并撰写心得体会。再次,定期组织演讲比赛、书法比赛、经典阅读比赛等形式多样、内容丰富的校内活动,丰厚教师专业素养。

第三,加强课题研究,促进教师教育研究能力提升。

首先,与高校合作,引入专家对学校教学实践进行理论指导,引导教师学习先进的特殊教育方法和前沿的特殊教育理念,更新自身知识体系,提高自身专业素养。将教育方法与理念借助课题在教学中实践,加强校本研究。其次,成立科研组,鼓励教师从自身教育困惑中发掘研究素材,积极申请课题,针对课堂教学中存在的教育问题做更深层次的探讨和研究,并提出解决问题的适宜办法,在研究中养成严谨的工作作风和教育科研意识。

第四,建立多样化评价机制,激励教师专业发展。

学校建立"评价主体多元化、评价内容综合化、评价过程动态化"的形成性评价体制。首先,评价主体多元化,校长、教师、学生、家长共同参与,同时倡导教师自评,使教师从多方面获得信息,反思和总结自己的优势和不足,不断提高教学水平。其次,评价内容综合全面,涉及师德师风、教育教学能力、班级管理水平、教育创新能力、科研能力等各方面。再次,评价过程动态化,更加注重教师的教育教学过程,关注教师在教学过程中的发展和变化,由评价教师的过去和现在,转向评价教师的将来和发展。

实施青蓝工程，助推教师成长

崂山区特殊教育学校　高秀娟

为了使青年教师脱颖而出，早日成才，以促进我校教师队伍专业化的建设，学校将时刻关注他们的成长和融入状况，及时指导、尽快到位。发挥"青蓝工程"的育人功能，促进年轻教师快速、健康成长，逐渐锻造他们向骨干、名师型教师方向发展，充分发挥老教师传、帮、带的积极作用，师徒互动，共同提高，打造一支高素质的"四有"好老师队伍。

（1）以"历练师品、提高师艺、提升师德"为主导，引导青年教师关注自身的专业发展、关注学校的发展。

（2）引导青年教师加强教育理论和业务知识的学习，在理论和实践的结合中不断提高教育教学能力，在年级组内研讨课、学校汇报课、出师课、家长开放课或校内赛教课等多层次的教学活动中展现自己的风采。

对青年教师的要求包括以下几个方面。

（1）认真贯彻师德规范，自觉坚持用师德标准指导自己的言行，做到教书育人、为人师表、尊重导师、主动积极。

（2）每学期听课不少于 20 节，主要听导师及同学科的课，提倡跨年级、跨学科听课。要认真写好听课笔记，学期末组织检查。

（3）期末撰写一篇教学反思和一篇论文。

（4）积极参加县级、校级、学科组的各项教科研活动或比赛，活动成绩作为对青年教师的主要考核依据。重视继续教育活动，保证认真阅读几本教育理论专著，并认真做好笔记，认真完成学校规定的寒暑假学习任务。

对指导教师的要求包括以下几个方面。

（1）带头执行师德规范，用高尚的师德为青年教师做出示范。

（2）根据被指导者的工作经验，教育、教学管理能力，指导教师经常给青年教师就备课、上课、辅导学生、作业批改等方面给予指导，扎实做好教学常规工作。

（3）帮助新教师审核教案，指导命题出卷。要经常随堂听课，每学期至少听 4 节徒弟课,并及时给予指导。

（4）指导老师要对青年教师的教学研究、论文撰写方面经常给予指导,主动提供教育理论和教学信息资料,培养青年教师的教学研究能力。

（5）积极支持和鼓励青年教师参加学校组织的各项业务练兵活动,并给予业务指导,及时写好评课意见。督促青年教师完成学校布置的各项基本功作业,鼓励青年教师经常运用教学现代化设备。

（6）经常关心青年教师的教学质量,帮助分析总结,认真做好传帮带工作,使青年教师健康成长。

学校加强督查指导,师徒结对领导小组将定期和不定期对师徒结对活动进行督查指导。加强过程管理,落实《师徒结对协议书》职责,及时跟踪、检查指导教师与学员之间的履行情况。制订相应的激励措施,被评为"最佳师傅"和"最佳徒弟"的教师学校将进行相应奖励。

课题研究助推教师专业化发展

青岛市中心聋校　　袁凯道

课题研究是提高教师综合素质,打造学校品牌的根基,也是提高教育教学质量的有效途径。青岛市中心聋校在加强教师队伍建设、推进教师专业化发展方面,以课题带动,以研促教,以教带研,不仅提升了教师的理论水平,促进了教师的专业发展,也促使教师向"研究性""专家型"教师转化。

学校课程课题评审小组,以校长为组长,成员由分管教学科研的副校长、教科研主任和各学科带头人等组成,主要负责课程管理开发与实施、教研和课题管理及科研成果评选等。制订教科研奖励激励机制,有效发挥了学校人、财、物、信息等要素的作用,人人有课题、人人做研究、人人有提升,深入推进了教师内涵式发展,教学研究蔚然成风。

学校建立了国家、省、市、校四级课题体系。树立"问题即课题"意识,助推校本课题研究;通过名师示范引领,构成学习研究共同体,带动中青年教师参与课题研究,转变教育思想,更新教育观念;以课题研究带动课程建设,开发课程资源。

"问题即课题"。对教师在教育教学管理中存在的具体问题及困惑等,成立校级研究课题,每年滚动立项,进行校本研究。如,"低年级聋生语句颠倒问题的研究""聋校初中语文教学中学生自主学习方法的研究""现代信息技术在聋校语文中的应用""表达性心理辅导技术在聋校心理健康教育中的应用""聋校高中生情绪调节策略研究"等。校级的课题的研究,明确具体,解决、验证、回答了教师在教育教学实践中遇到的实际问题,自己研究自己的问题,研究成果直接应用于教育教学实践,提高了教师对课题研究的兴趣和热情。

名师引领课题研究。学校建立了三个名师工作室,分别由齐鲁名师、省特级教师担任主持人,中青年教师为成员,构建成学习研究共同体。同学习、同培训、同规划,同研究、同进步,同收获。程颖老师的"'一生一案'在低年级语文教学中的实施"、杜明霞老师的"手语有效性的时间与研究"、姜竹亭老师的"听障教学中'一生一案'实践模式的建构研究"等名师工作室研究课题,从选题论证、开题论证、结题评审等环节,工作室成员积极参加,分工合作。在课题研究过程中,工作室主持人通过各种讲座、开题会、结题会等,向教师普及课题研究知识,帮助和指导教师总结教学经验,形成教学风格,提高教育教学水平,助力教师专业成长。

以课题研究带动课程建设与开发。为满足听障学生及其家庭日益增长的对多元知识的需求,在刘本部校长的带领下,通过国家、省、市课题的研究,如,中国教育学会青岛市教育科学"十三五"规划课题"聋校课程资源开发与实践研究",中国教育学会课题"基于个别化理念的聋校心理健康教育校本课程的开发与实践",国家教师科研基金课题"聋校听障儿童家庭的心理支持系统构建",山东省教科院课题"融合教育背景下聋校职业教育的研究与实践",青岛市重点规划课题"聋校'一生一案'典型案例研究"等,探索了聋校的课程建设和课程资源开发,建立了适合各个学段听障学生发展的基础性课程、补偿性课程、发展性课程、拓展性课程,形成了具有聋校特色的"四位一体"课程体系。其中,有多项课程资源,是创全国先河,填补了空白。

几年来,学校已结题和正在研究的国家级课题有3项,其中1项获得国家科研成果一等奖,1项获得优秀等级;省级课题有3项,其中1项出版成果专著1部;市级课题7项;校级课题60余项。课题研究提高了教师科研意识,助推了教师专业化发展。科研兴校提升了学校知名度,学校成为全国听障教育示范校,国际知名特殊教育学校。

引领教师发展的路径措施

青岛市盲校　韩胜昔

党的十九大强调,要办"优质、公平和均衡的教育",这对新时代的教师提出了更高要求。在教育优质均衡发展中,学校有着怎样的责任担当? 如何引领教师顺利突破发展的瓶颈? 如何破解科研与教学"两张皮"的现象,让每位教师都走上幸福从教之路? 教师发展绝不是简单意义上的教师业务培训。教师的发展,要以提高教师综合素养和核心竞争力为导向,面对不同层次、不同年龄阶段的教师发展需求,坚持党建、师德和教育教学业务工作一起抓,要通过教师培训进修、教学研究、教育科研等,唤醒教师灵魂、为其搭建好成长平台,大幅度提升专业水平,实现"优秀做人,成功做事,幸福生活"的职业发展。

(1)坚定教育理想信念,引领教师成为真正的"四有"教师,是教师专业发展的根本。"只有理想信念坚定的好老师,才能有教书育人的方向感,才能当好学生的人生导师……"要更加注重培养教师的教育理想,修炼崇高师德,唤醒搞好教育事业的内驱力,引导教师们不忘初心,坚守正道,向"四有"教师看齐。

(2)体系化、科学化,是教师专业发展培训的有效机制。推进行动研究,为教师的职业发展和专业提升绘就清晰的坐标,促进教师职业能力尽快提升,使教师教学能力更突出,让人民更加满意。创新教师专业发展管理和指导机制。

(3)层层推进,是教师专业发展的绝佳手段。搞好梯次培训,实施"名师工程""青蓝工程"和"绿叶工程"。实施好新教师'青蓝工程',使教师能够积极地找准自己的位置,明确自己的职业生涯目标。对入职五六年的年轻教师提供教师培训全员化、全员培训专业化等,引导他们或走上管理岗位,或成长为骨干教师、教学能手、学科带头人、教学名师等,以期在不同岗位各展其才,各显其能。抓好校本培训,积极推荐实施"市培计划""省培计划""国培计划",发挥名班主任工作室、名师工作室作用。推动"教师培训全员化、全员培训专业化、专业教师骨干化、骨干教师特色化、特色教师名师化",使教师有收获、有触动、有改变,大大提高专业素养和核心竞争力。

(4)强化终身学习,是教师专业发展的前提。党的十九大报告要求加快建设学习型社会,大力提高国民素质,学校教育作为全民终身学习的重要组成部分,肩负着构建终身教育体系和为社会治理提供支撑的历史重任。学校需要"齐心",更要"力行"。积极跟踪需求,挖掘特色资源,进行课程开发、资源调配、理论研究等,开展各类培训活动,探索新型培训模式,以文化统领为核心发挥教育影响力。

（5）投身课题研究,是教师专业成长的有效载体。强化教学专业能力培养,引领教师成为"研究型""专家型"教师。苏霍姆林斯基曾经说:"如果你想使教育工作给教师带来欢乐,使每天的上课不至于变成单调乏味的苦差,那就请你把每个教师引上进行研究的幸福之路吧。"要努力实现精确制导,精准教研。更加注重问题导向,积极探讨解决课程教学改革实践中的各种问题,推行"三分三现模式",即"分层""分段""分流"和"现实""现场""现物",力求教研方式形式灵活、人人参与、个个成长,使教与学"情智共生"。采取同课异构,指导、鼓励教师参加比赛等方式提升教师水平。

（6）加强教学反思,组织教研活动,在促进学生有效学习、全面发展的过程中,促进教师专业发展。现代学习论指出:促进学生的学习和发展是有效教学的根本目的,也是衡量教学活动有效性的唯一标准。通过创设问题情境、联系生活实际、加强师生对话、开展实践活动等途径,能有效地改善学生的学习方式,激发学习兴趣、调动学习热情、营造学习氛围、拓展学习空间,促进学生的有效学习,从而实现真正意义上的有效教学。

（7）同伴互助、专业引领,是教师专业成长的重要条件。采取"课例引领、实践操作"策略,注重体验式、案例式、情景式、参与式的培训理念。

对教师投以真诚的态度、执着的精神、智慧的实践,才能探索出一条教师发展的路径,才能引领教师走上职业发展和专业提升的新道路,推动教师向成为研究型和专家型教师的方向发展,而教师的成长进步最终也将直接体现在学生身上。